雷颐

著

李鸿章与晚清四十年

·增订版·

山西出版传媒集团　山西人民出版社

图书在版编目（CIP）数据

李鸿章与晚清四十年 ／ 雷颐著 ． —— 增订本 ． —— 太原：山西人民出版社，2019.12
ISBN 978－7－203－10879－5

Ⅰ．①李… Ⅱ．①雷… Ⅲ．①李鸿章（1823－1901）－生平事迹 Ⅳ．①K827＝52

中国版本图书馆CIP数据核字(2019)第274851号

李鸿章与晚清四十年

著　　者：	雷　颐	
责任编辑：	郭向南	
复　　审：	武　静	
终　　审：	秦继华	
出 版 者：	山西出版传媒集团·山西人民出版社	
地　　址：	太原市建设南路 21 号	
邮　　编：	030012	
发行营销：	010－62142290	
电　　话：	0351－4922220　4955996　4956039	
	0351－4922127（传真）　4956038（邮购）	
E － mail：	sxskcb@163.com（发行部）	
	sxskcb@163.com（总编室）	
网　　址：	www.SXSKCB.com	
经 销 者：	山西出版传媒集团·山西新华书店集团有限公司	
承 印 者：	鸿博昊天科技有限公司	
开　　本：	635mm×965mm　1/16	
印　　张：	27.75	
字　　数：	400 千字	
版　　次：	2019 年 12 月　第 1 版	
印　　次：	2023 年 3 月　第 5 次印刷	
书　　号：	ISBN 978－7－203－10879－5	
定　　价：	88.00 元	

如有印装质量问题请与本社联系调换

奏折里的历史世界

奏折是高级官员给朝廷的"工作报告"、请示和建议，稍稍重要之事，臣属都要向朝廷"汇报请示"。然而，皇帝每日要披阅大量奏折，所以奏折不能太长，或者说要尽可能短。但所奏之事又多数是国家、地方的政治、军事、经济大事，其中不少又与上折者个人利益甚至身家性命息息相关，如何以最少的文字陈明原委、说透道理，委实不易。可以说，奏折中的每一个字都十分珍贵，都不能"浪费"，端的是"一字千金"。如何写奏折，广而言之下级如何向上级"打报告"，确实大有学问。

例如，同治元年正月初十，即1862年2月上旬，两江总督曾国藩上了一道《参翁同书片》，指责曾任安徽巡抚的翁同书对曾参与地方镇压捻军但后来又割据一方抗清的苗沛霖处理不当、弃城而逃、谎报军情等数条罪状，要求朝廷严惩。

此折一上，朝野震动。因为翁同书的父亲翁心存曾入值上书房达二十余年，咸丰皇帝、恭亲王等道光帝的几位皇子都是他的学生，历任工部、吏部尚书；翁同书的两个弟弟翁同爵、翁同龢也是大名鼎鼎。翁家权位如此之高，竟有人斗胆敢"参他一本"，焉能不朝野震动？

以翁家权位如此之高，要参奏翁同书，曾国藩也不能不格外慎重，所以要自己的几位幕僚各起草一份备选。在几份稿本中，他独独选中了此时还是他的私人幕僚的李鸿章（号少荃，1823—1901）之稿。事实证明曾国藩所选不错，如此重要之折，李鸿章只以区区不到六百字便将事情"搞定"，迫使本来有心回护翁同书的朝廷只得"比照统兵将帅守备不设，为贼与掩袭，以致失陷城寨者斩监候律，拟斩监候"。

曾国藩研究专家唐浩明先生认为，此折表明李鸿章写折的本领比其师曾国藩"还要辣"。据说曾国藩曾经赞赏李鸿章说："少荃天资于公牍最近，所拟奏咨函批，皆大过人处，将来建树非凡，或竟青出于蓝，亦未可知。"因此，曾国藩在军情紧急之中要李回乡组建"淮军"援沪，使其得以开始经营自己的政治、军事力量。就在李为曾写了《参翁同书片》几个月后，曾又推举李为举足轻重的江苏巡抚。早想建功立业却屡受挫败因而大发"昨梦封侯今已非"之叹、以"书剑飘零旧酒徒"自嘲、在无奈之中托人介绍才加入曾国藩幕府的李鸿章，终于志得意满，从"替别人"写折变成"为自己"写折，其一生事业，便由此"隆隆直上"。

从一介书生到"晚清第一重臣"，其中有大动荡时代特有的风云际会，更有李鸿章本人的通权达变、审时度势。这种历史风云与老谋深算，当然也反映在他给朝廷的奏折中。

从1862年任江苏巡抚到1901年去世，四十年来李鸿章一直位高权重，自然上了大量奏折。他的精于权谋与"写折子"的本事，在其奏折中反映得淋漓尽致。在不少有关国家大政及一些与他本人利益相关的事情上，他与朝廷的主张并不一致，但多数情况下，他却都能迂回曲折达到目的，并在奏折中列举种种理由说服朝廷，使其不能不或不得不接受自己的主张。

更重要的是，由于参与大量国家、地方政务与机要，李鸿章的奏折内容自然涉及方方面面，透露出晚清政治、社会、经济的重要信息。仅从本书所评点的奏折中，即可看出：在1861年清政府"基本国策"如何发生重大变化，使其"死里逃生"，又赢得几十年时间；他怎样以自己十分得意的"痞子手段"控制洋人的"常胜军"，使其为己所用镇压太平军却又不致尾大不掉、失去控制，利用与控制之间反映出清政府与列强间的复杂关系；他在对外交涉中的是是非非，既有据理力争，更有忍让妥协；他怎样冲破重重阻力，"遇到红灯绕道走"，想方设法修铁路、架电线、造轮船、派留学生直至支持"商办"企业，艰难推进洋务运动；曾、李在与朝廷的博弈中为了地方、自己利益彼此的私下商议、协调与呼应，表明了地方势力在晚清的崛起；晚清政治的腐败，统治者的颟顸无知，奏函中更是反映得淋漓尽致……

奏折当然全是冠冕堂皇的文字，对奏折的点评、研究，除了分析其写作行文的"技巧"外，更有意义的是要透过奏折的"文本"分析隐藏其后的具奏者的真实意图、见识、水平甚至其脾性才情，分析它的时代、社会背景与意义。所以，"奏折中的历史"往往比只有"结果"而缺乏"过程"的"史册中的历史"更加生动、丰富，给人的历史感受更加深刻。与奏折相比，信件通常更少修饰。如果说奏折更多"台面"上的东西，信函则更多"台下"的活动，写信人的思想、真实意图往往表现得更加直接，是了解历史人物及其时代、社会背景的另一个重要渠道。因此，本书也对李鸿章给曾国藩、总理衙门、海军衙门的一些重要信函作了分析点评。目的依然是期望通过"奏""函"两相对照，让人们能对其人其事，对衰世重臣在大变动时代依然竭力挣扎、力图维持一个一直在风雨飘摇中的腐朽政权的那种无奈心境与悲凉命运，对那个时代的政治、社会状况了解得更加深刻、详细、生动。

李鸿章死后，梁启超写道："吾敬李鸿章之才，吾惜李鸿章之识，吾悲李鸿章之遇。"他的"才""识""遇",其实也就是他"个人"与那个激烈动荡的时代、与那个江河日下的王朝的关系,这些,也生动地反映在他的奏函之中。

目　录

为官：大臣何以成为大臣

为官既要做事，又要自保。李鸿章既敢于任事、开创新事业，又精于自保，擅于经营自己的势力、维护自己的利益。因此才能在云谲波诡的时代成为朝廷不得不深倚的重臣。

外交：一生秋风糊裱匠

"懂外交"是李鸿章能够权倾一时的重要原因，但"成也萧何，败也萧何"，他的事业、名声，却也被毁于此，至今仍负重谤。

洋务：被打出来的近代化

形势从容时拒不改革，危机来临时已来不及改革。纵观晚清历史，清廷就是这样被形势步步紧逼，一误再误，最终丧失了变革图存的机会。

备忘：晚清政局中的象征性事件

从地方派的崛起，到外交上的荒唐，再到王朝最高阶层的腐败与私欲，中国传统政治文化的种种阴暗，及帝国崩溃前的征象，都闪烁在其中。

为官

大臣何以成为大臣

1862年初，由于曾国荃昧于近代中国的历史大势、执意要夺得攻克"天京"的头功，因而拒不接受其兄要他率兵缓解被太平军围困的上海之命，李鸿章得以离开曾国藩回乡组建"淮军"援沪，稍后被任命为江苏巡抚。由此，他开始了长达四十年的宦海生涯，最终成为晚清"第一重臣"。

用今天的话说，他是"空降"当官的。面对当时混乱腐朽的江苏官场，他用种种方法、种种机会大力整顿，任命廉洁、开明、能干的郭嵩焘、冯桂芬等一干人马在关键岗位取代原来官员。事实证明，他看人眼光确实老辣，所选得当，郭、冯不仅成为他的得力帮手，后来也都成为中国近代史上值得纪念的重要人物。

为官既要做事，又要自保。有些官员敢于做事，但疏于自保，结果"成就"有限；更多的官员则是精于自保，而不敢或不愿做事。在新旧交替、社会深刻变化的时代，更需要官员敢于创新"做大事"；但这种矛盾交织、新旧冲突剧烈的时代，"做事者"往往更易受到种种强烈的抨击和指责，更难自保。而李鸿章则是既敢于任事、开创新事业，又精于自保，擅于经营自己的势力、维护自己的利益。因此，他才能在云谲波诡的时代成为朝廷不得不深倚的重臣。从新官上任大力整顿地方起到后来大办洋务、权倾一时，李鸿章经常受到各种指责、抨击，有时甚至"弹章蜂起"，但他大都能想方设法、有惊无险地渡过一次次政治危机。最严重的一次危机，是在晚年甲午大败之后他成为千夫所指的罪人，朝廷正好让他成为"替罪羊"而实际剥夺了他的一切职务；在随后的"维新变法"中，他因同情维新派而在年近八十高龄之际、在隆冬腊月被慈禧严命去黄河入海口"勘河"。他深明守时待变之道，不辱使命，兢兢业业完成勘河任务，同时又静观局变，抓住时机，终于东山再起，又被任命为两广总督。

在紧接而来至为惨烈的"庚子巨变"之中，他又被委以与列强议和、挽救清王朝的重任。此时此刻，一个腐朽透顶的王朝的存亡几乎系其一身，责任与权势之大，均为空前。他颇以此得意自豪，然而对他而言，这究竟是幸运，还是不幸？

从曾氏门生到方面大员
——改变命运的关键一步

初到上海覆陈防剿事宜折

同治元年四月十八日（1862年5月16日）

奏为钦奉叠次谕旨，恭折覆陈，仰祈圣鉴事。

窃同治元年四月十二日，准通商大臣薛焕咨开承准议政王军机大臣字寄，三月二十七日奉上谕：本日已明降谕旨，令李鸿章署理江苏巡抚。松沪兵勇众多，而纪律不明，于剿匪未能得力。即著将各兵勇详加简阅，汰去老弱，挑选精锐，遴派得力将弁管带，以资防剿。李鸿章务当体察洋人之性，设法笼络。上海洋枪队颇资得力，外国人时常夸耀其力。该署抚不妨多为教演，以鼓舞洋人。至华尔等名利兼图，亦当遇事牢笼，毋惜小费。

镇江一城为大江南北关键，地属紧要。前据曾国藩奏称，该处系进兵形胜之区，拟令该署抚带兵前往驻扎，为规复各城之计。现在扬防万分吃紧，都兴阿之军不敷分布。如该署抚能扎镇城，则大江南北均资联络。该署抚既膺疆寄，苏省之地均所管辖。如将上海事宜布置稍定，可以分身赴镇。其赴沪各营应留上海若干之处，均著酌量办理。再据毛鸿宾奏，臬司陈士杰请在籍养亲，已明降谕旨，准其开缺。江苏按察使以刘郇膏署理矣。刘郇膏深得民心，叠经中外保奏，并著曾国藩、李鸿章察看。如该员于军务可期得力，则李鸿章往镇江后，所有上海军务即可责成该员接办。倘该员不能驾驭楚军，即著该署抚另简得力之员管带，并将上海附近失陷各城，会同洋人相机进兵，节节攻复，以顾饷源，并为将来夹攻之计。等因。钦此。

又承准议政王军机大臣字寄，三月二十八日奉上谕：昨据曾国藩奏李鸿章到沪布置粗定，仍亲赴镇江察看情形，分兵防守。所统水师即由梁山贼营冲过以达于镇。已谕令都兴阿分饬各路将弁严密驻守，一俟李鸿章回镇后，即饬各军会同剿洗。李鸿章身膺疆寄，大江南北均归统辖，务当与都兴阿和衷共济，以期水陆夹攻，将鼠踞扬属逆氛克期扫荡，方为不负委任。等因。钦此。

又四月十三日，准薛焕咨开承准议政王军机大臣字寄，四月初二日奉上谕：据吴棠奏，发逆窜扑扬城，都兴阿兵勇未满两万，贼众兵单，情形万紧。现在逆匪蔓延至扬城北路司徒庙等处，请饬水陆兵分道接应等语。李鸿章所部兵勇，前据曾国藩奏称分三起下驶，业经谕令该署抚将上海事宜布置稍定，带兵驻扎镇江，俾都兴阿得资联络。现在扬防吃紧，恐难旷日待援。著李鸿章即令后起赴防兵勇，于行抵瓜、仪时，先其所急，会合都兴阿之军迅将扑扬逆匪奋力剿击，毋误事机。倘李鸿章能先赴镇江一带相机应援，尤属妥善。等因。钦此。

仰蒙圣训周详，力筹兼顾，伏读之下，感悚莫名。臣于三月初八日带陆勇二千人搭轮舟由皖启行，初十日抵沪，续到兵勇至四月初四日止，其计五千五百人，俱扎营上海城南。现尚有楚勇两营未至，总兵黄翼升所带淮扬水师四千余人协剿东西梁山一带，尚无下驶准期。屡接督臣曾国藩来函，以兵勇训练未熟，人数未齐，目下断不宜出伏。臣亲驻营盘督率操演，未敢少懈。近来洋人助剿，连复嘉定、青浦二城。英国水师提督何伯叠次与臣会商，谆催派兵会剿浦东之川沙、南汇、奉贤、金山等厅县，急不可待。臣之兵力何足以云会剿，惟外国兵将为我出力，岂可重拂其意。臣于十五日接受抚篆，即派所部四千人进扎南汇县之周浦镇，由北路相机攻剿。英法各自松江进金山卫，由南路相机攻剿。两路分进，相距百数十里。既可掎贼匪之势，亦不至绝洋人之欢。如浦东厅县乘势肃清，当屯重兵于金山卫，以堵浙江全省踞贼东窜之路。此臣谨遵谕旨，体察洋人之性，设法笼络之微意也。

松沪水陆各军人数虽众，纪律不明，久邀圣明洞鉴。若逐加挑汰，择换将领，束以楚军规制，训练整顿，必须数月，乃有眉目。署臬司刘郇膏朴实廉正，深得民心。现委办臣军营务，藉资练习，亦须数月后，察看能否接办。臣从曾国藩讨论军事数年，见其选将练兵，艰苦经营，不期旦夕之速效。到沪后两晤英提督何伯，谓外国募兵之法须操练六个月，乃使出仗。其战胜攻取固由枪炮之精，亦由纪律之严。江南大营平素绝不操练，故兵勇习气最深，收拾颇难。镇沪各防，皆沿此弊。臣在上海恐未即有化弱为强之效。臣往镇江，亦未必无一傅众咻之虞。但臣职分所在，不敢畏难，当遵旨详加简阅，悉心选汰。如能将上海水陆各军两三月间整理就绪，付托有人，然后周历北岸以达于镇，可无内顾之忧。容臣随时察度奏明办理。此臣筹划兵事，次第布置之大略也。镇江为南北关键，自古用兵必争之地，今日进兵形胜之区。臣丞思移驻彼间，与上游诸军及都兴阿之师就近联络。况扬防吃紧，屡奉谕旨饬援，复何敢稍存推诿。惟臣既在上海，甫经接任，一切尚未措手，固未容舍之他去。其后起未者仅有两营，新募之勇，实不足自当一路。洋船又不肯中道停泊，势难令其于行抵瓜、仪时上岸援剿。项据乔松年禀报，都兴阿督军严守，贼已向西北撤退。如果镇扬再警，俟臣处水师下驶酌留数营于里下河各口，以固江防。若臣移驻镇江，则当会同都兴阿互相援应，合力扫荡。臣才力庸弱，本不敢居统辖南北之名，兵数单寡，暂且无以备分援各路之用。伏乞皇上鉴臣愚悃，期以岁时，俾练成劲旅。或上游另有续拨之师，庶近防远剿稍有可恃。此臣目前力量不能赴救扬州之实情也。所有叠奉谕旨据实覆陈缘由，恭折由六百里具陈，伏乞皇上圣鉴训示。谨奏。

1862年4月到上海参与"协防"，可说是李鸿章摆脱曾国藩、真正"自立门户"的开始，李鸿章以后的"宏伟事业"实皆由此奠基。为何如此，还须细细从头说起。

太平天国起义后，清朝的"国家军队"绿营兵腐朽不堪，简直是不堪一击，相反，倒是曾国藩办的团练、组建的湘军这种"民间武装"，在镇压太平天国的战斗中却屡建奇功。于是朝廷开始鼓励地主豪绅大办团练。

1853年2月，太平军从武汉顺江东下，攻占安徽省城，杀死安徽巡抚。这时，安徽地方当局一片混乱，犹如惊弓之鸟，也开始纷纷兴办团练自保。此时李鸿章还在京城当翰林院编修，据说某天他正在琉璃厂海王村书肆访书时，听说省城被太平军攻占，于是"感念桑梓之祸"，同时认为投笔从戎、建功立业的时机到来，于是赶回家乡参与兴办团练。李鸿章以一介书生从戎，无权无兵无饷，更无丝毫军旅知识，所以徒有雄心壮志而一败再败，一事无成，曾作诗以"书剑飘零旧酒徒"自嘲，足见其潦倒悲凉的心境。

1859年初，几乎走投无路的李鸿章，在其兄李瀚章的引荐下入曾国藩幕。在曾国藩幕中，经过几年戎马历练的李鸿章，显示出过人的办事能力，深得曾的器重。不过，心志甚高的李鸿章并非对幕主唯唯诺诺，而是主见甚强，曾因某些建议不为曾所用而负气离开曾幕。不久曾国藩念其才干出众，修书力劝他重回己幕。而李也认识到离开曾国藩自己很难成大事，于是"好马也吃回头草"，并不固执己见，欣欣然重回曾幕。由此亦可见曾、李二人处世之道的圆熟。

1861 年下半年，太平军在浙东、浙西战场连获大捷，直逼杭州、上海。此时上海早已开埠，"十里洋场"中外杂处，富庶繁华，有"天下膏腴"之称。上海受到太平军威胁，官绅自然惊恐万状，于是派代表到已经克复安庆的曾国藩处乞师求援。此时正在倾全力围攻"天京"的曾国藩感到手下无兵可分，于是拒绝了上海官绅的乞求。不过来者知道李鸿章深受曾国藩的器重，于是私下找到李鸿章，"晓之以理，动之以利"，详陈上海的繁华盛况："商货骈集，税厘充羡，饷源之富，虽数千里腴壤财赋所入不足当之"，如果上海被太平军占领，如此巨大的财源，"若弃之资贼可悗也"。此说利害明显，自然打动了李鸿章，于是他力劝曾国藩援救上海。在他的劝说下，曾国藩亦认识到上海对兵饷的重要，同时想借此争得江苏巡抚的重要职位，于是决定派兵沪上。经过慎重考虑，曾国藩决定派他的胞弟曾国荃前往，不过考虑到此时湘军兵勇严重不足，又改派曾国荃为主帅，得意门生李鸿章为辅，领兵援沪。

之所以要派李鸿章前去辅佐曾国荃，并非因为曾国荃能力不行，而是湘军素来只征召湖南人，无论在何处作战，都要经常返湘募兵，长期作战在外，兵源终愈来愈紧，此时很难大量分兵援沪。而曾国藩早就认为徐、淮一带民风强悍，可招募成军以补湘军之兵源不足。李鸿章是安徽合肥人，又是他久经历练的"门生"，自然是回籍募兵援沪的最佳人选。早就想"自立门户"的李鸿章立即抓住这一机会，急忙赶回家乡。要在短期内组建一支军队殊非易事，于是他通过种种渠道，将家乡一带旧有的团练头领招集起来，迅速募兵招勇，加紧训练，短短两月之内就组建起一支有几千人之众、以湘军为"蓝本"的自己的私人军队——淮军。

不料，曾国荃对率兵援沪却是百般不满，因为他一心要争夺攻克"天京"的头功，于是采取种种办法违抗兄命，拒不放弃进攻"天京"而援兵上海。无论老兄曾国藩如何三番五次再三再四地催了又催，老弟曾国荃就是迟迟不动身，无奈之中，只得改变计划，仅派李鸿章率淮军前往。这样，李鸿章就由"辅"变"主"，对他来说，这可是改变一生命运的关键一步。

1862年4月初，在曾国藩湘军的支持下，李鸿章率刚刚练成的淮军乘船东下抵达上海；这月底，就奉命署理江苏巡抚，几个月后便实授江苏巡抚。之所以能如此一帆风顺，端赖曾国藩保举。就在李鸿章于1861年12月赶回家乡办理团练时，曾国藩接到谕旨，奉命调查江苏、浙江两省巡抚是否称职胜任。曾国藩在覆奏中称这两省巡抚均不称职，指责江苏巡抚"偷安一隅，物论滋繁"，"不能胜此重任"，并附片奏保李鸿章不仅"精力过人"，而且"劲气内敛，才大心细，若蒙圣恩将该员擢署江苏巡抚，臣再拨给陆军，便可驰赴下游，保卫一方"。以曾氏当时的地位，他的意见不能不为朝廷所重视。因此迅速任命李鸿章为巡抚，同时身兼通商大臣。

对曾国藩而言，此事是将地位重要的江苏行政权力纳入了自己的"势力范围"，使当地的"军政"和"民政"实际统归自己，解决了困扰自己多年的"军队"与"地方"的矛盾。对年近四十的李鸿章而言，此事使他成为朝廷的一员大臣，虽然从官制上说仍是两江总督曾国藩的属下，但已摆脱了曾氏"幕员"身份，顿时豪情万丈，其一生事业"由此隆隆直上"。当然，李鸿章也知道这完全是曾国藩对自己的"栽培"，所以立即致书曾氏深表感谢：这都是您对我多年训练栽培的结果，真不知如何报答，"伏乞远赐箴砭，免从愆咎"。

近代中国的历史大势证明，"华洋杂处"的上海在近代中国的地位越来越重要；"洋人"在中国政治中起的作用越来越重要。谁掌控上海，谁就财大气粗；谁能与"洋人"打交道，谁就举足轻重。正是在保卫上海的过程中，李鸿章开始了具体与"洋人"打交道的漫长生涯，也因此后来才能在政坛上超过"湘系"，成为近代中国最重要的权臣。事实上，就个人权势隆替而言，当时"保卫上海"要比争得"克复天京"的"头功"重要得多。而且，曾国荃没有看到，攻下天京的"头功"将使清廷对曾氏湘军力量过强而大为担心。攻下天京，他连夜上奏报捷，本想得到奖赏，没料到得到的却是朝廷一顿痛斥，指责他不应当立即返回雨花台大本营，致使千余太平军突围。稍后又以追查天京金银下落为名，指责曾国荃部军纪败坏，公开点名要曾国藩管束曾国荃："自曾国荃以下，均应由该大臣随时申儆，勿使骤胜而骄，庶可长承恩眷。"曾国荃拒不赴沪，失此"良机"，足见其昧于历史大势，而此正成就了李鸿章以后的那一番事业。

无数事实说明，凡成大事者，必不能昧于历史大势。

李鸿章虽然新官上任，刚有奏折权，但他在折中即变相反驳朝廷，显示出他的精明老辣。

他没想到，自己刚刚"自立门户"、淮军还未完全练成、匆匆赶赴上海连屁股还没坐热，朝廷就接二连三地谕令他立即率部前往镇江，支援军务吃紧的都兴阿部。他当然不同意，于是首先抓住朝廷谕令中"李鸿章务当体察洋人之性，设法笼络"这句话大做文章。他说到上海后，英军首领多次与自己会商在上海附近联合会剿太平军之事：英方急不可待，一再催我快快发兵，但现在我的兵力根本无法与洋人一起会剿。不过，"外国兵将为我出力，岂可重拂其意"？所以我立即派了几千人与洋人一起会剿，一方面既打击了太平军，另一方面又使洋人满意，这就是我遵旨"体察洋人之性，设法笼络之微意也"。其意在强调本来我兵力就不多，洋人还要我防守上海，所以无法率军前往镇江。

把最重要的理由阐明后，他再列举其他理由，如军队缺乏训练、军纪不严、需要时间管理训练，挑选不到合适将领接替自己，兵力严重不足，等等。总之，在自己的权位还未巩固前，他对朝廷的援镇之旨是想办法能拖就拖。对他来说，当务之急是尽快清除异己，想方设法安排"自己人"。

做官须用自己人
——空降巡抚的用人之道

奏保郭嵩焘片
同治元年四月十八日（1862年5月16日）

　　再，苏省吏治凋散，监司大员必须有文武干济之才，廉正敦恳之品为之表率，庶可渐挽颓风。查湖南在籍翰林院编修郭嵩焘学识宏通，志行坚卓。咸丰三年带勇救江忠源于南昌，四年以后往来曾国藩军中，九年春间，复经曾国藩奏调时已入值南书房。旋往僧格林沁天津军营襄办防务，十年因病假归。前湖北抚臣胡林翼屡招未至，安徽抚臣李续宜两次奏调亦未赴营。自以近臣乞退，去就綦严，若假以尺寸之柄，俾资展布，当亦不甘废弃。臣一介疏庸，蒙皇上天恩超擢至此，夙夜愧悚，惟思求贤自辅，以收切磋之益。可否仰荷特旨将郭嵩焘擢授江苏司道实缺，于察吏、整军、筹饷、辑夷各事，均能有所裨助，且与上下游楚军亦易联络。臣前在安庆曾与督臣曾国藩商及，兹因苏松粮道出缺，附便密陈。伏乞皇上圣鉴采择，训示施行。谨附片具奏。

　　李鸿章以一介书生突然当上江苏巡抚，套用现在的话来说就是"空降"。"空降当官"，自然毫无基础。他的当务之急便是在重要部门安排"自己人"，不然就只是政令难行的"光杆司令"，依然难有作为。而江苏官场的混乱腐败，恰为他整顿当地吏治、安排亲信提供了合理合法的借口。所以他在上《初到上海覆陈防剿事宜折》时，就同时附上此《奏保郭嵩焘片》，"折"要公开，"片"较秘密，涉及人事，当然要尽可能秘密。

大而言之，全国的官场一片腐败，不过因为久经战乱，江苏吏治尤其败坏。在给他人的信中，李鸿章认为现在江苏吏治败坏应由曾任江苏按察使、布政使而后于1860年升任浙江巡抚的王有龄（号雪轩）负具体责任。王有龄本人是经"捐纳"而成为浙江盐大使，说白了，即花钱买官进入仕途、步步高升的。他的为官之道就是媚上欺下，左右逢迎，结党营私，贪赃枉法。他长期在江苏做官，把江苏的官风带坏了，到浙江任巡抚时间虽然不长，浙江官风也为他败坏。所以李鸿章在《复吴仲仙漕帅》中说："吴中官场素习浮靡，自王雪轩当事，专用便捷、圆滑、贪利、无耻一流，祸延两省，腼然不知纲常廉节为何物，其宗派至今不绝。"

作为驻防上海的江苏巡抚，他知道时任苏松太道管理海关并署理江苏布政使的吴煦，和买办出身、时任苏松粮储道、"综理夷务"的杨坊是两个关键人物。此二人长期经营上海，并且早就与"洋人"来往。早先联络外国武装镇压上海"小刀会"起义，后来在太平军进军上海时向英美法"借师助剿"、勾结美国人华尔（Frederick Townsend Ward）组成"洋枪队"等均是此二人具体办理，而且杨坊还将女儿嫁与华尔为妻，足见他们与"洋人"关系之深。关税、厘金都由他们管理。他们手下还有一帮搜刮钱财的爪牙，遭众人嫉恨却又无可奈何。可以说，上海的钱、粮、财、物、人事及与"洋人"的关系，都在他们的掌控之中。在上海为官，如果不依赖他们，就要除掉他们。

李鸿章是曾国藩的得意门生，又是由曾国藩举荐当上江苏巡抚，曾国藩现又为一言九鼎之重臣，有关江苏官场的事情，李鸿章自然要与曾相商。对吴煦等人，曾国藩早有自己的看法。早在李鸿章离开安徽前往上海的时候，曾国藩就叮嘱他说："不去煦，政权不一，沪事未可理也。"到上海后，李鸿章对此感觉更深，他就此与曾国藩频频通信，两人紧锣密鼓地筹划整顿吏治，除掉吴、杨之事。在给曾国藩的许多信中，他都表示了对吴煦等人的愤懑。吴煦"用人则是王雪轩宗派，沪吏十有七八系浙人勾结把持，直是无从下手"。吴、杨等人勾结一气，一方面化公为私，一方面搜刮民脂民膏，"远近皆知"。他虽然希望能采取果决手段使吏治立即"澄清"，但又知道这并不现实，自己现在还没有这个实力，不能完全取而代之，只能采"节取而惩劝"的办法。他首先裁撤了吴煦的一些党羽，然后实行关税、厘金分开的政策，吴煦仍管关税，厘金另派人管理，削减了吴的权力。不久他又免去了吴的苏松太道（即关道）之职，由当过上海县令、也有与"洋人"打交道经验且品行端正的黄芳接替。稍后又荐举以廉洁自守著称的当地知府刘郇膏为署理按察使、布政使。在给曾国藩的信中，他说黄、刘二人才干虽然有不足之处，但品行非常端正，这样"沪中吏治渐有返朴还醇之象"。

对杨坊，李鸿章也采取了一系列打击措施。杨坊知道来者不善，便想以退为进，主动提出辞去苏松粮储道之职。但此正中李鸿章下怀，于是"照例出奏"，并附密片举荐郭嵩焘。在这则《奏保郭嵩焘片》中，奏保的理由是"苏省吏治凋敝，监司大员必须有文武干济之才，廉正敦悫（笔者按：悫音却，为诚实、谨慎之意）之品为之表率，庶可渐挽颓风"；郭嵩焘"学识宏通，志行坚卓"，又有相当的从政和军旅经验，所以是补苏松粮道之缺的理想人选。

李鸿章举荐郭嵩焘，可谓用人得当，当然他也有自己的考虑。细细分析他用郭的原因，亦可见他在用人方面的"用心"之深。由于郭嵩焘后来也成为中国近代史上的重要人物，以后还会提到他，所以有必要在此略微细说一下他的经历。

郭嵩焘，字筠仙，湖南湘阴人，1818 年出生，1847 年考中进士，从青少年时代起就与曾国藩成为莫逆之交。当年曾国藩因母丧回家守制时，太平军发展迅猛，在这种情况下，朝廷发谕要曾国藩立即出山组建团练、维持地方治安。理学家曾国藩收到上谕后，对是否违制出山犹豫不决。郭嵩焘听说后急忙赶往曾家，反复劝说曾国藩现在天下大乱，不必拘泥于旧制，应该出来有一番作为，尽忠于皇帝，同时保卫家乡也是尽孝，等等。正是在郭嵩焘的一再劝说下，曾国藩才决定出山组建团练。

郭嵩焘劝说曾国藩出山后，自己也受老朋友、湖北按察使江忠源之请到江部帮办军务，参与对太平军的镇压。不久又到曾国藩处帮办军务，曾到江浙一带为曾国藩筹办盐务。1858 年，经人举荐，郭嵩焘来到京城任翰林院编修。他曾多次被咸丰皇帝召见，颇得"圣上"信任，不久便入值南书房，可以经常见到皇上，几成咸丰皇帝的心腹。这时，天津海防吃紧，咸丰帝便派他到负责津防的僧格林沁部帮办军务。郭嵩焘书生气十足，对僧部的许多事情看不惯，而不可一世的蒙古王爷僧格林沁也根本不把郭嵩焘放在眼里，二人间颇多不快。无论权势还是权术，郭都远非僧的对手。双方明争暗斗一番后，僧格林沁便精心设计弹劾了郭嵩焘。只几个回合，郭就败下阵来。1860 年春，悲愤交加的郭嵩焘只得以养病为由，告假回家。

李鸿章此时亟需人才，自然会想到仍赋闲在家的郭嵩焘。第一，他对郭的品行十分了解，由郭管钱粮尽可放心。第二，他知道驻守上海自然要深涉洋务，他自己此时并无与"洋人"打交道的经验，而郭是当日少有的"懂洋务"的人才。第三，他与郭不仅是丁未科同年，而且政见相同，可引为知己。第四，郭与曾国藩私交甚笃，二人是儿女亲家，曾的四女许配给郭的长子，启用郭也可使自己与曾的关系更加密切，以后若有矛盾，可由郭来调和。

不过，李鸿章深知郭的文人气质颇浓，又有曾入值南书房常蒙皇上召见的经历，未见得肯"屈就"自己属下，于是多次写信给曾国藩，请曾劝其重新出山。他在给曾的信中说："鸿章亟需帮手，冒昧将筠仙附荐，臬司粮道两缺或得其一。敬恳我师切致筠仙公速来。"对此，曾国藩起初并不以为然，一是因为他对郭了解甚深，知道郭是只讲"是非"不讲"可否"，不通权变，其性情脾气可能很难为官场所容，所以提醒李鸿章，郭嵩焘"芬芳悱恻，然著述之才，非繁剧公事"，如果启用郭，"将来多般棘手，既误筠公，又误公事"。二是他与郭是儿女亲家，按清朝制，郭不能在自己任两江总督的辖区内任职，例应回避。他明白自己现在已是"树大招风"，此举易为人所乘。然而经不住李鸿章再三劝说，陈明利弊，曾最终同意劝郭出山。不过曾国藩毕竟办事更为周密，所以致书李鸿章，由李再次上奏陈明现在"沪中急须得人，暂不回避"的理由。镇压太平军是此时清廷的当务之急，早已顾不上回避不回避的制度，当即"著照所请"，并命郭嵩焘"襄办军务"。郭嵩焘上任后的所作所为，证明了李鸿章举荐的正确。

已初经官场挫折的郭嵩焘对再次出山本来并不热衷，起初一再拒绝李鸿章的盛请。但在李和曾国藩、曾国荃兄弟的一再劝说下，于1862年10月终于决定赴沪上任。上任后，郭果然不负众望，采取种种整顿措施，使湘、淮军粮财状况大为好转。李鸿章在给曾国藩的信中称赞道："筠仙到沪后，众望交孚，其才识远过凡庸"，"惟至亲避嫌，鸿章以襄办营务入告，似尚大方。拟仍令兼管捐厘总局，以资历练"。而曾国荃给郭嵩焘之弟的信中，对郭的满意之情已是跃然纸上："筠叟在沪上常有信至安庆，与少荃（笔者按：即李鸿章）中丞及共事诸君均极相安。吴、杨近已悄能管事，妙极！"半年后，在曾国藩、李鸿章的支持下，郭嵩焘又被提拔为两淮盐运使。盐税是两淮的一笔巨额收入，但在江南提督李世忠的控制下混乱不堪，各路人马乘机走私。郭就任后果断地拿李世忠开刀，严打走私，湘、淮军顿时粮饷充足。李鸿章在给曾国藩的信中喜形于色地说："淮盐经筠仙整饬，每月收入倍增，上下游厘饷顿旺。闻江、鄂口岸派督销大员，师门当不终穷也。"有时，用对一个人，某一个方面的难题确会迎刃而解。

吴煦、杨坊的权力虽被大大削弱，但李鸿章对他们仍不放心，一直在找机会把他们完全"扳倒"。1863年1月，他以"常胜军"统领美国人白齐文（Henry Andrea Burgevine）抢劫军饷殴官而吴、杨处理不当为名，奏准将吴、杨二人暂行革职，将这二人从政治上彻底清除。这样，苏、沪终于完全在李鸿章的控制之下。从决意起用郭嵩焘到具体设法绕过一些诸如"回避"等体制性障碍，一步步实现自己的用人策略，可见李鸿章在"识人""用人"方面的过人之处。会"识人"而且能够"用人"，在这方面深有用心而且计划周全细密，确是李鸿章事业成功的重要因素。

奏调冯桂芬等片
同治元年五月初九日（1862年6月5日）

再，江苏吏治多趋浮伪巧滑一路。自王有龄用事专尚才能，不讲操守，上下朋比，风气益散，流染至今。臣于未接任之前，即商请督臣曾国藩檄调湖南丁忧起复在籍之江苏候补知府黄芳来营察看委用，旋又附片奏保郭嵩焘，并请督臣函催来苏。原期得人襄事，渐挽积习。兹钦奉四月二十三日寄谕：沪上税务厘捐均为劣员侵吞入己，著严密查办，并著该抚派委廉洁之员妥为经理。如上海无可派之员，即咨曾国藩调派妥员赴沪差委，力除积习，以清弊端，等因。钦此。

仰蒙圣明烛照，批示周详，下怀曷胜钦感，昨又恭录缄商曾国藩去后，查有五品衔候补中允冯桂芬，精思卓识，讲求经济。翰林院编修王凯泰、户部主事钱鼎铭丁忧、安徽候补道王大经、安徽候补直隶州知州阎炜、同知衔浙江候补知县薛时雨、新选江西建昌县知县王学懋，皆才明守洁，笃实不浮。钱鼎铭、王大经、王学懋三员业调赴臣营差委。冯桂芬现寓上海，王凯泰现由江北团练销差回京，可否饬来臣营，以资赞助。阎炜在安徽办厘著有成效，薛时雨为浙中循吏，罗遵殿曾专疏保荐，现闻侨寓江西，可否请旨敕下曾国藩、李续宜、沈葆桢，饬令该员等迅搭轮舟赴沪。由臣酌量器使，藉除积弊。伏乞圣鉴训示。谨附片具奏。

几乎可说在奏保郭嵩焘的同时，李鸿章又呈上了这则《奏调冯桂芬等片》，这次他一口气竟"奏调"了冯桂芬等七人！其迫不及待的心情毫不掩饰。当然，他自有理由，因为"江苏吏治多趋浮伪巧滑一路。自王有龄用事专尚才能，不讲操守，上下朋比，风气益敝，流染至今"。在这种情况下，他只有大撤大换，才能整顿吏道的弛废。

从主政者重用什么人，亦可看出其人的思想倾向和眼界。

冯桂芬，字林一，江苏吴县人，道光进士，授翰林院编修，是对洋务运动有较大影响的思想家。他是林则徐的学生，曾仔细研读过魏源主张"师夷长技以制夷"的《海国图志》。1853 年在苏州时，以在籍京官身份奉诏举办团练自保。1860 年，太平军攻克苏州时，他逃到上海。由于长期在东南沿海生活，对西方列强的船坚炮利有直接的体会，一度赞成"借兵助剿"，认为"用夷固非常道"，但"不失为权宜之计"，所以主张由英、法军队代守上海，筹划并积极参与江浙官绅与洋人一起镇压太平军的"中外会防"。

主张学习西方先进的科学技术（不学西方的政治、社会制度和狭义的"文化"）是洋务思潮和洋务运动的本质特点，是19世纪60年代中国的一个"新动向"，近代中国经济、文化的近代化实际以此为开端。冯桂芬是这一运动最早、最重要的倡导者之一。他在一系列文章中较为系统地阐述了兴办洋务的基本思想，这些文章可说是他多年对古今中外治国方案和朝政研究的心得，集中表达了他的政治、社会观点，后来汇编成书，名为《校邠庐抗议》。之所以名为"抗议"，他在自序中说是"位卑言高之意"。此书出版以后，长期、广泛地得到"各色人等"的重视和好评。时至今日，研究者大都承认此书不是洋务思想的一般启蒙读物，而是那时"学西学，谋自强"的时代精神论纲，是最早问世的洋务思潮的唯一代表作。

在《校邠庐抗议》中，冯桂芬从诸多方面对当时政治的腐败作了深入的分析、批判和揭露。面对新的变局，政治上依旧因循守旧，毫无生气；贪污贿赂公行无忌，官名几为市肆之名；官为富豪犬马，而鱼肉百姓；经济上千疮百孔，横征暴敛，结果是民受饥苦、蠹国病商；军事上防同虚设，不堪一击……确如大厦将倾。

中国被西方列强欺凌，他感到"开天辟地以来未有之奇愤"，深为国忧。他分析了中国面临的险恶局面，呼吁上下如不振刷精神、奋起变革，"我中华且将为天下万国鱼肉，何以堪之"！所以他疾呼："自强之道，不可须臾缓矣！"中国之所以落后挨打，"非天时地利物产之不如也，人实不如耳"。他进一步说，"人实不如"并非说人的天赋不如，而是"人自不如"，就是后天不努力、不长进。天生的自然条件不如人是可耻的，但无法改变；而"人自不如"，更加可耻，因为"人自不如"是自己不努力才不如人的，但只要知耻后勇，洗心革面，这种"不如人"是可以改变的。怎样才可以自强，他认真研究了西方资本主义国家的先进之处，比较中西现状，提出了几个在当时振聋发聩的"不如夷"：在社会政治方面，"人无弃材不如夷，地无遗利不如夷，君民不隔不如夷，名实必符不如夷"；在军事方面，"船坚炮利不如夷，有进无退不如夷，而人材健壮未必不如夷"。

在19世纪60年代的中国，说中国"不如夷"应向西方学习，会被视为"非圣人之法"的异端。恪守封建冥灵的顽固势力拒绝一切新事物，攻击学习西方是"以夷变夏"，虽然痛遭西方列强欺凌，依然不思振作，继续做"天朝上国"的迷梦。顽固派拒不向先进学习的昏聩无知，恰是近代中国一直落后的重要原因，对他们的陈词滥调，冯桂芬义正词严地驳斥说，历史在不断发展变化，"质趋文，拙趋巧，其势然也"，这是必然的。今天的中国已不是夏、商、周时代，强敌破门而入的现实使中国不得不变。拘泥成法、因循苟且，就会自承其弊，任人宰割。所以"法"如果不合形势，虽先古圣人遗留也要抛弃；如果能使国家强盛，就是"蛮夷"之法也要学习。针对中国的弱点，他提出了广泛学习西方科学知识，广译西书、采用西方机器和新式农具、变通科举来培养西学人才等一系列主张。这样，中国对西方"始则师而法之，继则比而齐之，终则驾而上之。自强之道，实在乎是"。虽然他这样热情地主张学习西方，但还是将这种学习限定在科学技术的范围内，非常小心地将根本制度"礼"排除于外："且用其器，非用其礼也，用之乃所以攘之也。"他对自己思想的总结是："如以中国之伦常名教为原本，辅以诸国富强之术，不更善之善者哉！"这一简单概括成为后来洋务派基本纲领——"中学为体，西学为用"的蓝本。

冯桂芬的思想是与林则徐、魏源"师夷长技以制夷"思想源起流继、脉络相连，但又突破了林、魏"师长"仅限于船坚炮利，而是由"技"到"学"，进入科学学理的层次。他自己大概也没有意识到，他提出的观点和问题，其实是后来对中国文化进行全面反思的起始，更如一些学者所言，标志着近代中西文化交流史上一个阶段性进展。他的思想承前启后，为后来的洋务思想家和维新思想家提供了丰富的思想资料，成为洋务运动与维新运动的嚆矢。

冯桂芬被李鸿章延揽幕下，深得其器重。李鸿章在江苏的许多举措，如复书院、兴试院、设立广方言馆等，常常委冯筹划办理，李鸿章的早期洋务活动更是随处可见冯的身影。曾国藩在《复冯宫允书》中，亦盛赞《校邠庐抗议》"足以通难解之法，释古今之纷。至其拊心外患，究极世变，则又敷天义士所切齿而不得一当者，一旦昭若发蒙，游刃有地，岂胜快慰"，"必为世所取法，盖无疑义"。1874年冯桂芬病逝后，李鸿章为其亲撰墓志铭，并奏请建"专祠"。《校邠庐抗议》以后被频繁刻印、广为刊布，戊戌维新变法运动中，光绪皇帝曾下谕旨印刷一千部颁发各衙门，作为变法的重要参考读物。由此可见冯桂芬影响的深远。而对冯的赏识器重，当是李鸿章用人方面的又一得意之作。

该抗旨时就抗旨

权衡沪镇缓急片

同治元年五月二十七日（1862年6月23日）

再，钦奉五月初一日寄谕：镇江为南北关键，现在北岸肃清，急宜以重兵驻扎为进规江宁之计。李鸿章如能抽身赴镇，则呼应较灵，于大局较有裨益。其上海兵勇，该署抚亦可于抵镇后会商曾国藩派员前往整理。著曾国藩迅即会商李鸿章，酌量情形，通筹全局，如何可以带兵及早到镇，先占形胜，最为得策。苏省绅士之言，恐有偏私，李鸿章必当审察定见，不可过信，等因。钦此。又奉五月十四日寄谕：现在楚军东下，已攻克太平、芜湖等城，即日进规九洑洲为合围金陵之计。惟贼势穷蹙，必将铤而走险，江北尚称完善，而防兵单薄，甚属可虞。前次叠谕李鸿章赴镇，与江北各军联络一气。著即恪遵前旨，迅将沪防事宜妥为办理，即日前往镇江整顿一切。大局所关，想该署抚必不敢迟延贻误也。至沪上兵勇应如何设法裁汰整顿之处，仍著李鸿章妥筹兼顾，并拣派得力大员赴沪管带，以资得力，等因。钦此。

仰蒙圣虑殷谆，批示亲切，伏读之下，感激莫名。臣接督臣曾国藩来函颇以进攻金陵兵单为虞。又接曾国荃五月初十日自金陵雨花台来信，我军只能围其西南两面，深沟高垒，以水师为根本，以江面为粮路。先为自固，徐图制贼，非添二万余人不能合围。讯生贼供，洪逆调苏湖两处之贼回援，恐成持久之势等语。臣查金陵城大而坚，从前和春、张国权拥八九万之众，围攻日久，功败垂成。今苏浙两省遍地贼区，黏连一片，处处可以进援，尤与昔年情形迥异。所恃楚师稳练较胜他军，贼数众多，未尽精悍，曾国荃以水师为根本，当可立足。但军数不及二万，其力不足以合围，即未能制其死命。此次伪忠逆党羽扑犯松沪，负创而遁，闻将连合杭湖贼众赴救金陵。臣深代悬虑，亟欲驰往镇江，就近援助。无如臣原部陆军仅数千人，分两处则均不得劲，专一路则尚可自立。兵事重大，臣何敢易言也。沪中官民向恃洋人为安危，乃援贼未来之先，洋人分兵四出，援贼大至之后，洋人敛兵不动。臣揆度夷情似非暗与贼通，坐观成败，实系慑于贼众不敢向前。若非臣亲督兵将痛挫凶锋，患且不测。以是知洋人不可专恃，沪防必须自强。臣忝任苏抚，既不能弃沪中每月二十万饷源之地，又不敢缓镇江接应上下游各路之师。左右思维，实无长策。至沪上原有水陆兵勇逐营简汰整顿，非臣亲自部署不能钤制。所带诸将中，尚有勇敢朴实之材，实少应变驭众之选，且资望皆浅，未可令其独当一面。臣断不偏信绅士之言，贻误大局。惟军事以得人心为本，臣之谫陋，到沪后稍紧军民之望，未便轻自移动，遽失众心。曾国藩处似亦无统兵大员可派来沪，可否容臣将沪事办妥即移师出江，亦慰圣廑。

抑臣更有言者，冯子材等催臣前往，实欲臣至镇为该军筹饷，未必为进剿起见。现在江北完善，地方所出之饷，专供都兴阿一军尚无缺乏。畛域已分，江南止存镇沪两处，每月仅能由沪分给三万，无地可另筹巨款。臣实深为内愧。冯子材尚能战守，而兵勇疲惫已非一日，长江师船大半朽坏，劫夺成风，臣即颠顿其间，止能自立一军，未便控制诸将。若轻言整顿，先失和衷之义。若亲军太少，亦无整顿之资。此皆实在为难情形，臣不能稍有徇隐，谨先附片密陈。伏乞圣鉴训示。谨奏。

清军对"天京"一直采取围城打援的办法，先后侵袭了天京周围的太平、芜湖、浦口、九洑洲等地。但要立即攻打天京，则兵力明显不够。因为另一支清军将领多隆阿原本约定与曾国荃一同进攻天京，然而因曾国荃专横嚣张致二人矛盾骤然尖锐。正好这时一支四川的农民起义军进入陕西，陕西形势十分吃紧，几经活动后，清政府命多隆阿为钦差大臣西征。虽然曾国藩闻讯大惊，希望有关方面能重奏以中止多隆阿西征，以履合围天京之约，但多隆阿仍执意率一万五千人西征。多隆阿部西征，此地兵力顿显吃紧。鉴于此，曾国藩不同意进攻天京，但曾国荃夺功心切，执意进攻天京，于是不听其兄曾国藩劝阻，孤军深入天京城下的雨花台。此时天京危急，正在攻打上海，与淮军、华尔的洋枪队大战的太平军忠王李秀成，立即率二十万大军前往上游解天京之围，仅留一小部在上海周旋。

本来清军就兵力不足，李秀成援兵来后更觉江苏战场紧张，朝廷于是两次下旨要李鸿章率部赶往战略要地镇江，加强防守。而援守上海可能是"苏省绅士之言，恐有偏私，李鸿章必当审察定见，不可过信"。"金陵"（即天京）被围，"贼势穷蹙，必将铤而走险"，"前次叠谕李鸿章赴镇，与江北各军联络一气。著即恪遵前旨，迅将沪防事宜妥为办理，即日前往镇江整顿一切。大局所关，想该署抚必不敢迟延贻误也"。

李鸿章在上海全力防沪时，接到让他率部赶往镇江的命令，无论是出于形势需要还是保存自己的实力，自然是一百个不愿意。不过圣旨用语如此峻切，当然不敢抗违，于是就写了此则《权衡沪镇缓急片》。明明是自己不想遵旨援镇，却使用客观陈列"守沪"与"援镇"利弊得失的方式，要朝廷权衡。以"客观"陈述来达到自己的目的，实际要朝廷按自己的旨意行事，成败的关键是行文的技巧。而此文仅八百来字，却层层推进，实际逐条反驳了朝廷的"圣旨"，几乎句句大有深意，实为此中范本。

首先，他承认围攻"金陵"的兵力确实不足，所以"未能制其死命"。而且他还承认"此次伪忠逆党羽扑犯松沪，负创而遁，闻将连合杭湖贼众赴救金陵。臣深代悬虑，亟欲驰往镇江，就近援助"，表明应该而且自己也愿意率兵前往镇江。这一层的主要意思是承认圣旨正确、有理。下级要反驳上级，首先要承认上级指示决定正确，李鸿章当然深知此点。但就是在这种作假表态中，他也不放弃玩弄小小的文字"玄机"。明明太平天国忠王李秀成是奉天王洪秀全之命撤围援宁，李鸿章却说成是受到自己重创逃跑，短短一句话既"照顾"了现实，又达到为自己评功摆好的目的。而且，即便朝廷知道实情，为了面子也不会否认太平军"忠逆"是受"大清"军队重创而逃的说法。

其次，他虽然表示"亟欲驰往镇江"，但接着笔锋一转，说明自己只有陆军数千人。这几千人的兵力，"分两处则均不得劲，专一路则尚可自立"。也就是说，不是原地守沪，就是前往镇江，二者只能其一，不得兼顾。接着他就分析防守上海与增援镇江各自的利弊。首先，他把"洋人"抬出来。自太平天国起义爆发以来，清政府与"洋人"的关系十分微妙复杂。自太平军逼近上海始，上海官绅就提出借洋人的武装防守上海，并成立了"上海会防公所"（又称上海会防局），专门负责借洋兵协防上海事宜。"洋人"的"协防"再次显示出洋枪洋炮的厉害，对此，清政府一方面想借"洋人"的武器来剿灭太平军，但又怕洋人借此侵入内地，所以一时拿不定主意。不久接受了曾国藩建议，"借师助剿"只限于上海一地。当然，清政府更害怕的是"洋人"暗中资助太平军。李鸿章深谙此点，所以才首先将此点拿出大做文章。他说上海官民一直都是靠洋人保护，在太平军人数不多时，洋人主动出击。但当太平军援军赶来人数众多时，洋人则按兵不动。据他的分析了解，洋人此举倒不是暗中与太平军往来，坐观其成，而是慑于太平军人数众多，不敢战斗。所以，如果不是他亲自领兵打仗、"痛挫凶锋"，后患如何还很难说呢。事实说明，"洋人不可专恃，沪防必须自强"，即守卫上海不能专靠洋人，必须自己强大才行。他的潜台词是，不要以为有了洋人就能防卫上海，真正防卫上海的是我李鸿章。地位如此重要，怎能轻易离开呢？

再次，他说明自己已是江苏巡抚，负有筹款弄饷的重责，而上海是每月二十万饷源之地，作为巡抚不能放弃，所以不敢到镇江接应上下游各路部队。因此他左右为难，"实无长策"，把难题交给了朝廷。

又次，各处军纪的严重败坏使清廷头痛不已，所以在给李鸿章的上谕中既要他到镇江对那一带军队进行"整顿"，同时又要他对上海原有驻军"设法裁汰整顿"。清廷绝不会想到，这反给精明狡诈的李鸿章提供了留在上海的更多理由。他说：上海原有的水陆军队只有我亲自领导部署才能整顿，因为我带来的将领都是"勇敢朴实之材"，所以找不到通权达变、能驾驭众人的其他人才，而且他们的资历和威望都浅显不足以服众，无法独当一面承担整顿原有部队的重任。而镇江一带的军队因长期作战而且兵饷长期不足，所以早已是抢劫成风，如果我到那里去也只能管住我自己的部队，其他部队的将领则未必听我的命令。而且，如果不顾这些情况就轻言整顿，首先就会破坏不同部队的精诚团结。若我带去的部队人数太少（由于还要防守上海，不可能带很多兵去），也根本没有整顿其他部队的资格和能力。

李鸿章深知，对上级的指示和命令要提出不同意见时，一定要仔细阅读、反复推敲原文，尽量从中找出能为己用的"空子"，才是最为稳妥可行的方法。

第五，针对他防守上海是应"苏省"士绅之请，所以朝廷上谕中有"苏省绅士之言，恐有偏私，李鸿章必当审察定见，不可过信"的严责，李鸿章"堂堂正正"地摆出正统的道德说教：首先表示自己"断不偏信绅士之言"仅固守上海而不增援镇江贻误大局。紧接着他明言"军事以得人心为本"这一儒学基本原理，潜台词是"绅士之言"代表了"人心"，怎能说是"偏私"呢？用这种正统意识形态的大道理反驳朝廷，谅朝廷也无话可说。接着他以此再进一步说明自己无法离开上海的另一理由：我虽然没有什么大本事，但到上海后还是赢得了一些军心民心，已有一定威望，现在不能轻易离开上海使民众和军队失望啊！一旦军心动摇、民心不稳，这被围之城自易失守。当然，他表示如果曾国藩能派来合适的人选接替自己，自己一定出沪援镇。不过他认为曾现在大概也派不出领兵大员来接替自己防守上海，所以请朝廷给他一定的时间，允许他把上海一切事情安排妥当之后再率部增援镇江，以宽解朝廷的焦虑。

最后，他干脆明说镇江方面要他前去增援的要求其实是假的，其真实目的是要他去为他们筹饷，未必是为了"进剿"。最终，又回到"饷源"上来。他知道朝廷也一直为兵饷不足所深苦，所以再次强调现在没有其他地方，只有上海一处能每月提供巨额兵饷（借机再次强调上海的重要）。对此种困境，他表示"实深为内愧"，主动承担责任。其实他也明白，这种全局性责任并非他的"责任"，这种主动承担不过只是一种让朝廷高兴，至少是不让其不满的姿态而已。

他很清楚，对朝廷的指令纵有不同意见也只能迂回反驳，而对其他人则可公开严厉反驳。这种分寸，他掌握得至为得当。

读了李鸿章这通《权衡沪镇缓急片》，朝廷将如何"权衡"则不言而喻了。

升任两江总督
——李、曾的政治命运初现端倪

署理总督筹办大概情形折
同治四年五月初六日（1865年5月30日）

奏为钦奉谕旨，恭谢天恩，并筹办大概情形，恭折奏祈圣鉴事。

窃臣于五月初四日承准军机大臣字寄四月二十九日奉上谕：曾国藩著即携带钦差大臣关防，统领所部各军星夜出省，前赴山东督剿。两江总督已有旨，令李鸿章暂行署理，即著前赴金陵接印任事。两江任大责重，李鸿章务须悉心经理，仍随时与曾国藩妥商。曾国藩军营调兵集饷各事，宜该抚并当妥为筹画，不得稍有迟误，等因。钦此。

当即恭设香案，望阙叩头，祗谢天恩。伏念臣吴疆承乏，三载于兹。虽思竭虑以效忠，窃愧过多而功少。仰荷酬庸旷典，异数叠加，兄弟同列封圻，将佐多膺专阃。每念寇氛未靖，时事多艰，辄互相儆戒，惧有隙越，致负圣主倚畀之隆。兹复特降恩纶，暂权督篆，闻命震悚，日夜旁皇。窃以臣籍隶安徽，该省系总督兼辖，例须回避。又两江政务殷繁，所属蹂躏已久，凋瘵万分，善后各事，兵饷二端，在在棘手。诚如圣谕，任大责重，微臣才智短绌，非所克胜。揣分量力，必应吁辞固请。惟亲王僧格林沁剿贼阵亡，捻氛日炽。直东一带，失此长城，中外震惊，宵旰忧劳，急盼曾国藩前往督师，需人接替。臣何敢拘泥常例，引嫌避位，致误事机。拟即料理交卸，驰赴金陵，暂行接印。

此间善后，如浚河兴学，抚恤劝农，及常镇招垦荒田，上海通商洋务，均次第办有端绪。藩司刘郇膏，接护抚篆，情形熟悉，地方一切，可无贻误。惟苏境水陆防军三万余人，均已分布各隘。又援剿福建之提督郭松林、杨鼎勋两军共八千余人，援剿徐州淮扬之提督黄翼升、刘铭传、周盛波，臬司张树声、道员吴毓芬等军，共二万数千人，除黄翼升、李朝斌两枝水师系曾国藩旧部，余皆由臣募练而成。各军饷粮军火，专指苏、沪税厘，历经奏明在案。统计每月饷需及制造采办各项杂支额款将近五十万，而苏、沪税厘及藩库地丁牵算，月入不足三十万，挪东掩西，尽力凑济。虽前敌各营，时时匮乏呼号，徒以恩义相维，尚不至于哗溃。臣独心忧之，是以叠次奉拨京饷，义不敢辞。甘饷迄难定数，每月能解一万已为勉力。臣非忍恝置西陲，实迫于不容已也。臣暂署督篆，距苏较近，所有调度兵将，筹画饷需，自当引为己责。随时会商曾国藩，照章悉心经理，以期仰副宸厪。至通商篆务，系臣兼办，现未奉明谕，臣谨暂带通商钦差大臣关防前往，随事饬令江海关道丁日昌等妥为办理。仍请旨定夺。除俟交卸起程续行驰报外，所有接奉谕旨，恭谢天恩，并筹办大概情形，理合缮折由驿具陈。伏乞皇太后、皇上圣鉴训示。谨奏。

从表面看，这不过是一道普通的新官上任例行公事的报告，但看似普通却不"普通"，看似寻常却不"寻常"。这背后，有极其复杂的人事关系和政治权谋。

1864 年 7 月下旬，太平天国的都城天京陷落，标志着太平天国农民运动的失败。虽然仍有零星的太平军余部活动，但已是强弩之末，彻底失败已指日可待。清廷十几年惶惶不可终日的"心腹之患"终被剪除。不过"鸟尽弓藏"，在镇压太平天国中立下头等战功、手握重兵又广揽利权的曾国藩及其湘军，此时转而成为清廷的心头隐患，因此清廷开始对湘军处处防范。这样，曾氏兄弟与清廷的关系突然紧张，一场新的政治危机一触即发。

对曾国藩集团，清廷采取恩威并重的方法，一方面封曾国藩太子太保，授爵一等侯，世袭罔替；曾国荃官封太子少保，一等伯。一方面又下谕严责曾国荃措施不当，致使太平军千余人突围，且要追查天京金银下落，实际指责曾国荃部军纪败坏，点名要曾国荃等不要"骤胜而骄，庶可长承恩眷"。同时，清廷还公开支持一些与曾国藩不和的地方大员，迅速提拔重用一些曾的湘军部下，对左宗棠、李鸿章等更是格外青睐，积极扶持，期望他们能"独立"，削弱曾的实力。而深谙中国传统政治"兔死狗烹"之道的曾国藩，其实更早就在思考、担忧与朝廷的关系。经过一番深思熟虑，考虑到主客观条件，讲求"诚信忠孝"、以"理学"著称的他最终采取了自剪羽翼、裁兵自敛的方针，所以在攻克天京后即着手裁减军队，大大减轻了清政府的顾虑。但曾国藩深知清朝的国家经制兵已腐败不堪，根本承担不起对外的国防与对内的镇压任务，所以他采取了"裁湘留淮"政策。因为清廷对李鸿章及淮军并无猜忌，而淮军的战斗力提高迅速，因此曾认为只要保留淮军，清王朝的江山稳固就有一定保障。而且毕竟湘、淮军曾有密切渊源，李曾是他的部下，在现在情况下，保留淮军对自己也是有利无弊。他在给李鸿章的信中写道："惟湘勇强弩之末，锐气全消，力不足以制捻，将来戡定两淮，必须贵部淮勇任之。""淮勇气方强盛，必不宜裁，而湘勇则宜多裁速裁。"在封建统治者中，如曾国藩这般"顾大局""识大体"又能自保者，确不多见。

"裁湘留淮"使李鸿章的实力和地位顿时提高，用"大喜过望"形容他的心情恐不为过。但李毕竟是老于世故的官僚，知道清廷与曾国藩的关系微妙，一定要小心谨慎处理各方关系。所以在给曾国藩的信中坚决支持这一决策却并未喜形于色，而且恭敬地表示："吾师暨鸿章当与兵事相终始"，淮军如果"改隶别部，难收速效"，"惟师门若有征调，威信足以依持，敬俟卓裁"。

这一时期，命运之神对李鸿章似乎格外宠爱。太平军虽已基本被镇压下去，但北方"捻军"却仍在活动，并且于1865年5月在山东击毙了前来镇压的清军著名将领僧格林沁，僧部全军瓦解，令清廷大为惊恐。于是立即任命曾国藩为钦差大臣，赴山东镇压捻军，李鸿章接替曾国藩之职，由江苏巡抚升任两江总督。曾国藩接到命令后惊诧愤怒，李鸿章在欣喜异常之余，安慰曾国藩说："上意专倚吾师，保障北方，收拾残烬。事机紧迫，物望丛积，自属义无可辞。"由于湘军已经裁撤不少，镇压捻军明显兵马不够，李鸿章主动提出调拨淮军精兵供曾国藩调遣。李鸿章此举一方面解决了曾缺兵少将之急，使其能尽快赶赴前线，同时他可以顺利赴任，而且朝廷也会认为他顾全大局，可谓一箭三雕，面面俱到，端的是周全老练。所谓"两江"原指江南、江西两省，后来江南省分为江苏、安徽两省，所以两江总督管辖苏（含上海）、皖、赣三省。这是中国最富庶的三个省份，是清王朝最重要的财政来源之地，也是人文荟萃之地，因此两江总督的重要性仅次于直隶总督。当上两江总督，是李鸿章迈向事实上的"国家级领导"的重要一步。政治向来讲求实力，"撤湘留淮"使湘不如淮，李鸿章势将"独大"。

清朝的吏治实行较为严格的回避制，李鸿章的家乡安徽属"两江"管辖，照例他应回避，所以他在上朝廷的这则奏折中表示："臣籍隶安徽，该省系总督兼辖，例须回避"，而且总督两江责任重大，"微臣才智短绌，非所克胜，揣分量力，必应吁辞固请"。这是必要的谦虚和"官样文章"。不过他突然笔锋一转，表示由于僧格林沁阵亡，"失此长城，中外震惊，宵旰忧劳，急盼曾国藩前往督师，需人接替。臣何敢拘泥常例，引嫌避位，致误事机。拟即料理交卸，驰赴金陵，暂行接印"。总之，他之所以"不回避"而走马上任是出于公心、军情紧迫而不得不如此。

接着他就借汇报"署理总督筹办大概情形"顺理成章地一再强调筹饷的种种困难。因为两江为中国最富庶繁华之区，随着太平军被镇压，又成为清政府重要的饷源。但其实这些地方甫经战乱，筹饷也非常不易，所以他在刚刚上任的奏折中就反复诉说此点，明显为今后与朝廷讨价还价、减少朝廷索饷打个"埋伏"。

此折又一次说明，在短短的奏折中充分表达己意，确是李鸿章的拿手本领。

首次严重政治危机

覆奏殷兆镛等条陈江苏厘捐折

同治四年六月初一日（1865年7月23日）

　　奏为钦奉谕旨，据实覆陈，仰祈圣鉴事。窃臣承准军机大臣字寄同治四年五月十九日奉上谕：有人奏功臣宜知警戒，请严加训迪，俾得保全等语。据称江苏巡抚李鸿章战功虽著，而子惠未孚。百姓之流离者，未尽收恤。地亩之荒芜者，未尽开垦。不闻德政，惟闻厚敛，并以侍郎殷兆镛前疏极言江苏横征暴敛之害，皆指李鸿章而言等语。李鸿章自简任江苏巡抚以来，叠克城池，肃清全省，厥功不为不大。惟以该省事同创始，委用之人较多，则流品易杂。筹饷之途稍广，则民怨易滋。今军务未竣，待用孔亟，抽厘之局自不能全行裁撤。若如该侍郎所奏，各捐未免太形琐屑，至官亲幕友、游客劣绅，争充委员，擅用令箭旗牌等事。绅董稍假事权，擅作威福，恐亦事所难免。著李鸿章将不肖委员严加裁汰，厘卡仍以归并为主，俟军务肃清再行次第撤裁。另片奏江苏各项捐款加以各项田捐，岁可收银四千万两等语。江苏捐款虽繁，亦断不能如所奏之多，究竟可得若干，如何开支，著李鸿章造册报部覆销。该抚受委任之重，惟当体朝廷痌瘝在抱之念，与民休息，以期日臻上理。以上各情有则改之，无则加勉，以无负谆谆诰诫之意。原折片并殷兆镛折均著钞给阅看，将此谕令知之，钦此。伏读再四，既感我皇上优容之厚，训诲之殷，又愧臣忝任疆吏以军务为急，不能要结绅士，致招物议。又自恨不守儒生愚拙之分，谬附战功，叨窃太过，盈满致灾。惟既带兵不得不筹饷，既筹饷不得不任怨。殷兆镛至以恃功朘民相讥，又以岁收四千万耸听，未免意存倾陷。若非圣主明鉴、万里洞烛隐微，则当局为难之苦衷无以自明，后此办事之掣肘，罔知所措。中夜以思，骇汗战惧，曷能自已。

但近年以来，廷臣奏请停减厘捐者，不止一人，不止一次。而外省未有一处停减，岂督抚大吏皆不肖、皆恃功耶？亦事关大局，有所不容已也。臣早欲覆陈。去冬准广东督抚咨钞会奏抽厘助饷，熟筹利弊一折，于本末源流，言之最为切尽，而未闻明诏如何指示。兹奉旨以军务未竣，待用孔亟，厘局不能全裁，是圣明实已鉴及。凡毛鸿宾等已陈各节，臣固毋庸再渎。姑就江苏情形论之，向称财赋最盛，以地丁、漕粮、盐课、关税四者为大宗。自咸丰三年贼陷金陵，江南北大军云集，分两台供支。苏宁两藩司进款各顾一面，不相通融。和春、张国梁统兵七八万人，月饷五六十万。上海税捐及苏藩司丁粮正款已足敷用，尚不借厘金之力。而其时绅士把持，议论纷繁，当事亦未能认真兴办。自苏、常叠陷，仅存上海一隅，藩库丁漕丝毫无收。薛焕招集兵勇四万余人，仅资沪关税项。幸汉口、九江尚未开关，洋税月收入三十余万仍不足用，乃扩充厘局以增益之。

臣于同治元年四月接署抚篆，随带水陆各营仅及万人，将薛焕旧部裁汰简练，合之华尔常胜军亦不过四万人，以入抵出，欠缺无几。旋值汉、九开关，沪税递减，仅足养洋兵及分济镇江一军。而臣军攻剿日急，添募愈多，至二年夏间水陆已增至七万余人，饷无所措，不得不专恃厘捐，乃将沪厘大加整顿，并仿照上游楚军办法，克复一处即酌添卡局以济军需。商民佥谓官兵能杀贼救民，无不踊跃乐输。创巨痛深之余，方有好义轻财之举。苏、松被扰较轻，生意尤旺，故捐卡稍密。常镇蹂躏最苦，至三年四月克复常州后，不再添厘局。臣固斟酌行之，非敢一意操切。此苏省抽厘助饷之原委也。凡有卡局处所，臣均亲历查勘，于河湖扼要立总卡收捐，于港汊纷歧立巡卡照票，以杜绕漏。一征一验，相隔或五七十里，实无十里五里设卡重征之事。照上海定章，每千钱取三十四十不等，实无十钱抽三之事。由浙沪至苏，或捐两次，或捐三次，按成本之轻重，货色之高下，刊章共守，亦无绸缎须捐八九次，木料须捐五六次之事。殷兆镛折内所称茶棚桌子，赌场桌子，点心、剃头担、粪担日捐数千文至数十文，并有妓女捐名色。苏省捐目虽多，本由商贾繁盛，货物辐辏，因地制宜，亦何至有此等荒唐之事。造谣诬蔑，骇人听闻，不知其意何居。

至所称官亲幕友、游客劣绅争充委员、董事，擅用令箭旗牌等事，前湖北抚臣胡林翼尝言，办理厘捐须依唐臣刘晏之法，引用士人，不使胥吏经手，则弊端较少。是以湖南北厘捐分济本省及各省征剿之饷，为日最长，而功效最著。由于择人而用，不专令候补人员及地方州县经办。臣初仿而行之，无论本籍外籍，但求廉勤不苟者延请入局，官亲幕友实未充当此差，游客绅士亦必审慎择取，迫全省肃清或谓候补人员必须兼用，于是外省员绅渐去渐少。臣督同总局司道明察暗访，一有弊窦，立予参撤。数年来奏参咨革之案层见叠出，未敢稍事姑容。至令箭系行军所用，未闻用之厘卡。旗牌告示以晓喻商贾，炮船弁勇以保护行旅，亦无擅作威福之事。此苏省厘卡办法之大略也。

至有人另片奏江苏各项捐款加以各县田捐，岁可收银四千万两等语。奉旨江苏捐款虽繁，亦断不能如所奏之多，究竟可得若干，如何开支，著造册报部核销。仰蒙圣慈洞鉴，曷胜钦感。查我朝定鼎之初，每年直省所入丁漕仅一千数百万，自乾隆六十年，海内殷富，盐务、关税叠加整顿，户部所入每年多至四千余万。嘉庆、道光以后，入不敷出，至咸丰间每年例入之数十不及三四矣。兹乃谓苏省偏隅凋敝之余，能筹出乾隆盛时各省所入四千万之巨款，非独不识时务，且似不通掌故。其正折责人以学道，不知彼之所学何道也。查苏省出入各款，缘奉上年七月初十日上谕，各处办理军务未经报销之案，准将收支款目总数分起开列清单，奏明存案，免其造册报销，臣即钦遵办理，业于本年二月十七日将苏沪军需第一案收支款目开单具奏。兹又将第二案收支各款另折陈奏，均系实收实放，毫无捏饰。综计先后单开，如厘捐一项，自元年四月至二年六月止，共收银三百四十九万余两。又另单自元年十月至三年六月止，共收银八十八万七千余万两。又自二年七月至三年六月止，共收银二百六万二千余两。此其已报达部者，计两年有零，共收厘捐银六百四十余万，数目不为不巨。江楚各省厘金，每年各不过百数十万，兹于苏、松二百余里内，岁收厘捐将三百万，办事不为不力。自苏、杭、金陵克复，东南腹地肃清，商贾四散，不尽聚于上海，亦不尽走苏境，厘金日以减色目。今衰旺牵算，月不过二十万。若如殷兆镛所奏，非惟不减，反从而日增月益。果有增益，何至收数转绌耶？

至如何开支，其三年六月以前，经臣分案逐款胪列，固可一目了然。嗣后当遵旨报部汇销。独念去秋以来，金陵及各路兵勇陆续遣散，臣军将士亦未尝不久役思归，苏省绅商更莫不冀撤兵裁卡。臣若乘机尽撤所部，慰军士凯旋之乐，邀流俗免捐之誉，而臣得解兵柄，进退绰然，未始非计之得者。徒以余氛未净，厚恩未报，一旦有警，无以应君父之急，逡巡未决。乃至今年，奉旨调苏军援闽，三月奉旨调苏军援淮徐，五月奉旨调苏军援直东。事变叠生，强起立应。计郭松林、杨鼎勋八千余人，潘鼎新五千五百人，皆雇用轮船航海远征。船价、行粮、军装各项，格外骤费至三十万两。而刘铭传、周盛波各军一万四千人转战皖北、山东，粮饷转运弗绝于路，其分防苏境及金陵、扬州、徐州，内外江海淮河各处水陆各营又将近四万人。馈饷不继，则哗噪堪虞。军数不减于在苏攻剿之时，而费用转倍于寻常。有事之日，徒恃厘捐养战士，出款增而卡局未增，商民尚不甚怨。殷兆镛以苏属巨绅为贵近之臣，不以国家大局为念，乃倡为浮议，肆口诋诬。上以眩惑朝廷之听，下以鼓动愚民之气。远近传播，使有藉口以遂其背公蔑法之私。臣固不能不寒心，以后官斯土者，更无所措手矣。既荷圣明垂鉴，臣当引疚自责，随时督饬，甄汰委员，酌量归并卡局。仍筹顾各路紧要饷需，仰副我皇上谆谆诰诫之意。

至所称百姓流离，未尽收恤；地亩荒芜，未尽开垦。此臣日夜疚心长太息者。窃惟抚吴三年，到处捐赈，施粥施寒衣织具，岁不下数十万缗，存活尚众。常镇荒田太多，今春遴委员绅知府高梯、简用道府陈箫等前往设局招垦。由苏筹发谷种六万石，捐款六万串，农具十数万，约计十一县中，官垦民垦之田，新添百余万亩。雨泽应时，欣欣有生意。江皖毗邻灾区，且有闻而慕者。臣实自愧惠政之未周，仁心之未尽也。

抑臣更有请者。臣由海上用兵兼办通商洋务，稔知西洋各国兵饷足，器械精，专以富强取胜。而中国虚弱至此，士大夫习为章句帖括，辄嚣嚣然以经术自鸣，攻讦相尚。于尊主庇民一切实政，漠不深究，误訾理财之道为朘利，妄拟治兵之人皆怙势。颠倒是非，混淆名实。论事则务从苛刻，任事则竞趋巧伪。一有警变，张皇失措，俗儒之流弊，人才之败坏，因之此最可忧。我皇上冲龄践祚，秉承两宫皇太后圣训，攘除寇乱，中兴盛业必可驯致。惟于用人、听言二端，推求实济，坚持定见。务为远大之谋，深维富强之术。消内患，杜外萌，蔑不由是。臣虽懵愚无识，幼读父书，早蹑科第。咸丰三年蒙文宗显皇帝派往军营，迄今十有三年。饱历艰难，出入生死，身家度外，荣利泊然。乃蒙圣朝委任之隆，宵旰望治之切，忍辱负重，不敢自避嫌怨，恒兢兢焉。以军实未充、民生未安为惧。要其设施，无非为公家筹画，绝无一毫自私自利，谅亦可以共见共闻。现捻患方亟，曾国藩督师在外，后路筹饷筹兵关系至要，臣何忍别有希冀。一俟捻贼荡平，撤军归农，届时有以谢中外之责望，庶无负圣主始终保全之恩。

所有感激愧悚下忱，据实披沥覆陈。伏乞皇太后、皇上圣鉴。谨奏。

李鸿章知道给朝廷上奏折贵在简明扼要，所以他的奏折一向简洁。但此折却字数不少，而且那一大堆数字使人更感枯燥，初读此折确使人有絮絮叨叨、冗长乏味之感。但在李的从政生涯中，此折却很重要，使他度过了身居要职后经历的首次较为严重的政治危机。所以此折不能不长，长自有其长的道理。细细读来，此折既有针对朝廷的条分缕析，细细陈明前因后果，看似冷静客观的自我辩白，又有针对政敌的严厉反驳，满腔愤怒的无情反击。可谓攻防适当，控张得宜。

李鸿章除调拨淮系精兵供曾国藩前往安徽"剿捻"外，还担负起在后方为其筹饷的重任。当时兵饷的主要来源是江苏省，不过江苏才经战乱，满目疮痍，筹饷实在不易。由于农业遭受的破坏远远超过商业，而且李一向认为应该让农民休养生息、实行减免赋税的政策，所以只能以厘金济饷。厘金是清政府在镇压太平天国运动中由于财政陷入严重困难，于1853年设立、而后相继推向全国的对生产运销过程中商品征收的捐税。清政府设有厘捐总局、厘局及遍布全国通商要道或市镇的分局或厘卡，分局、厘卡下又设分卡和巡卡。征收人员越来越多地杂有地方豪强、地痞流氓一类，他们往往横征暴敛、敲诈勒索，因此民怨四起。清政府虽明白其中弊端重重，但财政近于枯竭，却也没有办法。

面对剿捻急需款项，李鸿章不得不"巧立"更多名目抽厘助饷。他的横征暴敛，激起苏省商民强烈反弹，这种不满自然为他的政敌所利用。1865 年 7 月，内阁中书、江苏吴县人殷兆镛和给事中、江苏常熟人王宪成先后上书，猛烈抨击李鸿章"不闻德政，惟闻厚敛"，罪不容诛。朝廷也指责说："若如该侍郎所奏，各捐未免太形琐屑。至官亲幕友、游客劣绅，争充委员，擅用令箭旗牌等事。绅董稍假事权，擅作威福，恐亦事所难免"；命令他"将不肖委员严加裁汰"，将有关账目"造册报部覆销"；敲打说："该抚受委任之重，惟当体朝廷痌瘝在抱之念，与民休息，以期日臻上理。"

曾国藩得知后，深为李担忧，写信劝李只对少数"极有关系"的指控如设粪桶捐、岁入厘捐四千万两等，"不能不动色相争"外，其余则可置之不问，"总宜处处多留余地，以延无穷之祐"。

面对此种严重局面，李鸿章备感"怆恫"，但仍决定毫不更改既定方针，在给友人的信中表明自己的心迹："自殷兆镛奏稿发钞，知者咸为不平，不知者藉以吓制，而吴人或因此造谣抗闹。鄙人别无他计，做一日官，带一日兵，即办一日厘捐，与其病农，不如病商，况非真病也。如有旨离任督剿，必请责成后来者为办厘饷，否则必另拨有著之饷，否则弃军撤官可也。"因此，他不顾曾国藩"置之不问""多留余地"的劝诫，决心以攻为守。

此复奏一开始他就咄咄逼人，公开亮出自己的观点，明说自己是"以军务为急，不能要结绅士，致招物议"。也就是说，因为自己忙于军政大事，没工夫和士绅拉关系，得罪了地方利益集团，才引起毫无道理的种种议论。紧接着他又皮里阳秋地写道："自恨不守儒生愚拙之分，谬附战功，叨窃太过，盈满致灾。"这可是话中有话，大有深意，尤其看似自责的"自恨"两字用得极其巧妙，潜在的意思是自己本应是读书的儒生，但国家有难（而政府正规军又腐败）不能不以儒生投笔从戎。因为自己战功卓著引起他人妒忌，所以才为人谤。此折修辞极为讲究，要说明自己是因功遭妒，但又不能对朝廷"摆功"，所以"谬附战功""叨窃太过"这两个自谦之词用得确实恰当，既达到目的，又无自夸之嫌。他又进一步对朝廷表白道："既带兵不得不筹饷，既筹饷不得不任怨。殷兆镛至以恃功朘民相讥，又以岁收四千万耸听，未免意存倾陷。若非圣主明鉴、万里洞烛隐微，则当局为难之苦衷无以自明，后此办事之掣肘，罔知所措。"这段话实实在在地"将"了清廷一军：军饷本应由中央政府供给，现在你朝廷不能供给而不得不由我带兵者自己设法筹饷，你还说什么呢？他还十分巧妙地把"圣主明鉴""万里洞烛隐微"这些"高帽"先给朝廷戴上，让朝廷再难启齿责备，且不无威胁之意。如果朝廷仍偏听偏信，"当局为难之苦衷无以自明"，以后谁还敢、谁还能为朝廷做事？而且，虽然廷臣奏请停减厘捐者"不止一人，不止一次"，但外省没有一处停减厘金，难道这些督抚大臣"皆不肖，皆恃功耶"？其中必有不得已之处。此折开篇二三百字即不同凡响，使朝廷实际难以招架。

在开篇即给政敌定下"耸听""意存倾陷"的结论从而定下此折的基调后，他就细列账目、详陈多抽厘捐的原因和具体情形，貌似冷静客观地逐条反驳不实之词，条理清晰，层次分明，而在事实陈述中又总是恰到好处地激烈反驳政敌。首先，针对殷奏攻击他茶棚桌子、赌场桌子、点心担、粪担等"日捐数千文至数十文"，连妓女都要收捐，他愤怒地反驳说，江苏因商业发达，各种捐目确多，但"何至有此等荒唐之事。造谣诬蔑，骇人听闻，不知其意何居"！其次，对于"官亲幕友、游客劣绅争充委员、董事，擅用令箭旗牌等事"的指控，他也辩白说自己只是仿效前湖北巡抚胡林翼被证明行之有效的方法，"无论本籍外籍，但求廉勤不苟者延请入局。官亲幕友实未充当此差，游客绅士亦必审慎择取"，而且"明察暗访，一有弊窦，立予参撤"。而"令箭"为行军所用，从未用于厘卡，而"旗牌告示以晓喻商贾，炮船弁勇以保护行旅，亦无擅作威福之事"。再次，对江苏各项捐款及各县田捐收银四千万两的说法，他干脆从清王朝建立以来说起，论证此乃不可能之事，同时讥讽上折造谣者："非独不识时务，且似不通掌故。其正折责人以学道，不知彼之所学何道也。"在详列收支情况后，他说自己在大体平定江苏后，不是不知道自己的将士打仗太久、都想解甲归田，不是不知道江苏的商人想撤厘卡，如果自己这样做，也能邀得"免捐"的时誉。但是，在朝廷与个人荣辱之间，自己反复思虑，还是要以朝廷为重。虽然江苏大体平静，但全国各地仍不平静，仅今年朝廷不是就接二连三要他派兵援助福建、安徽、直隶东部吗？而且有些援军还要租用外国海轮，费用极大，这些都需要钱。他没有明说这些费用本应由朝廷支出，现在实际由他负担。所以，为了报朝廷之恩而不考虑个人名誉得失，仍决定不撤这些厘卡。以报朝廷之恩为名再将朝廷一军。同时，他对政敌再次愤而反击："有事之日，徒恃厘损养战士，出款增而卡局未增，商民尚不甚怨，殷兆镛以苏属巨绅为贵近之臣，不以国家大局为念，乃倡为浮议，肆口诋诬。上以眩惑朝廷之听，下以鼓动愚民之气。远近传播，使有藉口以遂其背公蔑法之私。臣固不能不寒心，以后官斯土者，更无所措手矣。"这最后一句其实仍是将朝廷的军。

在此折的最后部分，李鸿章先自责一句，然后从中西文化关系的高度把批驳的矛头指向那些只会清谈"道""理"责人，其实不谙实际的"士大夫"，进一步指向科举制度："臣实自愧惠政之未周，仁心之未尽也。抑臣更有请者。臣由海上用兵兼办通商洋务，稔知西洋各国兵饷足，器械精，专以富强取胜。而中国虚弱至此，士大夫习为章句帖括，辄嚣嚣然以经术自鸣，攻讦相尚。于尊主庇民一切实政，漠不深究，误訾理财之道为聚利，妄拟治兵之人皆怙势。颠倒是非，混淆名实。论事则务从苛刻，任事则竞趋巧伪。一有警变，张皇失措，俗儒之流弊，人才之败坏，因之此最可忧。"这短短几句话，就将此折从就事论事单纯的辩诬、反驳提高到文化传统、国家教育方针、人才培养的高度。

然后，他甚至有些不客气地提醒朝廷："惟于用人、听言二端，推求实济，坚持定见。务为远大之谋，深维富强之术。消内患，杜外萌，蔑不由是。"最后，他不无感情地表白自己如何奉朝廷之命投笔从戎，"迄今十有三年。饱历艰难，出入生死，身家度外，荣利泊然"，"忍辱负重，不敢自避嫌怨，恒兢兢焉。以军实未充、民生未安为惧。要其设施，无非为公家筹画，绝无一毫自私自利，谅亦可以共见共闻"。

此折波澜迭起，清晰冷静的事实陈述与感情激烈的针锋相对交加，反驳论辩与正面论证融为一体，有时锋芒毕露，有时绵里藏针，确是一则值得反复揣摩的奏折。

读完此折后，朝廷不得不下诏责备殷、王等假公济私、邀誉乡党。然而为控制湘、淮，清廷又以"开言路"为名，对殷、王免于严谴。但对李鸿章来说，最重要的是他终于渡过了这次严重的政治危机。

该敷衍时且敷衍

——从吴棠案看李氏的做官经

起程回鄂片

同治八年十二月初二日（1870年1月24日）

再，钦奉十月二十日寄谕：李鸿章行抵重庆后，须将川黔两案如何办结奏明，再行回鄂等因。自应钦遵办理。查法使罗淑亚此次出京，因川黔两案未结，兼及湖北、安庆皆有新起教案，声称将带兵船上驶，再由汉口以待入川等语。自系虚声恫喝，以相胁制。臣在成都初接此信，即与崇厚、吴棠面议，窃料川黔山径崎岖，民情浮动，该使兵船本不得到，亦断不敢带兵深入。且外洋水陆不能互用，法国并无陆兵在各海口，何从调集。若彼自行前来，不过一教士等耳。惟川黔两案，川省案情尤重，该使在总理衙门饶舌将近一年，缪辕过深，难遽定议。臣必先将此案筹办就绪，以谢远人而慰圣廑。到渝后督同该道锡珮等，与梅西满往复开谕，几于舌敝唇焦。幸首犯何彩迅速就获伏诛，余犯分别惩究，并允赔补教堂。该主教输服无辞，地方亦相安无事。至遵义一案，有余思枢在彼与该官绅设法劝导，固不必克期强迫，亦不致另激事端。早迟当可办结。重庆距黔省近二千里，文报往返甚迟。臣在此久留，实无裨益。总理衙门来函，亦称此二案若能十一月内完结一件，带兵入川之说，不烦言而自解。此论极中机要。况两湖系微臣本任，带印出省瞬已半年，公事多虞废搁。天门教案初起，臣正登舟，今不知已否完结。该使兵船若至汉口，人心不免惊疑，私衷尤增焦系。臣拟即日起程，由水路东下。正月初旬，或可抵省。如罗淑亚已至汉口，即将川黔近事切实告知，以阻其行，并冀于江楚大局稍有匡助。理合附片陈明。伏乞圣鉴。谨奏。

此折是李鸿章奉命由湖北到四川"办案"、处理"教案"的例行公事汇报，并无深意。但他离开湖北远赴四川的前前后后，却不能忽视。因为他在四川所面对的问题说明晚清政治腐败已深，并在相当程度上预示了近代中国即将面临更深刻的冲突。

李鸿章于 1869 年 2 月到达湖北武昌，接任湖广总督，但这年 6 月底，接到朝廷要他入川调查四川总督吴棠（被云贵总督刘岳昭参奏）贪污受贿案的命令。然而李收到命令后却迟迟不出发，因为他知道吴当年有恩于那拉氏家族，现在"圣眷"正隆，实情难以调查，所以一拖再拖。但"拖得过初一拖不过十五"，最终还是不得不入蜀调查此事。8 月初他从武昌出发，到 10 月下旬才抵成都，而 11 月初就匆匆得出"调查结论"。在《查覆吴棠参案折》中，他认为所参各情俱是空言，而且居然进一步严责参奏者："近来川省官场习气颇尚钻营，遇有大吏新任，多方尝试。稍不如意，则编造竹枝词等私行散布，以讹传讹，使人莫测其从来，远处闻之，或因他故微嫌，遂至摭拾入告。"而"吴棠履任后广收呈词，严批痛斥，派员分赴各属，查禁私设班馆，饬裁州县夫马局捐费。多用正途，而少用捐班。此皆应行整顿之事，殊于贪官猾吏不便，遂造言腾谤以倾之。此等风气，最为地方人心之患"。紧接着的一句话更是说到慈禧心窝："若非朝廷知人善任，力为主持，虽忠贤亦将自危，而奸回转为得计。"最后，他的结论是："吴棠善政宜民，可为川省造福，亟求扶持正人以伸公道。臣详查事实，密察舆论，该督被参各款毫无证据，断不敢稍涉徇隐，自干咎戾。亦不敢误信谣言，紊乱是非。”

李鸿章对吴棠案的如此处理正中慈禧下怀，结果告发者却反受申斥。以李的位高权重，也不得不顾忌慈禧的好恶，对吴案如此这般敷衍了事，足见晚清官场的腐败之深，确是已入膏肓，难以起死回生矣！

就在他在川期间，四川、贵州又连发教案。李"懂洋务"且有与洋人打交道的经验，朝廷自然又命令他就近处理几处教案。

在这几起民教冲突中，有反洋教的团民被杀，也有教民甚至法国传教士被杀，法国驻华公使罗淑亚（Rochechouart, Louis Jules Emilien）派人来川，并以出兵相要挟。清政府大为紧张，李鸿章自然也想"息事宁人"。在此期间，他连上《查覆川黔教案折》《酉阳州教案折》《委员责办遵义教案折》等几道奏折。在这些奏折中他一方面说"教士恣肆""本地匪痞入教者倚势欺压平民"，一方面又说这些地方"民气浮嚣""民风素悍"，二者"积不相能，激成巨案"。他承认陷于"洋人坚韧嗜利，边民众愤难平"的困境，"若办理稍有偏重，则仇隙必将愈深。既患民心愤激而事变滋多，又恐教士寻衅而祸端莫测"。在这种首鼠两端的处境中，实际并不可能如他所说"持平办结"。在这种左右为难中，"利害"的权衡显然要大于是否"持平"的考虑。结果，他与罗淑亚谈判，将"反教"的首领处死，并赔偿白银三万两了结。

此事虽然暂时平息，但民教冲突不久就更加尖锐，对大清王朝的命运影响殊深，当然，也直接影响了李鸿章的命运。

痞子手段与曾李政治命运
——接近权力中枢的关键一跃

行抵直境分兵边界折
同治九年八月初四日（1870年8月30日）

奏为行抵直境，遵旨派兵分扎晋豫边界，恭折仰祈圣鉴事。

窃臣由潼关渡河入晋，业于七月十四日驰报在案。途次叠奉七月十八、二十等日谕旨，饬将所带各营分扎直隶边境获鹿一带，及河北彰德、山西平定等地方。臣先已檄饬郭松林武毅全军由陕洛过河，暂扎彰德、卫辉等处。周盛传所部，由韩城分起渡黄，至平阳会合齐进。兹查山西平定、直隶井陉一带山径险狭，粮草艰贵，不宜屯扎多营。因令周盛传统率马步各队暂扎平阳、洪洞等处，休养操练。臣自率亲军八营按站前进，于八月初四日行抵井陉，拟即赴获鹿暂驻，就地筹办粮运，以济军食。

抑臣更有陈者，钦奉密谕，现在天津之事未即决裂，若调兵信息早为洋人窥破，必致又生疑忌等因。查官军越境远役与营中出队情事不同，若朝发夕至，原可声东击西，故为不测。兹由陕入直，二千余里，人马二万有奇。后路调拨饷械军火，前路筹办车马粮料，有一不备，不可行军。洋人教民布满内地，岂能处处掩人耳目。臣此次迫于六月二十八日严旨，仓猝成行，幸而天津和议可就，不至遽有战事。若稍决裂，我军远来疲乏，粮饷军火布置诸难齐备，深惧无以应敌，负咎滋重。夫用兵之道与驭夷之法，皆须虚实奇正互用。洋酋好为大言，内怯多疑，遇事专讲利害强弱。臣向在江南办理交涉棘手事件，往往兵威稍盛，彼族气焰稍减，议办亦易就绪，盖严兵卫正所以保和局也。前曾国藩奏称，因无备之故，办理过柔，寸心抱疚。臣奉命带兵赴道，何可仍以无备而往？即使调兵信息各处传闻，为洋人窥破，或转因其疑忌而中外和议可以速成，非理要挟可以裁抑。彼既挟兵船而来，似不能禁我之不调兵。彼若先开炮则先开衅，非我调兵即启衅也。况此次和议成后，中国谅非永不设备。若果认真设备，洋人亦不能毫无觉察。无论其觉察与否，疑忌与否，当先尽其在我勿予以无情无理之口实，略示以不茹不吐之风裁。目前天津之案，必为拿犯赔堂，日后自强之策，必求练兵制器。理与势两不偏废，庶与大局有裨。臣已遵旨分饬各军远扎晋豫边界，所虑一旦有警，呼应不及。愚昧之见，不敢不预为陈明。谨缮折由驿驰奏。伏乞皇太后、皇上圣鉴训示。谨奏。

一个王朝的多事之秋，像李鸿章这样为朝廷倚重的大员自然难有片刻"闲暇"。不过，这种"席不暇暖"，却往往又是得到更大权力的良机。

1870年2月，刚从四川处理"教案"回到武昌的李鸿章突然又接到要他到贵州督办军务的命令。在他的心目中，贵州是无足轻重之地，于是采取了拖延的办法，迟迟不成行。大约一个月后，由于左宗棠镇压陕西回民义军不力，朝廷又改令李鸿章前往陕西驰援。对此，李鸿章也老大不乐意，因其与左素来不合，积怨甚多，左更视西北为自己的禁脔，不容他人染指。所以，李鸿章也拖延了一段时间，直到7月才出发。没想到，到西安仅仅七天，他又收到朝廷一道紧急密谕，要他"移缓就急""酌带各军，克日起程，驰赴近畿一带，相机驻扎"。

原来，1870年6月21日（同治九年五月二十三），天津发生了民众火烧教堂、打死法国领事丰大业（Fontanier, Henri Victor）的"天津教案"。法国公使罗淑亚（Rochechouart, Louis Jules Emilien）和英国公使威妥玛（Wade, Sir Thomas Francis）一同气势汹汹赶往天津与直隶总督曾国藩谈判，同时向天津海面调集军舰，战云再起。面对此种局面，清廷紧张万分，当然也要调重兵备战，于是急忙命令李鸿章前来防守京畿重地。

其实"天津教案"刚一爆发，李鸿章就与曾国藩信件不断，商讨对策。在六月初五给曾国藩的信中他坦承："津郡民情浮动，查拿议抵，即平民已不易办。若彼族归罪官绅，窒碍更多，且虑激生他变。窃恐彼毙一官而欲得一官抵之耳。"事实证明，他的所料不虚，法国首先提出的条件就是要惩办天津府县官员。对如何了结此事，李的基本观点仍如以往："中国立意不与开衅，仍以拿犯赔银两层为结束。"他向曾国藩建议，与罗淑亚打交道"须得精通法人语言性情者为说客"，如果天津没有合适人选，他可推荐。在给曾国藩的另一封信中，他承认"此事彼直我诎，彼是我非"，所以只能认错，对"百姓愚顽"要治以刑律，对没有教化、管束百姓的官员也要"酌予惩处"。"杀人抵命，烧房抢物赔银，此外尚有何说。若要夺据地方，索赔至百数十万，总不答应。开仗与否，听客所为。"他的态度是软中有硬。他还建议曾与法国人打交道时"防备必须严密，亲军必须带往"，甚至说与洋人打交道要"参用痞子手段，不宜轻以一死塞责"。这或许是他的经验之谈。为满足法国人提出的一些条件，曾国藩和清廷决定将天津知府张光藻、知县刘杰送交刑部治罪，一时舆论哗然。李鸿章在七月初三给曾国藩的信中写道："张光藻官声尚好，但书腐气重，洋务太生。此次下狱，京外必为鸣冤，诚恐下狱未足了事，吾师必与总署设法维持。"总之，惩凶、赔一定的银钱、处分有关官员是此时他认为中方应坚持的"底线"，如法国再有其他要求，则曾国藩"只有背城借一，为立足之地，无束手受制之理。鸿章前云痞子手段，我于尽情尽礼后，若再以无理相干，只有一拼而已"。这种"痞子手段"是李鸿章与曾国藩行事的重要不同之处，或曰其在晚清官场上胜过曾国藩之处。

得到朝廷密谕，李鸿章立即起程，赶往直隶。在给朝廷的一系列奏折中，他不仅汇报自己行程，还提出对处理天津教案的意见。在七月初五上奏的《遵旨带军赴直折》中，他诚惶诚恐地写道："臣伏读之下，震悚焦急，莫可名言。"同时表示从总理衙门和曾国藩处已得知事情原委，"臣窃料夷情叵测，即商请曾国藩酌带亲军劲旅移扎附近冲要。若该夷无理取闹，尚可稍有唐抵"，并已经密饬自己的部下"相机准备"。巧妙地表示了自己的忠心和早作预防。对法国公使罗淑亚提出惩办天津府县官员的要求，李鸿章颇有意思地写道："该酋等平日胁朝廷以制官，胁官以制百姓，其心固甚畏百姓也。"这句话几乎活生生地印证了晚清"百姓怕官，官怕朝廷，朝廷怕洋人，洋人怕百姓"的民谣！他认为罗淑亚这一要求"不但无以服天津士民之心，亦无以服天下臣庶之心。夫是非者，立国之本。此案诎在津民，业经事事认错，情理备至，而罗淑亚等恃强逞忿，不论是非之公，并欲使我国家紊乱其是非，即令隐忍迁就，后将何以立国"？此点分析堪称透彻。接下来他又宽慰朝廷说："臣昔在苏沪，与洋人久相交涉，所部将士与洋兵曾共战阵，习知其平素伎俩专恃火器。水路船炮，我军或难与争长；陆路野战，彼族亦难操必胜。"而西北边疆在左宗棠经营下已问题不大，"期之岁月，必能得手，圣主可释西顾之忧"。在这道奏折中他还附了一个《质讯津案办法》的密片，片中提醒朝廷："臣查外国审办命盗重案，必以证据口供当堂质对确实，反复研究仍能定谳，与中国明慎用刑之意略同。窃料该使到津后必有洋行买办通事及无赖之徒从中簸弄，以致颠倒失实，若仅空言驳斥，徒激其怒而启其疑，此案终难妥结。"他建议朝廷密饬有关大臣"询明该使所闻得自何人，所查得有何据，须将如何帮同主使证据交出，由中外大员会同提集该府县当堂质讯，必如外国办案，两造俱肯认供，毫无抑勒翻供，乃可成信谳而服众心"。此片表明他对外国法律初有所解，并想"以子之矛攻子之盾"。而更厉害的是，他以中外"会同"质讯、一起检验证据为名，要求法方提供证人证据，实际是控制、阻断向法方提供情报的"洋行买办通事及无赖之徒"。此招确实老辣。

就在李鸿章率部急急向直隶进发的时候，清廷、曾国藩已准备屈辱求和，接受法方提出的非分要求，因此朝廷又在七月十八、二十日密谕李鸿章将部队远扎在河南、山西与直隶交界的地方，生怕离京畿过近刺激洋人，同时要李切勿走漏调兵信息，因"现在天津之事未即决裂，若调兵信息早为洋人窥破，必致又生疑忌"，妨碍达成"和局"。此谕凸显出清政府的软弱不堪。两国相争，调兵信息自要保密，为的是不让敌方知道以战胜敌方，而清廷要求保密的原因却是怕对方"又生疑忌"而难以求和。对此，李鸿章在八月初四呈上此《行抵直境分兵边界折》，委婉却又明确地表明了自己的不同看法。

首先，他说明如此大规模调兵不可能不走漏风声，因为从陕西到直隶有两千多里路程，他的人马有两万多，"后路调拨饷械军火，前路筹办车马粮料"，再加上"洋人教民布满内地，岂能处处掩人耳目"？然后，突然有些令人不解地转到与此无关的"议和"问题。对朝廷的主和，他自然表示赞同，并为此提供理由："幸而天津和议可就，不至遽有战事。若稍决裂，我军远来疲乏，粮饷军火布置诸难齐备，深惧无以应敌，负咎滋重。"不过"夫用兵之道与驭夷之法，皆须虚实奇正互用。洋酋好为大言，内怯多疑，遇事专讲利害强弱。臣向在江南办理交涉棘手事件，往往兵威稍盛，彼族气焰稍减，议办亦易就绪，盖严兵卫正所以保和局也。前曾国藩奏称，因无备之故，办理过柔，寸心抱疚"。也就是说，如果没有"严兵卫"，则"和局"亦难保。而紧接着的下一句则颇有趣味："臣奉命带兵赴直，何可仍以无备而往？即使调兵信息各处传闻，为洋人窥破，或转因其疑忌而中外和议可以速成，非理要挟可以裁抑。"也就是说，此次洋人同意"和议"且没有更多的"非理要挟"，在很大程度上是因为他李鸿章匆忙率兵前往的消息传出所致！其间应有他的重要功劳！读到这里，人们才明白为什么此折一开始他要强调如此大规模调兵不可能不走漏风声，原来是为了后面的这段"表功"埋下伏笔。更重要的是，紧接着他进一步打消朝廷对洋人的顾虑，论述了率部进入直隶的重要性：洋人已调兵船要挟，我们当然也有调兵的权利。如果洋人先行开炮，战端即由他们开启，不能说我们仅仅因为调兵即为"启衅"。而即便此次"和议"成功，仍应调兵防备："此次和议成后，中国谅非永不设备。若果认真设备，洋人亦不能毫无觉察。无论其觉察与否，疑忌与否，当先尽其在我勿予以无情无理之口实，略示以不茹不吐之风裁。"最后，他向朝廷报告自己"已遵旨远扎晋豫边界"，但立即提醒朝廷这种"远扎"的危害："所虑一旦有警，呼应不及。愚昧之见，不敢不预为陈明。"

　　总之，此折的主要目的就是要打消朝廷对调兵直隶的顾忌，让朝廷明白必须调兵守备京畿的道理。他的分析确有道理，只有做好充分的军事准备，才有谈判的筹码，才有可能达成"和局"，他的一番分析亦足见其为朝廷考虑之周详。但是，此折背后其实还潜藏着他的个人利益。他明白，如果就此"远扎"在晋豫边境待命，不知要等到何时，将处于进退不得的尴尬境地，这绝非他率大部队仓促成行、日夜兼程想得到的结果。当然，他更不愿打道回陕去协助左宗棠"剿回"。

他早在七月二十四日给曾国藩的信中就感叹说现在率部"暂扎休养"，诸事"尚无头绪，举棋不定，四顾茫然，惟吾师知我艰耳"。情绪低落到极点。对他个人而言，此时的最大利益也是率部入直，因为离京城越近，离权力中枢即越近。在这一点上，他的个人利益与朝廷利益可说是完全一致，所以此折所言是为朝廷，也是为他自己。但不必说，奏折通篇只能是"朝廷利益"，绝不能提丝毫的"个人利益"。

但就在他倍感失落、大发感叹的时候，突然时来运转，发生了使其后半生登上权力巅峰的重大变化。原来，在天津教案的处理中中方过于软弱，具体经办此事的曾国藩为千夫所指、"诟詈之声大作"，几乎举国欲杀。具体负责、经办此案的曾国藩确要为此负责，但他的办案方针、做法却是符合朝廷本意的，即他是代表"国家"处理此事，所有重大事项，皆须经朝廷同意；换句话说，朝廷更要负责。但无人敢责骂朝廷，只能以怒斥曾国藩泄愤。虽然无人责骂朝廷，但对汹汹民意，朝廷却不会没有感觉。因此，于八月初三下令将曾国藩调回两江总督任上，由李鸿章接任直隶总督之职。清廷中途换将，实际是向世人宣布此次津案处理之责任全在曾国藩，借此推卸自己的责任。

对朝廷来说，由李代曾固有推卸自己处理津案责任的直接原因，但还有更深思熟虑之处。因为直隶直接拱卫京城，地位异常重要，而清政府的八旗、绿营已证明不堪一击，只有湘、淮军可用。但经过大量裁撤，湘军已经衰败，所以只能借重李鸿章的淮军。而且，李鸿章在苏、沪期间，经常直接与外国人打交道，是此时清朝大员中不可多得的具有外交经验和能力的大员，此点朝廷不能不倚重。对李鸿章来说，此事意义更为重大，意味着在清王朝的政治格局中，曾是曾国藩"学生"的他，其权势终于超过了乃师曾国藩。由此开始到1901年去世，这三十年间他一直是政坛"第一重臣"。

第一总督
——妥处与"老首长"关系

调任直隶谢折
同治九年八月初六日（1870年9月1日）

奏为恭谢天恩，仰祈圣鉴事。窃臣于获鹿县行次，接准兵部火票递到同治九年八月初三日内阁奉上谕：直隶总督著李鸿章调补，钦此。当即恭设香案，望阙叩头谢恩讫。伏念臣才识疏庸，屡膺疆寄。自去春涖楚以后，使蜀援秦，驰驱不息。在任之日少，在外之日多。地方吏治，愧未能尽心整饬，悚惕方深。兹蒙简命调任畿疆，值海防吃紧之秋，正臣职难宽之日。惟畿辅要区，为皇都拱卫根本大计，纲纪攸关，稍存瞻顾之心，即昧公忠之义。现在津案未结，河工待修，凡柔远能迩，练军保民诸事，皆当规画宏远，非老成硕望如曾国藩不足以资镇抚。特以江表严疆，东南财赋亟须得人而治。臣虽梼昧，何敢畏难诿卸，上负圣明。惟有勉竭愚忱，一守曾国藩旧章，实力讲求，倍矢兢惕，以图报称而慰宸廑。除俟接篆后恭疏具报应办事宜次第筹画详奏外，所有微臣感激下忱，理合缮折，恭谢天恩。伏乞皇太后、皇上圣鉴。谨奏。

能当上"总督之首"的直隶总督，李鸿章喜出望外之情自不待言。不过，作为历练之臣，他深知这种高兴心情绝不能"喜上眉梢"，而要含而不露，且要妥善处理与被他"取而代之"的"老师""老首长"曾国藩的关系。

在例行的任职谢折中，他首先照例自谦一番，但在"才识疏庸"的自谦中又暗含对功劳与辛苦的表白："自去春溯楚以后，使蜀援秦，驰驱不息。在任之日少，在外之日多。地方吏治，愧未能尽心整饬，悚惕方深。"对被任命为直隶总督，他感恩道："兹蒙简命调任畿疆，值海防吃紧之秋，正臣职难宽之日。惟畿辅要区，为皇都拱卫根本大计，纲纪攸关，稍存瞻顾之心，即昧公忠之义。"也就是说，担任直督是艰巨重任，如果自己为个人利益瞻前顾后不愿担任此职，则是对国家、朝廷的不"公"不"忠"，而自己是为了国家、朝廷利益才挑此重担。在此短短谢恩折中，他还不忘对老首长曾国藩赞赏有加。国家现在面临许多困难，"非老成硕望如曾国藩不足以资镇抚。特以江表严疆，东南财赋亟须得人而治"，称赞朝廷让曾任两江总督是"得人而治"。自己虽然愚昧，但一定"勉竭愚忱，一守曾国藩旧章，实力讲求，倍矢兢惕"，以报朝廷之恩。"一守曾国藩旧章"，也是曲折为曾辩解。曾氏此时正遭天下人责骂，对李的辩护定存感激，此足见李的留有余地、老于世故。

在八月初五给曾的信中，李鸿章安慰曾，说天津教案"局外浮言虽多，津郡民气浮动，要不深知当事曲折。吾师忍辱负重，力为其难，久而自明，可勿介怀"。然后对自己就任直督之事表白说："接初三日寄谕，复令鸿章受代畿篆，惶汗莫名。"并劝曾切莫辞让两江总督："两江地大物博，断非师门莫办"，"中外皆盼吾师卧护疆宇，幸以鞠躬尽瘁自矢，免滋物议"。并再次表白自己是无可奈何才担任直督："鸿章知无退步，不得不纯任自然，非真能任艰巨者。"由于曾一再表示辞让不就两江总督，李鸿章在八月十四日给曾国藩的信中再次劝说："大疏辞让，本系初志，惟环顾当世无能胜此巨任者，师门驾轻就熟，藉以从容养望，计亦两得"，"江介伏莽最多，非极威重不足销无形之隐匿也"。曾国藩对自己因津案被举世责骂和朝廷对自己的处理自然是耿耿于怀，李鸿章在八月二十一日给曾的信中体谅地写道："吾师莅津后，章疏皆系老实话，每为人所挟持，此鸿章不敢出者。"句句言辞恳切，确是李鸿章的"本事"。

李鸿章上任刚接手津案时，曾想作一些重要改变，在八月十九日上朝廷的《起程赴津并陈教案情形折》中承认："亦知洋人伤毙较多，要犯议抵办不及数难免饶舌。惟津民万众齐心狡赖，又事后深知悔惧，或远飏无踪，或坚不吐供，不比一家一人之事，可以尽数吹求，无碍大局。""尤虑刑逼株连，附会罗织，致成冤狱而激众怒。"此时他的想法是要有证据，不必不讲证据地"一命抵一命"。但在具体办案过程中，他马上就感到此路不通，还真不能不"一守曾国藩旧章"，实际仍基本按曾国藩的方案处理。由于被打死的二十名外国人中有四人是俄国人，俄方此时只索高额经济赔偿并不要中国人"一命抵一命"，所以李鸿章只是将原来判二十人死刑改为十六人死刑、四人缓期，其余一无更动，全按曾氏方案办理。由于朝廷决意尽快了结此事，社会舆论已对曾国藩作了猛烈抨击，所以李的如此处理并未引起更大波澜。就个人来说，这是他的幸运；就国家来说，则是国势衰败使然。

晚清时局中的曾李关系

唁曾劼刚、栗諴两公子

同治十一年二月十六日（1872年3月24日）

十二夜得黄军门驰报吾师头晕复发，调养数日已瘥，乃于二月初四日棋罢散步园亭，倏尔薨逝。惊悸悲痛，神魂飞越四日。于兹初犹疑来信悦惚，或者晕过复苏，不敢遽相唁吊。今阅邸钞，遗疏至京，两宫震悼逾恒，特谥文正，追赠太傅，一切饰终恩礼均极周备。而吾师果已死矣，不可复生矣。天乎，天乎，奈之何哉。

弟等仁孝性成，遽遭大事，惨痛哀迫之状，略可想见。鸿章从游几三十年，尝谓在诸门人中受知最早、最深，亦最亲切。往岁津门送别，见师容貌虽渐苍悴，体气食量均未甚减，谓当永享遐龄。嗣遇金陵，人至详问起居。云自去冬巡阅回署，精神更觉健旺。前接正月中旬来书，娓娓千言，毫无意兴衰竭之处，何图撒手竟去，非独鸿章意料所不及，弟等亦仓猝预备之不及也。附身附棺等事，定已周全。赐祭设吊有日否，远羁职守，无翼可飞，何时始得拜瞻几筵，一大恸耳。

钱调甫适于十一日抵京，函称内廷是日得报，辍朝三日，百官相顾失色，海内外士民呼号巷哭者盖不知凡几也。每忆吾师于军事屯困时，常恐死不得所，及贼平而官居，又虑晚节不终。兹结局如此哀荣，易名如此优异，亦不负平生之志。惟吾弟等孤露人间，何以善慰慈帏，克谋堂构，鸿章等勉承遗绪，何以支持国计，仰报恩知。此则所共早作夜思而惕厉不能自已者矣。以后丧葬大端，悉赖经营周妥。前奉手书，以师母大人足疾已愈，而筋骨软弱，扶杖倚人而行。病弱之余，何堪经此悲怆，务望吾弟强抑哀思，曲体亲心，曷任系念，祷切之至。师门文稿、奏疏、日记哀然成帙，望及时收集，酌请名手选校。鸿章当任黎枣之役，行述年谱并祈早为编订，转寄史馆，诸君撰叙入传。鄙意方拟作疏表扬，继见谕旨大致周浃，四海公论在人，九重自为知己，似无须赘言矣。

1872年3月12日，曾国藩在江宁两江总督官署病故，时年61岁。李鸿章得此噩耗即致书曾国藩的两位公子曾纪泽（劼刚）、曾纪鸿（栗诚），痛表哀悼。他说："鸿章从游几三十年，尝谓在诸门人中受知最早、最深，亦最亲切。"在给他人的信中，李鸿章的悲哀之情也流露无余。他在挽联中痛悼："师事近三十年，薪尽火传，筑室恭为门生长；威名震九万里，内安外攘，旷世难逢天下才。"他的哀痛无疑是发自内心的，因为曾国藩对他确有"知遇之恩"。但曾、李关系却并非如此简单，而是极其复杂：由师生、主宾变为上下、同级，可谓多重。儒家有"一日为师终身为父"的"师生之伦"，他们都以儒学正统自居，自然要践行"师生之伦"；但后来又是官场中的上下级乃至平行同级的官员，各有各的利益需要维护，不免也有矛盾。如何处理师生伦理与现实的官场逻辑，颇为微妙。当然，作为洋务派的领袖，他们在维护洋务派和"地方"利益方面，在与顽固派的斗争中、与"中央"的博弈中更多的是互相支持，彼此引为奥援，总体而言配合不错。因此，借此喑将曾、李关系全面梳理一下，确是饶有趣味之事。

曾李关系可追溯到李鸿章的父亲李文安与曾国藩的交往。李文安与曾国藩同是戊戌年（1838）进士，因此有"同年"之谊。李鸿章在未中进士之前，与其兄李瀚章都曾以"年家子"身份投入曾国藩门下，拜曾为师，学习八股文、试帖诗和"义理经世之学"。1845年李鸿章参加恩科会试，曾国藩出任本科会试同考官。李鸿章虽然没有考中，但诗文却得到曾的赏识。李鸿章在给母亲的信中说自己"以诗文受知于曾夫子，因师事之，而朝夕过从，求义理经世之学"。曾国藩稍后对李瀚章说，这时他就感到李鸿章"其才可大用"。后来李鸿章在翰林院学习任职期间仍常向曾请教。1853年，李鸿章之兄李瀚章进入曾国藩幕府，襄办湘军粮台，而李鸿章则回到安徽老家帮办团练，镇压太平军。

几年下来，本想大有一番作为的李鸿章却被太平军打得一败涂地，落魄潦倒之际以"书剑飘零旧酒徒"自嘲，在走投无路的情况下于1858年底来到江西曾国藩大营，想入曾幕。对李鸿章的才识，曾早有所知，但认为他性情不稳，妄自尊大，所以故意不见他。一个多月后，李鸿章又托人说情，曾国藩说道："李鸿章也是翰林，志大才高，我这里局面窄狭、只是一条浅沟，容不下他这条大船呀，他何不回京供职？"经反复说情，李鸿章终在1859年1月入曾国藩幕，成为曾的幕宾。其实，曾国藩并非不想要他，只是想打一打他的傲气，让他更加内敛沉稳。

在曾国藩幕，李鸿章办理行文、批阅公文，起草书牍、奏章。曾国藩最负盛名的参折《参翁同书片》即出自李鸿章之手。任安徽巡抚的翁同书是咸丰皇帝和恭亲王的老师，历任工部、户部尚书翁心存长子，其弟即大名鼎鼎的翁同龢。这道参折指责翁同书举措不当、守城不力、弃城而逃、应予严惩。以翁家的权势，要将其扳倒谈何容易，所以曾国藩极其重视，要文案房多拟几份草稿备选。在好几份草稿中，他选中李鸿章稿。如此重要之折，却只有不到六百字，可谓字字千钧，句句见血。此折历数翁同书忠奸不辨、误用歹人、措置失当、贪生怕死、连失两城的罪状，然后指出翁的儿道奏折的自相矛盾之处，反驳他的种种自辩，令其无继续辩解的余地。此折最后写道：翁同书有如此行为"岂宜逍遥法外？应请旨即将翁同书革职拿问，敕下王大臣九卿会同刑部议罪，以肃军纪而昭炯戒。臣职分所在，例应纠参，不敢因翁同书之门第鼎盛瞻顾迁就"。一句"不敢因翁同书之门第鼎盛瞻顾迁就"，即将朝廷因翁同书之"门第鼎盛"本想"瞻顾迁就"从轻发落的"后路"封死，委实老辣。朝廷只得并不情愿地按规定将翁同书判"拟斩监候"。所以曾国藩称赞说："少荃天资于公牍最相近，所拟奏咨函批，皆有大过人处，将来建树非凡，或竟青出于蓝，亦未可知。"而李鸿章也向人表示自己从前也辅佐过其他将帅，但"芒无指归"，入曾幕才"如识南针，获益匪浅"。

曾国藩生活极有规律，每天很早就起床查营，然后在黎明时分与幕僚共进早餐，或谈一天工作安排或随意谈天说地。初到曾国藩幕时，比较懒散的李鸿章很不适应这种规律、刻板的生活，深以为苦。一天早晨，他以头痛为名想多睡一会儿，但曾国藩知道他是装病多睡，所以几次派人请李鸿章起来一起吃饭，最后告李所有幕僚全都到齐才开饭，李鸿章匆忙披衣"踉跄前往"。曾国藩吃饭时一言不发，饭后严肃地教训他说："少荃，既入我幕，我有言相告，此处所尚，惟一'诚'字而已。"说罢生气地拂袖而去，李鸿章"为之悚然"。曾国藩素知李鸿章"才气不羁"，故对他要求格外严格，尽力雕琢，陶冶其性情，培养其道德。许多年后，李鸿章对人回忆说："在营中时，我老师总要等我辈大家同时吃饭；饭罢后，即围坐谈论，证经论史，娓娓不倦，都是于学问经济有益实用的话。吃一顿饭，胜过上一回课。"

在曾幕，李鸿章不仅仅起草文牍，而且还参与重要军机。如

1860 年 9 月，英法联军攻占天津，直逼北京城下，咸丰皇帝在逃往热河途中命孤驻祁门的曾国藩派湘军精锐鲍超部北上救援。接到命令后，曾国藩左右为难，举棋不定。北上"勤王"责无旁贷，如不北上护主，将被责为天下罪人；但此时正是剿杀太平军的关键时刻，一旦抽掉精锐，于战局大有影响，而且这时正值徽州失守、祁门危急之时。曾国藩急得几个晚上不能入眠，于是令下属每人提一方案，结果几乎都主张北上"勤王"，但只有李鸿章力排众议，不同意调兵北上。李鸿章认为英法联军已在北京城下，破城而入只是朝夕之事，调兵北上保卫京城已毫无意义；而且英法联军侵略最终将"金帛议和"了事，真正威胁清王朝的还是太平军。李鸿章比清廷更早看出这一点，眼光确非寻常。他进一步论述湘军镇压太平军是关系"天下安危"之事，对北上驰援应"按兵请旨"，静观局势变化。经过仔细权衡，曾认为李说确有道理，于是采用此议。他上疏朝廷表示愿意北上，但提出鲍超人生地不熟"断不能至"，所以请朝廷在胡林翼和自己之间"酌派一人进京护卫根本"，其实是在拖延时间，因为往返奏报大约需要一个月的时间。果然不出所料，不久就接到"和议"已成、不必北援的命令。此事使曾对李更加器重。李鸿章对曾虽以师相待，但他毕竟是极有主见之人，经常因固执己见而与曾冲突，曾有几次想离曾而去。1860 年曾国藩升任两江总督并决定将大营迁往安徽祁门时，李鸿章认为祁门地势如同"釜底"，没有进退余地，从战略上看移营至此十分危险。在太平军攻击下，的确险情不断，李鸿章等人一再要求移师他处。而曾国藩坚持己见，甚至对李鸿章等人说："诸君如胆怯，可各散去。"不久，双方又因李元度事件矛盾再起，更加尖锐，终导致李鸿章负气出走。早在 1853 年曾国藩筹建湘军时，正在湖南做教谕的李元度就入曾幕，参赞军务。在湘军最初屡打败仗的艰苦岁月中，曾得到李元度的有力支持。当年湘军在江西战场数度为太平军大败，曾国藩两次想跳水自杀，李元度将其劝阻，可谓曾的恩人。在曾国藩的举荐下，李元度升任徽宁池太广道，驻防徽州。但由于他不听曾国藩的命令，打了败仗，徽州城为太平军所克，祁门更加危险。李元度乱中逃生，在浙赣边界游荡一段时间后又回到曾幕，但并不束身待罪，而是不久又径自离去。凡此种种，曾国藩决定具疏弹劾，以申军纪。李鸿章却率众人坚决反对，认为李元度在曾国藩最困难时期有恩于曾，这些年不少人借故离去，但李元度对曾的支持和忠诚始终不渝，因此指责曾国藩现在是忘恩负义。曾国藩则认为私情不能代替军纪，坚持弹劾。最后，李鸿章坦率对曾国藩说："果必奏劾，门生不敢拟稿。"曾国藩回答："我自属稿。"李鸿章表示："若此，则门生亦将告辞，不能留待矣。"曾国藩生气地说："听君之便。"于是李鸿章扬长而去，离开曾幕，前往江西准备独自闯荡一番。此事使曾大为恼火，认为李鸿章不明大义，不达事理，在自己困难时借故离去，得出"此君难与共患难"之结论。此事也使李鸿章愤怒异常，他对人说自己原认为曾国藩为豪杰之士，能容纳不同意见、各种人物，"今乃知非也"。李鸿章在江西并不顺利，而经过胡林翼、沈葆桢等人的调和，曾国藩还是听从了李鸿章的建议离开祁门移师东流。李鸿章其实也想再回曾国藩幕，在曾国藩进攻安庆连打胜仗后，便写信致贺。以曾的历练，一眼便知此是回心转意的试探，便捐弃前嫌，写信邀其回营。李鸿章在江西混了七八个月后，这匹"好马"也吃"回头草"，再回曾幕。

事实证明，对李鸿章而言再回曾幕绝对正确。回营不久，曾就派他回家乡组建淮军、驰援上海，稍后又任江苏巡抚，开始了他的"一生事业"。江苏巡抚是两江总督曾国藩的部下，但在事关自己重大利益时李则并不完全服从、相让。如1862年无为等地吃紧，曾国藩扣留了淮军新建的九个营增强防卫，但李鸿章却再三坚持要将这九营送到上海。最后曾国藩只得同意，并写信给李希望他能谅解。

当然，在许多方面李也对曾体谅。如1863年底李鸿章的淮军攻克苏州后，朝廷命令他率部前往南京增援正在攻打"天京"的曾国荃部。接到命令后，李鸿章却一直以种种理由迁延不前，以致受到朝廷的严责。倒是曾国藩理解李鸿章的用心，他为之辩护说："李鸿章平日任事最勇，进兵最速，此次会攻金陵，稍涉迟滞，盖绝无世俗避嫌之意，殆有让功之心，而不欲居其名。"因为湘军已将"天京"团团围住，曾国荃独占全功之心又切，不愿让他人分功。而曾国藩颇有为难之处，作为两江总督的他有责任命李鸿章速往，但如此一来又使胞弟大不满意。李鸿章深谅曾国藩的困难，所以甘冒被朝廷责备之险而一再拖延，不使曾为难。

从前面的一些奏折也可看出，虽然在有关自己的切身利益时李更注重维护自己的利益，但曾、李关系大体不错，特别是在与朝廷争地方利益、与顽固派斗争时总能互相配合。甚至在李鸿章的晚年，曾国藩逝世已久，李仍十分敬佩地对人谈起曾国藩："我老师文正公那真是大人先生，现在这些大人先生简直都是秕糠，我一扫而空之。""别人都晓得我前半部的功业是老师提挈的，似乎讲到洋务老师还不如我内行，不知我办一辈子外交，没有闹出乱子，都是我老师一言指示之力。"曾国藩这一"言"即与洋人打交道的关节就在一"诚"字。原来，在李鸿章接替曾做直隶总督、将要参与外交时，他曾向曾国藩请教，没想到曾国藩先问他有什么主意，他只好回答："门生也没有打什么主意，我想与洋人交涉，不管什么，我只同他打痞子腔。"曾国藩沉默良久，然后缓缓问道："呵！痞子腔，痞子腔，我不懂得如何打法，你试打与我听听。"李鸿章知道曾对此非常不以为然，急忙说："门生信口胡说，错了，还求老师指教。"曾国藩只是以手捋须，很久才盯着李鸿章教训他说就是一个"诚"字。李鸿章接着坦率地对人说:"我碰了这钉子,受了这一番教训,脸上着实下不去,然回心想想,我老师的话实在有理,是颠扑不破的,我心中有了把握,急忙应曰:'是!是!门生准奉老师训示办理。'后来办理交涉,不论英俄德法,我只捧着这个锦囊,用一个'诚'字,同他相对,果然没有差错,且有很收大效的时候。古人谓一言可以终身行,真有此理,要不是我老师学问经济,如何能如此一语破的呢?"不论曾国藩所说与外国打交道只用一"诚"字对不对,也不管李鸿章是否真的按曾氏所说行事,以李此时的地位之高与他人谈起曾来仍一口一个"我老师",并毫不讳言曾对自己的批评,足见他对曾的敬重,足见他们关系的不一般。

曾、李的密切关系,其实也从一个方面反映出晚清权力开始"下移",地方开始"坐大"。

出国欧游

复吴汝纶

光绪二十二年九月初一（1896年10月7日）

复莲池书院山长吴挚甫仁弟大人：

执事抵津次日，得接惠书，爱注逾恒，以欣以感。比审起居康胜，撰述多娱，诸符臆祝。兄以二百日，历九万里，驰驱酬应，暑无暂停，顽躯竟能支持，实非初愿所及。各处西医来视者，咸惊为秉赋之奇。诚不如来示推论，受益各端为体验中理也。前在柏林曾以电法照验面部所受枪子，医者则云去固不能，留亦无害，只可听之。各国接待情形及沿途行止，西报逐日记载至为详尽，译布中夏者不过十之二三。西人好名，所至之处，辄有馆人执笔相随，朝夕不离，有如监史，即一言一笑之细，纤悉无遗。投老远行，供人描画，一何可笑！至其立国政教，近人纂述中，郭、曾、薛三日记所言，颇得涯略。此行辙迹所经，视数君为广，而时日则促，然详咨博考，已觉所见过于所闻。其扼要处，实在上下一心，故能齐力合作，无事不举，积富为强。中国则政杂言庞，而生财之法又不逮远甚。每于纵观之际，时增内顾之忧。胡文忠云：使我生财，天下事尚可为。昔尝叹味其言，然犹是第二义也。执事洞观时变，可与深谈，咫尺相望，末由抵掌，曷胜怅念。此间休息旬日，即当入都复命。忽从西海，重履东华，去日几何，辄有东坡还朝如梦中之慨！专泐布复。敬颂著祺，诸惟爱照，不宣。

愚兄

甲午战争中国军队惨败，北洋海军全军覆没，宣告了使李鸿章位望日隆、进行了三十余年的洋务运动最终失败；而他代表清政府赴日"和谈"，签订了割地赔款、丧权辱国的《马关条约》，更是万夫所指。中国政治文化中"反贪官不反皇帝""骂昏官不骂昏君"的传统，使他几乎独自承担了整个王朝、起码朝廷本应承担更多却丝毫都不承担的罪责。当然，朝廷从来都乐得让臣属替自己承担骂名，所以李鸿章代表清政府签订完万人痛骂的《马关条约》后，入京觐见光绪帝时遭到割地赔款是"失民心、伤国体"的严责，仿佛这些条款最后不是由朝廷决定而是李鸿章一己所为。觐见皇帝之后，李鸿章被朝廷留在京城"入阁办事"，实际失掉了直隶总督、北洋大臣的权位。

由于李鸿章在京城并无房产，只得借居在贤良寺。俗说墙倒众人推，李鸿章失意赋闲，许多门生故旧纷纷离他而去，另寻靠山，贤良寺门庭冷落车马稀，几可罗雀。如李鸿章于袁世凯有知遇之恩，但此时袁见李失势便投向其政敌翁同龢、李鸿藻，甚至代翁来劝李鸿章告退，以便让出协办大学士由翁顶缺，结果遭到李鸿章的痛斥。虽处逆境，权欲仍强的李鸿章并不愿就此认输，轻易淡出政坛，几十年饱览政界风云变幻使他感到官场升沉起伏并无定数，因此实行韬晦之计，闭门谢客，静待东山再起之机。

1896 年 2 月，李鸿章突然受命出访欧美，命运似乎出现一线转机。而正处困境中的李鸿章能重负重任，盖因远东形势发生重大变化。甲午战争前，远东的主要矛盾是英、俄对峙，争夺霸权，而日本本身还受一些不平等条约制约，不得染指。甲午战争使日本一跃成为亚洲唯一强国，挤进侵华列强之列。朝鲜名义"独立"，实际被日本控制；《马关条约》将辽东半岛割让给日本，使日本突然成为远东势力最强的帝国。因此，日本与一直想独霸东北的俄国矛盾骤然尖锐。为制止日本在远东势力扩张，俄国在《马关条约》签订后联合法、德两国向日本施压，要求日本将辽东半岛"还"给中国；日本本想向英美求援，但英、美也不愿看到日本在华势力迅速膨胀，建议日本接受俄、法、德三国主张。在这种压力下，日本被迫对三国让步，退还辽东半岛，但向中国强索三千万两白银。

看到日本势力在远东如此迅速扩张，俄国也加紧对华活动，加速修筑横贯欧亚大陆、穿越中国东北的西伯利亚大铁路，同时向处于财政困境中的清政府提供巨额借款。修筑穿越中国东北的铁路，当然需要中国政府同意，但由于各国对中国东北都虎视眈眈，俄国认为公开谈判难达目的，于是决定利用1896年5月举行尼古拉二世加冕礼之机邀请中国重臣到彼得堡秘密谈判。由于惨败于日本，中国举国上下当然产生强烈的仇日情绪，而俄国的干涉"还辽"和借巨款于中国，使意识到自己实力不强的清政府开始对俄抱幻想，"联俄抗日"一时成为朝野不同派系的共识。奕䜣、翁同龢、张之洞都主张联俄抗日，刘坤一甚至还提出由于"干涉还辽"实际是俄国主动，因此如果俄国能迫使日本"还辽"且不向中国索要"赎辽费"，中国可主动将新疆数城拨送俄国为谢，更不用说素来亲俄的慈禧、早就主张"联俄"的李鸿章了。在全面"亲俄"的氛围中，清政府立即同意派大臣访俄，但并未想起用投闲京师的李鸿章，而拟派此时正在法国的湖北布政使王之春就近前往。然而俄国方面却对此提出抗议，认为王之春地位不够高，明确提出要李鸿章前往。清廷无奈，只能改派李鸿章为"钦差头等出使大臣"赴俄祝贺。

对此任命，李鸿章肯定喜不自胜，但却上折请辞，表示只要有利于国，不辞艰险本是"人臣之义"，自己一直不敢忘记这"致身之训"。不过自己时年七十有四，年老体衰，步履艰难，即便忍受几万里之舟车颠簸劳顿，"亦岂能以残躯暮齿从事于樽俎之间。倘陨越于礼仪，殊有伤国体"。他的恳辞，一方面是表示自己仍然"闭门思过"，并不愿重新出山；另一方面则是以退为进，明知此事离了他还真不行，所以故意摆架子要"拿"朝廷一把，表明自己的重要性。果不其然，朝廷不允其辞，并降旨慰勉一番。这时李鸿章立即上谢恩折，表示"但有益于交邻之道"，自己不怕路程遥远。而与他一直矛盾尖锐的翁同龢甚至也专访李鸿章商谈"密结外援"之事。命运突变，使李欣喜不已，曾兴奋地对人说："所谓'山穷水尽疑无路，柳暗花明又一村'者，诚为某今日咏矣。"向来喜怒不形于色、被曾国藩称赞有"劲气内敛"之功的李鸿章此时竟如此得意忘形，其内心的激动与兴奋、大半年的委屈与怨恨均可想见。

1896 年 3 月 14 日，李鸿章经天津到达上海。他曾对来访的黄遵宪说，此行"要策"是"联络西洋，牵制东洋"。西方一些国家为了各自的利益也争先恐后邀请李鸿章前往访问，并想方设法要李首先访问自己国家。

从 1896 年 3 月中旬到 10 月初，他先后访问俄国、德国、荷兰、比利时、法国、英国、美国和加拿大等欧美八国，行程 9 万多里。他虽长期参与甚至负责外交，却只到过日本，还是为了屈辱的谈判，而不是出访。在这个意义上说，这是他的首次出国，也是晚清这个层级的大员首次出国。而且，还是在他仕途遇挫、赋闲之后才有此出访。清王朝的封闭，由此也可略窥一斑。他的此次出国，更值得重视、研究。（此节文中译文除注明外，皆为许媚媚译）

俄国则唯恐李先至他国，由他人"抢得先机"，坚持李鸿章应首先访俄。3 月 28 日，李鸿章一行从上海乘法国轮船出发，经红海、苏伊士运河抵埃及后换俄国轮船，由地中海入黑海，于4月27日到达俄国港口城市敖德萨，由此乘专列于4月30日到达彼得堡。在俄期间，参加种种活动，到多处参观，会见了新即位的沙皇，与俄国高官进行了长时间会谈。俄方深知中国此时对日本的恐惧，以支持中国保持完整性为诱饵，使中方步步退让，最后于6月3日签订了中俄《御敌互相援助条约》，即通常所说的《中俄密约》。其主要内容是：如果日本进攻俄国远东或中国及朝鲜领土时，中俄应共同出兵互相援助，"至军火粮食，亦尽力互相接济"；战争期间，中国所有港口都对俄国兵舰开放；为了俄国在战争期间运送军队、军火、粮食快捷妥当，中国允许俄国在黑龙江、吉林修筑直达符拉迪沃斯托克的铁路。虽然条约中还规定"惟此项接造铁路之事，不得藉端侵占中国土地，亦不得有碍大清国皇帝应有的权利"，但俄国毕竟得到许多特权，因此中国根本无法阻拦俄国势力在中国东北的迅速扩张。

当然，他还参加了沙皇的加冕仪式。尼古拉二世素喜铺张排场，所以此时俄国各地都举行了各种大小集会，庆贺沙皇加冕。然而由于组织不周，在莫斯科的霍登广场举行的群众游艺会由于来人过多，混乱不堪，发生严重拥挤，造成近二千人死亡，史称"霍登惨案"。当时的俄国总理大臣维特伯爵回忆说，李鸿章见到他后，仔细向他打听有关消息，并问维特："是否准备把这一不幸事件的全部详情禀奏皇上？"维特回答："当然要禀奏，而且我相信在这一惨祸发生以后已经立即禀奏了。"哪知李鸿章听后竟连连摇头对维特说："唉，你们这些当大臣的没有经验。譬如我任直隶总督时，我们那里发生了鼠疫，死了数万人，然而我在向皇帝写奏章时，一直都称我们这里太平无事。当有人问我，你们那里有没有什么疾病，我回答说，没有任何疾病，老百姓健康状况良好。"然后李又自问自答道："您说，我干吗要告诉皇上我们那里死了人，使他苦恼呢？要是我担任你们皇上的官员，当然我要把一切都瞒着他，何必使可怜的皇帝苦恼？"对此，维特这样写道："在这次谈话以后我想，我们毕竟走在中国前头了。"[1] 的确，他有理由为此骄傲。

平心而论，在同时代官员中，李鸿章相较而言还是少有的开明有识、敢于任事之人，而从谈话中可以看出，他不仅不认为隐瞒疫情不好，因此不仅没有极力掩盖这种谎报瞒报行为，反将此作为一种值得夸耀的经验对外人宣扬。连李鸿章尚且如此识见如此行为，遑论他人！此足以说明不管出于什么动机，无论是为了保住自己的"乌纱帽"还是真心怕"圣上"心忧，隐瞒危情，已是当时官场普遍风气，实际是一种被认可，甚至是被肯定的行为方式。久而久之，这种"官风"相沿成习，俨然成为中国官场的一种"文化"或曰一种官场秘籍，如果不掌握这种官场秘藏，官员可能就"玩不转"。

完成"联俄抗日"外交使命后，李鸿章于6月13日乘火车离开俄国，开始到德国、荷兰、比利时、法国、英国、美国、英属加拿大访问。

访俄之后，李鸿章在6月13日到达德国，住在凯撒大酒店（Kaiserhof）。凯撒大酒店是柏林首个大都会酒店，是当时设施最现代、最豪华的酒店。

说到这家酒店，禁不住要闲话一笔，因为此酒店后来见证了将给人类带来巨大浩劫的历史一幕。在纳粹接掌全国政权前夕，这家酒店是纳粹党的大本营，希特勒的住处。纳粹宣传部部长戈培尔写的一本吹捧希特勒如何一步步夺取政权的书，书名就是《从凯撒大酒店到总理府》。1933年1月30日，星期一，兴登堡总统将从此酒店到对面的总理府接见希特勒，最后确定是否同意他接任总理。据说29日

---

[1]《俄国末代沙皇尼古拉二世：维特伯爵的回忆》，[俄] 谢·尤·维特著，张开译，新华出版社1983年版。

到 30 日的夜间，希特勒紧张得通宵不寐，在酒店的房间里踱来踱去。当希特勒进入总理府后，戈培尔、罗姆和纳粹的其他头目齐集凯撒大酒店的窗口，焦急翘望总理府大门，等待他们的元首出来，戈培尔记下了这么一句话："我们从他脸上可以看出他是否已获成功。""二战"中，此酒店与总理府被完全炸毁，荡然无存。

据林乐知（Young John Allen）等编《李鸿章历聘欧美记》所载，德方"特就'该撒好司'（旅邸名也，译言'皇帝屋'华贵无出其右矣）代备行馆，不但饩牵丰腆、供张华美已也"，还事先打听了李鸿章的嗜好，"故凡口之于味，目之于色，耳之于声，莫不投其所好。甚至中堂常吸之雪茄，常听之画眉鸟，亦复陈于几而悬于笼，则其余概可想见矣"。为迎接李鸿章，德国人真是做足了功课，德国人那种认真细致劲儿，亦可由此略窥一斑。

到柏林第二天，李鸿章就拜见了德皇威廉二世。稍后专程到汉堡拜访前首相俾斯麦，俾斯麦设家宴招待。李鸿章在国际上曾有"中国的俾斯麦"之称，这一美誉，来自美国前总统格兰特（Ulysses Simpson Grant）将军。1879 年春，退休的格兰特将军来到中国，与李会见。此后，二人私交甚笃。在此前后，英美报纸都曾将二人对比，认为二人的经历、地位相似，所以容易建立私谊。美国《孟菲斯每日呼声报》（Memphis Daily Appeal）1879 年 9 月 13 日的一篇文章说："李鸿章曾镇压强大的叛乱，他在中国占据了一个类似格兰特将军在美国的位置。""他通过镇压太平天国，升到目前的高位。几年前，他是中国最有才华的学者之一，历史、地理知识等都造诣很深。他和格兰特将军年纪相仿，都平定了国家的叛乱。这使两位伟人之间产生了一种亲密的友谊。没有哪个外国人像格兰特将军一样，在北京和中国受到如此规格的接待和欢迎。"

曾经权倾一时的俾斯麦，因与威廉二世不和，于 1890 年被迫辞职。此时，这两位都从权力顶峰突被赋闲的"俾斯麦"相见，或有同命相怜之感。

德国许多媒体对二人的会晤作了详细报道，最重要的信息是，李鸿章向俾斯麦表示，此行最重要的目的是向其征询中国如何改革、如何使中国强大的意见。他还具体说，自己的改革总是遇到来自朝廷的阻力，如何化解朝廷的阻力，特向俾斯麦请教。俾斯麦回答说，首先要明白的一点是绝对不能反对朝廷，只有得到皇帝的支持，才能一马平川，否则就寸步难行。皇帝拥有最高权力，违背皇帝的意志就意味着给自己设置最高障碍，臣子只能向皇帝传达意见和建议。李赞同此点，但又请教："如何才能不违背朝廷的旨意进行改革呢？"俾斯麦回答说，只能以军队改革为基石，军队人数不必多，哪怕只有五万官兵，但必须精良。李鸿章回应说："我们的军队从人数上说已经有了，但确实疏于训练。"自太平天国之乱以来，三十年来清军已松散不堪了。对此，他早就向朝廷提出了建议，但一直未获重视。现在看到了德国的精兵良将，他才知道世界上最强大的军队是什么样子。他表示应听从俾斯麦首相的建议，今后尽力推动此事，重整军队已成弦上之箭，普鲁士模式就是方向。俾斯麦强调，关键不在于是否在全国各地都有军队，而在于是否能在需要时迅速地调配它们。

俾斯麦从常识出发，认为无论一个政权多保守多守旧，都不会反对增强军队战斗力的改革，因为它肯定会意识到军队强弱对自己政权安危至关重要，所以整个改革可以从阻力最小的军队改革入手。他不知道，清王朝的颠顸难以理喻，19世纪40年代初鸦片战争时，林则徐等人提出用敌人新式武器的"师夷长技以制夷"都被朝廷拒绝、严斥。使用、装备新式武器都阻力巨大，军队体制改革更难推进。直到甲午惨败后，国家才开始"练新军"、进行军事改革。

在德国，李鸿章还做了一次 X 光检查。一年多以前，他在日本谈判时，遭到一名日本浪人枪击，左颊中弹。1896年6月27日《柏林日报》（晚报）（*Berliner Tageblatt und Handels-Zeitung*）详细报道了李鸿章这次检查："整个过程持续了二十分钟，并拍出了非常清晰的图片，在图片上可以看到非常有意思的头骨形状。这次拍照的目的是借助这种最新技术查找总督在中日战争中所受的枪伤，当时子弹从左眼下面射入。通过对伤口图片的仔细检查，并未发现子弹。总督带着极高的兴趣查看这张图片，在图片里可以清楚地看到子弹射入点和弹道。"李鸿章还兴致勃勃地看了德国医生展示的一些电镀屏图片，可以看到人的脊柱、肋骨和心脏区。当时信西医的国人不多，他能做X光检查，甚显开明。

离开德国后，李鸿章一行访问了荷兰、比利时和法国后，于8月2日到达英国。正是英国发动了侵华的鸦片战争，使中国面临"三千年未有之变局"。英国此时仍是世界头号工商强国，访问、考察英国，是李鸿章这次出访的重头戏，时间长，内容丰富。

在英国当然要拜会女王，还有一系列繁忙的国务活动，但他通过随员向报界表示："他的主人反感宴席和娱乐招待。比起所有其他，他想看的其实是英国的工业区。"［1896年8月7日《约克郡晚报》（*Yorkshire Evening Post*）］

在英国，他的主要活动就是参观、考察各类工厂，尤其是钢铁厂和制造枪炮、军舰的兵工厂。观察细致的英国媒体发现，他对艺术品不感兴趣，在以收藏各种艺术品丰富而名重一时的拉格赛德公馆小憩时，那些举世闻名的艺术品未能引起他的丝毫关注，吸引他的是此馆的电气、机器设施："如果说艺术品不能吸引李鸿章的话，那么有几样物件显然做到了。让这位老绅士高兴的方法是向他展示机械和机械制品。对于此类物品，拉格赛德也比其他府邸都要丰富。这座大楼是电气照明，当然也安装有电话，在阿姆斯特朗伯爵的书房和他底楼的事务员屋内都安设有电话机。此外，这座宅邸还特别安装有一套水压器械，以便从一个人工湖供水。另一套水压器械是用来使储藏室的大瓶里的水果树长得更好，而且可以开启它们使植物得到更多阳光。关于这些和其他设备，李鸿章很高兴有人可以详细地解释给他听。"［1896年8月20日《伦敦每日新闻》（London Daily News）］与对艺术品的无感相反，参观工厂他总是兴致勃勃，连连提问，从武器原理、性能到成本等，往往令接待者大有应接不暇之感。有报纸报道，在参观一家军舰制造厂时："巨大的转台似乎使他的好奇心达到最高点。他向官员们连珠炮式地发问，后者几乎要来不及回答了。转台是用在船板上的。在台子的最上头安装有运台，再上头安装着枪炮。这些转台重达46吨左右。在两座炮台安装上去后，总重量可以达到大约200吨。其中一个转台单独放着，另一个上面已经装好了运台和重达50吨左右的重炮。炮管可以轻易地升降或者指向任何一个所需的方向。这看起来使这位中国的政治家很高兴，因为他问了大量有关制造这台机器的问题。"在参观一艘12200吨的巨大战舰时，李的欣赏、欢喜之情难以掩饰，对主人进行了各种各样的"审问"。他问到了钢板的厚度，接待者回答18英寸，他进一步问："是哈维板吗？"回答说是的。"哈维板"即哈维法硬化钢（harveyed steel），是美国工程师哈维19世纪90年代初期使用表面渗碳工艺制成的镍钢装甲，1892年各国开始大量使用哈维装甲。李鸿章在1896年就知道哈维装甲，不能不令人啧啧称奇。

在参观一种新式可快速连发四轮子弹枪支时，李鸿章仔细检查枪座，并问是否引自法国。一位接待者说是使用法式系统，但做了改进；另一位陪同爵士则说不是法国的，是引进瑞典的。看来李鸿章对法式颇为了解，或他自认为比较了解，就追问这位爵士是否了解法国式。爵士回答说了解。李又问，法式是否比这个更加便利，爵士回答说没有。李再问是否在法式基础上做了改进，爵士肯定说不是法式也不是英式，强调就是瑞典式。李鸿章在离开时，仍表示法国式比这个要好。[1896年8月21日《北方回声报》（*The North Echo*）]

1872年李鸿章提出修铁路被否决，此后十七年李鸿章一直努力不懈，想尽种种办法，到1889年朝廷终于正式同意修造铁路。此次出访英国，他对铁路当然分外关注，参观了机车、铁轨工厂，了解铁路公司的运营、调度情况，细到铁路公司为何要减少二等座增加三等座。中国正准备修卢汉路，因此他对选用何种铁轨格外留意，问陪同的铁路公司总经理为什么该公司在某些特定的铁路上使铁轨的每码重量超过了75磅。总经理回答说：他们公司正在将铁轨的重量增加到每码80磅，而在某些铁路段铁轨的重量甚至达到每码100磅。随着机车引擎和车厢重量的增加，为了公众安全考虑，有必要相应增加铁轨的质量，他们公司已经下单了比现在使用中的这些牵引能力更强更快的机车。李鸿章表示，在中国有一些铁路段，被推荐使用每码75磅的重量标准。[1896年8月17日《约克郡晚报》（*Yorkshire Evening Post*）]

伦敦当时是世界金融的中心，而中国尚无一家国人创办的银行等现代金融机构。甲午战争爆发的时候，日本已有千余家银行和现代金融机构，中日两国政府在战争中的融资能力不可同日而语，这也是甲午战争中国战败的重要原因之一。中国不仅没有银行等现代金融机构，而且没有确定的币制，实际上实行落后的"银铜并行"的复本位制（Bimetallic Standard），无法适应已推行三十余年大工业生产的洋务运动。因此，李鸿章在伦敦参观了著名的英格兰银行，向银行主管和几位经理细致入微地询问了银行业务的种种细节，还询问了银行与政府的关系。他还讨论了与中国关系密切的汇率、银元等问题，英国媒体注意到他"看起来为了这个国家自己的利益考虑，应该拒绝采取复本位制（双金属）的标准"。[1896 年 8 月 14 日《赛文欧科斯纪事报和肯特广告报》(*Sevenoaks Chronicle and Kentish Advertiser*)] 虽然李鸿章有此想法，但拖到他去世九年后的 1910 年，清政府才决定实行银本位，但还未及实行就被辛亥革命推翻。直到清政府覆亡，都未能解决这一币制问题。

李鸿章访英期间，必不可少有英国警察随同，负责保卫。对警察，李也好奇，曾兴致勃勃地向随行警察详细询问当地政府管理和警察管理方面的问题，并表示中国现在还没有警察制度，希望今后也引进警察制度。[1896 年 8 月 17 日《里兹信使报》(*Leeds Mercury*)] 五年后，经过庚子大动乱后，中国在 1901 年也就是李鸿章去世的那一年，终于创办了地方性警察制度；1905 年清廷新政，设立巡警部，为全国性警察制度创设的标志。

英国陪同人员和媒体都发现，李鸿章喜欢发问，参观时喜欢提问，甚至接受媒体采访时，也"以攻为守"，向采访的记者频频发问，有时被采访者成为采访者，采访者反成被采访者。有次与一位英国印度殖民地内务部的官员一起，李频频发问，这位官员招架不住，承认李鸿章对英国在印度的内政管理，比自己知道得还多。看来，李鸿章也认真做了一番功课。李鸿章对"包罗万象的知识所流露出的渴望"，使他们大为惊奇。有懂中文的英国人戏称中堂大人的"口"应改为"否"，因为他张口闭口就是"可否""能否""然否"地提问。从军国大事、武器性能、机器制造等等，一直到年龄、收入、在公司有多少股份、婚否、家庭、子女婚否……对这种传统的"中国式问候"，一些英方人员表示理解，但有媒体认为其实因为李鸿章是英国的新主顾："他的询问如果没有在欧洲人，那么至少是在所有英国人面前显得很无知。在中国，个人事务似乎同时也是公共事务。格莱斯顿先生有幸轻易逃开总督大人的拷问。但是无论如何，询问海伦·格莱斯顿小姐为什么还没有结婚，这个公开的问题，甚至是从一个中国式的角度来看，也无疑有些过头了。然而，这一切都使我们很为难，要指责这位大人缺乏我们所理解的那种传统的礼貌是很困难的。而且，他是有底气做这些提问的。中国是英国工业的一名顾客。为了与他签署可能的货物订单，这位大人无论走到哪里，都被小心地吹捧着。而他也是足够聪明，可以看到自己被赞誉过度。对他的礼遇就像是对待商店里的一名新主顾一样。"［1896 年 8 月 22 日《雷明顿温泉镇信使报》（*Leamington Spa Courier*）］

　　曾有两位女记者，先后采访李鸿章。大概从未面对过职业妇女、更未接受过女记者的采访，李鸿章好奇心更强，略带玩笑地反问得更加直接。第一位是在英国报社工作的美国女性，报纸以"李鸿章与新女性"作为标题，报道了这次采访。这位女记者写道："总督主导了这次访问，问我'结婚了吗？'然后又问我'打算结婚吗？''你多大年纪了？''你做这份工作一个月可以得到多少钱？''你是一个美国人，怎么就住在伦敦了呢？'类似这些问题，一个接一个，向我提问。我开始好奇，对于东方人而言，是否他们觉得我理所当然地接受这一系列私人的甚至是尴尬的提问。"她明白："在这位伟大人物严肃而认真地通过翻译向我一个接一个地提问时，我开始意识到这实际上是在跟我开玩笑。"于是她决定向李鸿章提一些刁钻问题掌握主动，问他觉得哪个国家的女性最聪明最漂亮。李鸿章巧妙回答："我在很多国家都看到漂亮女人、丑陋的女人、聪明的女人、笨女人、有美德的女人和没有美德的女人！"这位女记者不依不饶，马上问道："但是，大人，肯定有一个国家，在那里你发现女性比其他国家的更漂亮和聪明，你一直在回避我的问题。"从未到过美国的李鸿章不乏奉承地"幽了她一默"："美国有很多像你一样既美丽又聪明的女性。"接着李鸿章又反被动为主动，向她发问："我听说，美国是一个有很多未婚女人的国家。这是真的吗？"这位女记者表示自己从未听过这种说法，这次轮到李鸿章不依不饶："我听说那里很多人都不结婚。她们工作，也为自己挣了很多钱！她们不应该这么做，她们应该结婚！"女记者问道："你认为所有女人都应该结婚？"李边点头边肯定地说："是的，全部。"女记者再问："你在中国听说过'新女性'吗？"李鸿章不客气地回答："是的，我们听说过，听说她们都住在英国和美国，但是我们不喜欢她们。我们中国没有'新女性'。我们也不会有。我们的女性全都结婚。""那么没有你不喜欢的未婚女人吗？"女记者笑着问道。李回答："一万个人里面只有一个老处女。"她再次想扭转局面，变成提问者而不是受访者，但发现"未婚女人（老处女）"这个话题似乎是李唯一愿意跟她聊的。"我相信他并不是没有理解我所说的，他再一次幽默地眨眨眼。我认为，他其实可能懂少量的英文。"［1896 年 8 月 13 日《丹迪信使报》(*Dundee Courier*)］李被誉为当时"最进步""最开明"的中国人，也无法接受"新女性"，足为那个时代对女性认识的标志。他认为中国今后"也不会有"新女性则过于自信，他确实想不到，十几年后就会有秋瑾那样的"新女性"积极参与政治活动，甚至投身革命；二十年后的"新文化运动"，涌现更多的"新女性"。社会的发展，远超他的想象。

　　稍后采访他的英国女记者是位德国人。李鸿章对前一位是美国人感到好奇，对这位又是德国人更感意外，不禁问道："英国女记者都在哪里呢？难道没有吗？"然后，又开始连连发问，年龄、婚否、收入等。得知她仍单身时，李鸿章以中国式关爱劝她："一位像你这样聪明的女士应该结婚。很多读书人将会很高兴有你这样一位伴侣。难道他们不想吗？"听到她的收入，李又直接问道："那位美国女士，也就是在另一天来的美国女士的薪金更高。为什么会这样？"女记者回答，可能她是更好的记者。李鸿章对此不表赞同，这位记者又回答:"可能她工作更努力。"李鸿章说可能如此,但立即赞扬她比那位美国女记者爱笑,肯定非常有天赋,而且加重语气说"非常非常有"! 采访结束后,李鸿章用英语说了再见。[1896 年 8 月 25 日《丹迪晚电报》(*Dundee Evening Telegraph*)]

离开伦敦前一晚到帝国剧院看芭蕾,是李鸿章此行为数不多的娱乐活动之一。剧院自然非常重视,为李鸿章一行提供了一整层装饰和布置成中国色彩的包厢,剧院经理一直陪同。李鸿章对这位经理进行了非常细致的"盘问","这些问题几乎涉及剧院管理的每一点",了解管理是他的兴趣、重点所在,连剧院管理都不放过。在复杂的芭蕾舞表演过程当中,剧院经理一直站在总督身旁向他解释这一舞蹈的神秘之处,"而李鸿章则对芭蕾舞女的脚的尺寸非常感兴趣。他认为她们脚的比例是有些出格了"。[1896 年 8 月 29 日《切尔滕纳姆纪事报》(*Cheltenham Chronicle*)]"三寸金莲",仍是此时中国对女性的审美标准。

凡事发问、以致有人说应把"口"改成"否"的李鸿章,对于何事可问、何事不可问其实心中有数。他参观国会上、下院,只与人礼貌应酬、简短交谈,发问甚少,更无评论。老友郭嵩焘的命运,当使他此时仍心有余悸。清王朝第一个驻外使臣郭嵩焘 1877 年初赴英国就任,应总理衙门的要求,将自己从上海到伦敦途中这 51 天 2 万多字的日记稍加整理润色,定名为《使西纪程》,钞寄一份给总理衙门,1877 年春,由总理衙门刊印出版。由于书中赞扬了西方现代物质文明与制度文明,对法国和英国议会都有介绍,总理衙门刚将此书刊行即引来朝野顽固守旧者一浪高过一浪的口诛笔伐,一时间群情汹汹,有人痛斥他对外国"极意夸饰,大率谓其法度严明,仁义兼至,富强未艾,寰海归心……凡有血气者,无不切齿","诚不知是何肺肝,而为之刻者又何心也","殆已中洋毒,无可采者"。有人以郭嵩焘

"有二心于英国，欲中国臣事之"为理由提出弹劾。有人上奏，严谴郭"立言悖谬，失体辱国，请旨立饬毁禁其书，以维国体而靖人心"，因为郭书"其中尤谬者，至谓西洋立国二千年，政教修明"。还有人主奏要求将郭嵩焘撤职调回："今民间阅《使西纪程》者既无不以为悖，而郭嵩焘犹俨然持节于外"，"愚民不测机权，将谓如郭嵩焘者将蒙大用，则人心之患直恐有无从维持者"。虽然奕訢、李鸿章等对郭表示支持，但最后，由慈禧在 1877 年 6 月中旬对总理衙门下发将此书毁版谕旨。1890 年，被罢官归家已久的郭嵩焘病逝，李鸿章为老友不平，以其学行政绩上奏，希望能够援例立传赐谥，但被慈禧否决。李鸿章的奏折递上不久即奉谕旨："郭嵩焘出使西洋，所著书籍，颇滋物议，所请着不准行。"十几年后，《使西纪程》仍是郭的罪名。宦海沉浮多年的李鸿章，当然知道此事万不可问，更不可评。

到英国，他自然不忘当年帮助他镇压太平军的"常胜军"首领戈登（Charles George Gordon）。戈登已于 1885 年在苏丹战败身亡，尸骨未存，李鸿章向他的塑像和衣冠冢献了花圈，并鞠躬致礼，还与他的家人见面，表示怀念。

李鸿章离开英国前，英国一家报纸对他的访问作了简短总结："在他带着对英国的美好印象离开时，他也给英国人民留下了一个好印象。像他这个年纪的人可以完成这么多工作，这是不简单的。他从来没有流露出疲惫之情，而且在面对可以被研究或者可以被学习的东西时，他不会罢休，直到他已经亲自检查过或者得到必要的知识为止。如果中国有更多人物像他一样，并且能够掌控足够的权力的话，那么中华帝国在几年后将会成为最可畏的力量之一。"此文进一步说，现在愿意学习英文的中国人越来越多，但却没有多少英国人愿意学习中文，这是英国人的短视，将是英国在中国发展的障碍。这篇短评的标题就是"我们需要学习中国的语言"。[1896 年 8 月 28 日《苏塞克斯郡农业报》(*Sussex Agricultural Express*)〕虽然过于乐观，但今天世界开始出现"汉语热"还是印证了这家媒体百年前的预言。

离开英国后，李鸿章一行访欧结束，横渡大西洋，前往美国。

对于李鸿章，美国媒体并不陌生，因为1879年美国前总统格兰特将军访问中国时，美国媒体对李就有不少报道。一因格兰特在美国大名鼎鼎，在南北战争后期曾任联邦军总司令；二因他访华时，正是美国排斥华工浪潮高涨之际，停止华工移民美国，是格兰特与李鸿章会谈的重要内容之一，也是美国媒体报道的重点。会谈中，李鸿章却坚持维护华工的利益。虽然这并非两国政府间的实质性会谈，但李的态度却很明确，表明了中国政府态度。他在此问题上的强硬，给美国媒体留下深刻印象。

第二年秋，美国就派一个外交使团来华，任务就是与中国政府交涉禁止华工问题，当然主要是与李鸿章会谈解决华工美国移民问题，要修改多年前中美两国签订的有利于华工的《蒲安臣条约》，这是中美两国政府间的正式谈判。1880年11月11日美国《威灵每日知识报》(*The Wheeling Daily Intelligencer*)报道："他（李鸿章）很直白地说，无法想象中国劳工的苦难，更无法理解，我们质疑并要改动条约。除非美国政府给出很好的理由，不然北京当局很难同意修改。显然，他对修改条约的提案很生气，更生气的是，这个提案是由一个友好的、并不热衷于刁难东方的国家提出。修改条约意味着，蒲安臣之前所做的工作被推翻。我们必须理解的是，虽然李鸿章因为正在处理巴西事件，不会被指派参与这次条约的修改，但他与此事关系极大。他的权力在总理衙门里影响很大。我的意思是，李鸿章将会在幕后推动，他将会对每一个进展做出建议。如果有可能，这项事务可能很快中止。而在一定的条约保护下，李鸿章将不会反对中国人移民美国。用他的话说，就是'让我们往下看，看你们在没有中国移民涌入的情况下，能够发展成什么样子。等你们后悔了，我们再讨论重建条约关系。我们将会阻止我们的臣民去你们的海岸，你们要多久就多久。你们肯定会求我们再次更新关系，而那时，将由我们来决定接受或者拒绝'。"

但 1882 年 5 月，美国依然通过了《排华法案》。此后十数年，李鸿章一直关注在美华工问题。后来与美国访华政要、媒体会见时，李鸿章仍主动谈此问题。1889 年 1 月 27 日美国《匹兹堡电讯》（*Pittsburg Dispatch*）记者对他作了如下采访报道："他请我用笔告诉美国人民，他反对美国驱逐中国人。""整个排华法案条款是违背中美两国条约精神的。这是一种犯罪。我希望排华法案可以被废除。我希望你能替我告诉美国人民，如果不取消排华法案的话，我将提议我们的政府在中国驱逐美国人。我认为这是我们可以行使的一项正当权利。如果你愿意，你还可以对此做一些言辞上的夸张。我相信你在当中强调，我们希望美国人民会给予我们的国家公平对待。""我在我们谈话结束的一个半小时内将它们记录在此。我觉得已经没有必要做一些夸大，总督的话本身已经很强烈了。"这位记者还向李鸿章提问了中国铁路问题："我问总督，他是如何考虑中国铁路的将来，以及这会对中国与世界有何影响。"李鸿章是最早认识到铁路对国家具有重要战略意义的大臣，早在 1872 年就提出中国应修建铁路，但被拒绝。以后他又不断提出修铁路的主张，屡被激烈攻击，朝廷拒不接受修建铁路建议。直到此次采访半个月后，距李第一次提出修路主张 17 年，朝廷才在 1889 年 2 月 14 日发布"懿旨"，批准修路。或许因为十几年来一直在想方设法让朝廷同意修铁路，他提前半个月知道朝廷即将同意修铁路，所以非常乐观地回答："半个世纪后，中国将会被铁路覆盖，就像一个巨大的网络。中国丰富的矿藏资源将会被开发。这个国家的许多地方会出现轧机和火炉，这是有可能的。中国会成为世界市场的制造基地。"

当然，李鸿章可能过于乐观，也可能是对外国媒体要说些"大话"，半个世纪后中国铁路较之前确有相当大的发展，但中国"成为世界市场的制造基地"、"高铁"成为中国在世界上最具竞争力的产品，都是一个世纪之后的事情了。这些事实毕竟证明，李氏百多年前的判断大致不谬。

　　紧接着李鸿章从商品流通、市场竞争、劳动力市场的角度将话题又从铁路引入华工问题，认为中国成为世界市场的制造基地将导致与欧美的激烈竞争："在我看来，这是威胁你们国家以及欧洲的劳动者的最严重的问题。与世界上其他国家的人一样，中国人已经显示出他们的技能和才干。他们工作勤勉，生活成本比你们国家的人更廉价。当我们国家开放铁路，把注意力转向世界市场时，我相信，我们会比你们提供更好、更廉价的产品。这些，将是你们国家所要面临的问题。"这位记者回答道："我也这么认为，大人。""那么，我很好奇，"李鸿章接着问，"你希望中国来跟你们竞争，但你们不认为这是很危险的竞争吗？"这位记者回答得非常坦率："是的，我也这么认为。但是当中国的产品能跟美国竞争时，我们会建起一道保护屏障，以阻止你们的产品进入。"这位记者的随口而答，说明贸易保护主义深入人心。在全球化的今天，贸易保护主义仍大有市场。1894 年 7 月 1 日，甲午战争前夜，美国《呼声晨报》（The Morning Call），采访了李鸿章。记者报道："我提到了中国的将来，并问总督他认为这个国家应该由欧洲人来发展还是由中国人自己来发展。他回答，毫无疑问，中国已经有了很大的发展，铁路将会网状地覆盖中国。他相信中国最终会发展起自己的制造业，而且在将来，会像制造大国一样进军世界市场。他告诉我，中华帝国的政治家们已经开始在这一方面做各种尝试，他们的棉纺织厂现在已经是世界上最大的了，而其他的一些大型工厂也在筹备当中。虽然他没有直接说出，但他使我理解到，中国的信条是，从现在开始将会是'中国人的中国'，并且威胁说，中国人会作为自己的工人和制造业主在世界上守护自己的国家。"

引入商品市场、劳动力市场竞争等观念，证明李对现代经济学知识已略知一二，且能用于与外国人谈判，实属难得。

鸦片战争后，英国资本在中国一直独占鳌头，但此时美国正在崛起，想与英国在华角逐一番。1892年末，一位美国商人来到中国，"决定穿越英国资本和企业在这个国家里树立的种种障碍"在华进行巨额投资。来到中国后，他受到包括李鸿章在内的高官重视，他写道："我也晓得我之所以备受关注很大程度上是由于我的巨额花销。按照中国的风俗，做任何事情都要送钱。在那里，没有人认为官员受贿是一项罪行。事实上，他们不仅不认为这是受贿，还认为是合理要求。我送给了李总督身边的人和帮我运送行李的人不少昂贵的丝绸和钻石。仅两个月的旅途，这方面我的花销已经高达两千五百美元。""你可能会说，这只是很小的一笔钱，事实上，也的确是。但是，这只是个开始。我在中国已花了不少于二十万美元，但是肯定需要更多以便获得许可。这些许可价值具体是多少，没有人能说得清，几百万是肯定的。中国有四万万人口，疆域是美国的四倍。只需想一想今日美国整个铁路系统的价值，就知道铁路系统还有电报系统在中国的价值，是几千亿美元而不是百万。然而，在中国开发这些是极其困难的。"他发现"对于中国那些长辫子的绅士来说，不论多年轻或是多小的官，都在追逐金钱——美元、英镑或是中国的银子"。原来那时的官员，已经喜欢美元、英镑了。拜见李鸿章时，他被依次从低到高介绍给各级官员，轮到向李鸿章介绍时，他已经有些精疲力竭，几乎不能通过翻译好好地介绍自己了，但"无论有多紧张都没什么，因为我带来了丰厚的礼物。按照规矩它们被放置在李鸿章的脚下"。[1892年12月23日《每日烟草纪年报》(*Daily Tobacco Leaf*

Chronicle）〕当众收受丰厚礼品并不避讳,为得到许可证必须行贿……俨然成为当时官场文化。

李鸿章一行于1896年8月28日抵达美国纽约,开始对美访问。在美国访问时,无论与政要会谈还是接受媒体采访,他仍多次谈到华工问题,维护华工权益。除了1882年的《排华法案》外,美国在1892年又通过了歧视在美华人的《格力法》。《格力法》是美国加州民主党参议员托玛斯·格力(Thomas J. Geary)提出、参众两院在1894年通过的一项法案,规定在美华人不得申请保释;必须在该法案通过一年之内重新申请居留证;一年以后未获得居留证的华人将被逮捕并驱逐出境;持伪造居留证者将罚款一千美元或判五年以下徒刑。特别值得重视的是,1896年9月3日的美国《纽约时报》(*The New York Times*)对李鸿章在纽约会见纽约报业代表时的演讲做了报道,李鸿章以当时最经典、前沿的经济学知识,批驳了美国的华工政策。一位记者直接问道:"总督阁下,您期待对现存的排华法案进行任何修改吗"李回答:"我知道,你们又将举行选举了,新政府必然会在施政上有些变化。因此,我不敢在修改法案前发表任何要求废除《格力法》的言论,我只期望美国新闻界能助清国移民一臂之力。我知道报纸在这个国家有很大的影响力,希望整个报界都能帮助清国侨民,呼吁废除排华法案,或至少对《格力法》进行较大的修改。"报道说李鸿章这时"不大的眼睛闪射出灼人的光芒","有点激动"地继续说:"排华法案是世界上最不公平的法案。所有的政治经济学家都承认,竞争促使全世界的市场迸发活力,而竞争既适用于商品也适用于劳动力。我们知道,《格力法》是由于受到爱尔兰裔移民欲独霸加州劳工市场的影响,因为清国人是他们很强的竞争对手,所以他们想排除华人。如果我们清国也抵制你们的产品,拒绝购买美国商品,取消你们产品销往清国的特许权,试问你们将作何感想呢?不要把我看成大清国的什么高官，而要看成一名国际主义者；不要把我当作达官贵人，而要当作大清国或世界其他国家的一名普通公民。请让我问问，你们把廉价的华人劳工逐出美国究竟能获得什么呢？廉价劳工意味着更便宜的商品，顾客以低廉价格就能买到高质量的商品。""你们不是很为你们作为美国人而自豪吗？你们的国家代表着世界上最高的现代文明，你们也因你们的民主和自由而自豪，但你们的排华法案对华人来说是自由吗？这不是自由！因为你们禁止使用廉价劳工生产的产品，不让他们在农村干活。"他进一步指出："在工艺技术和产品品质方面，你也领先于欧洲国家。但不幸的是，你们还竞争不过欧洲，因为你们的产品比他们的贵。这都是因为你们的劳动力太贵，以至于生产的产品因价格太高而不能成功地与欧洲国家竞争。劳动力太贵，是因为你们排除华工。这是你们的失误。如果让劳动力自由竞争，你们就能够获得廉价劳动力。""我相信美国报界能助华人一臂之力，以取消排华法案。"有记者问他美国资本在中国投资的情况，李鸿章很快地反应说："只有将货币、劳动力和土地都有机地结合起来，才会产生财富。大清国政府非常高兴地欢迎任何资本到我国投资。我的好朋友格兰特将军曾对我说：你们必须邀请欧美资本进入清国以建立现代化的工业企业，帮助清国人民开发利用本国丰富的自然资源。但这些企业的管理权应掌握在大清国政府手中。我们欢迎你们来华投资，资金和技工由你们提供。但是，对于铁路、电讯等事务，要由我们自己控制。我们必须保护国家主权，不允许任何人危及我们神圣的权力。我将牢记格兰特将军的遗训。所有资本，无论美国的还是欧洲的，都可自由来华投资。"[1] 这些言论、观点和态度，与已经符号化的"李鸿章"大相径庭。更值得注意的是，在 1896 年这篇短短的演讲

---

[1] 郑曦原编：《帝国的回忆：〈纽约时报〉晚清观察记》（下），当代中国出版社 2011 年版，第 339—340 页。

中，李鸿章谈到了自由市场、世界市场、劳动力自由流动、商品的流动、垄断、价格、市场的行政干预等问题。在全球化的今天，这些依然是困扰各国的问题，他国廉价劳动力与廉价产品的冲击，依然是美国今日面临的重要问题。

这篇短短的演讲表明，李鸿章当时能如此深刻地提出问题、看待问题，得益于他使用的理论分析框架。只有将货币、劳动力和土地都有机地结合起来，才会产生财富，这是古典经济学的生产全要素理论。17世纪英国经济学家威廉·配第提出土地为财富之母，而劳动则为财富之父和能动的要素的观点。虽然他没有明确提出"生产要素二元论"，但实际上他已经将土地和劳动作为生产的两个要素。在此之后，经济学家亚当·斯密又将资本列为生产要素之一，并在其代表作《国富论》中提出无论在什么社会，商品的价格归根结底都分解成为三个部分（即劳动、资本和土地），形成了"生产要素三元论"。李鸿章所根据的，正是这种"生产要素三元论"。而且，李鸿章以商品的自由流通，劳工、劳动市场的自由作为废除排华法案的根据，这些概念与基本理论框架也都来自亚当·斯密的自由主义经济理论。今日称之为"古典经济学"，当时却是最"现代"的经济学理论。

众所周知，亚当·斯密的《原富》是严复从1896年10月起到1901年元月末翻译完毕，出版于1901—1902年。在严复开始翻译《原富》之前，为何李鸿章即能用亚当·斯密的理论分析、解释当时中美关系中的自由贸易、劳工移民即劳动力市场的自由问题呢？一个合理的解释是他的这种最"现代"的经济学理论、知识来源于他的英文秘书罗丰禄。罗丰禄与严复同为福建人，二人一同毕业于福州船政学堂，又于1877年一同到英国留学，又基本同时（相差半年）回国。罗回国后入李鸿章幕，兼任李的英文秘书、外事顾问和翻译。1889年1月27日的《匹兹堡电讯》报道说，记者在等李鸿章采访、接见前与罗闲谈。他对罗的评论是："罗丰禄是总督的秘书，同时也是天津最伟大的人物之一，说一口流利的英文。我发现他是一位博学的人物，所知甚多。在等候的时间里，他同我讨论了一些斯宾塞的哲学，并告诉我，他是如何地相信赫胥黎和达尔文的理论。至于后者，他说，他相信适者生存说，而不是物种起源说。"还有一些外国人的报道、回忆也表明，外国政要、新闻记者在与李鸿章会谈前后，不少会与罗闲谈，他们也都发现罗能讲流利的英语和法语，对达尔文主义、亚当·斯密的经济学等都有相当了解。如此推断，应是罗丰禄将西方经济学经典内容告诉了李鸿章，使其用此理论反驳美国当时的"排华"浪潮，达到以子之矛攻子之盾的有力效果，罗氏功莫大焉。多说一句：由此看来，主事者找什么样的幕僚、秘书，确实重要。

与理学大家曾国藩不同，李鸿章甚少"理论著述"，访美期间，却难得谈了一次儒学与基督教的关系。1896 年 9 月 18 日《夏威夷公报》（*The Hawaiian Gazette*）报道，在美国传教士协会（American Missionary Society）的欢迎会上，他将基督教与儒家相提并论："就我个人感受而言，从哲学角度来看，基督教和儒家并没有太大差别。一个是以积极的方式表达着黄金法则（golden rule），另一个是对这些原则用消极的方式加以表达。逻辑地说，这两种表达形式是否传达了同样的真理和同样的基础，这个留给那些拥有更高的哲学品位的人来考察。目前可以说的是，就根基而言，这两种伟大的学说并没有太大差别，在同一根基上两个道德系统被建立起来。"

所谓"黄金法则"，出自《圣经·新约》的《马太福音》和《路加福音》中的两段话："所以，无论何事，你们愿意人怎样待你们，你们也要怎样待人，因为这就是律法和先知的道理。""你们愿意人怎样待你们，你们也要怎样待人。"这是待人之道以"积极的方式"表达，他所说的"消极的方式"，是儒家"己所不欲，勿施于人"的待人准则。他巧妙地避开了信仰问题，而从哲学角度，更确切地说从伦理角度力图说明二者"并没有太大差别"，是在同一根基上建立起来的两个道德系统。不知道他对基督教、对《圣经》究竟有多少了解，但为了这次出访欧美，他是做了一番准备、做了一些功课的。当然，少不了罗丰禄的功劳。

李鸿章对政治、机械、工程、舰船、建筑……的性能、制作过程、价格等等兴趣深厚，不停发问，这一特点也被美国记者注意到。在从英国到美国的邮轮上，他与同船游客交谈时，向一位美国议员详细询问美国总统制、各级机构管理方式、选举办法、不同部门领导的筛选、整个政府的架构以及对可能有的分歧的处理方法；在与一位企业家交谈时，详询造船的各种问题，他的投资状况和美国经济问题。[1896 年 8 月 29 日《印第安纳波利斯日报》(*The Indianapolis Journal*)]在纽约他们乘船经过横跨纽约东河、连接曼哈顿和布鲁克林的布鲁克林大桥时，船只靠近大桥，包括李鸿章在内，一行人全都激动起来。这座大桥在 1883 年 5 月正式交付使用，全长一千八百多米，桥身由上万根钢索吊离水面四十多米，是当时世界上最长的悬索桥，也是世界上首次以钢材建造的大桥，落成时被夸赞为世界第八大奇迹。此时布鲁克林尚未划归纽约，还是单独一市，美方陪同人员向李鸿章详细介绍了桥梁的高度、长度、结构、成本、利润、电缆系统和人行道设计等等。听说花费二千五百多万美元，李鸿章立即问何时才能收回成本。

与英国记者一样，美国记者也注意到面对媒体人的采访时，李鸿章总是想方设法向对方频频提问，对方方面面表现出浓厚的兴趣，从家国大事、异国风俗到个人私事，甚至刚见面的人，也喜欢问人年龄、收入、婚姻状况等个人问题，对女士也不例外，表现出明显的"国人特点"。对此，美国媒体均以"东方文化"或"中国文化"

表示理解。一家报纸的标题就是"李鸿章作为提问者",对李氏风格作了如下介绍、评论:"李鸿章提问的特点是,他问很直接的问题,这些问题很难被避开,并且被算计好可以获取李本人想要得到的信息。""李鸿章的旅行无疑是非同寻常的,而他获取信息的方法也是别具一格的。他的提问非常坦率和直接,令人耳目一新……李鸿章有勇气打破传统,问出一些在高度文明化的人群当中被认为是粗鲁的问题,但这些问题却也是这些文明人很乐意被问及并欣然作答的。李鸿章的理论是,如果听一些粗鲁问题的回答是不粗鲁的,那么问出问题就不会是粗鲁的。不能说他是没有道理的。"[1896 年 9 月 2 日《盐湖城先驱报》(*The Salt Lake Herald*)] 不过,还是有一些美国陪同者回避了他这方面的提问。

除了喜欢问个人收入,美国记者注意到他也会谈论女性。邮轮都有节目演出,从英国到美国的邮轮也不例外,他对两位年轻的美国女歌手演唱的流行歌曲颇有兴趣:"在音乐问题上,透露总督东方口味的一个有意思的事情是,他唯一点名的曲子是《你别走,露》。这首曲子看起来使他很喜欢,他对自己柔声重复这首曲名。当演唱结束时,李伯爵表达出了对这首歌的喜爱,并咕哝出了'divine, beautiful',并通过翻译向歌手表达了感谢。"他也向这两位年轻的女士提了"无数的问题":多大了?唱歌收入多少?为什么要登台?她们的职业会让她们在自己国家享有较好的地位吗,或者会被看不起?"对于这些和其他很多类似的问题,总督都得到了回答。然后总督仔细地打量这一对姐妹。'优美,非常优美',这是他的评价,'还很漂亮'。"[1896 年 9 月 13 日《盐湖城先驱报》(*The Salt Lake Herald*)]他还把自己的相片送给了这两位歌手,并在她们的签名本上题了字。题字后他还特意通过翻译问:"为什么你们国家的女性比中国的女人要聪明那么多呢?"并且对自己自言自语地补充说:"我好奇这是不是因为她们没有裹小脚？"[1896 年 8 月 29 日《印第安纳波利斯日报》（*The Indianapolis Journal*）]对流行歌曲兴趣如此浓厚，与在离开英国时看芭蕾舞却完全没有感觉、关心的是芭蕾舞女的脚的尺寸形成鲜明对照。这也难怪，欣赏芭蕾需要一定的专业知识，流行音乐更主要凭感觉，或许，这就是"流行"能成为流行的原因。此时，对西方音乐舞蹈，无论芭蕾还是流行歌曲，中国人都完全不了解，没有基本概念，也不可能对二者有"高雅""低俗"之分。在美国也有人问他与"新女性"有关的问题，他明确说中国没有"新女性"。

在欧美访问，他注意到一件非常新奇的事情。他发现，参加招待会或者晚宴时，女士们总是戴长袖手套盖着她们的手和胳膊，但却露出了肩膀和胸部。这种蕾丝手套袖型多为泡泡袖，往往饰有细小发亮的珠子，长及肘部以上，是当时欧美上层社会女士社交活动中不可缺少的服饰。李鸿章认为这与中国正好相反，中国女性不介意手被露出，但不能袒胸露肩。他明确说，看不出这"有什么更好或者更雅致的"。在访问俄国参加俄皇加冕礼上看到许多欧美妇女，他就认为英国妇女是最漂亮的，此时访问欧美接近尾声，他对美国媒体说仍坚持此点。[1896 年 9 月 13 日《盐湖城先驱报》（*The Salt Lake Herald*）]明明认为英国女性最漂亮，但在英国面对英国媒体问他这个问题时，他却顾左右而言他，避而不答，在美国却不恭维美国女性最漂亮而坦承自己认为英国女性最漂亮，也是花絮一朵，令人一哂。

虽然认为世界上英国女性最漂亮，但在美国媒体面前他还是公开批评英国人的自大，在文化上无法与中国媲美："就文化而言，英国人比一些欧洲人要优越，比一些要低劣，但是他们无法与中国媲美。很多事上都显示出这一点。在中国几乎每一个高级学生都被教导要读英文原著，了解英国历史以及伟大的英国人物。英文书籍在中国也有出版。但是除非是为了商业或者外交用途，根本没有英国人学习中文，英国学生甚至没有想过中国的经典值得他学习。他们对中国的伟大人物也一无所知。在他们看来，只有两个伟大的中国人——我算一个。但是如果我没有来到他们中间的话，他们根本不会听说过，另一个是孔子。"李鸿章此话大大地言过其实，当时的中国科举仍是读书人的"正途"，洋务派与教会创办的新式学堂仍被歧视，从数理化到英文，并无多少人学习。罗丰禄的同学、留学英国的严复回国后担任北洋水师学堂总教习（相当于教务长）、总办（相当于校长），仍要回乡参加最初级的科举考试，否则会被人歧视。中国学子普遍学习英文是将近十年后、1905 年废科举办学校才开始的，这时李已去世数年。不过，李鸿章的言过其实是当时的外交策略，也有收效，使美国媒体有某种程度自省："这些评论中无疑有一些深刻的观察，显示出总督对关于他个人的很多评价也做了仔细的思考，并且断定西方世界对于中国历史总体上的无知。这番评论的最后将白人总结为自负。事实上，这位中国人非常坦率地说出了其他人也在想的事情。"〔1896年 9 月 13 日《盐湖城先驱报》（*The Salt Lake Herald*）〕

管理、效率一直是他关心的问题，所以他对美国多党政治下的政府运行效率表示怀疑："总督的私人观察表明他对于美国政府系统的效率抱有怀疑。他认为有太多的党派，太多的官员，而官员失职的代价却很小。"他的理由是如果只有一个主人，他会小心地监管他的仆人，反过来，如果一个人有一千个主人，这些主人都会让别人去监管、承担责任，"显然总督选择一个主人的体制"。〔1896 年 9 月 13日《盐湖城先驱报》（*The Salt Lake Herald*）〕

李鸿章访美期间，美国新的总统选战已拉开帷幕，威廉·麦金利（William Mckinley）已获共和党提名，向在任总统、民主党人格罗弗·克利夫兰（Grover Cleveland）发出挑战，角逐下任总统。在离美到达加拿大后，1896 年 9 月 11 日的美国《奥马哈每日蜜蜂报》

（*Omaha Daily Bee*）报道，有位美国记者采访他对美国大选的看法。他反问这位美国记者是共和党人还是民主党人，这位记者回答自己是民主党人。李鸿章笑着说："哦！那太糟糕了。民主党要失势，麦金利会成为下一任总统。"几个月后，大选揭晓，证明李鸿章预测准确，麦金利赢得选战，当选美国第25任总统。真不知道他作此预测的根据是什么，一般说来，在任总统竞选连任的胜算较大。就在十几天前，他刚与克利夫兰总统在纽约会晤。是与其谈话这种近距离观察得出了克氏将败的结论吗？他在美访问总共不足十天，是他对美国政治早有深入的观察和深刻了解，还是源自他对政治的敏感、直觉？人们不得而知。但大选几个月前，他就如此斩钉截铁地断言克败麦胜并且判断准确，自有他的道理。可惜，这家报纸未报道他是如何分析、得出这个结论的，笔者查阅不少中文文献，也未见有关文字。如能知道他的判断依据、分析方法，当是精彩的政治分析个案。

美国西部各州排华最严重，李鸿章向美国媒体表示，因此他不去美国西部就到加拿大访问，然后从加拿大直接回国而不从美国西海岸回中国。9月5日，李鸿章离开华盛顿前往英属加拿大，于9月14日搭乘一美国轮船公司轮船横渡太平洋，踏上归程。途经日本横滨因甲午之耻拒绝上岸，改乘中国轮船（招商局轮船）返国，10月3日到达天津。这次190天、行程9万里的欧美之行宣告结束。

虽然李鸿章以"懂洋务"著称，但以前他对西方的了解毕竟都是"听说"而来，没有亲身体验。关于西方见闻的日记，以前影响较大的是郭嵩焘、曾纪泽、薛福成三人的日记，李鸿章也尽量从中汲取各种新知，但毕竟"百闻不如一见"。这次历时近七个月，行程九万里的欧美之行使他眼界大开，对西方，尤其是西方"立国政教"的认识又深了一层，正如他刚刚回到天津后给亲信吴汝纶的复信所说，"所见过于所闻"。他曾对人说此行除为祝贺俄国沙皇加冕外，还有一个目的就是"博考诸国政治之道，他日重回华海，改弦而更张之"；欧美之行使他认识到"生今之世，善教发为善政，其明效大验，有若是哉"！在给吴的信中，他得出了欧美"立国政教"的"扼要处，实在上下一心，故能齐力合作，无事不举，积富为强"。此语虽然简略，未具体言明怎样才能"上下一心"，但毕竟接触到"政教"层面；他又说自己以前感叹胡林翼所说如果中国能"生财"、"天下事尚可为"这句话，现在看来这其实是第二位的。他实际承认"富强"的关键是背后的"政教"，所以中国不仅仅是"器物"不如人，而根本原因在于"政教"不如人。这种观点，已相当接近"维新派"了。在维新运动中，他自然同情维新派。在给吴氏此信及给其他人的信中，他还几乎以同样的字句谈到欧美新闻记者对他的追踪采访："各国接待情形及沿途行止，西报逐日记载至为详尽，译布中夏者不过十之二三。西人好名，所至之处，辄有馆人执笔相随，朝夕不离，有如监史，即一言一笑之细，纤悉无遗。投老远行，供人描画，一何可笑！"其中有对近代新闻业见所未见的惊讶，更有对自己如此引人关注的洋洋自得，这也是对前段在国内备受冷遇的心理补偿。在给吴氏和其他几位亲朋信函的最末尾，他都同样写道："忽从西海，重履东华，去日儿何，辄有东坡还朝如梦中之慨！"所谓"东坡还朝"即指宋神宗时苏东坡因反对王安石变法不容于朝廷、被贬官外放直至被捕系狱，后神宗驾崩哲宗即位，王安石新法俱废，苏东坡在厄运中突然被召还朝再受重用之事。

看来，游历欧美的无限风光使他真以为自己要重握大权了。

维新变法中的李鸿章

裁并官职折
光绪二十四年七月二十日（1898年9月5日）

　　大学士臣李鸿章等谨奏，为遵旨分别筹议具奏事。光绪二十四年七月十四日奉上谕：国家设官分职，各有专司。京外大小各官，旧制相沿，不无冗滥。近日臣工条奏，多以裁汰冗员为言，虽未必尽可准行，而参酌情形，实亦有亟当改革者。朕维授事命官，不外综核名实。现当开创，百度事务繁多，度支岁入有常，岂能徒供无用之冗费，致碍当务之急需。如詹事府本属闲曹，无事可办；其通政司光禄寺鸿胪寺太仆寺大理寺等衙门，事务甚简，半属有名无实，均著即行裁撤，归并内阁及礼兵刑等部办理，等因，钦此。

　　又于七月十六日军机大臣面奉谕旨：詹事府通政司光禄寺鸿胪寺太仆寺大理寺等衙门，现已裁撤。所有各该衙门一切事宜，归并内阁六部分办。著大学士六部尚书侍郎即行分别妥速筹议，限五日内具奏。钦此。

　　仰见我皇上振兴庶政，综核名实，不厌求详之意。臣等窃惟裁并官职，诚为今日当务之急。然各衙门承办多年，另改旧规，非取其素有交涉者以类相从，不足以臻妥善。谨案会典内载，詹事府掌文学侍从，拟请归并翰林院；通政司掌纳各省题本，拟请归并内阁；光禄寺恭办典礼及燕劳荐飨，鸿胪寺掌朝会燕飨，拟请归并礼部；太仆寺掌牧马政令，拟请归并兵部；大理寺掌平天下刑名，拟请归并刑部。惟归并之后，事既更张，有同新创；其中头绪繁多，一切事宜，非仓猝所能遽定。应由各该衙门移取职掌文卷，悉心校阅，体察情形，斟酌办理，另行详议具奏。庶名虽改而实犹存，不至冒昧从事，致滋贻误，以仰答我皇上宵旰焦营孜孜求治之至意。如蒙俞允，由臣等即日行知各衙门调取文卷，饬员迅速办理。如有未尽事宜，各该衙门随时具奏请旨。

所有遵旨分别筹议缘由，是否有当，谨合词具陈，伏祈皇上圣鉴。再此折系内阁主稿，合并声明。谨奏。

李鸿章自欧美风风光光地出访回来，觐见光绪和慈禧太后，详细谈了所见欧美的繁华强盛，并以中国贫弱提出"须亟设法"。但他的意见并未得到重视，更未如他所愿重新得到重用。他于1896年10月24日被任命为总理衙门上行走，只是见习大臣，并无实权，被人称为无用的"伴食之宰相"。从权倾一时的直隶总督、北洋大臣到被视为只是"陪人吃饭"的"伴食宰相"，落差何其大也。对此任命，李鸿章当然老大不乐意，拖了八天才去上任。就在任命他为总理衙门上行走同一天，朝廷又因有人告发他几天前曾私入圆明园而下旨严责道："李鸿章擅入圆明园禁地游览，殊于体制不合，著交部议处。"几天后史部准备将其革职，光绪下旨改为："罚俸一年，不准抵销。"不仅未受重用，反因无心细过受罚，他的处境着实不妙，不能不时时小心、处处提防。

这时，中华民族面临空前的民族危机，康有为、梁启超发动的维新运动勃然而兴。对维新运动，李鸿章的态度颇为复杂。虽然从思想观点上他非常同情、支持维新运动，但作为多年身居高位、深谙宦情的重臣，他知道维新运动又不能不深涉以光绪为首的"帝党"和以慈禧为首的"后党"之间的权力之争，而卷入其中的危险自不待言，因此小心翼翼，力避卷入朝廷政争之中。而且，他与支持维新运动的重臣翁同龢又积怨多年；甲午战后他声名狼藉且被朝廷冷落一旁，地位本就岌岌可危。这一切，都使他在这一严重的政治危机、冲突中在不危及自身"政治安全"的情况下支持维新派，但更加小心谨慎地自保其位。他曾对一外国人说过，现在权力在守旧派手中，所以"稍明新学"的官员都要格外小心，不敢倡言新法，很难做成什么事。

1895 年康有为"公车上书"不久，新疆巡抚陶模奏请以培育人才为立国之本。陶模与李鸿章私交甚笃，将此书告李鸿章，李在回信中一方面支持变法主张，另一方面又认为政治积弊太深，恐非易事："今之论者皆知变法，但有治法须有治人。""连日公车章疏，何尝无深识危言，此在庙堂采择，见诸施行而已。详察当路诸公，仍是从前拱让委蛇之习，若不亟改，恐一蹶不能复振也。"1895 年 8 月，维新派在北京组织强学会以推动维新，李鸿章对强学会的主张表示赞同，自愿捐金二千入会，但因此时他已名誉扫地而被拒。后来上海强学会成立并出版《强学报》，他又捐金一千表示支持。虽然他可以捐金支持强学会，却又难忘与翁同龢的恩怨，尤其难忘甲午战后"帝党"官员对自己的强烈抨击，一直伺机报复。所以又暗中指使，让人上疏抨弹"帝党"中坚文廷式，因为文廷式是"帝党"官员中上疏抨击李鸿章最严厉者。慈禧见此疏后，立即勒令光绪将文廷式革职返乡永不叙用。慈禧意在打击"帝党"，削弱光绪力量，因文廷式是"帝党"最敢言、最忠于光绪的官员。李鸿章一方面支持维新派，一方面又为"泄私愤"打击维新的重要"后台"帝党，从大处来说，足见政治斗争中政治见解与个人利益、恩怨的复杂纠葛，从小处而言，足见李鸿章其人的复杂性。在访问欧美回来后，他在给诸多友人的信中更是频频主张变法自强："此行遍历诸大邦，亲觇富强之实效，中国地大物博，果能上下一心，破除积习，力图振作，亦何事不可为，日本变法以来不过二十稔耳。"中国面临列强环伺、亡国亡种的危险，而"根本之计，尤在变法自强"。在这些信中他甚至还提出要废科举、改书院为学校、官员要学习外语等主张。

从 1895 年"公车上书"起，经过几年的不懈努力，维新声势越来越大，康有为的变法主张终于打动光绪皇帝。光绪非常想破格召见康有为，但为守旧力量所阻，只得让总理衙门先传问康有为。1898年 1 月 24 日，翁同龢、李鸿章、荣禄、张荫桓等在总理衙门约见康有为。在长达几小时的会谈中，荣禄明确表示"祖宗之法不可变"，而李鸿章只在康有为说"宜变法律，官制为先"后追问了"然六部尽撤，则例尽弃乎"这一个问题。在这次约谈中，李只问此一个问题而未明确表态，可见其谨小慎微。

不公开表态不等于没有态度。对康、梁维新派，李鸿章实际暗中支持。1898 年 6 月 11 日光绪下诏明定国是，历史上的"百日维新"开始。16 日光绪召见康有为，命在总理衙门章京上行走。康有为退下时途中遇到李鸿章，李的脸色大变，悄悄将荣禄参劾康有为、刚毅反对授官康有为之事告他，意在要康留神。还有一次，荣禄到颐和园谒见慈禧太后，正好李鸿章因太后赏他食品要向太后谢恩故同被召入。荣禄在太后面前告状说康有为非法乱制，皇上如果听从必将有大害；同时他以李鸿章"多历事故"，应对太后直陈变法的害处。李鸿章则以叩头称"太后圣明"搪塞支应，并将此密告康有为。变法的各项措施如奖励工商等都是李鸿章多年主张的，其中将科举考试中的"八股"废掉改为策试，更得李鸿章赞赏。维新派本想废科举办学堂，但考虑到如果这样会遭到天下读书人的反对，所以妥协改为只是废八股，改为策试。李鸿章早就认为应该废科举，兴办学校，但他也深知其中艰难，所以维新派的仅仅是改八股为策试也使他兴奋不已。他曾对人说"康有为吾不如也"，因为废八股"吾欲为数十年而不能，彼竟能之，吾深愧焉"。当然，这种赞赏都是私下的。当李鸿章听说废八股遭到许多读书人反对，甚至有人放风要刺杀康有为时，特派人前往康处，要康"养壮士，住深室，简出游以避之"；康有为奉命出京，李还"遣人慰行"，加以保护。创办京师大学堂时，他曾劝奉旨管理大学堂事务的孙家鼐请康有为出任总教习，虽然此议未成，但对京师大学堂创办、发展起过重要作用的西学总教习美国人丁韪良（Martin, William Alexander Parsons）则是因他与孙家鼐的力荐才就任的。丁韪良后来对人说："戊戌举办的各种新政，惟设立大学堂一事，李鸿章认为最关重要，赞助甚力。"

改官制是维新的重要内容，由于知道"立宪"根本不可能，所以维新派只是提出了裁并闲职冗员的行政改革。"改官制"激起的反对最为强烈，有关大臣拖延不办。李鸿章遵旨与其他大学士上了一折一片，这是他对"新政"的唯一折片，而且是与他人联名。此时新旧斗争已经白热化，李鸿章显然要回避巨大的政治风险。此折也颇为折中，一方面承认裁并官职是当务之急，另一方面又提出"事既更张，有同新创；其中头绪繁多，一切事宜，非仓猝所能遽定"，"不至冒昧从事"，提出对裁并各员应"由吏部酌量分别补用，以免向隅"。此议获光绪首肯，下诏准行。

戊戌政变发生后，慈禧重新训政，光绪被囚，康、梁逃往海外，"六君子"被杀，支持维新的官员受到不同程度的惩罚，新法尽废。在这严峻时刻，李却能暗中保护一些维新人士，如张元济因参加维新被革职，他不仅派人前去慰问，而且要盛宣怀在上海安排张的工作。由于他的许多思想与维新派相近，所以有人上弹章告他是维新派。慈禧太后曾向他出示这些弹章，并问他："有人说你是康党。"李鸿章回答："臣实是康党，废立之事，臣不与闻，六部诚可废，若旧法能富强，中国之强久矣，何待今日？主张变法者即指为康党，臣无可逃，实是康党。"慈禧听后只能"默然"。李鸿章之所以敢如此回答慈禧，因为他了解慈禧最关心的其实并非"法"变不变，而是她的权力是否受到挑战；注重的首先不是臣下对"变法"的观点，而是其是否参与光绪、"帝党"、维新派的实际政治活动。所以他强调"废立之事，臣不与闻"，表明不参与宫廷政争，不参与朝廷的"家务事"，若勉强翻译成现代话语，就是他十分明白"思想错误"与"组织错误"的区别。

就在政变发生几天之后，李鸿章奉慈禧之命宴请日本前首相伊藤博文及随员大冈育造。席间李鸿章说如果康、梁逃往日本，应将其引渡回国，被日方以按国际法政治犯不能引渡为由拒绝。大冈育造随后说根据他的看法，"与其将康有为搜拿惩办，不如加以培植以为振兴中国之地步"，同时说李鸿章"创行新法"时间不短而成效不大，就是因为没有这种帮手，而近日康有为的所作所为，实是扩充李鸿章的未竟之功，所以不如让康"卒其业之为善"。对此，李鸿章回答："洵如君言，康有为日后可大有作为，惟据目下观之，了无异能耳。"这段话值得注意的是，李鸿章认为康有为日后可大有作为，只是现在能力、阅历还不够。从后来梁启超给李鸿章的信中也可看出此点。李曾托人带话给梁，要他在海外认真研究西学，历练才干。梁在信中说："去国以来，曾承伊藤侯及天津日本领事郑君、东亚同文会井深君，三次面述我公慰问之言，并教以研精西学，历练才干，以待他日效力国事，不必因现时境遇，遽灰初心等语。私心感激，诚不可任。公以赫赫重臣，薄海具仰，乃不避嫌疑，不忘故旧，于万里投荒一生九死之人，猥加存问，至再至三，非必有私爱于启超也，毋亦发于爱才之盛心，以为孺子可教，而如此国运，如此人才，不欲其弃置于域外以没世耶。"当然，他对康、梁的暗中同情和通气，未必没有一个老于世故的官僚为未来预留后路的考虑。

同情维新，但首先自保，这是李鸿章在戊戌风云中的立场。在这种尖锐的政治斗争和宫廷政争中，凸显出他圆熟老练的政治手腕和生存技巧。

老臣厄运与再起

恳恩另简勘河大臣折

光绪二十四年十月初一日（1898年11月14日）

奏为钦奉懿旨，恭折历陈，仰祈圣鉴事。

窃九月三十日，钦奉慈禧端佑康颐昭豫庄诚寿恭钦献崇熙皇太后懿旨：山东黄河工程，著派李鸿章前往，会同任道镕、张汝梅周历河干履勘情形，通筹全局，拟定切实办法，必须确有把握，仍将各项工程分别核实，估计应须经费，奏明请旨办理，等因。钦此。

闻命之下，惶悚莫名。窃维山东黄河连年溃决，积敝已深。即使设法筹办，实恐无甚把握。论者以为让地兴水及束水攻沙，或开辟引河，均非巨款不办。现在库帑支绌，亦恐无从筹措。臣年将八十，精力衰颓，步履蹇滞。全河工段过长，处处必须亲历，臣受恩深重，何敢辞劳。惟此事关系重大，精神智虑或有未周，致滋贻误、负疚更深。可否吁恳圣慈责成山东巡抚一手经理，抑或另行简派大臣前往会勘之处。出自逾格恩施，理合沥情具陈。伏乞皇太后、皇上圣鉴。谨奏。

虽然李鸿章在戊戌政治风云中能自保平安，但他赞同、同情维新派的观点、态度悉为慈禧所知，戊戌政变后他自然不可能重获重用。

不仅如此，他还受到变相惩罚。

黄河自古以来就水患无穷，地处下游的山东更是深受其害，时常决口。1896年夏就曾决口，灾难严重。1898年夏秋，山东黄河再次决口，数十县被淹，受难乡民无数，甚至浮尸蔽水。这时，慈禧出人意料地命令实龄已七十有五的李鸿章前往山东履勘山东河工。派李前往当此苦差，慈禧当有自己的考虑：一是自己通过政变重新训政，想以派如此重臣前往灾区，显示自己对灾情的重视、对灾民的关心，以收买民心，稳定局面；二是李鸿章毕竟同情维新派，且有多人上奏弹劾，故借此变相罚李。

此时已是初冬，而当李到山东时将是隆冬季节，对一个年近八旬的老人来说，确实难以忍受，所以李鸿章在万般无奈中上此《恳恩另简勘河大臣折》，请求慈禧太后另选他人。此折很短，只短短两三句话，因为长亦无用，且徒增反感。第一句强调"山东黄河连年溃决，积敝已深。即使设法筹办，实恐无甚把握"。治河是大事，但他并无把握做好，自然引出后来的"恳辞"。而"积敝已深"既指河防工程长久失修、破烂不堪，也指长久以来负责"河务"的各级官员借机层层贪污盗窃、偷工减料已成习惯。第二句话说明由于工程浩大，所以需要巨额财政支持，但他强调自己也"无从筹措"。确实，现在他已无实权，早已不复几年前直隶总督、北洋大臣这种洋务重臣的权势与钱财。最后一句话则迹近哀求：全河工段漫长，"处处必须亲历"，而他年将八十，精力衰颓，连走路都困难，所以恳请朝廷责成山东巡抚或另派他人担此重任。

但他的要求未被慈禧批准。虽然他内心明白如此高龄接此苦差是朝廷对自己的惩罚，起码是一种贬抑，不过对外他仍"打肿脸充胖子"，强要面子，说是朝廷对自己的信任。在给日本前首相伊藤博文的信中他说自己"特奉皇太后懿旨行河，中国黄河工程最关重要，縻钜万之国帑，系数省之民生，从前特举大工，皆以枢辅督办，鸿章忝膺重寄，何敢惮行，风雪天寒，尤将一奋"。11 月 30 日，李鸿章一行离开北京，他特别邀请比利时工程师卢法尔（Rouffart, Armand）随行。12 月 11 日，他们到达济南。他接受卢法尔的建议，决定采取近代西方科学方法，首先测绘全河情形，研究沙从何处而生，水由何处而减，探寻根治办法。在有些地段，他还亲率卢法尔及一些官员一同勘测。1899 年 3 月 21 日，李鸿章充分汲取了卢法尔的建议，给朝廷上了《勘筹山东黄河会议大治办法折》，提出"大治"的十条办法。主要内容为：加宽加高两岸大堤，修复一段黄河故道使之直达入海，购买专门的疏浚船只、经常疏沙疏淤，两岸要设专门防洪机构、安排武职缺额专门负责，河滩不准建筑房屋，设立电话以便紧急联系，在险情工段内酌设小铁路以便取土运料，设立"迁民局"以便随时办理移民事项、给民占地补偿等。显然，他提出的这套治河方法、制度已超越了中国传统的治河方法，已相当"现代"。他知道这套治本之方需要大量钱财和相当长的时间，一时难以实现，所以又提出《筹议山东河工救急治标办法折》，提出先修堤岸、在主堤种草种树栽藤固堤、购地迁民、疏通入海口等作为暂时"治标"的紧急办法。1899 年 3 月 31 日，李鸿章返京复命，距他出京正好四个月。在这四个月中，他不顾隆冬严寒，不辞劳苦，驰驱两千里，认真查看，广泛听取各方意见，拿出了长、短期治本、治标两套办法，确比许多敷衍塞责、贪图享受，甚至以河务谋私利的官员强不少。

总之，李鸿章虽对朝廷不顾其年老体衰坚持要他冒风雪天寒去"勘河"十分不满，但在整治过程中却是尽心尽责，或许这正是为臣之道。正如他在受命之时给山东巡抚的信中所说：自己"年垂八十，时值严冬，风雪长途，实出于万不得已，既奉有认真筹办之谕，但使心力所及，必须详实察勘，不敢徒托空文"。

不过，李鸿章关于河工的意见却未受到朝廷重视，许多具体建议都被朝廷和有关部门以种种理由推托、否决。李鸿章对此忧心忡忡，生怕水旱之灾会激起民变。他在给友人的信中担心地说："沧海横流之受，不得谓一隅为灾，不关全局也。"

　　从山东勘河回到北京后，李鸿章仍然未受重用，又闲居了八个月后却突然时来运转，东山再起，重任封疆大吏，被任命为两广总督。从"勘河"到"督粤"，这种官运的大伏大起看似命运捉弄，其实却是李鸿章一直耐心等待、不断窥测方向、最后果断行动的结果。

　　原来，虽然慈禧发动戊戌政变将光绪皇帝囚禁起来，但光绪皇帝活着对慈禧和守旧派就是一个巨大的威胁，因此慈禧曾打算以"帝病重"之名谋害光绪。但此时的中国已是"半殖民地"社会，慈禧不能不先试探各国对此的态度，没想到各国纷纷表示反对，甚至表示要派医生到宫中查看光绪皇帝究竟是否病重。而且，舆论亦哗然，尤其各地华侨纷纷发电，有时甚至数万人联名，要求慈禧归政，确保光绪平安。面对强大反对，慈禧只得打消谋害光绪的主意。但她又于心不甘，打算"废掉"光绪，另立新帝。但这"废立"之事仍需试探外国的态度，可是慈禧等守旧派与洋人交恶，无从打探，于是与李鸿章私交不错的荣禄便走访李鸿章，请李打听外国人的态度。李鸿章认为自己东山再起、重获大权的机会终于来临，便不失时机回答："这是内政，如果先询问外国人的态度有失国体，但如果派我到外地当总督，外国使节必来祝贺，这时可顺便探问外国态度而又不失国体。"除了想重掌大权外，李鸿章提出外放当总督的另一个考虑是远离京城，以避开"废立"这一至为敏感，甚至有关身家性命的宫廷权力之争。荣禄为李之说法所动，所以几天后李就被任命为两广总督。李鸿章再获重用任两广总督的消息传来，外国使节果然纷纷前来祝贺。当李鸿章"无意之中"向他们谈起废光绪、立新皇帝的问题，这些使节则表示这是中国内政，他们"理无干涉"，但他们的国书都是给光绪皇帝的，如果另立新君是否继续承认则要请示本国，间接表达反对废立之意。荣禄、李鸿章担心废立会引起外国干涉和国内一些官员反对，因此他们也不太赞成此时废立。于是荣禄提出了不必过于着急，可先立"大阿哥"、慢慢再取得皇帝"大统"的建议，得到慈禧认可。

而任命李鸿章为两广总督，则是慈禧的老谋深算。对权谋术数，慈禧可能比李鸿章还要精通。李想外放当总督，慈禧则顺势让他当两广总督，因为广东紧邻香港、洋商众多，中外交涉日益繁杂，不懂洋务者很难在此为官，李鸿章当是最佳人选。更重要的是，以康、梁为首的维新派在海外华侨、华商中得到广泛支持，声势越来越大，而侨民、侨商大多数是广东人，所以广东同情康党的人很多，慈禧认为广东人心浮动、局面不稳，只有像李鸿章这样资望甚高的官员才"镇得住"。慈禧此举最厉害之处在于，她清楚知道李鸿章从思想、观点上赞成、同情维新，所以一定要李前去镇压康党，将李置于不能不明确态度的"风口浪尖上"，既是对李的考验，又可将李"拉下水"强迫他也成为与自己一样的维新派的镇压者。就在任命李鸿章为两广总督的第二天，慈禧便以光绪之名诏谕各省督抚严密缉拿康有为、梁启超："康有为及其死党梁启超先已遁逃，稽诛海外，犹复肆为簧鼓，刊布流言，其意在蒙惑众听，离间宫廷。""近闻该逆狼心未改，仍在沿海一带倏来倏往，著海疆各督抚懔遵前谕，悬赏购线，无论绅商士民有能将康有为、梁启超严密缉拿到案者，定必加以破格之赏，务使逆徒明正典刑，以申国宪。"其中特别强调"沿海一带""海疆各督抚"，显然是说给李鸿章听的。

1900 年 1 月 7 日，李鸿章春风得意、精神抖擞地离京南下，于 1 月 16 日到达广州，只隔了一天就接印视事。在政坛失势一段时间后仍审时度势、积极活动，最终竟以年近八十之高龄东山再起、重任封疆大吏，李鸿章终生嗜权恋栈的性格显现无余。

在两广总督任上，李鸿章必须面对如何处理与康党的关系。1月24日，清廷封时年十五的端王载漪之子溥儁为皇子（大阿哥），史称"己亥建储"（因光绪二十五年是己亥年），是顽固派废黜光绪的一种试探。此谕一出，全国舆论沸腾，一片反对之声，康、梁加紧了在广东的活动，准备"武装勤王"。对康、梁，李鸿章一方面"奉职而行"，严禁其党羽在广东活动；另一方面又留有某种余地，不想与康党彻底决裂。例如，由于捉拿不到康、梁，慈禧怒而严令李鸿章将康、梁在广东的祖坟铲平，但李却以种种理由迟迟不动，因为他知道在中国传统中只有罪大恶极、十恶不赦才"铲祖坟"。所以他上奏说"惟虑激则生变，铲平康坟，似宜稍缓"。但慈禧大怒，痛斥李鸿章"语殊失当，康逆罪大恶极，如真欲乘机起事，岂留一逆坟所能遏止。该署督身膺疆寄，惟当不动声色，力遏乱萌，倘或瞻顾彷徨，反张逆焰，惟李鸿章是问"。在慈禧的威逼下，李不得不铲平康、梁祖坟，但暗中仍与康、梁有间接来往。

所以康、梁对李虽有种种不满，尤其梁启超甚至一度想派人暗杀李，但总体上对他的态度与评价是"敬其才""惜其识""悲其遇"。由此，却也反映出李鸿章对中国未来发展大势有所判断，一直对康、梁始终预留后路的狡猾。

外交

一生秋风糊裱匠

"弱国无外交"，在虎视鹰瞵、豆剖瓜分，随时有亡国之危的近代中国负责"外交"，实非易事。然而，外患越频，外交越重，越不能没有外交，不能没有办外交之人。

　　从到上海雇佣"洋人洋枪""协防"初次与洋人打交道开始，李鸿章逐步走上了参与全局性外交决策之路。提起"洋枪队"，人们自然想起"互相勾结"。然而，"勾结"中又充满了"控制"与"反控制"的矛盾、斗争。李鸿章是"借师助剿"的支持者和身体力行者，但他又担心洋人尾大不掉，后患无穷，所以一直坚持对"洋枪队"要"权自我操"，谨防"太阿倒持"。他的方针是"于调停笼络之中仍寓裁制控驭之道"。不过，以近代中国国力军力之软弱落后，以白齐文、戈登等"洋将"之骄悍蛮横，要想"裁制控驭"他们殊非易事，李鸿章就头痛地将他们称为"磨难星"。但使尽种种手段，用他自己颇为得意的说法是"痞子手段"，最终"过河拆桥"——达到了利用他们镇压太平天国然后又将其迅速遣散的目的。

　　从当上直隶总督起，他就越来越多地参与全国外交决策，处理各种复杂外交问题。"以夷制夷"是他的基本外交思路，当他早早看到日本有侵略朝鲜之志时，感到中国自身难保已无力像传统那样"援朝"，甚至将"以夷制夷"当作不得已的良策，向当时极端排外、仍坚持严格闭关锁国政策的朝鲜统治者推荐。李鸿章一生中参与了许多中外谈判，签订了许多中外条约，其中相当部分是带有"丧权辱国"性质的条约。作为主要谈判人，自难逃其咎。不过，在大败之后签订"城下之盟"，战败国讨价还价的余地其实非常有限；而且诸如割地赔款事关重大，最后的决定权其实还是在朝廷手中。

　　所谓"懂外交"是他权倾一时的重要原因，但"成也萧何，败也萧何"，他的事业、名声，却也毁于此，至今仍负重谤。对此，他自己也非常明白。他承认，中日甲午战争"至一生事来，扫地无余，如欧阳公所言，'半生名节，被后生辈描画都尽'。环境所迫，无可如何"。他无奈地感叹道："我办了一辈子的事，练兵也、海军也，都是纸糊的老虎，何尝能实在放手办理？不过勉强涂饰，虚有其表，不揭破犹可敷衍一时。如一间破屋，由裱糊匠东补西贴，居然成一净室，虽明知为纸片糊裱，然究竟决不定里面是何等材料。即有小小风雨，打成几个窟窿，随时补葺，亦可支吾应付。乃必欲爽手扯破，又未预备何种修葺材料，何种改造方式，自然真相破露，不可收拾，但裱糊匠又何术能负其责？"

1861：朝廷的新国策
——从"仇夷"到"联夷制乱"

整饬常胜军片
同治元年十二月初十日（1863年1月28日）

再，白齐文不遵调遣，劫饷殴官，已经臣奏明，严密拿解，并将另委参将李恒嵩会同英国兵官奥伦管带常胜军缘由，附陈在案。

溯查常胜军本华尔旧部，其初不过千人，吴煦、杨坊等始意欲藉以御寇，薪粮夫价及一切军火支应，视官军加至数倍，漫无限制，陆续增至四千五百余人，并长夫炮船轮船经费，月需饷银七八万两。前此收复松江、青浦等城，未尝不兼资者其力，遂日益骄蹇，渐成尾大不掉之势。臣筹思累月，久欲稍加裁抑，而事关中外交涉之端，未便轻于发难。此次白齐文逞凶跋扈，立即撤其兵权，事当更替之初，须求补救之法。英国提督士迪佛立初不愿中国官员会带，臣与之往复辩论，舌敝唇焦，数日以来，始获定议。士迪佛立原定条约十三条，臣复加勘正，增为十六条，于十一月二十五日盖印移交分执，并咨明总理衙门备案。其条约大要如裁汰常胜军为三千人，减定长夫额数口粮，删除病房及日用房费种种浮滥之款，既可以稍节饷需，又如中国派员会带，口粮由臣处派员经管跟同；外国官散放松城内外，地方事宜外国管带官不得干预；购买军火，须有抚臣文书，管带官不准私购；惩办诸勇，须听中国会带官主意各条，亦可以渐收兵柄。自此次定约，庶以后办理稍有头绪。

至于白齐文逃匿不出，据吴煦等禀称，该犯经士提督派兵官押解来沪，现由英国兵船看管，至今并未交出，系藉口华尔、白齐文先后托买军火账未算清等语。复据英国领事请，由臣处派员赴兵船会算账目。臣查常胜军先前经用款项从未禀报，臣衙门并无案据，未便会算代偿。当即札饬吴煦、杨坊自行清理，相应请旨将三品顶戴白齐文先行革去职衔，仍俟英国交出该犯并责令吴煦、杨坊拿解臣营，照中国军法惩办。

其常胜军先经议派英兵官奥伦会带，兹据英国定约，随后奏明交兵官戈登管带。该二人者，臣均未悉其底蕴，现在奥伦甫经接带，会同吴煦、李恒嵩赴松点验勇数，裁减冗费，粗立章程，似尚实心帮助。将来能否持久，有无偏执私见，不致再生枝节之处，容臣随时察酌妥办具奏。臣惟谆饬吴煦核实整顿，和衷筹商于调停笼络之中，仍寓裁制控驭之道，以期协力保卫，仰副圣廑。

所有筹议整饬常胜军各缘由，谨会同头品顶戴办理通商大臣臣薛焕附片具陈。伏乞圣鉴训示。谨奏。

这则《整饬常胜军片》文字虽短，其后的历史背景却非常复杂，反映出清中央政府重新审视国内外矛盾后，其对外基本国策的根本性变化，及不同利益集团对这一变化种种不尽相同的反应。

在镇压太平军的血腥战斗中，以当时十分先进的洋枪洋炮装备起来、由侵略中国的"洋人"组成的武装，为清政府立下了汗马功劳。不过，令人奇怪的是，两次鸦片战争，外国侵略者给清军以重创，甚至攻下都城北京，迫使大清皇帝仓皇出逃，皇家名苑圆明园竟被侵略者付之一炬，清政府被迫与外国侵略者一次又一次签订不平等条约……清政府与这些侵略者本应有不共戴天之深仇大恨，但曾几何时，侵略者枪炮的硝烟未散，不平等条约的墨迹未干，却突然能"中外和好""借师助剿"，昔日之敌成为今日之友！这一切是怎样发生的，具体历史情境究竟如何？在外患与内乱间清政府是如何权衡利弊的，对内对外方针发生了哪些改变？在变幻莫测的历史风云中，敌友关系也如此变幻莫测？在这一过程中，中央政府、各级官吏、地方势力的作用如何，有何自己的利益？中外怎样合作，又有哪些冲突？再具体而言，李鸿章在这个过程中又起了什么作用，他是如何考虑的？亲办此事的经历和一些具体事件又给了他哪些影响？

这些，都须从头说起，慢慢道来。

在对外方面，对洋人有所了解的郭嵩焘、冯桂芬一直就"主和"。郭认为"夷""无意于中国土地民人"，而冯更曾明确提出要借兵"俄法"助剿，收复东南。但应者寥寥。而据守东南的一些封疆大吏在太平军的严重打击面前，多次请奏，提议借"夷兵"助剿，认为不如此根本无法剿灭太平军。对此提议，咸丰皇帝勃然大怒，一再强调不许也不需要借"夷"兵助剿，"若藉资夷力，使该夷轻视中国"，"后患何可胜言"。

1860年清政府在第二次鸦片战争中惨败于英法侵略军，清王朝确实岌岌可危：北方外国侵略者已将京师攻克，咸丰帝出逃热河；南方"天京"久攻不克，太平天国声势仍然浩大，远无"肃清""剿灭"迹象。清政府显已内外交困，走投无路。

咸丰帝在临逃之际，命恭亲王奕䜣留下负责与英法侵略军议和，这实际是"朝廷"第一次与侵华的洋人直接打交道，使中央政府对侵略者有了较多的了解。经过一番"谈判"，备受侵略者侮辱的奕䜣终于与侵略者"议和"成功，签订了《北京条约》。与侵略者直接打交道，使奕䜣认识到清政府面对的新的侵略者，与传统"入侵"的异族完全不同，并非要推翻清朝的统治自己成为新的皇帝，而是"其意必欲中国以邻邦相待，不愿以属国自居，内则志在通商，外则力争体面，如果待以优礼，似觉渐形驯顺"。他看到北京城被攻破后，侵略军"分踞京城，把守安定门，所有城内仓库及各衙门，彼亦深知，倘有包藏祸心，势必据为已有。乃仅以增索五十万现银及续增各条为请，其为甘心愿和，不欲屡启衅端，似属可信"。在满足了侵略者的这些要求之后，他们竟陆续撤军南返，清廷着实感到意外，对侵略者最终要"问鼎中原"的恐惧、担心和疑虑渐渐打消。对外认识发生这种变化的，不仅仅是奕䜣一人，某些官员和士大夫也开始作如是观。如署理户部尚书沈兆霖此时也认为侵略者的武器远用于中国，"以万余众入城，而仍换而去，全城无恙。则该夷之专于牟利，并无他图，已可深信"，所以"夷人不足虑"。名士李慈铭也认为："窃谓夷以数万里外浮海孤悬之军，长驱入都，据坚城以自便"，中国军队已溃不成军，京津间广大地区都被他们控制。如要侵占土地早就占了，但他们竟"往返请期，惟和是议"，其目的显然不是占地。与之前相比，这种对外认识的"新变化"在中央和地方显然已颇有人有，尤其是位居中央手握大权的恭亲王奕䜣，成为这种观点的总代表。

清中央政府对侵略者认识的变化，直接导致其对外政策的巨大变化。正是在这种"新认识"的基础上，1861年初奕䜣与其他几名重臣会衔上了《统计全局折》，正式系统地阐述了这种新认识。此折在回顾了清代"夷祸"之患及《北京条约》签订过程后说："自换约之后，该夷退回天津，纷纷南驶，而所请尚以条约为据"，并不想要大清的土地和人民，"犹可以信义笼络，驯服其性，似与前代之事稍异"。从此认识出发，他们自然要把太平天国、捻军等农民起义，与西方列强对清政府的危害两相比较，得出了如下结论："发、捻交乘，心腹之害也；俄国壤地相接，有蚕食上国之志，肘腋之忧也；英国志在通商，暴虐无人理，不为限制则无以自立，肢体之患也。"以这种分析为基础，自然得出"灭发、捻为先，治俄次之，治英又次之"的逻辑，重新制定了明确的战略目标。

更为阴狠的是，他们以历史上的"三国"为模式，分析了当下的农民起义、列强侵略和清政府的彼此关系后，提出"今日之御夷，譬如蜀之待吴"，主张联合列强镇压农民起义。他们提出："今该夷虽非吴蜀与国之比，而为仇敌则事势相同。此次夷情猖獗，凡有血气者，无不同声愤恨。臣等粗知义理，岂忘国家之大计。惟捻炽于北，发炽于南，饷竭兵疲，夷人乘我虚弱而为其所制。如不胜其忿而与之为仇，则贻子孙之忧。古人有言：'以和好为权宜，为实事。'洵不易之论也。"新的对外基本方针是"就目前之计，按照条约，不使稍有侵越，外敦信睦，而隐示羁縻。数年间，即系偶有要求，尚不遽为大害"。

对这一将使清政府基本国策发生重大变化的奏折，咸丰帝于1861年1月下旬颁发上谕，正式予以旨准施行，标志新国策的正式施行。从维护清政府统治来看，此折确实战略分析透彻，提出的具体建议可说是"刀刀见血"的狠招。大清王朝的垮台本已指日可待，这一重大战略、策略的转变顿使它死里逃生，又苟延残喘了半个世纪之久。

当然，这种战略性的根本转变从提出到具体施行并不容易，必然要有一个"磨合"过程。从上到下都会有种种不同反应、不同理解乃至不同的执行策略。而且，在执行过程中，必然会遇到向何"夷"借剿、合作到什么程度、以何种方式合作、指挥权由谁掌握、允许"夷兵"剿"贼"到什么程度等一系列具体问题。这些，中央政府没有也不可能有具体的方案，因此相关地方政府和各级官员便有较大的相机行事的权力和幅度极宽的"自由裁量权"。

对"借师助剿"最为积极的，当属与自己利益最为密切、以上海为中心的东南官绅。其实，在朝廷对外基本国策还没有发生转变时，与洋人打交道颇多的上海官绅就开始借用洋兵"协防"。1860年时任两江总督何桂清等就提出用"抚夷助剿"的办法，但未被朝廷采纳，不过在沪筹办防务的苏松太道吴煦仍雇美国人华尔（F. T. Ward）组织了"洋枪队"，以中国勇丁杂西勇为各级头目而成。不久杨坊还把自己的女儿嫁与华尔为妻。1862年初，江苏巡抚薛焕把这支洋枪队定名为"常胜军"，派吴煦督带，杨坊会同华尔管带。华尔率"常胜军"在上海附近与太平军多次作战，由于武器先进，打了一些胜仗，为清廷立下汗马功劳。但1862年9月下旬，他在一次战斗中被太平军打死。华尔死后，清政府任命美国人白齐文（H. A. Burgevine）为管带。如此重要之事，地方官竟能不经中央政府同意，足见外力对近代中国的侵染之深，更足见地方利益、地方势力在晚清之崛起。

"借师助剿"政策遭到一些大臣的反对。漕运总督袁甲三就公开反对，上奏提出现在的中外"和约"只是暂时的："夫战不胜，则和不久；虽暂时言和，亦必终归于战。"如果借用外国军队，等到消灭了太平军后，"外夷"都会提出格外要求，结果"一旦奉命而来，久居内地，是不仅引虎入室"，"况此日招之使来，他日不能挥之即去"，所以此举是"有害而无利"。对朝廷此项重大转变，曾国藩也不甚赞成。1862年曾已任两江总督，手握重兵的他对朝廷的重大政策不便公然反对，于是在奏折中提出先靠自己的力量在重要地区消灭太平军，后再商量"会师助剿"之事。很明显，这只是一种委婉的反对，既然重要地区的"贼"已被灭，自然没有"借夷"的必要了。他又提出"借夷"最多应只限于上海一地，因上海已是通商口岸，洋人利益颇多，而且上海无险可守，清军兵力又不够。他一再强调，借"夷"兵只能"会防"不能"会剿"，所以对部分江浙官绅此时吁请借洋兵代为收复江宁、苏州、杭州一带极为反感，将其讥为科举考试"借枪手顶替"，说他们"为此不择之呼吁，皆臣治军无状之咎"，表示臣"既以借助外国为深愧，尤以无兵会剿为大耻"。明以"自责"，暗中"反对"。李鸿章到上海后，曾国藩信中多次指示他与洋人打交道的原则和策略，可以看出曾氏深知与洋人打交道的重要与谨慎："洋人缠懑，极难处置，尊处只宜以两言决之，曰'会防上海则可，会剿他处则不可'"，"阁下只认定'会防不会剿'五字，自非贼匪逼扑沪城，我与英法可毫无交涉也"。

到上海后，尚无与洋人打交道经验的李鸿章立即就必须直接面对洋人。为此，他一次次致书曾国藩，既表明心迹，又向曾讨教。他认为上海的官绅"媚夷"，"失之过弱"，而一些反对者则"失之过刚"，表示他的原则是"调济于刚柔之间"。他称赞曾国藩"会防不会剿"的观点，认为如果中国的官兵与洋兵同剿，"洋兵每任意欺凌，迳自调派，湘淮各勇恐不能受此委曲"。他个人"只知有廷旨帅令，不能尽听洋人调度"。他在给友人的信中说："西兵助剿，江南官绅皆附合之。鸿章商之大帅，定议不拒绝以伤和好，不怯求以存界限。"他进一步认为，"目前之患在内寇，长久之虑在西人。堂堂华夏，积弱至此，岂一人一时所致"，"我能自强，则彼族不敢妄生觊觎，否则后患不可思议也"。这种看法，当不为无见。对洋兵，他想在刚柔之间、笼络与控制之间走钢丝、搞平衡，但并不容易。

李鸿章刚到上海时，华尔拒不见他，给了他一个下马威。李鸿章在给曾国藩的信中自嘲说，华尔"总是众中矫矫，虽至今不理会，并未至敝处一谒，与外国人何暇争此小过节耶"？这种自嘲排解，或许是旧时为官不能或缺的"素养"。但不久与华尔和"常胜军"有过几次接触后，李在给曾的信中将其讥为"蠢然一物"，常胜军"弁目百数十人，均系外国流氓"。不过，"常胜军"的战斗力却着实让他吃惊，决意对其"全神笼络之"，以为己用。但要完全由自己控制并不容易，经过一番接触，他感到"常胜军"人马精良却专恣跋扈、狂傲不驯，清朝官员根本不能过问，更无法钳制。而且，中国官员中只有吴煦、杨坊与他们关系密切，为其提供粮饷等是清军的数倍。因此，李鸿章感到"常胜军"固然对镇压太平军有用，但有可能对他本人的权势和清政府造成威胁，一直伺机对其加以制抑，并想借此剥夺吴煦、杨坊的职务和兵权。华尔身亡，白齐文走马上任，终为李鸿章提供了一次难得的机会。

白齐文性情较华尔更加肆横，与吴煦、杨坊等渐有矛盾，吴、杨则以拖欠军饷对付他。1863年1月，白齐文从松江带卫队回到上海，到杨坊开的银号索要欠饷，被杨拒绝。结果，白将杨痛殴一番后，抢去饷银四万余元。李鸿章知情后以"不遵调遣，劫饷殴官"之罪名将白齐文革职。白自然不服，到北京控诉，得到美国公使和英国公使的支持，会同促请清政府将其复职。但清政府认为，若将一省巡抚在职权范围内所作的正常决定强行撤销实无理由，于是将矛盾下推，发回上海再作处理，李鸿章坚持不许白复职。李鸿章在《白齐文滋事撤换片》（同治元年十一月十八日）中强调："外国人性情乖戾，威令不行，本难驾驭"，但白齐文已自请加入中国国籍，已受朝廷的三品顶戴职衔，"违犯法令，应照中国之法治罪，以杜后患"。他说自己对"常胜军"是"曲意笼络，俾为我用"，但又担忧，"惟常胜军人数过众，犷狂难制"。他提出要由中国官员会同管带。当然，他决不会同意仍由吴煦等人插手此事。在此显示出李鸿章权谋老辣的是，在这则因白齐文殴打杨坊而要将其严处的折片中，李鸿章竟提出还要严处吴煦、杨坊。因为白齐文的种种不是都与吴、杨有关："该道等创募此军及换人接带，始终主谋。又有督带之责，不能实力钤制，办理不善，咎亦难辞"，所以此二人暂行革职。

李鸿章深谙软硬兼施之道，在提出处理白齐文、整顿"常胜军"

的同时，就又附上了《奏奖外国官弁片》，提出朝廷应奖励一些外国使领馆官员和军人，"以示我朝行赏论功，中外一体之至意"，意在平息外国对撤换白齐文的不满。

但想整顿"常胜军"、收回兵权并不容易，因为撤掉白齐文后，兵权落入英国人手中。英国方面对"常胜军"一直由美国人指挥始终不甚满意，早就在"常胜军"中安排了一些英国人。为收回兵权，李鸿章在撤掉白齐文十几天后，与英国驻华陆军司令士迪佛立（Sir Charles Staveley）作了一番艰难谈判。经过多次交涉，李鸿章已"舌敝唇焦"之后，双方终于同意"常胜军"由中英各派员会同接管，并签订了《统带常胜军协议》。此协议有十几条之多，但归纳起来无非以下几个主要问题。第一，在兵权归属问题上，英国放弃了独揽大权的要求，协议规定管带均应归中国抚台节制调遣，中、英两国都派正规军官会同管带，但中国放弃了英国管带如有过失照中国法律规章办理的要求。士迪佛立主张凡"常胜军"出去战斗必须先与英、法两国商定，此点被李断然否定，后改为如到百里以外作战则须预先与英、法两国商量，临近作战可自主决定。第二是兵额问题，英国希望"常胜军"最少要五千人，而李鸿章一方面希望靠它消灭太平军，另一方面又怕它人数过多、既费银太多影响淮军费用又可能形成尾大不掉之势，留下隐患，所以力主大量裁减。最后双方妥协，同意以三千为度，若以后兵饷紧张可视情况继续裁减。第三，军费后勤方面规定其军饷在海关银号按月支取。在李鸿章的坚持下决定从简，并且规定购买军火须有江苏巡抚文书，管带官不准私购。第四，"常胜军"驻扎在松江城，但不得干预地方事务。第五，惩处兵勇须听中国会带官意见。

根据协议，英国派军官戈登（Charles Gordon）出任管带，中国派李恒嵩会同管带。当然，实际是戈登独揽大权。

李鸿章在上朝廷的《整饬常胜军片》中表白说，通过这些条款可以"渐收兵柄","以后办理稍有头绪"。他承认是看到了"常胜军"在镇压太平军过程中显示出的强大战斗力，又感到其"日益骄蹇，渐成尾大不掉之势"，所以才"筹思累月，久欲稍加裁抑，而事关中外交涉之端，未便轻于发难"，此次正好借白齐文事达到目的。他对洋兵的原则、态度是"于调停笼络之中，仍寓裁制控驭之道"。

通观李鸿章处理此事的前前后后，不能不使人深感他的老谋深算、精于权术：步步为营，有进有退，撤掉了在上海经营已久的地方势力吴、杨，为安插"自己人"创造了条件；尽可能地裁抑了"常胜军"，使其当下能为己所用却又不会贻患今后；更重要的是，他使自己拥有了更大的发言权。真可谓一箭三雕！

驾驭西兵片
同治二年八月初二日（1863年9月14日）

再，臣于二十一日由苏州娄门外跨塘折赴昆山，接见戈登，面商进取机宜。该兵官以苏城太大，兵力甚单，请添雇英国弁兵一百五十名帮同领队攻打，冀可得手。臣因需费过巨，且专用洋兵，易生后患，未遽允行。该兵官再四要求准添洋兵百名，月给薪粮一万元，无论苏州攻克与否，以一个月为限，即行辞退。如克苏城，常胜军与程学启所部分入驻守，五日后仍将常胜军撤回昆山。该兵官于守城一节，据称遵示办理。于添雇洋兵一节，云须与英国陆路提督伯郎妥商，似另有意见。臣姑置不与较。

昨于王庄行营果接李恒嵩禀述，英提督伯郎已为戈登接至昆山，请臣折回会商一切，臣以江阴军情紧急不克分身，令李恒嵩转告伯郎，随后回沪商议。盖深知洋人性情，我苟昵就相商，彼即多方挟制。项据李恒嵩禀复，伯郎谓须赴京都一行，约三个礼拜，期回即带英兵攻剿苏城等语。

臣查江南地势，各郡县一线平排，四水环绕，本属不易攻取。臣由沪进兵，嘉兴在其南，常州居其北，苏州界其中，面面贼巢。若萃我兵力专攻一处，各路之贼必包抄而入，不但苏城难克，即已复之城，亦难尽守。是以克复昆、太后，臣纡筹全局，必须分路前进。或掎或角，取远势以制大敌。我可以抄贼之后，贼不能抄我之后。渐逼渐紧，渐击渐败，使贼大势不振，筋脉不舒，则苏州一城早迟可克，克亦易守。此臣区区愚虑，深恐偾事不求速效之微意也。现在相度情形，程学启一军由苏、嘉交界攻入，已将苏、浙之贼截成两橛，兵数虽单，得黄翼升、李朝斌两枝水师，足可依护自立。苏贼因此亦形慌乱。循序渐进，但使他处无大挫失，稍缓时日，当可得手。常胜军弁勇战守实未可靠，所恃者英人借给戈登开花大小炮位甚多，军火杂械时肯济助。臣故与英官曲意联络，冀为我用，以助中国兵力所不逮。惟戈登助攻名义甚顺，功成之后或不致另开衅端，臣亦可严词拒绝。至英国酋长之意，欲为中国克复一二省城，难保非为通商要挟张本。李泰国兵船于九洑洲下关攻克后，无所施展。英人又见贼势日穷，不待求助，而欲助攻苏州。若拒其所请，既非和好相待之谊；若任其所之，必有太阿倒持之忧。该提督伯郎气骄性愎，臣遇事婉商，往往以正言折之。彼见臣意不甚求助，乃称赴京酌商。果至总理衙门饰词吓诈，王大臣自能洞烛其情，相机核办。惟其中情节碍难悬揣。臣途次悾偬，不及密函知会，用敢据实缕晰陈明。伏乞敕下总理衙门，如果伯郎赴京，似应仍照臣与戈登面议之语，止许戈登协攻，勿庸伯郎督剿，酌量商饬该兵官遵照。如英提督必调兵助攻，仍先与要约，克复后立即退出，由臣妥筹布置，不得别有要求。是否有当，并候圣裁。谨附片具奏。

1863 年 2 月起，李鸿章率淮军伙同"常胜军"以上海为基地，向西进攻。太平军将士虽激烈抵抗，但终寡不敌众，太仓、昆山先后失陷。而后，淮军又北犯攻占江阴、无锡等地，再向西包围了苏州。不过守城太平军浴血奋战，所以苏州久攻不下。但对清军来说，形势仍然非常有利。

面对如此"大好形势"，李鸿章自然是抢功心切，生怕他人夺去攻下苏州这份指日可待的"头功"。此则《驾驭西兵片》活生生地反映出他的这种心态，当然同时也反映出他对"西兵"的态度。

先是与他一同围攻苏州的戈登认为苏州城太大，"常胜军"人数太少，要求再招洋兵，便可迅速攻下苏州。而李鸿章则唯恐"常胜军"因此人员充足可以单独攻下苏州，所以拒绝了戈登的要求。不过在戈登的再三要求下，李只得同意"常胜军"再招一百人，但却提出了非常苛刻的条件：无论是否攻克苏州，这一百名新招洋兵在一个月后必须辞退。而且，如果攻下苏州，"常胜军"须与淮军程学启部一同进驻，不仅如此，五天之后"常胜军"就要撤离苏州，回到昆山。

对此要求，戈登不能完全接受，于是搬出新近接替士迪佛立任英国驻华陆军司令的伯郎（Brown）出面与李鸿章交涉。伯郎新来气盛，甚至提出要亲率英军攻城。闻此消息，李又急又怒，却又不敢对洋人明言，只得借故推脱，不与伯郎见面。这时听说伯郎要到京师，李鸿章生怕总理衙门听信伯郎的建议，于是急忙给朝廷上了此片阻止。此片意思可分四层：第一，他知道朝廷自然是希望快快拿下苏州，所以他给朝廷的说法是"常胜军"再招人马需费过巨，而更重要的是"专用洋兵，易生后患"。而且，他解释说一时攻不下苏州是因一些准备没有做好，但现在的形势已"使贼大势不振，筋脉不舒，则苏州一城早迟可克"。相反，如果没有做好各种准备，迅速攻下苏州反易被太平军反攻。总之，在他的解说中，对苏州城久攻不克毫不足虑。第二，他强调"常胜军""战守实未可靠"，只是靠先进的洋枪洋炮而已。而他"与英官曲意联络"，也可得到英军洋枪洋炮的"济助"。此层意在告诉朝廷不必专靠"常胜军"。第三，退一步说，"常胜军"的助攻还可说是名正言顺，"功成之后或不致另开衅端"，对其要求他也可拒绝。然而"英酋"伯郎之意"欲为中国克复一二省城，难保非为通商要挟张本"。而且，英国人看到现在太平军已陷入困境，明明清军已不需要向其"求助"，却偏偏要主动"助攻"苏州，其动机非常可疑。所以如同意伯郎率兵攻城，则"必有太阿倒持之忧"。对这个理由，清廷岂能不慎重考虑？第四，李鸿章则明言自己此片的目的：伯郎到总理衙门后，无论他怎样"饰词吓诈"，总理衙门的王大臣们千万不要答应他的要求。最多只能同意"臣与戈登面议之语，止许戈登协攻，勿庸伯郎督剿"。如果实在无法阻止，"英提督必调兵助攻"，一定要先与他订立条约，即"克复后立即退出，由臣妥筹布置，不得别有要求"。

既怕"洋兵"抢自己的头功，又怕"洋兵"攻城后拒不撤兵形成"太阿倒持"之局，确是李鸿章此时的两大心病。

巡抚曾经心狠手辣

——杀降事件和戈登辞赏

骈诛八降酋片

同治二年十一月初三日（1863年12月13日）

再，苏州逆首伪纳王郜云官、伪比王伍贵文、伪康王汪安钧、伪宁王周文佳、伪天将范启发、张大洲、汪怀武、汪有为等，因官军围攻紧急，乞降内应。该酋等愿望太奢，恐有后患，分别驱除解散，各缘由业经臣于二十六日奏报大略在案。

先是官军入城查探，降众实有二十余万。其精壮者不下十万，郜云官等歃血立盟，誓同生死，献城后遂占住阊胥，盘齐四门，于街巷各口堆石置卡，隐然树敌。又添招苏城附近贼党，陆续进城，坚求准立二十营，并乞奏保总兵副将官职，指明何省何任。其挟众要求之状，种种堪虞。臣思受降如受敌，必审其强弱轻重，能否驾驭在我。若养虎贻患，苗沛霖、宋景诗皆其前鉴。即幸而如李世忠，至今滁州等城仍未退出，苏省财赋名区，岂容该酋等拥众盘踞，致贻无穷之忧。况郜云官等积岁巨酋，在贼中封至伪王、伪天将，其罪恶已不可赦。今围困始降，毫无悔罪之意，仍多非分之求，将来断不能遂其所欲，即断不能无反侧之心。因传令该酋等八人来营谒见，讵郜云官并未薙发。维时忠逆李秀成尚在望亭，距苏甚近。郜云官等皆系忠逆党羽，诚恐复生他变，不如立断当机，登时将该伪王天将等骈诛，派程学启督队入城捕搜逆党。于是降众二十万咸缴军器，乞就遣散。臣复派妥弁挑留精锐二千人，分置各营，其余陆续资遣安置。臣即于二十九日入城驻守，督率官绅分投抚恤，人心大定。

不谓戈登因臣先调常胜军回驻昆山，未与入城之功，忽生异议。先曾谓纳逆不应杀慕逆，兹又谓不应杀纳逆，声称即带常胜军与官兵开仗。经道员潘曾玮、总兵李恒嵩劝止，乃又招去纳逆义子郜胜镳暨久从苏贼之广东人千余名，意殊叵测。又怂恿英国提督伯郎、翻译官梅辉立来苏辨诘。臣告以自督军来沪，先收南汇降酋吴建瀛，准带千人。次收常熟降酋骆国忠，准带二千人。均肯退出城池，谨受约束，故以战功保至副将，信用不疑。臣并非好杀降者。兹郜云官等所求太奢，欲踞省城，关系太大，未便姑容，养痈成患。且诛八酋而后能解散二十万众，办法似无不是。戈登先期调回昆山，事在仓猝，未及商量。盖一商询，则彼必极力沮格，此事遂无了局矣。该提督则以英国不喜杀人，是使戈登无词以对外国，强派臣办理错误。臣姑勿深辩，惟其悻悻见于词色。据称申请公使与总理衙门议定，再将常胜军作何区处，其意殆挟该军与我为难耳。臣维戈登助剿苏城，近来颇为出力，是以督同程学启曲意笼络，俾为我用。叠经据实奏报，仰恳恩奖。不料成功之后，既索重赏，仍生衅端。值此时事多艰、中外和好，臣断不敢稍涉卤莽，致坏大局。惟洋人性情反复，罔知事体，如臣梼昧，恐难驾驭合宜。设英公使与总理衙门过于争执，惟有请旨将臣严议治罪，以折服其心。臣不胜感激，悚惶之至。

理合附片缕晰密陈。伏乞皇太后、皇上圣鉴。谨奏。

苏州是历史文化名城，更是江南重镇，清代是江苏省城。太平军占领苏州后，为太平天国苏福省省会，忠王李秀成长期精心经营苏州，想将其建为第二个天京，是太平军占领的最重要的城市之一。攻占苏州，当然是时任江苏巡抚李鸿章梦寐以求之事。

1863年春，李鸿章率淮军和"常胜军"陆续攻下常熟、太仓、昆山、吴江、江阴等处后，于11月中旬兵临苏州城下，开始进攻苏州。

苏州太平军守军在主将慕王谭绍光领导下浴血奋战，打退了官兵的一次次进攻。由于屡攻不下，而且伤亡不小，李鸿章明白，如果强攻将会付出更大代价，而且结果如何尚不得而知。于是，他决定"智取"，策反太平军守将。在谭绍光领导之下守城的太平军将领还有纳王郜永宽（云官）、康王汪安钧、宁王周文佳、比王伍贵文这"四王"，和张大洲、汪花班、汪有为、范启发这"四大天将"，他们控制苏州城内四分之三的兵力和六个城门中的四个，却与主帅谭绍光一直不和。戈登通过奸细了解到这一情况，特别是知道纳王郜永宽还有投降之意后，便主张诱降纳王，兵不血刃攻克苏州。戈登的建议为李鸿章采纳，而且淮军攻城主将之一程学启本是太平军降将，他手下的副将郑国魁与郜永宽等原就是熟人。经过一番秘密联络，郜永宽在11月28日派康王汪安钧潜入清军大营，与戈登、程学启开始投降谈判。几天后郜永宽在苏州城外阳澄湖亲自与戈登、程学启商议降约。双方约定郜谋杀谭绍光取其首级并献苏州城以降清，而戈登、陈学启承诺保证郜及部下性命，并给副将以上一定官职，赏赐郜本人二品武职，戈登作担保人。12月4日，郜永宽等八人趁在慕王府议事的机会刺杀谭绍光，并割下谭的首级。第二天，郜将谭的头颅送达程学启处，并大开城门迎接清军入城。清军诱降成功，终于"兵不血刃"拿下苏州。

然而，李鸿章不但没有履约保全投降者的性命，反而设计诛杀了这八个降将。据记载，正当这八名降将来到李鸿章营中、满怀希望地准备接受红顶花翎时，埋伏在帐的武弁立斩八人之头！同时清军在城内大开杀戒，苏州一带口音者被"放归"，而南京以上口音者则"不分良莠尽杀"，城内数万太平军守军在毫无戒备中被诛杀。李鸿章及清军的残忍、背信在这次杀降事件中暴露得淋漓尽致。

戈登听到李鸿章杀降的消息顿时勃然大怒，认为这是最无耻的背信弃义，而且自己还曾信誓旦旦为降将作保，于是提着洋枪要找李鸿章算账。李鸿章闻讯赶忙躲了起来，以后几天，戈登一直在提枪找李，而李则躲避不见。由于左找右找都找不到李鸿章，戈登只得愤愤然留下一份最后通牒，要求李鸿章下台，不然他就率"常胜军"进攻淮军，将所攻占的城池再交还太平军。然后，他就率"常胜军"返回昆山，同时给英国驻华公使布鲁斯（Bruce Sir Frederick, William Adolphus）写信，要求英国政府干预，迫使李鸿章下台。英国驻华陆军司令伯郎也从上海赶到昆山，与戈登商定"常胜军"由其节制，不再受李鸿章及中国政府调遣的问题，借此从中方夺回"常胜军"的控制权。上海的外国领事馆官员代表列强及所有外国侨民，签署了一份严厉谴责李鸿章的决议，指其杀降是对人性的彻底背叛，并警告说此事很可能使列强不会再帮助清政府，并可能撤回帮清军打仗的洋兵洋将。

在给朝廷的这个奏折中，有些慌乱的李鸿章辩解说，如此杀降是因为叛变"诸王未理发，叛迹显然"，"挟制要求，不肯散其众，硬请保为总兵副将官职"，"降众多达二十万，难以安置"等理由。其实，根本就没有"降酋"谋反的迹象，而是他仅仅担心难以控制，就采取如此残酷手段。他在此前上奏的《克复苏州折》中就明言："该酋等久在贼中为大头目，狼子野心，恐其难制"，所以要采取措施"免致尾大不掉另生枝节"。"恐其难制"此四字是他杀降的真实动机，仅因其"恐"，数万人生命便化为乌有！在给曾国荃的信中，他洋洋得意地说这次"拴杀伪王六，伪天将五，皆忠逆部下悍党，稍可自娱"。在给郭嵩焘的信中亦说这次"苏州、无锡苦战数月而得之，所以少惬意者，诱斩六伪王四天将，而解散忠党二十万之众"。同时，他故意将戈登反对杀降的原因归结于他先将常胜军调回昆山、未让其攻入苏州，戈登因此心怀不满、故意找碴，并强调"洋人性情反复，罔知事体"。最后他以退为进，说如果因此破坏"中外和好"大局，"惟有请旨将臣严议治罪，以折服其心"。

这种血淋淋的无耻行为，却得到朝廷的认可，认为"所办并无不合"，"甚为允协"！以"理学家"自诩的曾国藩竟也称赞这种背信弃义的行径，称"此间近事，惟李少荃在苏州杀降王八人最快人意"，"殊为眼明手辣"。

李鸿章确实没想到洋人对"杀降"如此大动肝火，在他看来，这只是"稍可自娱"的小事。中国虽有"杀降不祥"之说，但现实政治、战争传统更加讲求的是"势"与"术"。因此，中国历史上不乏"杀降"之事：战国末期长平之战秦将白起坑杀赵国降卒40万人，从根本上削弱了当时关东六国中最为强劲的对手赵国，也给其他关东诸侯国以极大的震慑。秦末群雄并起，项羽在入咸阳之前害怕投降过来的秦将章邯部下20万秦军谋反，在新安把这20万降卒全部活埋。宋孝宗淳熙二年（1175），辛弃疾被任命为江西提点刑狱，节制诸军，镇压以赖文政为首的反政府茶商军。辛诱降成功，赖文政接受招安，但辛却反将包括赖文政在内上门投降的全部茶商军头领押往江州（今九江）处死，其余800多人也全部在一天内杀掉。有此传统，所以清廷和理学家曾国藩都不认为李鸿章的杀降有何不妥，反而赞赏有加。

不过，这一传统很快就要改变，此次李、戈严重冲突，即是传统即将改变的先兆。戈登坚决反对杀降说明这种价值观念在西方此时已较为普遍，因此，这种价值观念制度化的红十字会组织才可能成立。有意思的是，就是在李、戈为杀降激烈冲突的1863年，瑞士慈善家亨利·杜南（Henry Dunant）在这一年首倡创立红十字会的国际会议，第二年 8 月，正式成立了国际红十字会。瑞士、法国、比利时、荷兰、葡萄牙等 12 国在日内瓦签订《改善战地武装部队伤者病者境遇之日内瓦公约》。公约规定了军队医院和医务人员的中立地位和伤病军人不论国籍应受到接待和照顾等。上述公约曾于 1906 年和 1929 年进行过两次修订和补充，形成《关于改善战时伤者病者待遇的日内瓦公约》和《关于战俘待遇的日内瓦公约》，规定不仅不能"杀降"，而且不能"杀俘"，甚至不能"虐俘"。1904 年 3 月，中国先后成立了东三省红十字普济善会和上海万国红十字会；6 月末，清政府命驻英使臣张德彝在瑞士日内瓦按照 1864 年所订《日内瓦红十字会公约》补签画押，以政府名义加入国际红十字协会作为会员国，取得了正式创办红十字的资格。虽然由于种种原因，中国红十字协会直到 1912 年元月才被国际红十字会正式承认，但国际红十字会的精神和价值观念，在李、戈冲突 40 年后的 1904 年，已开始被民间和官方接受。在这几十年中，中国逐渐抛弃、改变了好几千年的传统观念，接受了一种全新的价值观念。曾国藩是中国"理学"大家，戈登只是英国一介武夫，且是要钱不要命的雇佣军头目，却对"雇主"的杀降万难接受，故李、戈二人观念之别非个人品性之别，乃时代之别也。二人冲突固然也可视为中西观念冲突，但"地域性"的中、西冲突背后，其实是"时间性"的某些传统观念与现代性观念的冲突。

今日世界，无论情势所迫有再多"杀俘""杀降"的理由，任何政权已不敢公开"杀俘""杀降"，不敢公开为这种行为辩护。无论何国，只要"虐俘"消息传出，更不必说"杀俘""杀降"，便会遭到举世谴责，说明给战俘人道待遇的价值观念已成"公例"，成为人所公认的价值观。

由于李鸿章背信杀降的这种无耻行径，引起了戈登和外国人的强烈不满和愤怒，促使行事老辣的李鸿章下定决心，不久即彻底裁撤"常胜军"。

戈登辞赏片

同治二年十一月二十八日（1864年1月7日）

再，钦奉寄谕：此次攻克苏城，戈登甚为出力。著传旨嘉奖赏银一万两，著李鸿章筹款。赏给头等功牌，即仿照变通办理，等因。钦此。

除臣先已允给常胜军犒赏洋银七万元，饬关道黄芳于税项内提拨借放外，臣又于苏属饷捐局内筹银一万两，派记名道潘曾玮赍送昆山宣旨嘉奖。戈登排队祇迎，免冠敬谢。据称以外邦小臣叨沐殊恩，感愧交并，当此军饷支绌，不敢滥膺上赏，虚糜帑项，仍交潘道暂存等语。旋据潘曾玮、李恒嵩面称，该兵官因前杀伪王一事既持异议，英提督伯郎令其静候公使与总理衙门定议。伯郎现往香港，未经商会，不敢擅收。惟该兵官感激之余，渐知悔悟，当约束弁勇，勿任滋事。俟伯郎回沪商准，或俟回国时赏作盘川，自应敬谨领受。臣当即函覆戈登，以中国体制有功当赏，不可固辞。至头等功牌，依照外国宝星式样，饬会防局变通制办，并俟戈登事竣回国再行传旨赏给，以示圣主柔远酬功，格外优待之至意。

合先附片覆陈。伏祈圣鉴。谨奏。

攻克苏州，戈登的"常胜军"立下了汗马功劳，朝廷论功行赏当然不能少了他这一份，即赏银一万两、稍加变通地仿照外国奖章的"头等功牌"。但没想到的是，由于发生了苏州"杀降"事件，怒不可遏的戈登竟然公开表示拒绝接受朝廷的赏赐，同时还拒收李鸿章先前应允犒赏的七万元洋银。

拒受朝廷赏赐，这可是对朝廷的巨大羞辱，是对堂堂华夏"礼仪"的大不敬。如何向朝廷禀报、说明此事而又不伤朝廷的"面子"，不让朝廷感到难堪，确实大有学问。深知此事关系到朝廷"面子"的李鸿章，在奏折中却将此事说成是戈登自己以"外邦小臣叨沐殊恩"，又感激又惭愧，认为现在军饷十分紧张，所以"不敢滥膺上赏，虚縻帑项"，故要求将皇上的赏银和李鸿章的犒赏"暂存"李处。据李说，戈登拒不受赏的另一个"原因"是因为他对苏州杀降事件"持异议"，英国驻华陆军司令伯郎要他"静候"英国公使和总理衙门的商定，但伯郎现在香港，所以戈登"未经商会，不敢擅收"。这两个"理由"足以保全朝廷的"面子"，但李仍怕朝廷不悦，居然还说戈登在"感激之余，渐知悔悟，当约束弁勇，勿任滋事"，并说戈登表示自己回国时可"赏作盘川，自应敬谨领受"。

当然，他决不会忘记告诉朝廷，自己"当即函覆戈登，以中国体制有功当赏，不可固辞"，说明自己已尽到责任。

几个月后攻下常州，"常胜军"遣散，戈登准备回国。最后，他仍拒收赏银，但接受了朝廷赏赐他的名誉提督衔、几套华服、奖旗、奖章和最高荣誉的象征——黄马褂。

从这则奏折中，可以看出为了朝廷的"面子"李鸿章真是煞费苦心。因为他明白，尽管朝廷知道真实情况，还是希望下级的奏报能"给面子"；如果不如此照顾朝廷的"面子"，朝廷今后可能就会不给他"面子"，那事情可就严重了。所以早就有人认为"爱面子"是中国传统文化的重要特点，确实不无道理。

"常胜军"的终结

裁遣常胜军折

同治三年五月初二日（1864年6月5日）

奏为裁遣常胜军连日办理就绪各情形，遵旨覆陈，仰祈圣鉴事。

窃常州克复后，定议裁撤常胜军，臣于四月初七日附片陈明，当即督饬丁日昌等妥速办理。旋奉四月十四日寄谕：戈登带队协剿，现在常州攻克，该洋人不言进攻金陵，竟肯先行遣散，免将来许多枝节，实属不可失之机会。该抚自应乘势利导，妥为遣散。如戈登将所部布置妥协，洋弁均皆回国，则是戈登真心要好，始终如一。仅止颁给旗帜功牌，不独无以酬其劳，且恐无以餍其欲。即著李鸿章饬令丁日昌、李恒嵩等与戈登妥为办理。一俟办有就绪，即将如何再行嘉奖戈登之处，迅速奏闻，等因。钦此。

仰见圣虑周详，柔远防患之至意。兹据丁日昌回省面禀，并据戈登、李恒嵩具禀于二十五日办理遣散完竣等情前来，谨为我皇上缕细陈之。缘常胜军起于美国人华尔，其初不满千人，陆续增至四千余人。粮饷军火，惟意所欲，无从核减。同治元年秋冬间，调令助剿金陵，不能成行，遂致白齐文之变。臣在上海与英提督领事等反复论议，舌敝唇焦，始得更定章程。兵额裁至三千，月饷发至七万余元。合之购办军火、赏恤、杂支各款，每月须十万元有零。戈登接带后，臣加意抚驭，遇事尚受商量，而性急多疑，每有反复。自今春金坛、杨库两次挫衄，戈登颇觉气馁。三月二十二日常州之役，城已轰破，未能爬入。戈登目击常胜军之不能得力。四月初六日再举攻城，戈登即请以我军为前敌，常胜军为后队，盖自知不如我军之用命也。常城克复，即将洋枪队调回昆山，派令丁日昌前往会商撤遣，戈登意甚欣悦，乃臣于十五日接据巴夏礼申陈，以议裁常胜军一事，必须知会驻沪英官转禀驻京公使查核办理。并据赫德来函，谓苏省虽已肃清，金陵、湖州两处贼窜可虞。引咸丰十年以前之事为戒，极言常胜军不可遽裁，譬喻百端，戈登似为所动。丁日昌等往复开导，忽迎忽拒，尚欲迎合巴赫二人之议，留炮队六百名，枪队一千余名。丁日昌复探其情，谓之曰：尔在中国助剿，功成回国，中外传名。不及此时裁撤，将来接带者倘如白齐文之类，闹出事端，岂不为尔声名之累。巴夏礼、赫德系局外人，方以常胜军为十分可靠，故不肯遽裁，尔何不将此军近日不能得力实情自与剖论，免得自己声名为他人所累。戈登深以为然，即于十七夜驰赴上海。其时赫德已北上，遂与巴夏礼再三辩论。巴夏礼始得释然，惟以上海要地，请由臣酌派得力兵勇驻守，属戈登转达等情。戈登回昆山述其语，丁日昌恐洋人情性无常，或又中变。即于谈次请戈登将应答之语亲书洋字一纸留存，以免巴、赫二人藉口，并翻译节略，由戈登等函禀到。臣阅其与巴酋问答之词，首言洋枪队兵头多非正兵，不谙兵法，朝夕饮酒，兵丁自去自来。遇事便与官军作对，只知增添口粮，不想作事。因此数层不妥，故戈登立意相劝遣散。次言巴夏礼是为中国地方起见，并非多事，属臣不必与之斗气等语。臣先已备文札复巴夏礼，为具言两年战事，常胜军会合官军与官军独自分路攻剿之颠末，与常胜军近日底细，所以议裁之故。并告以现在办法系酌留得力炮队六百人，枪队三百人，海生轮船数十人，已及原额三分之一，并非全裁。且前敌各要隘皆有重兵驻守，上海后路无虞窜入，以力破巴茜等藉词要挟之端。一面即饬戈登、李恒嵩、丁日昌迅速照办，飞催代理关道应宝时筹借银两，交知府贾益谦赍往昆山。节次据禀连日发饷，收取号衣洋枪，挨次撤遣，于二十五日遣散净尽。戈登以该军兵勇向挟外国人以自重，外国人一有挑唆，兵勇即靡然从之，肆行无忌，先将外国兵头撤遣，厚给川资，限三日内出城，违者严办。次即遣散中国兵勇，按路途之远近，年分之深浅，打仗之受伤与否，酌给盘费，驱令出城，不准逗留生事，均已贴然就道。查外国弁目一百零四名，受伤颇多，除月饷外，按名酌给赏恤途费，自七十五元以次递增至四千元不等。勇丁除月饷外，其分领赏恤者共二千二百八十八名，自两元以次递增至一百元不等。又海生轮船、炮船、枪船暨通事书识等，分别给赏共用遣散经费洋十二万二千八百元有零，又补给月饷六万元有零。所有军械、洋枪、帐篷、号衣、船只、大小炮位，全数呈缴验收。现留炮队六百名，经臣委派副将罗荣光管带调扎城外之浒关，留外国兵头十一名帮同教习，听管带官号令约束。已与戈登议明，随后如撤遣回国只加给一月口粮。其枪队三百名暂留昆山，交李恒嵩督率巡防，并留外国兵头一名随同弹压，以免各国流氓冒充滋事。各兵丁改穿中国号衣，约计每月口粮共需一万数千两，仍由关道筹发。此后逐渐训练操纵由我，自不致另生枝节。

臣查常胜军利器在炮火，而洋弁贪恣，兵勇骄悍，锢习殊深，久为苏省隐患。两年以来，每思乘机善遣，徒以军事方棘，外人把持，未易就理。现值苏、常肃清，戈登辞退，竟肯主持议撤，虽巴夏礼、赫德从中阻挠，戈登犹为我出力，多方排解。十余日间，分别遣留。糜费固多，而办理甚速，可免后来无穷之忧，实属真心要好，始终如一。彼既不肯领收银两，自应请旨，再行优奖。闻戈登似欲邀赏黄马褂以为归国宠荣，足见向慕中国之殷。查戈登自上年春间会带常胜军，协同官兵攻克福山，解常熟之围，又克复太仓州、昆山、吴江各县及苏州省城，本年克复宜兴、溧阳县及击退杨库窜贼，攻克常州府城，均属异常出力，厥功甚伟，可否特旨颁赏黄马褂，出自逾格鸿施。

再据上海来信，巴夏礼以常胜军既经裁遣，欲另议教练良法，依照外国章程保守永久。其意仍不过揽我兵权，耗我财力。臣拟添调数营驻守上海附近地方，属戈登先为转商，应由臣处调度，不便再准英官干预。戈登似以为然，但不知巴夏礼与英提督伯郎有无异议。除俟该酋等如何辨难，再行相机妥办外，所有裁遣常胜军部署就绪各缘由，理合缕晰具奏，并照钞英领事巴夏礼申陈，及札复该领事各一件，又翻戈登与巴夏礼问答节略一件，恭呈御览。伏乞皇太后、皇上圣鉴，训示施行。谨奏。

苏州失守，标志着太平天国苏南根据地已陷入绝境；几周后无锡陷落，几个月后重镇常州又于 1864 年 5 月被淮军会同"常胜军"攻下。此时，生死搏斗已十好几年，双方胜负已可基本判定；另外，因为苏州"杀降"事件和攻克常州过程，李鸿章与戈登的矛盾越来越尖锐。李鸿章终于感到"常胜军"已成可以拆掉的"过河之桥"，而且生性谨慎多疑的他认为此"桥"必须及时拆除，如果不立即裁遣"常胜军"，恐怕后患无穷。

对"常胜军"，李鸿章一直采取利用、笼络、控制政策，与戈登一直矛盾不断，而李氏苏州的"杀降"，使双方矛盾更加激化。

李鸿章没有想到，他的"杀降"居然会引起外国人如此强烈的反应，甚至有可能破坏难得的"中外和好"局面。其症结在于他认为杀降纵有不妥，充其量只是方法问题，而不知道戈登却认为这是原则问题。中国传统政治向来强调的是"势"而不是"理"，由当时苏州的"情势"出发，李鸿章背信弃义地杀降就"情有可原"，所以"理学家"曾国藩对此也"不讲理",盛赞此举。所以,往深处说,李、戈不同观念的背后是不同文化背景的冲突。慌了手脚的李鸿章于是一方面急忙向对中国政局影响颇深的英国人赫德(Robert Hart)和马格里(Macartney, Sir Samuel Halliday)求援,请他们代为调解。另一方面则在给朝廷的《骈诛八降酋片》中辩解说:"戈登助剿苏城,近来颇为出力","不料成功之后,既索重赏,仍生衅端。值此时事多艰、中外和好,臣断不敢稍涉卤莽,致坏大局。惟洋人性情反复,罔知事体,如臣梼昧,恐难驾驭合宜。设英公使与总理衙门过于争执,惟有请旨将臣严议治罪,以折服其心。"希望在这场"中外冲突"中得到朝廷的支持。十几天后,针对英方提出"常胜军"不归中国指挥的说法,他又专门给朝廷上了《筹处常胜军片》,说现在他的兵力已经"可敷防剿,亦无须该军协助",所以希望总理衙门"与英公使议定妥法,即让戈登告退须责令将该军带队外国兵弁一百数十名全行撤回,或由臣选派数人帮带。该军叠次购买外国炮位及现存外国军火全行交出,彼无所挟持,庶不敢背叛滋闹。盖常胜军所持只有炮火,此外实无他长"。总之,"英酋欲揽兵权以箝制地方,勇丁欲附洋弁以要挟厚饷,相为固结不解,操纵缓急颇有为难"。此片表明他实际上想解散"常胜军"。

李鸿章的这两手果然奏效。朝廷下旨不仅明确支持他的所作所为,认为"洋人不明事理",而且指责戈登"意殊叵测","惟有据正理驳斥,以折其心"。得到朝廷的支持,李鸿章自可大松口气。另外,经过赫德等人的调解,英方认为,"常胜军"从性质上说毕竟是支中国雇佣的私人军队而不是英国政府军,因此主张将此事交总理衙门处理,制止了戈登的过激行为。而且,此时淮军人马已达五万,且其中三四万人装备了新式武器,而"常胜军"只有三千人,从实力上说也不是淮军对手,戈登只得作罢,仅要求李鸿章发一文告,说明此事与已无关。对此要求李鸿章立即答应，双方都有了"台阶"下，一场大风波总算平息。

但此事更坚定了李鸿章裁撤"常胜军"的想法，他多次感叹，"常胜军"已成为"磨难星"，不但"月糜五六万金"，而且"随事要求，随时翻覆，鸿章百忍之而苦无一当也"。

攻下常州后，戈登认为太平军败局已定，淮军已渐西化并迅速强大而"常胜军"正在腐化涣散，于是主动要求遣散"常胜军"。早就想裁撤"常胜军"的李鸿章立即高兴地同意解散这支外国人担任各级军官的中外混合军。不过，英国驻上海领事巴夏礼（Parkes，Sir Harry Smith）却认为这会削弱上海防卫，所以致信李鸿章坚决反对此事。而李也不示弱，回信反驳。终于在1863年5月31日解散了"常胜军"，其中一部分精锐部队和大部分武器装备被编入淮军，进一步提高了淮军的实力。

李鸿章在此折中认为，"常胜军"只是武器厉害，而"洋弁贪恣，兵勇骄悍"，"久为苏省隐患。两年以来，每思乘机善遣，徒以军事方棘，外人把持，未易就理"。这次顺利遣散"常胜军"，的确去掉了他的一块心病。李鸿章处理此事的手法深得曾国藩的称赞，他在给李鸿章的信中说："威棱所指，无坚不摧，而驾驭洋将，擒纵在手，有鞭鞑龙蛇视若婴儿之风，尤以为佩。"

平心而论，李鸿章能屡打胜仗，在很大程度是依靠"常胜军"。太平天国忠王李秀成在《李秀成自述》中认为："苏、杭之误事，洋鬼作怪，领李抚台之赏，攻我各路城池。攻克苏州等县，非算李鸿章本事，实得洋鬼之能。其将尚（上）海正税用其力，该鬼见艮（银）亡命，言（然）后鬼兵及李抚台见我未在省城，是以而顺势攻之。"乍浦、平湖、嘉善三处是因"洋鬼"攻打而失守，而苏州、太仓、昆山、吴江等处也都"被李抚台请洋鬼兵打破"。《忠王答辞手卷》又说:"李非凤（宿）将，借洋鬼之力以成功。"李秀成的这番话，从侧面说明"常胜军"的巨大作用。而李鸿章现在却不愿承认此点，因为现在是他"拆桥"的时候了。从对"常胜军"的利用、处置，可以看到李鸿章"请神""送神"的现实和老辣。

太平天国洋兄弟之死

白齐文覆舟溺毙折

同治四年六月二十九日（1865年8月20日）

奏为洋犯解至中途覆舟淹毙，并恳将同时溺毙之解弁勇营兵人等分别赐恤，恭折具陈，仰祈圣鉴事。

窃漳州拿获投贼洋人白齐文等三犯，前经臣鸿章附片奏明，请旨饬下总理各国事务衙门议奏，以该犯罪不容诛，暂行严密监禁，听候严办在案。该犯被获后，即解往福州省城监禁，嗣有解苏收审之议。当由闽省派委千总贺光泰、把总任尚胜随带护勇管解洋犯白齐文、克令及细仔三名，于五月初八日由闽起程。行至江山县清湖地方，把总任尚胜因感冒病故，即由千总贺光泰率同护勇等押解前进。臣鸿章先尚未接准咨会，臣新贻于闰五月十六日接据署兰溪县知县江绍华禀称闰五月初三日，准龙游县兵役护送福建委弁千总贺光泰带同护勇十名，押解外国人犯白齐文、克令、细仔三名过县。当经照例分别点验，加派兵役雇船转解。以天气炎热人数众多，添拨帮船一只，分坐前进。于初四日黎明一齐开船，解赴下站去后。讵于是日午刻，据长解护勇唐聚泰等回县报称，行至离城二十五里汇头滩地方，其时东南风正大，滩高流急，水势旋卷。又值大水之后更加汹涌，犯船甫经下滩，忽被风水掀翻。全舟覆溺，同行帮船被水溜下，赶救不及。喊经就地居民渔船赶往，救得护勇兵役九人，所有贺千总及外国人犯白齐文、克令、细仔与护勇兵役船户共十三人同时随流飘溺。当赶拨船役分头捞觅，即于滩下河岸并石碉边及施家滩等先后捞获白齐文、克令、细仔尸身，分别验明，给棺封识。续于滩河下流各处觅得护勇陈福堂、营兵王以芹、县役胡福井、千总贺光泰各尸身，分验明确。经臣新赏委员驰往查明属实。臣宗棠亦接据禀报，饬将现存之勇丁唐聚泰等八人资送回营，先后咨会到臣鸿章。

臣等查白齐文叠助粤西发贼，谋害中国，按律久应诛殛。此次仍敢潜入漳州内地，投逆被获，本应立正典刑，即美国公使卫廉士，亦有白齐文既经投贼，已失体面，美国不应庇护之语，特以监禁听候严办。经臣宗棠等委解苏省收审，实因闽中贼匪未平，又距海口甚近，设有疏虞，关系非浅。不料行至中途翻船溺毙，虽中国未申治罪之权，而该犯穷凶极恶，致伏冥诛，足见天道之不爽。克令、细仔二犯，前经闽省审讯，投贼是实，亦有应死之罪。惟中国护解弁兵勇役船户无辜溺毙至十人之多。由于今夏江浙一带霪雨连旬，山水暴涨而浙河滩高溜急，风波险恶，变起仓猝，非人力所能施。该弁兵等因公死事，实堪悯恻，可否仰恳天恩敕部将溺毙之守备衔千总贺光泰，护勇陈福堂、宋春益，营兵王以芹照例议恤。其同溺之县役船户等六人由兰溪县查明，分别给与恤赏，以免向隅。至白齐文等三犯本有应得死罪，既均淹毙，应毋庸议。其英人克令一名，前据英领事巴夏礼申陈，请照约交该领事惩办。臣鸿章本拟俟该犯解到按约转交，今既与白齐文同舟覆溺，事出意外，只有付之命数。设该领事等闻信之后，无理纠缠，臣等必当据理驳辨，相机妥办，随时咨商总理衙门完案。白齐文、克令尸棺二具，听由该国洋人领回。细仔本系中国犯，尸即由县饬保掩埋。其署兰溪县知县江绍华尚非拨解不慎，遇救得生之护勇唐聚泰等亦非护救不力，均请免其置议。

所有洋犯中途淹毙情形，并恳恩将同时溺毙之解弁兵勇分别议恤缘由，谨合词恭折，由驿具陈。伏乞皇太后、皇上圣鉴训示。谨奏。

在与洋人打交道中，美国人白齐文是最令李鸿章头痛的一个，双方最后剑拔弩张、反目成仇，彼此欲将对方除之而后快，这一段恩怨最终以白齐文"覆舟溺毙"了结。不过白齐文真的是"覆舟溺毙"吗？此事的确不无可疑之处。如果不是"天道"而是李鸿章等人设计杀白，则反映出他们狠毒异常，故有必要详述此事原委。

白齐文于1836年出生，生性喜欢冒险，少年时就有到东方创立一个帝国的梦想，青年时开始周游世界。来到中国时正赶上华尔在组建"洋枪队"（后改名为"常胜军"），白齐文就做了他的副手。华尔在1862年9月被太平军打死后，清政府任命白齐文管带"常胜军"。白齐文性情暴烈，与李鸿章及一些地方官屡有激烈冲突，被李免职。

白齐文被免职后心有不甘，几经努力想官复原职，但均被李鸿章严词拒绝。愤愤不平的白齐文转而于1863年7月初从上海赶到苏州，投奔太平天国，一方面想报复清政府对他的"不公"，一方面仍借机实现少年时代的梦想。到苏州后，太平天国慕王谭绍光接见了他，表示接受其投诚。太平天国将他的名字改译为"白聚文"，成为太平天国的"洋兄弟"。当月下旬他又回到上海，招集旧部陆续前往苏州转为太平天国服务。8月初，他约定曾在清军小炮船"高桥号"当船长的钟思（Jones）和其他几个人在青浦抢夺"高桥号"小炮船，驶回苏州，为太平军服务。谭绍光对他颇为信任，挑选了两千多人交他训练，但因外国军官人数不够只训练了一千多人。不久，他到天京谒见忠王李秀成，想要支部队归他指挥，并可单独行动。李秀成对他款待非常热情，并让他住在天王府中，临别时又隆重设礼相送，但却未答应他要独立指挥权的要求，命令他仍只带领自己原有的一小队人马。

由于白齐文在"常胜军"官兵中威望较高，其中一些人也想投奔他。对此，李鸿章和戈登都大为紧张，加紧了对"常胜军"官兵的控制。李鸿章在1863年8月的《轮船济贼并白齐文私叛片》中向朝廷报告："现在苏州贼势亦蹙，吴江复后我军进步较快。惟白齐文回沪，闻已密投苏贼，招募外国流氓百余人陆续投往，并有代购洋枪炮情事，英国文武各官皆走相告。"他强调已经"札行"美国驻沪领事，要其尽量抓捕、解办白齐文，"并商令戈登、程学启等严为防备，通饬前路营卡一体查拿"。由于清方防备严密，白齐文几次为太平军大批购买军火的努力均未能成功。

由于无权独立指挥大部队，只能指挥自己那支不到一百人的洋兵和"高桥号"小炮轮，白齐文的能力和作用都备受限制。眼见局势对太平天国越来越不利，他向李秀成提出放弃苏州、天京，集中力量全力北攻的建议。这确是太平天国当时挽回败局的正确战略，故为李秀成采纳，并在苏州召开的军事会议上提出，苏州失陷后李又赶回天京向天王洪秀全面奏，但此建议被洪秀全坚决拒绝。白齐文率领的"洋兄弟"不到百人，在与清军的战斗中伤亡日增，最后只剩下四十余人，且大半负伤患病，许多人要求离去。白齐文请示谭绍光后，同意他们离去，在1863年10月中旬给他们发了盘缠、路凭，并准备了一些船只，而对少数自愿留下的则"相待如初"。几天后，白齐文旧病复发，也提出回上海治病。对他的要求，谭绍光也痛快地答应，并担心他在路上会被李鸿章俘获杀害。对此，白齐文回答说戈登保证他平安回到上海。白齐文走时，谭绍光以隆重的军礼相送，并用自己的轿子和卫队将他送到前线两军相交处，同时还给戈登写了一封信，说明白齐文病重，希望戈登能将其平安送到上海治疗。这一切都使白齐文深受感动，到上海后他就在英文《北华捷报》上发表文章，声明自己"直到此刻为止，仍然没有丝毫背叛太平天国的意念"。美国驻沪领事怕他在中国招惹是非，急忙将他送到日本横滨治疗，不许他再回中国。病好后他曾两次返回上海，又两次被美国领事强送回日本。1864年春，他又从日本潜回中国，因上海一直对他严密防范，这次他改从宁波登陆，终于成功。此时天京告急，白齐文在暗中招募队伍、租雇轮船，想去解天京之围。消息传出，清方大为紧张，加紧了对他的防备，他的意图终未实现，天京不久即被清军攻陷。1865年春，白齐文听说太平天国余部、侍王李世贤驻兵福建漳州，于是前往投奔。但在距漳州咫尺之遥的厦门附近，被已得消息的厦门海关俘获，送清军郭松林部关押。与他同时被捕的还有他的翻译中国人细仔和英国人克令，他们一行被押送福州监狱。

抓到白齐文，李鸿章与时任闽浙总督的左宗棠大为高兴，认为去掉一心头之患，他们认为"闽中贼匪未平，又距海口甚近，设有疏虞，关系非浅"，因此决定将白从福州起解，押往苏州。1865年6月25日，据李鸿章奏报说，船行至浙江兰溪县汇头滩时突遇大风大浪，白齐文、细仔、克令及一些负责押送的中国官兵"舟覆溺毙"。

此事端的是蹊跷。因为白齐文是美国人，按照近代中国与美国及其他列强签订的不平等条约，在中国触犯刑律的外国人享有领事裁判权，清政府无权审理，因此清政府无权审理白齐文案，只能交美国领事审理。李鸿章当然知道这些，在此折中写道："查白齐文叠助粤西发贼，谋害中国，按律久应诛殛。此次仍敢潜入漳州内地，投逆被获，本应立正典刑，即美国公使卫廉士，亦有白齐文既经投贼，已失体面，美国不应庇护之语，特以监禁听候严办。"他不无得意地说白齐文翻船溺毙，"虽中国未申治罪之权，而该犯穷凶极恶，致伏冥诛，足见天道之不爽"。如此凑巧，果真是"天道之不爽"吗？对此，当时就有人表示怀疑，认为很可能是李、左等人怕美国公使坚执领事裁判权，将白齐文交美方审判后不会受到严惩而设此毒计，不是"天道"，而是"人事"。上海的外国人和报界舆论就认为白齐文是被害死，而近人陈锦松在《松沪从戎纪略》中谈及此事时写道，白齐文被"闽关获之，送郭军门松林行营，郭不敢杀，械送过桐江，舟覆而死，或曰，亦委员以计杀也"。而李鸿章在刚刚抓到白齐文时给朝廷的《拿获白齐文片》中咬牙切齿地写道："查白齐文穷凶极恶，叠次甘心助贼，情罪重大"，"此次由郭松林营中拿获，若当时作为对敌杀死，可省葛藤。该提督等因系洋人及税务司公同盘获，无法消弭，既经解闽讯办，恐未便即予骈诛"。他遗憾没有机会将其作为战斗中的敌人打死，承认由于当时还有捉拿白齐文的其他洋人在场，郭才"无法消弭"。但他仍不甘心，向朝廷请示"应否由臣咨覆左宗棠即将白齐文正法，余犯解交该领事严办。抑俟敕下总理衙门与美公使反复申明情节，诘以如何严办或治以死罪，使其不能置辩之处，均候旨饬遵，臣未敢擅便"。对白齐文那恨之入骨、必欲将其置之死地而后快之心跃然纸上。这些均表明李鸿章等确有"作案"的动机和条件，如果真是他与左宗棠等人设计杀害，则足证其性格中狠毒无情之处。

或许是考虑到白齐文给自己添了太多的麻烦，同时更不愿因此破坏与中国政府的关系，美国政府并未深究白齐文死亡真相，而且自愿放弃了领事裁判权。此案就此了结。

虽然很多因素表明很可能是李鸿章等设计杀白，但毕竟还没有找到最终的证据铁定无误地证明白确是他们所杀。此案可能成为永远无法水落石出的历史之谜；在人类历史中，这种无解的历史之谜又何可胜数！

从理藩到外交
——外交对清政府的重大意义

裁并通商大臣酌议应办事宜折
同治九年十月二十六日（1870年11月18日）

　　奏为钦奉谕旨裁撤通商大臣归并总督经管，酌议应办事宜，先陈大略，恭折仰祈圣鉴事。

　　窃臣承准军机大臣字寄十月二十日奉上谕：总理各国事务衙门奏，遵议毛昶熙请撤三口通商大臣条陈一折，著照所议，三口通商大臣一缺即行裁撤，所有洋务海防各事宜著归直隶总督经管，照南洋通商大臣之例，颁给钦差大臣关防，以昭信守。山东登莱、青道所管之东海关，奉天奉锦道所管之牛庄关，均归该大臣统辖。通商大臣业已裁撤，总督自当长驻津郡，就近弹压，呼应较灵。并著照所议，将通商大臣衙署改为直隶总督行馆，每年于海口春融开冻后，移扎天津，至冬令封河再回省城。如天津遇有要件，亦不必拘定封河回省之制。李鸿章当懔遵此次改定章程，将洋务事宜悉心筹画，海防紧要，尤须通筹全局，选将练兵，大加整顿。杨村、河西务、王庆坨等处应否修筑炮台，拨营分驻，均著该督酌度情形，妥为筹办。畿辅水利，本宜讲求，而畿东尤亟。应如何设法宣泄，以利农田，著慎选廉能之吏，次第兴办。至天津新钞两关税务，应否添设海关道一员专司其事，著李鸿章一并酌议具奏，等因。钦此。

跪聆之下，仰见朝廷因时制宜，慎固封守。臣以菲材渥蒙倚畀，调任畿疆，方以不克胜任为惧。兹更兼管洋务海防，事烦责重，深虞丛脞贻误，战栗万分。除俟钦差大臣关防颁发到日再行恭折叩谢天恩外，臣窃维天下大势，首重畿辅。中原有事，则患在河防。中原无事，则患在海防。保定控扼河朔，又居直境适中之地。昔人于此建置省城，实得形要，是以历任总督均须驻省办事，总揽全局。天津偏在一隅，似非督臣久驻之所。惟自各国通商开埠，公使驻京，津郡为往来冲途，尤为京师门户，关系极重。近因民教纷争，酿成巨案。地方官抚驭未善，通商大臣又恐呼应不灵，后患殊多，不得不思变计。

谕旨准照总理衙门所议，裁撤三口通商大臣，洋务归总督经管，并令长驻津郡整顿海防，洵属未雨绸缪之策。臣前奉旨驻津筹办弹压抚绥各事，今值归并通商，事同创始。法贵变通，自应久驻此间，逐渐经画。目前最急者，须先设海关道一员。查咸丰十年十二月间，崇厚由长芦盐政改授三口通商大臣，职分较卑，按照条约，并无载明通商大臣与领事交涉，仪式往来，公文俱用照会平行。迨崇厚济升侍郎相沿已久，碍难更改。兹臣以总督兼办，又蒙特颁钦差大臣关防，各国和约载有专条，未便过事通融，致亵国体而启外人骄慢之渐。且臣曾兼任南洋通商大臣五年，旧例尚在，未可前后易辙。计惟添设海关道，比照各口现办章程，责成道员与领事官、税务司等商办一切，随时随事禀臣裁夺。其有应行知照事件，臣即札饬关道转行领事遵照。至往来会晤仪节，务皆斟酌适宜。此等事理虽小，动关体制，不敢不慎。又中外交涉案件，洋人往往矫强，有关道承上接下，开谕调停，易得转圜，不独常、洋两税须人专管也。向来地方添设员缺，多就闲缺裁改。各口关道并有兼辖地方之责。查直省道缺各当要地，无可改并。天津道承办海运，每年南漕百万石，由该道陆续接运赴通，烦难已极，未能兼任洋务，致有偏废。相应请旨准令添设津海关道一缺，专管洋务及新钞两关税务。凡华洋交涉案件，责令该道督同府县各官认真妥办，并由直隶总督拣员请补，俾可呼应得力。如蒙俞允，即请敕部先行铸给关防。未尽事宜，仍续行妥议具奏。

至选将练兵筹备海防一节，尤为目今要务。绿营弁兵惰窳已久，就中挑选加饷操练，外貌即似整齐，实恐难当大敌。此各省近来练兵通病，不独直隶为然。总理衙门奏令择任将领，自系至当不易之论，往往百战名将，练勇则易为力，练兵则无成效者。饷额有多寡，人地有生熟。又绿营文法太密，牵制苦多，不能尽废其法与人而别开生面也。曾国藩本年四月续奏马步练军章程，经部议准，似较从前营制差强。惟新旧练军尚未一律，兵多恋家，远调仍逃，吃苦不惯。其中情弊，随时整饬变通，或者有裨实用。天津向练洋枪队，大致可观。惟平日并不扎营，临事未敢深恃。大沽海口南北炮台最为扼要，而守兵过单，守具亦未精备。杨村、河西务、王庆坨等处均系由津进京要路，将来应否拨营分驻，修筑炮台以壮声势，均当次第妥酌办理。臣前由保定赴津，仅带小队两哨，昨因铭军远去，业调驻省亲军枪炮队二营来津护卫，并奏派记名提督广西右江镇总兵周盛传统盛仁各营为拱卫畿辅之师。该军行役经年，甫抵济宁。拟令略为休息，整队北来，暂在景州、沧州一带屯扎操练，以备肆应。津案甫结，民情不免观望，洋人尤多疑惧。现兵船在此守冻，臣姑以虚声静镇，徐图布置，使其相安。至畿东水利自元时设官耕屯，未几复罢。厥后建言虽多，行之迄无成效。盖由北方天时地利人事皆有滞碍难行之处。崇厚前于军粮城开垦渠田五百余顷，闻不久亦多淤废。容再察看，妥筹试办。

所有裁并通商大臣酌议应办事宜，先陈大略各缘由，谨缮折由驿覆陈。伏乞皇太后、皇上圣鉴训示。谨奏。

李鸿章当上直隶总督才三个月，清廷即决定将以前专职的"三口通商大臣"撤销，改由直隶总督兼任。对李而言，真可谓"好事成双"。从表面看来，直督职权只是稍有扩大，但此事实际大有意义，直督实权大有扩展，因此李鸿章才得以登上国家的外交舞台，渐渐成为没有外交部长头衔的"外交部长"。要明白其演变与意义，尚须从头说起。

中国向以自己是位于"天下"之中、文化最为发达、优越的"华夏之邦"自居，四周都是文化、制度远不如中国的"蛮、狄、夷、戎"，中国是"天下共主"，而周边各国都是中国的"藩属"。在这种"宗藩"关系中，中国皇帝是"天子"，有"德化蛮夷""涵养四方"的责任，藩属国要到中国来朝贡，藩属国立新王也要经中国皇帝册封。在鸦片战争之前，中国没有近代意义上的外交观念，自然也没有外交机构。在传统关系中，对外的交往就是"宗主"对"藩属"的管理，所以管理对外交往的机构就是"理藩院"。总之，当时只有"理藩"而无"外交"。

鸦片战争开始后，这种状况不得不渐渐改变。清政府不得不与英、法等国打交道。虽然中国打了败仗，但清政府自己是"天朝上国"的观念和面子还很强，仍视此时的西方列强为传统"狄夷"，不屑也根本不想与之"外交"，所以每当有中外交涉事件，由于没有专门机构和专人负责，朝廷总是因事随时择人办理。但由于中英签订了不平等的《南京条约》，中国被迫开放了五口通商，中外交涉遽增。"五口"成为外国人从事各种活动的法定地点，也是中外交涉的法定地点，清政府于1844年设置了五口通商大臣，处理这些地方的中外交涉事宜。传统的体制，开始打开一个小小的缝隙。由于这"五口"都在南方，广州历来是对外交往较多的地方，所以五口通商大臣开始由两广总督兼任。但随着上海的开埠，外国人的活动重心向北转移，因此从 1859 年起改为由江苏巡抚或两江总督兼任，如李鸿章任江苏巡抚时就兼任通商大臣。设立五口通商大臣，其目的是将对外交涉局限在"地方"，不让外国人进京，以符合中国传统体制。而且，从观念上说清政府仍有一种虚幻的满足感，即中国仍是"天朝上国"，那些"蛮夷之邦"只能与中国的地方政府打交道，而不能（因根本无资格）与中国的中央政府打交道。

为了进一步打开中国大门，英、法又发动了第二次鸦片战争。这次战争又以中国惨败、签订不平等的《北京条约》而结束，英法等国取得了公使驻京的权利。对清政府来说，这可谓体制上的一次巨变。为了适应这种变化，恭亲王奕䜣等人于 1861 年初上奏"请设总理各国事务衙门"负责对外交涉事宜，朝廷颁谕同意奕䜣等于"京师设立总理各国通商事务衙门"，比奕䜣等人的奏请多了"通商"二字，奕䜣于是再次奏请在铸造关防时，略去"通商"二字，遂改名为"总理各国事务衙门"。另外，在列强的压力下又增加了许多沿海沿江开放口岸，长江以南由原来的五口增设为十三口，长江以北新开牛庄、天津、登州三口。清政府于是将原来的五口通商大臣改为"办理江浙闽粤内江各口通商事务大臣"，设在上海，后来称为南洋通商大臣或南洋大臣；在天津新设"办理牛庄、天津、登州三口通商事务大臣"，后来称为北洋通商大臣或北洋大臣。南北洋大臣都是为"通商"而设，若依朝廷本意，连总理衙门前也要加"通商"二字，反映出当时把"夷务"与"通商"看成一回事的观念，或者说仍想保持与"狄夷"只有"通商"关系而无外交、政治关系（因其无资格）的名分。

南洋通商大臣从设立之初即由苏抚或江督兼任，因此苏抚或江督在清政府对外交往体制中占有一席之地。而北洋通商大臣在设置之初则是专职，专办洋务兼筹海防，而直隶总督不兼北洋通商大臣，因此从体制上说与外交无缘。由于与北京近在咫尺，再加上清廷仍是尽可能将对外交涉活动局限于地方，所以北洋通商大臣在天津设立之初实际就参与了国家外交活动。例如，从 1861 年到 1869 年这九年间，清政府与一些国家签订了十几个条约，而三口通商大臣崇厚参与了其中九个条约的谈判签约，并且签约地都是天津而不是中国的首都北京，有些国家代表原来到了北京，清政府仍坚持要他们到天津。各国外交人员只能在中国的"地方"，并主要是与"地方官"打交道明显不合国际惯例，引起各国强烈不满，一再要求进京。但清政府为传统观念所囿，一直坚持与各国的交涉只能在国门天津而不能在国都北京进行。若想进京交涉，必须先在天津等候，由三口通商大臣先向总理衙门呈报获得批准后方可进京，如果不经三口通商大臣同意而直接进京投谒总理衙门大臣则肯定被拒。这些规定或曰惯例，使三口通商大臣实际深深参与国家外交。

由于三口通商大臣是专任，因此与直隶总督往往各自为政、相互掣肘，屡有矛盾。所以曾经参与天津教案处理、对直隶总督曾国藩与三口通商大臣崇厚之间矛盾有切身感受的工部尚书、总理衙门大臣毛昶熙于 1870 年 10 月上折，认为脱离本省督抚而设专职办理对外交涉的通商大臣使其彼此难以协调，因而奏请"三口通商亦不必专设大员，所有洋务海防均责成直隶总督悉心经理"，一如南洋通商大臣之例。11 月 12 日，清廷发布上谕，决定裁撤专任三口通商大臣，照南洋通商大臣之例由直隶总督兼任。这一改变解决了直隶总督和三口通商大臣各自为政的积弊，大大扩充了直隶总督的职权，其工作重心亦从"省防"转为"海防""洋务"，确立了直隶总督在清政府外交体制中的地位。直隶的府城是保定，三口通商大臣衙署在天津，为解决这一矛盾，上谕规定"将通商大臣衙署改为直隶总督行馆"，直隶总督在天津、保定间轮驻，但可"长驻津郡"，"如天津遇有要件"更不必回省城保定，明定直督驻天津优先于驻保定，为直督处理"海防"重于"省防"提供了另一方面的保证。

恰恰此前不久，李鸿章被任命为直隶总督，因此成为直督兼通商大臣第一人。李鸿章当上"北洋"大臣不久，就开始积极参与一系列国家外交活动。就体制上的承属系统而言，总理衙门设立之后，南、北洋大臣只是地方上办理外交的代表，为总理衙门所统属，受总理衙门之命主持对外重大交涉，但实际上南、北洋大臣尤其是北洋大臣却常常是代替总理衙门的总代表。在李的努力经营下，其活动范围迅速扩大，总理衙门几乎办理每一件事都要向他通报，汲取他的意见和建议，许多驻外外交人员更是经常向他汇报，听取他的指示，李已俨然成为国家外交全局的主持人。他在天津的官衙渐渐成了清政府实际上的外交部，外国人与他打交道越来越多，反之又进一步提高了他的地位。一位英国外交官说：北洋大臣李鸿章"甚至不想掩盖他实际上是中国的外交大臣这一事实"，"像现在这样组成、这样管理的总理衙门，只不过是李鸿章大学士在天津的衙门的一个分支机关"。

本应承属于总理衙门的北洋大臣现在却超越总理衙门，固然有李的个人原因，更有体制原因。负责对外交涉的南、北洋大臣本无兵权，但由于是督抚兼领，既有兵权又有地方行政权，自然成为国防、外交上的重镇。而就南北洋而言，由于南洋大臣早设约二十年，再加上早期南方对外交涉事件远多于北方，所以就重要性而言，本来是"南重于北"，后来由于外交重心北移，北洋大臣更多地参与全国外交，渐渐地"北重于南"。

"北洋系"终成清中央政府难以驾控的巨大政治力量，对清末乃至民国政治都影响殊深。反观历史，晚清政治格局一大特点是地方势力慢慢崛起，中央政府渐渐大权旁落，此乃清朝灭亡的重要原因之一。造成这种现象的原因固然多多，其中不容忽视的一点即清政府在"欧风美雨"的侵袭中已经风雨飘摇，却仍固守自己是"天朝上国"

的虚幻观念，竟然把外交这种最重要的国家政治交与"地方"处理，地方自然要崛起、"坐大"。许多年后，正是继李鸿章之后任北洋大臣的袁世凯成为清王朝的重要掘墓人！如此结局，是当初为维护传统"礼制"和"面子"，想把外交仍局限于"地方"而设南、北洋大臣的清廷万难想到的。此真乃巨大的历史讽刺矣！

近代中日外交的开端
——中日外交一

遵议日本通商事宜片

同治九年十二月初一日（1871年1月21日）

再，钦奉闰十月二十六日寄谕：英翰以日本吁请通商，恐贻后患，殷殷以杜绝为请。此事因该国意向甚坚，业已令其特派大员到时再与妥议条约，自无再事拒绝之理。至将来如何明定章程，以期永远相安，著曾国藩、李鸿章预行妥筹，详悉奏明，庶临时较有把握，等因。钦此。

仰见圣明于怀柔远人之中，寓思患豫防之意，钦佩莫名。臣伏查日本古倭奴国，在东洋诸岛中夙称强大，距苏、浙、闽界均不过数日程。元世祖以后，与中国不通朝贡。终明之世，倭患甚长，东南各省屡遭蹂躏，史称倭性桀黠。初由中土禁绝互市，明世宗时尽撤浙中市舶提举司，又不置巡抚者四年，滨海奸人得操其利，勾结导引，倭寇遂剧。自国初朝鲜内附，声威震詟，倭人固不敢越朝鲜而窥犯北边，亦从未勾内奸而侵掠东南，实缘制驭得宜，畏怀已久。顺治迄嘉道年间，常与通市。江浙设官商额船，每岁赴日本办铜数百万斤。咸丰以后，粤匪踞扰，此事遂废。然苏、浙、闽商民往日本长崎岛贸迁寄居者络绎不绝，日本商人游历中土亦多。庚申辛酉后，苏浙糜烂，西人胁迫，日本不于此时乘机内寇，又未乘危要求立约，亦可见其安心向化矣。今彼见泰西各国业与中国立约通商，该国亦已与泰西各国立约通商，援例而来，似系情理所有之事。该国向非中土属国，本与朝鲜、琉球、越南臣服者不同，若拒之太甚，势必因泰西各国介绍固请，彼时再准立约，使彼永结党援，在我更为失计，自不如就其求好之时推诚相待，俯允立约，以示羁縻。前该委员柳原前光等来谒，每称西人强逼该国通商，心怀不服而力难独抗，欲与中国通好，以冀同心协力。又华人在该国经商者，西国领事每欲代管，必须互定条约，自为钤束等语，无论是否真心立言，亦似得体。嗣复呈交前通商大臣成林议约底稿一本，大意总欲比照西国立约成例办理。明春该国使臣前来，自须有一番辩论。惟既允议约在先，断难拒绝于后。计惟与承办议约之员届时相机妥议章程，请旨定夺，似未便预立限制，致有滞碍。据臣愚见，中外既定和约，均宜各派官员往驻该国，庶消息易通，势力均敌。若有来无往，听凭该国使臣拨弄胁制，究非长策。近年奉诏叠次派员往泰西各邦通好，业与从前隔阂情形小异。惟华人往西国者绝少，中国暂未便派员久驻。日本近在肘腋，永为中土之患。闻该国自与西人定约，广购机器兵船，仿制枪炮铁路，又派人往西国学习各色技业，其志固欲自强以御侮，究之距中国近而西国远，笼络之或为我用，拒绝之则必为我仇。将来与之定议后，似宜由南洋通商大臣就近遴委妥员，带同江浙熟习东洋情形之人，往驻该国京师或长崎岛，管束我国商民，藉以侦探彼族动静，而设法联络牵制之，可冀消弭后患，永远相安。是否有当，伏祈敕下总理衙门核议施行。所有遵议日本通商事宜附片详悉覆陈，伏乞圣鉴训示。谨奏。

李鸿章兼任北洋大臣，从制度上获得了参与全国性外交活动和决策的权力。而就在他履任之前，日本问题提上议事日程，上任之后的李鸿章立即卷入了对日交涉。这是他首次直接参与、经办全国性外交活动，因此值得重视。而且，在某种程度上说，李鸿章的外交，甚至政治生涯的最大失败就是最终败于对日交涉，所以对李参与的中日外交的"开端"，尤需详细理清。

在西方列强打开中国、日本大门前，中日两国都实行锁国政策。但中日两国大门在近代被西方列强打开后，尤其是日本自 1868 年明治维新以后，决心要"开拓万里波涛，布国威于四方"的日本政府便开始试图努力与中国建立官方关系。而日本此时积极打开对华关系，除了想"均沾"西方列强在华利益外，另一个直接目的是为打开、进而征服朝鲜做准备。

位于中日之间的朝鲜当时当然是独立国家，但按传统"宗藩"体制，又是中国的"藩属"或曰"属邦"。朝鲜国王即位时要接受清朝皇帝的册封，并要定期派官员前来中国向清朝皇帝朝贡；而清朝皇帝则有义务维护朝鲜国王的统治，帮助其平定内乱，抵御外来威胁侵略。按照日本的战略设想，征服朝鲜是实现其征服中国、统治亚洲进而争霸世界的第一步。因此，它首先想与朝鲜建立邦交，插进立足点。但日本的要求被朝鲜拒绝，于是日本转而实行"日清交涉先行"方针，想先打开与中国关系，再利用中国对朝鲜的"宗主国"的巨大影响压服朝鲜。

1870 年 9 月末，日本政府代表、外务权大丞柳原前光经上海来到天津，会见了当时的三口通商大臣成林和刚任直隶、尚未兼任三口通商大臣的李鸿章，要求与中国订约、通商，并通过成林将日本外务卿的书信转给北京的总理衙门。李鸿章在 10 月 3 日，即会见柳原前光的第二天，就写信向总理衙门通报了会见情况，并提出了自己的看法。从李鸿章的信中看，柳原前光"礼貌词气均极恭谨"，提出"英法美诸国强逼该国通商，伊国君民受其欺负，心怀不服，而力难独抗。虽于可允者应之，其不可允者拒之。惟思该国与中国最为邻近，宜先通好以冀民心协力"。柳原前光这种日中联合共抗西方列强的狡猾说辞明显打动了李鸿章，再加上李对日本开始迅速学习西方原本就大有好感，因此在信中赞扬日本道："鸿章前闻日本与英法通商立约，简严特甚。海关不再用西人，传教不许开禁，即此二节，已杜许多后患。又购求泰西机器兵船，仿制精利枪炮，不惜工本，勿谓小国无人。"因此他对日中联合颇为赞赏："与之深谈西事，似有大不获已之苦衷。日本距苏浙仅三日程，精通华文，其兵甲较东岛各国差强，正可联为外援，勿使西人倚为外府。"他似乎完全忘记了自己在同治三年曾颇有远见地提醒人们说："夫今之日本，即明之倭寇也。距西国远，而距中国近。我有以自立，则将附丽于我，窥西人之短长。我无以自强，则将效尤于彼，分西人之利薮。"

然而日本使臣的几句好话就使他认为中国应该"联日"抵抗欧美，作为外交的重要方针。当然，他认为与日本应另立条约，但不能按照与西方各国所订条约，即日本不应享受中国给西方列强的特殊利益。

总理衙门起初准备同意准许日本通商，但不与日本"立约"，然而在李鸿章的影响下，决定允许日本于明年特派使臣来华商谈订约之事。日本达到了其最初目的。但是，对是否与日本通商、订约，清政府内部却有不同看法，安徽巡抚英翰就上折坚决反对。为慎重起见，朝廷将英翰的奏折寄发疆臣，征求意见。对此，已兼任北洋大臣因而"名正言顺"地负责对外交涉的李鸿章于1871年1月18日专门就此事致信总理衙门，再次申述自己的观点。他认为明代虽有倭寇屡犯中国沿海，但自清初建政以来就很少侵扰中国，说明清政府"制驭得宜，畏怀已久"。咸丰朝以来内有"粤匪滋事"，外有"西人迫胁"，但日本没有乘机侵扰中国，也没有借此机会要求与中国"立约"，"可见其相安无事矣"。而且，日本与朝鲜、越南不同，不是中国藩属国，因此可与其立约，以求"推诚相待。纵不能倚作外援，亦可以稍事联结"。针对英翰对日本会"入寇"内侵的担忧，他反驳说："至虑该国入寇与否，似不在立约与不立约。使其意在入寇，不准立约愈可藉口寻衅；使其意在乞援，准与立约正可因之弭患。"他认为最重要的是立约后中国可派"大员"长驻日本，"平素究知国风与之相习，将来情谊日密，耦俱无猜。设一旦西国有事，不致为彼族勾结，且可联东方形势"。当然，他仍强调立约的内容应与西方各国不同，不能按日本要求"一体均沾"。

三天后，即1871年1月21日，李鸿章便上了此《遵议日本通商事宜片》。此折观点与给总理衙门信中的内容基本一致，只是作了简化、概括处理。然有所不同的是，虽然他认为日本"安心向化"，但在此折后面注意到了日本今后可能对中国的威胁："日本近在肘腋，永为中土之患。闻该国自与西人定约，广购机器兵船，仿制枪炮铁路，又派人往西国学习各色技业，其志固欲自强以御侮，究之距中国近而西国远，笼络之或为我用，拒绝之则必为我仇。"他相信通商立约后中方可"侦探彼族动静，而设法联络牵制之，可冀消弭后患，永远相安"。他的看法，得到了曾国藩的赞同，当然也得到了清廷的赞同。清廷要李做好与日本谈判立约的准备，李督饬江苏臬司应宝时、天津海关道陈钦详细研究日本情况。

由于准备对日谈判，李鸿章更加注意日本情况，对日本开始有所担心。在1871年4月9日给总理衙门的信中表示"东洋与中土最近，既议通商，稍有不慎易滋后患"，并开始警觉日本对朝鲜的野心。原来，一艘美国商船于1866年冒险进入朝鲜海域，被朝鲜烧毁，此时美国派一艘兵船到朝鲜"理论"。李鸿章得到的消息，说"并有日本兵船亦约同往，如高丽不与通商，其势必得打仗"。他认识到"日本欲吞朝鲜已久"，历史上曾数次入侵朝鲜都未成功，现在则有可能联合西方各国打开朝鲜大门。"日本与西国情好渐密，与朝鲜猜衅较深。彼既通商，朝鲜恐不能独抗，抗之则日本尤为朝鲜之近患。"在随后的对日谈判中，他对此点尤为注意。

1871年7月，日本任命大藏卿伊达宗城为全权大臣、升任外务大丞的柳原前光为副使，前来天津同清政府谈判。中方旨派李鸿章为全权大臣，应宝时、陈钦随同帮办，与日方谈判。在谈判中，李鸿章采取了让应宝时先与伊达宗城副手柳原前光反复辩争，然后自己再出面与伊达会谈的策略。在与伊达的会谈中，他对伊达"翘然自负"、盛气凌人、蛮横无理的态度极为反感，亦声色俱厉地作了针锋相对的反驳。此时，他对日本的迅速发展虽心有所佩，但毕竟还未摆脱中国传统的轻日心态。对日本要与西方列强一样强加给中国一个不平等条约，如在中国享受片面最惠国待遇等要求，中方断然拒绝，表示中日不能以"西约"为例，中日应缔结平等条约，不能有来无往。由于日本此时羽翼未丰，不足以凭实力威胁中方让步，最后大体以中方的草约为基础达成协议。9月13日，李鸿章与伊达宗城正式签订中日《修好条约》和《通商条约》。这是中日间缔结的第一个（也是平等的）条约和通商章程，主要内容：两国互派使节；彼此指定口岸任商民往来贸易，此国商民不得到彼国除开放口岸之外进行贸易活动；中日两国对等地各在对方享有领事裁判权，这同欧美各国在中国、日本单独享有领事裁判权的情况完全不同。总之，日本希望的片面最惠国待遇、在内地贸易权、与欧美各国一样在华享有特权的要求都未能实现。但是，日本的主要目的虽然未能实现，不过却达到它的另一重要目的，即它取得了与中国平等的地位，就得到了对中国的"属邦"朝鲜打压、威逼的有利条件。

对这一点，李鸿章还是有所警觉的。这些双方基本平等的条约有一条格外反映了清政府特别是李鸿章对朝鲜问题的担心。因李此时对日本对朝鲜的野心已有认识，所以想以条约形式加以遏制。《修好条约》第一条规定："嗣后大清国、大日本国倍敦和谊，与天壤无穷。即两国所属邦土，亦各以礼相待，不可稍有侵越，俾获永久安全。""所属邦土"，即指中国藩属国，实指朝鲜。而另一条则隐约透露李鸿章的另一意图，这一条规定："两国既经通商友好，自必互相关切。若他国偶有不公及轻藐之事，一经知照，必须彼此相助，或从中善为调处，以敦友谊。"此条虽是中方从1858年《天津条约》第一款引用过来，但李早有与日本"联为外援，勿使西人倚为外府"的想法，故此时照搬此款亦非完全无意。

李鸿章认为立下条约即可保证日本不侵朝鲜、更不可能进犯中国，因此在谈判尚未结束时于8月30日给总理衙门的信中就乐观地写道："总之束约铁案已定，纵欲倚西人为声援，断不能转白为黑。"但事实几乎立即无情地证明李鸿章过于乐观、过于相信日本、过于依赖条约的约束力。实际上，双方签约墨迹未干，日本就"转白为黑"、要求修改条约，开始了一系列侵华、侵朝活动。

以后近八十年的历史表明，恰恰是日本一直是中华民族最严重的威胁，几次将中华民族置于亡国之险境。因此，联合日本抗拒西方是外交方针、国际战略的根本性错误。如此巨大的错误判断，显然是对日本的实力之强和发展之快估计不足，对日本的野心之大认识不够，但从根本上说是对世界大势、中国将面临的国际环境和格局缺乏深刻的洞察。平心而论，李鸿章对"外面的世界"的认识无疑超出同时代绝大多数官员，然他尚做出如此决断，表明清王朝确无能力对世界形势做出正确把握和判断。

就李鸿章个人而言，他以"知洋务"著称也以此自诩，曾与华尔、戈登、白齐文等洋人打过不浅的交道，用尽种种手段，对这些洋人确实"驾控自如"、为己所用。因此，他曾不无得意地对人谈到自己与洋人打交道时颇为有效的"痞子手段"。然而事实说明，这种"痞子手段"可能有用有效于一人、一事、一时，但若对世界大势缺乏认识、判断错误，则无论"痞子手段"多么成功，都不能挽救全局的灾难性整体失败。

台湾事端初次交锋
——中日外交二

论台事归宿（致总理衙门函）

同治十三年七月十六日（1874年8月27日）

钧处与柳原等辨论各节披却导窾，操纵合宜，荩画远谟，钦伏无既。十一日覆柳原函，语意崭截，谅仍未肯遵教，末有知照各国驻京大臣一语，将来势恐不能不出于此。

前幼丹钞寄日意格来书，有请各国会同论理之说。威使覆日意格密缄，有云中国欲使公评曲直以复台疆，不为无见。诚使台土通商，不特日本不敢垂涎，即他国讵能希冀等语，正与尊旨悬拟将来归著，以落到通商地步为妙，适相吻合。

昨接幼丹函称，若添琅峤为通商口岸，本地既无出产，来货又无销路，各国何利之有？若以内山为通商地面，使各国分握利源，喧宾夺主，番性本属不驯，台湾从此多事。且恐云南、四川等腹地援例要求通商，流弊更大，所虑似亦中肯。惟目前彼此均不得下台，能就通商一层议结，洵是上乘文字。好在台湾系海外偏隅，与其听一国久踞，莫若令各国均沾。但通商章程必须妥立，嗣后官制兵制似亦略须变通耳。

柳使谆谆于指明后局，使该国此役不属徒劳，是其注意实在占地、贴费二端，落到通商必非所愿。前与驻津美领事毕德格论及各使会议一节，据称或以非使权应办之事，或东使谓与各国无干，未便遵允，则亦无甚裨助。且各使节肯公评曲直，未必尽诎彼而直我。平心而论，琉球难民之案已阅三年，闽省并未认真查办，无论如何辨驳，中国亦小有不是。万不得已，或就彼因为人命起见，酌议如何抚恤琉球被难之人，并念该国兵士远道艰苦，乞恩犒赏饩牵若干，不拘多寡，不作兵费，俾得踊跃回国。且出自我意，不由彼讨价还价，或稍得体，而非城下之盟可比。内不失圣朝包荒之度，外以示羁縻勿绝之心。未审是否可行。鸿章亦知此论为清议所不许，而远顾时局，海防非急切所能周备，事机无时日可以宕缓，窃恐非琅峤通商所能议结者。敢预下一转语，以备裁择。

闻大久保日内可到，如其来晤，与柳原前后交涉情事略殊，自应以礼接待，遵谕委曲开导，再行奉闻。昨据江海关沈道函述，英领事转致大久保来意，明是巴夏礼，阴为主谋。若愿退兵而不愿认错，犹可说也。若不愿认错而仍欲加兵，则亦无礼可说。幼丹前请尊处转商威使，订购英国铁甲船蒙允照办。日意格现在上海，当有成议。惟定购到华亦须半年以外，殊属缓不济急。凡订办洋枪炮，皆必须先时先事筹备者也。

1871 年秋，中日两国缔结了彼此平等的《修好条约》和《通商章程》，李鸿章曾乐观地认为这一下"束约铁案已定"，日本"断不能转白为黑"。他万万没有想到，双方签约墨迹未干，日本就要求修改条约，紧接着开始了一系列侵华、侵朝活动。

中日《修好条约》签订不久，日本政府就在 1872 年 3 月派柳原前光出使中国，要求修改条约。柳原于 5 月初到达天津，要向李鸿章递交日本外务卿照会。李鸿章对此大感意外，大为不满，开始拒不相见，继而决定面加驳斥。在上朝廷的《辩驳日使改约折》中，他说对柳原"面加指驳",坚持两国条约刚刚签订,"断不能遽然悔改","交邻所重者,信耳。失信为万国公法所最忌",日本"不应蹈此不韪"。由于李鸿章态度强硬、力拒所求,坚持两国必须办理使条约生效的最后换约手续,柳原只得无功而返。

由于中方态度强硬,日本便于1873年2月派外务卿副岛种臣为特命全权大使来华换约。当然,日本并不甘心于此,副岛来华的另一使命是想一探中国虚实。因为1871年底发生了琉球船民遇飓风漂到台湾而被当地居民劫杀54人的事件,日本借此开始悄悄做"征台"准备。就在副岛来华换约期间,又发生了4名日本人遭风漂流到台湾,后转经上海被送回日本的事件。因此,副岛此行尤其"关注"台湾问题,想进一步探明如果日本侵台中国政府的底线。

1873年4月30日,中日《修好条约》的换约仪式在天津举行,李鸿章与副岛分别代表两国交换该条约批准书。第二天副岛再专程拜访李鸿章,他狡猾地强调日本与中国一样,深受西方各国强加片面领事裁判权之苦,深得李的好感。李鸿章在给总理衙门的《述副岛商论外交》一函中写道,副岛说日本现已派员到西方谈判修改条约,"欲令各国驻日本之洋人悉遵日本法令约束",表示"中国、日本与西国换约之初,多因勉强成交,又不深悉欧洲习俗,致受诓骗。约已换定,无可如何。每见领事官作威作福,心实不甘"。李鸿章深为此言所动,表示积极支持,并望一旦日本与西方各国改约成功,"定属其随时照录新约"知会中国,以便中国也仿效日本修改不平等条约。副岛这种"同病相怜"的交谈策略,使双方"畅谈半晌",李鸿章对其完全丧失警惕。在中国看来,可谓一切顺利,中日"修好"更有保证。5月7日,副岛一行以祝贺同治皇帝大婚及亲政之名来到北京,实际要与总理衙门接触,纠缠台湾问题。在与总理衙门有关大臣的会见中,日方提出琉球船民被杀事件,要向台湾东部"土番"兴师问罪。对此要求，总理衙门大臣当即反驳：强调"琉球本系我朝之藩属"，"当时琉球人有自生蕃处逃出者，我朝命官曾予救恤，后转往福建，经我总督仁爱倍加，俱已送还其本国"，表示"本大臣只闻悉生蕃曾掠害琉球国民，并不知此事与贵国人有何相干"？日方则争辩说琉球人即日本人之后，便话锋一转，十分狡猾地问道："今谓贵国官吏对琉民曾加救恤，请问对狂暴虐杀琉民之生蕃又曾做何处置？"总理衙门大臣根本未意识到此问背后的玄机，信口回答："该岛之民向有生熟两种，其已服我朝王化者为熟蕃，已设府县施治；其未服者为生蕃，姑置之化外，尚未甚加治理。""生蕃之横暴未能制服，乃我政教未逮所致。"日方立即抓住此话，提出"贵大臣既谓生蕃之地为贵国政教不及之区"，证明杀害琉球民人"为化外孤立之蕃夷，则只能由我独立国加以处理"。对台野心，昭然若揭。

总理衙门将上述情况通报给了李鸿章，开始引起李的警觉，在给同僚的信中写道："台湾生蕃一案，大觉离奇。日人力小谋大，尤为切近之患。中土不亟谋富强，俶扰正无已时耳！"但是，李鸿章此时仍然小看日本实力。在给总理衙门的《论日本与台湾、朝鲜、秘鲁交涉》信中写道，恰在此时有"管带烟台兵船之闽人游击"吴世忠前来拜访，由于吴曾在福建沿海带船多年，曾因美国商人被台湾土著杀害一事与美国领事一同赴台查办，故对情况颇为了解。据他说吴有"蕃人矫捷强狠，山径深险异常。英美商船曾被侵害，屡发兵船往剿失利"，最后只能"仍讲和而止。日本力更不逮，断无能为"等语，李鸿章认为"所言似属有理"。在另一封给同僚的信中，他的轻日心态暴露无遗。他认为日本"所以矫强之由，不过该国近来拾人牙慧，能用后门枪炮，能开铁路煤矿，能学洋语洋书，能借国债，能制洋银数事耳。我中土非无聪明才力，士大夫皆耽于章句帖括，弗求富强实济，被彼一眼觑破，遂肆意轻侮，口无择言"。但如果日本动兵挑衅，中国"又何畏此小国。日本在唐宋以前，贡献不绝，至元世祖往征大败后，乃夜郎自大，今彼虽与西洋合好，尚无如朝鲜，何岂遽能强压我国耶"！可以看出，一方面他对日本变法自强佩羡不已，对中国仍因循守旧、不思进取又恨又急，但另一方面仍有传统"上国心态"，仍将日本视为小国。尤其是认为日本"尚无如朝鲜"，足见其对日本实力之小觑，对"敌情"了解、掌握之浅陋。

但日本国小野心确实不小，于1874年4月设立了"台湾事务局"，任命陆军中将西乡从道为"台湾事务局都督"，并在长崎设立侵台基地。5月初，三千余日军开始侵台，从台湾南部登陆入侵。对日本侵略行径，清政府闻讯大为震惊，急忙向日本提出强烈抗议，同时要福建船政大臣沈葆桢"带领轮船兵器，以巡阅为名，前往台湾生番一带查看，不动声色，相机筹办"，稍后又任命他为"钦差办理台湾等处海防兼理各国事务大臣"，给他以处理日本侵台事件的军事、外交大权。亲自与日本打交道多年的李鸿章更是又气又急，在给沈葆桢的信中愤怒地写道："日本自九年（笔者注：即同治九年，公元1870年。）遣使来津求约，厥后岁辄一至，弟与周旋最久。其人外貌呴呴恭谨，性情狙诈深险，变幻百端，与西人迥异。""唯彼既兴师登岸，其办法亦不外喻以情理，示以兵威二语。"由于日本声称台湾岛并非全归中国所有，东部所谓"蕃地"乃是"无主地"，因此李鸿章提出包括所谓"生蕃"住地在内的台湾全境均属中国领土，主张通过"喻以情理"和"示以兵威"这两手策略逼迫日本撤军。同时他主动调拨6500名淮军精兵乘轮船赶赴台湾以壮声势，并从天津、上海各机器局紧急派调军火枪炮增援。

由于沈葆桢部署得当和台湾高山族居民的英勇反抗，再加上此时日本军力、国力确实有限，心有余而力不足，日本感到自己现在还无法用武力夺取全台，于是又开始倚重与中国的外交谈判。1874年

7 月中，日本驻华公使柳原前光到天津，开始与李鸿章会谈。见到柳原，李鸿章怒不可遏，在给总理衙门的《述柳原辩难》及所附《与东使柳原前光、郑永宁问答节略》函中详述了会谈情景："鸿章系原议和约之人，深知若辈伎俩，又恨其行径诡变，不得不嬉笑怒骂，厉声诘责。"斥责日本"一面发兵到我境内，一面叫人来通好。口说和好之话，不做和好之事，除非有两日本国，一发兵，一和好"。说到气愤之处，李鸿章"取案上纸笔大书曰：此事如春秋所谓侵之袭之者是也，非和好换约之国所应为，及早挽回，尚可全交"。对李鸿章的斥责，柳原开始还"强词夺理，至无理可说时一味躲闪支吾"，但一直强调中国政府不惩办杀人的"生蕃"，所以台湾"蕃地"不属中国管辖。对此，李鸿章反驳说："查办凶首有难易迟早，你怎知道我不办？且生蕃所杀是琉球人，不是日本人，何须日本多事？"并正颜厉色说道："今日如此办法，中国文武百官不服，即妇孺亦不服。中国十八省人多，拼命打起来，你日本地小人寡，吃得住否。大丈夫做事总要光明正大，虽兵行诡道，而两国用兵，题目总要先说明白，所谓师直为壮也。"然后又"喻以情理"地说日本几百年来从未与中国订立修好条约，但"并无一兵入中国边界，今甫立和约而兵临我境，你对不起我中国，且令我对不起我皇上百姓。若有约各国皆如是，天下岂不大乱了"。

日本由于现在不可能以武力侵占台湾，于是定下从中国取得赔偿，然后将已攻占的地方归还中国的方针，并于 8 月初任命大久保为全权办理大臣出使中国。在与日方的交涉中，李鸿章多次给朝廷呈上有关奏折，给总理衙门的有关信函更多，于 8 月底给总理衙门写了此《论台事归宿》函。此函不长，却是李对处理台湾问题的总纲。他终于认识到"台湾从此多事"，对日本的幻想最终破灭。他提出由于中日双方无法达成共识，应请各国"会同论理"，"公评曲直以复台疆"，但被日方拒绝。他认为要保全台湾的最终办法是开口通商，将台湾开为商埠，使各国利益均沾，因为"与其听一国久踞，莫若令各国均沾"。日方要中国赔兵款换台湾的策略其实也合李鸿章就此了结的本意，只是李认为赔兵款太损中国政府的颜面，提出不以赔款而以"抚恤琉球被难之人""并念该国兵士远道艰苦，乞恩犒赏"之名换取日本撤军。这样"出自我意，不由彼讨价还价，或稍得体，而非城下之盟可比。内不失圣朝包荒之度，外以示羁縻勿绝之心"。此诚"打肿脸充胖子"、死要面子之论矣。这倒也是中国传统政治文化一大特色。

李的这一建议得到总理衙门和朝廷的赞同，于是中日双方于1874年10月底达成协议。其中第一款即说日本此次出兵台湾是"保民义举"！因此"中国不指以为不是"。所以中国首先"向日本国从前被害难民之家"支付抚恤银十万两，日本在台军队于12月20日全部撤走，届时中国将为日本原先在此修道建房等支付四十万两。

这次日军侵台虽未成功，但中国承认其为"保民义举"且赔银了结也作出了屈辱性妥协，再次表明清政府的软弱无力。这次日军侵台的隆隆炮声，打破了自1860年以来所谓"中外和好"相对平静的局面，造成了中国东南沿海危机。几个月后，李鸿章在呈朝廷的《筹办铁甲兼请遣使片》中，认识到日本"其志不小，故敢称雄东土，藐视中国，有窥犯台湾之举。泰西虽强，尚在七万里以外，日本则近在户闼，伺我虚实，诚为中国永久大患。今虽勉强就范，而其深心积虑，觊觎我物产人民之丰盛，冀幸我兵船利器之未齐，将来稍予间隙，恐仍狡焉思逞"。

无情的事实，终于使李鸿章"联合日本"对抗西方的梦想破灭。日本侵台其实给中国敲响了警钟，但遗憾的是中国并未意识到处境之危，依然故我，又浪费了几十年的宝贵时光。

一次难得的强硬外交
——保护秘鲁华工案

述与秘使辩论换约（致总理衙门函，丁雨生中丞联名）
光绪元年六月二十五日（1875年7月27日）

　　鸿章于六月十一、十三等日，连奉钧函钞件，以秘鲁换约一事殷殷垂询，仰见荩筹周密，指示详明，曷胜感佩。日昌于十四日接奉谕旨，派与秘国互换条约，当经函知秘使爱勒谟尔。该使迟至二十四日来见，日昌与之接晤，议及约总要换，但去年中国所以与秘国立约者，原因秘国葛使照会内说秘国设有新章新例，保护华民，尽除弊端。乃中国于立约之后，派委员前往秘国确查，始知华工十分受屈，显与条约内保护优待之例相背。甫经立约，而该国即种种违约，是不能不加一照会。声明换约后即当遵约办理，再不能仍照从前之陵虐。兹将是日问答情形另录呈电。该使未及终言，即怫然而去，其无礼藐视，尤出情理之外。查是日辩论情形，该使以为必须先换条约方能互换照会，日昌亦即答应，谓须将照会之稿彼此看过斟酌定妥，即先换条约再换照会，亦无不可，可谓通融至极。乃爱使固执己见，不待辞毕即怫然而去，其为立志但图将约骗换到手，希冀列在有约之国，可以潜遂招工之计，不复保护已往之华工。隐衷固已灼然可觇，现仍静候该使有无转圜，再作计较。倘仍执定彼此于换约前不能商量，除去陵虐华工弊端，则只可坚持定见，暂缓与之换约，以杜狡计。一面将去年立约后始查出华工十分受苦，秘国于立约之初即违约草菅人命，其贩买中国人口实与外国所禁贩卖黑奴相似。迫与婉转熟商，互换条约，并议定保护及除弊照会。该使不受商量，及一切无礼之处，照会该使。一面将以上各情咨呈钧署，以便据情照会各国公使，使知其曲在彼。诚以秘鲁、古巴等处专以贩买人口为生计，与中国别无通商之事，从前尚未深悉该处陵虐华工情形如此真切，尚可含容将就，自陈、容二员节次分往详查，始悉该国虐待华工甚于犬马，受虐自尽者每日不知凡几，凡有血气之伦，莫不切齿。今若不于照会内剀切议明，即含混与之换约，则是从前既往之华工不能使生，而随后复往之华工又将就死。而十数万日在水火喁喁待援之人，更无来苏之望矣。该国地旷人稀，非招工无以扩其生计。我诚能于沿海闽、粤各省废立禁约，不准一人一口私往秘鲁，则彼已无再来之工任其指挥，自必于已往之工稍加珍惜。且彼无工可招，生计日蹙，一二年内势必仍俯首求我，其时再与添立保护章程，谅彼不致倔强犹昔也。诚恐爱使函致京中，以此间不欲换约煽动各使，归曲于我，合将详细辩论情形娓缕奉达，以备钧处见各使时藉资印证辩论。此间亦一面待彼略能就我范围，即当尽为转圜也。是否有当，伏求训示。

对外交往，李鸿章向来倾向于"息事宁人""委曲求全"，但与秘鲁关于华工问题的谈判却态度强硬，颇为少见，却也能反映出他的对外交往的策略。

我国东南沿海人多地少，因此向有出洋谋生的习惯，在近代以前，华侨主要集中在东南亚一带。不过，这些背井离乡到海外谋生的华人却一直被视为"天朝弃民"，所以"祖国"并不关心他们在海外的生死存亡。清王朝由于实行严厉的锁国政策，屡屡严申海禁，对出洋谋生者更加仇视。

清初规定，凡官员兵民私自出海贸易及迁往海岛居住者都按反叛、通贼论处斩，凡国人在"番"托故不归者，一旦回国，一经拿获即就地正法。到雍乾两朝，对出洋者的处理虽已无那样严厉，但仍视其为对天朝的背叛。如雍正曾两次降谕说，"此等贸易外洋者，多系不安本分之人"，"嗣后应定限期，若逾期不归，是其人甘心流移他方，无可悯惜，朕意不许令其复回内地"，"从前逗留外洋之人，不准回籍"。乾隆五年（1740 年），荷兰殖民者在爪哇屠杀逾万华人，即史上著名之"红河（溪）惨案"，消息传到国内，当时的两广总督却上奏说："被杀汉人，久居番地，屡邀宽宥之恩，而自弃王化，按之国法，皆干严谴。今被戕杀多人，事实可伤，实则孽由自作。"乾隆则表态曰："天朝弃民，不惜背祖宗庐墓，出洋谋利，朝廷概不闻问。"这就是当时中国政府对海外华人的态度。

鸦片战争使中国大门洞开，清政府不得不屈服列强压力，签订一系列不平等条约，其中一项是允许华工出洋做工。因为列强此时需要招徕大量中国廉价劳动力，以满足黑奴贸易被禁止后各国殖民地对于劳动力的需求。由于中国"开禁"，葡、荷、西、英、美、法等国家的"人口贩子"，开始以"猪仔贩运""苦力贸易""赊单苦力""合法招工"等各种非法、合法手段从中国沿海各地掠卖华工到南美洲、大洋洲和太平洋各岛做劳工。各地华工受到残酷迫害与压榨，成为变相的奴隶，许多人死于非命。

华工的悲惨遭遇，引起了中外各界的广泛关注和强烈愤怒。由于允许华工出洋，清政府对华工的态度自然也有所转变，开始关注海外华工生存状况。秘鲁是掳掠、虐待华工的主要国家之一。1867 年、1869 年，总理衙门先后接到由美国公使转来的秘鲁华工求援禀文，曾有要施以援手的表示。而李鸿章在 1870 年也关注过海外虐待华工问题，曾建议总理衙门在日本长崎派员，兼充各港领事，以资联络邦交，保护华侨。1872年，他得知一艘拐运华工的秘鲁轮船在日本被扣后，立即愤怒地表示由于秘鲁与中国并未建交，更无有关贩运华工条款，所以纯系非法，建议清政府派员赴日会审。1873年10月，秘鲁代表葛尔西耶（Garciay Garcia, Aurelio）来华商定两国通商条约事宜，总理衙门要李鸿章与葛谈判时提出由于秘鲁虐待华工应令其将华工全部送回中国，并且声明不再招华工，然后才能商议两国立约问题。李鸿章判断，要求在华招工是秘鲁此次提出"立约"的主要目的，所以要借此严定有关章程、"以除民害"，并回复总理衙门表示严格遵示，对秘鲁的无理、过分要求"据理斥驳"、"内外一意坚拒"。从10月下旬起，李鸿章开始与葛尔西耶谈判。谈判中，葛氏矢口否认秘鲁虐待华工，说是传闻失实，报道有误，反说秘鲁一贯保护华工，并提出中方可以派人到秘鲁调查。对此，李鸿章出示了种种证据，并斥责秘鲁为"无教化、无礼仪"之国，虐待华工已为西方各国共知，更引起中国民众的强烈愤怒。同时他"将计就计"，表示同意派人到秘鲁调查华工状况，等查明华工状况后再决定是否与秘鲁立约。这一招果然厉害，葛尔西耶不得不出尔反尔，表示反对，并以中断谈判回国相要挟。李鸿章态度依然强硬，谈判陷入僵局。由于是秘鲁急于与中国"立约"，主动提出要与中国谈判，所以葛尔西耶暗中请英国驻华公使来津劝李鸿章妥协，勿令葛氏返国，此建议也被李鸿章明确拒绝。看到李鸿章不为所动，葛尔西耶便于12月中旬离津赴京，想活动其他列强一起向总理衙门施压。李鸿章对他说，按照惯例，封河后自己将回到省城保定处理直隶省政务，公务繁忙，只能在第二年春回天津后再商谈立约之事。双方谈判遂告一段落。

1874年5月，葛尔西耶又回到天津与李鸿章重新谈判。经过一番唇枪舌剑，双方终于议定《会议查办华工专条》草案，而后开始谈判通商条约事宜。双方均有准备，各有方案，最核心的问题是秘鲁能否与其他列强一样"利益均沾",而李鸿章坚决不同意此点。葛氏见李鸿章毫不动摇,又活动其他列强向总理衙门施压。在列强压力下,总理衙门倾向妥协。这时李鸿章见得不到总理衙门的支持,终于在6月底与葛尔西耶签订了《中秘查办华工专条》与《中秘友好通商条约》。这两个条约双方各有让步。秘鲁要求的与西方列强"一体均沾"被写入条款,这是中方原本不同意的。但在中方坚持下,秘鲁原来不同意或不甚同意的一系列保护华工的措施也写入条款。如规定中国派员到秘鲁调查华工状况,华工在秘鲁享受寄寓该国其他外侨的一切权益,华工受到雇主虐待可向当地政府或法院控告,秘鲁政府有保护华工和督促雇主履行同华工签订的合同的责任,合同期满应出资送其回国,秘鲁船只不准在中国口岸诱骗运载华人出洋,违者严惩。

1875年7月,秘鲁派遣特使爱勒谟尔(Elmore, Juan Frederico)来华换约。事前李鸿章已派陈兰彬、容闳秘密到古巴、秘鲁调查华工情况。李鸿章得知中国与秘鲁签订条约后华工在秘鲁依然受残酷迫害,非常气愤。他在给总理衙门的信中怒不可遏地写道:"自陈、容二员节次分往详查,始悉该国虐待华工甚于犬马,受虐自尽者每日不知凡几。凡有血气之伦,莫不切齿。"由于秘鲁言而无信,所以他提出如果不在照会中"剀切议明,即含混与之换约,则是从前既往之华工不能使生,而随后复往之华工又将就死,而十数万日在水火喁喁待援之人,更无来苏之望矣"。因此他认为不能就此与秘鲁换约,提出保护华工的换约附加条件,即或加订条件,或添用照会,然后再与以前签订的条约一并互换。对李鸿章的提议,爱勒谟尔以自己只来换约、未被授权其他事宜表示拒绝,并且提出根本不应讨论此事。在谈判中,由于李鸿章等态度强硬,爱勒谟尔甚至拂袖而去,私下又找一些列强驻华使节为其说项,由他们"担保"爱勒谟尔在换约后交出照会。但李鸿章毫不退让,经过将近一个月的反复争辩,终于迫使爱勒谟尔以过照会的形式保证秘鲁切实保护华工。8月7日，爱勒谟尔交出照会，中秘条约同时在天津正式互换。李鸿章当然明白仅凭条约并无法约束秘鲁，所以上奏朝廷立即派员出使秘鲁，随时保护华工利益。朝廷接受了李鸿章的建议，决定派陈兰彬为出使美、西、秘国大臣，容闳帮办一切事宜。

在中秘交涉中李鸿章之所以"一反常态"地"据理力争"，表现出少有的强硬，因为他认为秘鲁只是一个各方面还较落后的小国、穷国，不足以对中国构成威胁。而对强国，他则是"有理也让三分"。当然，此由他对"时""势"的判断所决定。

马嘉理案：中国边疆危机的大爆发

论滇案不宜决裂（致总理衙门函）
光绪元年七月二十四日（1875年8月24日）

威使自初十日会晤后，并未过谈。鸿章于二十二日接到尊示，已将来往保护及岑抚办理迟延两层允复梅使。知威使亦必接到信息，特于二十三日往晤该使，藉探口气。讵该使词意较前更加紧迫，所有问答紧要各节撮记呈览。

威使盖知台端仅允一二事，未满所欲，故为此激烈之谈。然察其举动，实与从前情形大异，此事难保不至决裂。今尊处答复该使节略各条，并缮给照会，亦仅允定滇省派队护送两条，其余各条有准有驳。计该使二十四晚必可接到，未知能稍松劲否。若就昨日面谈情景，似预挟一失和之见。该使即进京再议，恐其不易转圜，深为焦虑。此案详细节略，日内谅已送到。威使云俟梅正使译寄，亦送交敝处一分，俟到时当缄属家兄查照情节，认真究办。可否由钧处先据其节略奏明请旨，密敕该督抚等认真查究，措词不妨从严。缘滇中视此事太轻，星使虽欲认真，而耳目或有壅蔽，情面或有瞻顾，将来奏报不实，该使必更咆哮，以后更难挽回。总之，中外交涉，先论事理之曲直。此案其曲在我，百喙何辞。威使气焰如此张大，断非敷衍徇饰所能了事。语云毒蛇螫手，壮夫断腕，不断腕则毒螫不能消也。本案紧要关键所在，尊虑难于措手，自恐有大吏失体之处。然若朝廷为其所累，致坏全局，则失体更甚。孰重孰轻，高明必思之熟矣。若滇中果据实和盘托出，则边将调练擅杀之罪重，而疆吏失察失防之咎轻。正所以保全疆吏。若任其一气朦蔽，终必厥罪维均，敬求审度先几为幸。至目前所要各条，均系题外之文。鸿章前方私意揣测，谓酌允一二事俾得转场。今该使断断争较，竟不肯丝毫通融，将来进京议及如不大碍国体，似可酌量允行，以慰其意而防其决裂。若果决裂，不仅滇边受害，通商各口先自岌岌莫保。南北兵力皆单，已有之轮船炮台断不足以御大敌。加以关卡闭市，饷源一竭，万事瓦解。彼时贻忧君父，如鸿章辈虽万死何可塞责。威使既屡有绝交动兵之语，盖深窥我国时势之艰，方敢出此。又不能不预为筹顾者也。至承询出使一二品大员可胜任者，外间似不多得，仍求于京员中酌择保荐。梅使欲于上谕内写出使大英国字样，此系晓喻本国臣民，非条约照会内两国并列可比，似不应用大字，尚属有辞可解。雨生中丞奉旨慰留，深为感戴。闻威使矫强之论，同此焦急。许道钤身遵谕即日晋京，并属其面陈一切。

所谓"滇案"，即中国近代史上著名的"马嘉理案"。要了解李鸿章此信及处理"马嘉理案"的整个思路，则不能不先对当时中国面临的周边环境有所了解。

在19世纪60年代中期以前，清政府认为列强意在通商而不是要推翻其统治"取而代之"，意识到可以利用列强来镇压太平天国，因而调整其对外政策；同时，由于种种原因，列强之间对中国实行了被称为"合作政策"的联合侵略政策。因此在一段时间内，出现了所谓"中外和好"的局面。然而，各帝国主义国家实际都想使自己在华利益"最大化"，表面"合作"，暗中却加紧自己的侵略活动，所以它们对华侵略的"合作政策"根本不可能持久。到 19 世纪 70 年代中期，列强纷纷加紧在华侵略活动，中国西北、东南和西南边疆的危机几乎同时出现。如俄、英染指、争夺新疆，日本开始侵台试探，英、法两国分别加强了对缅甸和越南的侵略，其意在侵入我国的西南边疆。这些，标志着边疆普遍危机的开始。正是在这种背景下，发生了看似偶然实则必然的"马嘉理案"。

如前所述，英、法两国早就分别侵占了与我国西南边境接壤的缅甸和越南。从 19 世纪 60 年代起，两国就开始了侵略我国西南的竞争，云南由于与缅甸、越南两国相邻，因而首当其冲。为了先于法国进入云南，1874 年，英国在印度和缅甸殖民当局组成了由陆军上校柏郎（H. A. Browne）率领的探路队，侦探开辟滇缅商路的可能；同时，他们要求驻华公使派一名通晓汉语、熟悉中国情况的官员到缅甸随同探路队进入中国。这年 7 月，英国驻华使官来到总理衙门，要求中方发给几名官员由缅甸进入云南的护照。总理衙门提出边境地区难保安全，但在英方执意坚持下，更由于当时日本侵略台湾时局紧张，总理衙门不愿此时引起英方不快，随即同意英方要求。

英方决定派上海英国领事馆官员马嘉理到云南迎接柏郎的探路队。马嘉理从上海动身，经湖北、湖南、贵州进入云南然后入缅，于 1875 年 1 月 17 日到达缅甸八莫，与已在八莫的柏郎等人会齐。2 月初，他们开始向中国边境进发。2 月 21 日，先行进发的马嘉理一行，在中国云南蛮允附近为边吏李珍国率部和当地士绅所阻，双方顿起冲突，马嘉理开枪打伤中方一人，中方随后将马嘉理及随行的几名中国人打死。柏郎未敢继续前进，率探路队退回缅甸八莫。事后，云南巡抚岑毓英向清政府报告说，杀死马嘉理的是当地"野人"。但英方认为岑毓英素来仇视洋人，李珍国为岑的部下，如无岑的指使，李珍国不敢擅自阻拦，更不敢杀死马嘉理。不管究竟是否岑毓英指使，此事确给英方攫取更大侵华权益提供了口实。

此案发生后，英国外相立即训令驻华公使威妥玛，要求清政府作详细调查，并提醒他牢记探路队到云南的目的。1875年3月19日，威妥玛正式向中国政府提出六条要求：一、中国和英印政府派员前行调查；二、英印政府可再派探路队入滇；三、赔款十五万两；四、中英立即商定办法，落实1858年《天津条约》所规定的优待外国公使；五、免除厘金；六、解决中英间历年"悬案"。这六条的前三条与"滇案"有关，而后三条与此案根本无关，足见威妥玛欲以此作为扩大侵略中国权益的借口。

如前所述，这时正是中国的西北、东南边境受到严重威胁的时候，因此听说马嘉理被杀，清政府大吃一惊，急忙向威妥玛表示将尽快通知云南当局进行调查。随后上谕严令岑毓英迅速确查究办此案。对于威妥玛的六条要求，清政府断然拒绝。威妥玛由于一时没有强有力的手段强迫中国就范，同时其他国家也反对英国单独扩大在华权益，于是改变策略，集中要求实现前三条要求，并以与中国断交相威胁。在他的威逼下，清政府开始妥协，原则上同意英方的前三条要求。由于当时只有上海可与伦敦通电报，为便于与本国政府联系，同时要求柏郎到沪相商，威妥玛于1875年4月初到达上海。为表示重视，中国则在6月19日任命李鸿章的哥哥、湖广总督李瀚章为钦差大臣，和前总理衙门大臣薛焕前往云南查办。采取退让和息事宁人的方针，是清政府对此案的基本态度，从曾国荃给其侄曾纪泽的一封信中，可以看出当时的情状："京师城里以威妥玛拂衣出京，大家恐惧情状，亦颇露丑。"稍后介入此事的李鸿章采取委曲求全态度，自不使人感到意外。

经过与本国政府紧锣密鼓的联系确定了此案方针后，威妥玛于8月初由上海返回北京路过天津时主动找李鸿章商办此事，意在借李之力使清政府尽快屈服。而清廷也指令李鸿章设法打探英国的真实想法，并要他尽可能"开导"威妥玛缓和事态，同时要求他与丁日昌"相机而行，力顾大局，俾免决裂"。因此李鸿章在天津与威妥玛及其翻译梅辉立（W. F. Mayers）多次会谈交涉。

"俾免决裂"自然成为李鸿章的方针。威妥玛到天津时，李鸿章刚处理完日本侵台事件，正就秘鲁虐待华工事件与秘鲁交涉。在给朝廷的《秘鲁换约事竣折》中，他就提到"此次威妥玛为云南之事，气焰张甚"。在随后的一系列奏折和给总署的信函中，他多次提到威妥玛"愤激不平之气，狂妄无理之言，殊甚骇异"。威妥玛怒气冲冲地说事情已经发生半年，中国一直拖延不办，并当着李鸿章的面指责总理衙门，说总署向来遇事总说从容商办，但却一件都不办，"今日骗我，明日敷衍我，以后我再不能受骗了。中国办事哪一件是照条约的？如今若没有一个改变的实据，和局就要裂了"。"和局就要裂了"一再成为威氏的"杀手锏"。尽管李鸿章连连解释说中国一直按条约办事，但威氏完全不听解释，指责中国"自咸丰十一年到今，中国所办之事，越办越不是，就像一个小孩子，活到十五六岁，倒变成一岁了"，竟提出"中国改变一切，要紧尤在用人，非先换总署几个人不可"。对此言论，李鸿章则"严辞辩驳，并晓以国政非尔等所能干预，彼此既经立约和好多年，难道竟将条约半途而废？且威大人与总理衙门大臣共事已久，均极相好，不应出此无理决裂之语"。在多次交涉中，威妥玛提出了几条具体要求：在通商口岸撤去厘卡；内地多开商埠；优待公使；清政府护送英国到云南调查的有关人员；派一二品实任大员亲往英国对滇案表示歉意；朝廷应降旨责问岑毓英等对此案失察之责；派遣道歉使臣及责问岑毓英的谕旨必须明发并在《京报》上公布；这些谕旨中凡提到"英国"字样必须抬写，因为中国文书中提到朝廷、国、圣上、祖宗、坛庙等传统上都是抬写，英国此要求有与中国平行对等之意。

　　在与威妥玛的交涉中，李鸿章的策略是无论如何不能破裂，尽量将此事说成是当地"野人"所为，与当地官员关系不大。同时，表示可以满足威氏提出的一些条件。但对于诘责岑毓英一条，他提出现在情况还未查清，要等到查确实情后再分别参办。不过，在给朝廷、总理衙门的奏折和信函中，他则对岑毓英大为不满。英方曾提出马嘉理持有中国护照，是合法进入中国境内反被地方官所杀，这说明"朝廷禁令不能行于外省，洋人入内地到处皆可觊觎效尤，用兵劫杀，和约必不能守，衅端必不能免"。李鸿章认为英方的看法"语虽激烈，却亦近情"，而岑毓英来信说当地军民"齐团守境，尚无不合"，表明"其于外交之道懵然不知，殆未为大局计，亦未为自固计耳"。在给郭嵩焘的信中也写道："岑公藐视外事，初太唐突，继复迁延，致成积衅。"同时，他在 8 月 13 日给总理衙门的《请酌允威使一二事》的信中，建议同意派使臣赴英道歉、责问岑毓英但不公开发抄、同意英人前往调查等事。总之，他的看法是同意"一二事"，"俾威使得有转场"。

　　但李鸿章的这一策略并未奏效，威妥玛执意要求满足全部条件。在这种情况下，李鸿章对有可能"失和""深为焦虑"，于 8 月 24 日又给总理衙门写了此函，再三强调他认为"滇案不宜决裂"的理由。他建议由总理衙门上奏，请旨密敕其兄李瀚章等"认真查究"，并且"措词不妨从严，缘滇中视此事太轻"。而"中外交涉，先论事理之曲直。此案其曲在我，百喙何辞"。他认为，中国只能委曲求和，并将其比作壮夫断腕："语云毒蛇螫手，壮夫断腕，不断腕则毒螫不能消也。"之所以强调"壮夫断腕"，因为他知道清政府不愿处罚有关官员，认为有失体统："本案紧要关键所在，尊虑难于措手，自恐有大吏失体之处。"因此，他对总理衙门劝道："然若朝廷为其所累，致坏全局，则失体更甚。孰重孰轻，高明必思之熟矣。"当然，他的主张是处罚低级官员而轻责高官，不仅想让"下级"担责以保"上级"，同时还有进一步打消总理衙门对处罚官员的顾虑之意："边将调练擅杀之罪重，而疆吏失察失防之咎轻。正所以保全疆吏。"他告诉总理衙门自己本想满足威妥玛一二项要求以息事宁人，但威氏根本不答应，"竟不肯丝毫通融"，故威妥玛已准备进京与总理衙门交涉。对此，李鸿章提出自己的意见："如不大碍国体，似可酌量允行，以慰其意而防其决裂。"因为一旦决裂，后果不堪设想："若果决裂，不仅滇边受害，通商各口先自岌岌莫保。南北兵力皆单，已有之轮船炮台断不足以御大敌。加以关卡闭市，饷源一竭，万事瓦解。彼时贻忧君父，如鸿章辈虽万死何可塞责。"最后这句话端的是一箭双雕，既表明自己如此妥协也是为了忠于朝廷，同时也是提醒总理衙门的官员：中英一旦决裂，你们根本担不起这个责任，"万死何可塞责"！

在随后的一年多时间内，中英双方为"马嘉理案"反复交涉，清政府的基本原则是避免"决裂"。这固然是清政府早就定下的方针，但也与李鸿章的主张有关。

马嘉理案的"威八条"
——弱国外交家的两难处境

述烟台第四次会议并论外交（致总理衙门函）
光绪二年七月十四日（1876年9月1日）

十三日下午威使来寓会议，仍要滇案提京，即乘机将尊处续寄照覆面交该使阅看。前次照覆似稍呆板，应暂存销。此案如另有确实凭据，则可提京，无则不能空言允提。此系至当不易之理。各国公论及赫德、毕德格、日意格辈议论皆同。威使见我持之甚坚，乃允另议条款。而又先为必须全允，始能结案之说，可谓强哉矫也。问答节略另折奉呈阅核。

鸿章细思此事始末，钧署及查办星使似皆有误会之处。佥谓英国无非藉端要挟，固是常态，然不予以可挟之端，如优待通商各节，虽穷年辨驳，断不至因此失和。乃案出之初，小者细者未允，后则允其大者，仍不能结。至谓该使非必注意提京，特藉为需索之计。要知本案正文，认真追究，立予昭雪，则在我理直气壮，此外要索，尽可一意坚拒。乃疆吏任性颟顸于前，既不一加严诘，星使又不谙洋务，仍照寻常办案，未能穷治其由，以致枝节横生。鸿章去夏密函有云，毒蛇螫手，壮夫断腕，盖权衡关系轻重情形而出之也。士大夫清议浮言，实未谙悉机要。内外诸当事为所摇惑，于本案情节视若淡漠。此时不才即焦头烂额，于事何裨？威使意有所挟，出言无状，腼颜忍怂，曲与周旋，深为痛心。将来续商条款，势必不能尽允。又无另图速结之法，只有回津坐待决裂。后患之来，不堪设想。情危势迫，率臆妄论。伏惟鉴原。

各国公使皆谓去秋星使不即赴英，实为威使所骗，及今为之犹未甚晚。顷俄使布策来辞行，谈及万国公法，绝无不接待使臣之理，即议论不合，定无妨害，仍希酌筹为要。俄、德、法三使均即北旋，俟威使条款所议无成，当先由敝处泐函，将议略布告各使，听其公评。一国开衅，实非各国所愿。其能否向英廷代述，则未敢知。但事到尽头，必应如是。威使面呈咸丰十年九月寄谕稿照钞附呈。不知何以入于彼人之目，挟彼疑此，百喙难明，徒为浩叹。

"马嘉理案"发生后，虽然威妥玛曾到天津与李鸿章多次会谈，想借李影响清廷政策，清廷也想要李鸿章打探威氏的真实意图，但李鸿章毕竟没有被正式授权处理此事，许多事情无法做主。所以，威妥玛在 1875 年 9 月就回到北京，直接与总理衙门交涉。

回到北京后，威妥玛继续坚持优待公使、扩大各口通商特权、云南边贸、整顿商务等条件。对这些条件，总理衙门不可能完全接受，所以谈判时断时续进行了好几个月。当然，在威妥玛的威逼下，中方步步退让。1876 年 4 月，李瀚章、薛焕的查办结论终于出炉，奏报到京。按照他们的说法，杀死马嘉理和阻止柏郎的都是当地的"野人"。对此结论，威妥玛的反应非常强烈，认为"直同儿戏"，要求"岑毓英以及各官各犯，必须提京审讯；李瀚章、薛焕查办不实，亦应一并处分"。声称："中国如不照办，是国家愿自任其咎，自取大祸。"这时，清政府准备在增开口岸及整顿商务等方面满足英国的要求，但坚拒将岑毓英等提交审讯。5 月 31 日，恭亲王奕䜣与几个总理衙门大臣访问威妥玛，威氏再次要求将岑毓英等多名中国官员提到京城重审。奕䜣立即声明此事万办不到，案件已在云南审理结束，而且 21 日上谕已经宣示岑毓英因母丧丁忧去官。对总理衙门这种态度威妥玛其实已经料到，所以在 6 月 2 日，总括英国的要求列为八条。他告诉总理衙门，如果中方接受这八条，可以不重新提审岑毓英等中国官员，并电告英国政府除赔款外，马嘉理案已经结束。如果八条被拒，他则坚持要求提岑等人到京审讯。如连此点也不答应，英国将从中国撤回使馆人员，要求巨额赔款，并占据部分中国领土作为担保。很明显，威妥玛知道清政府肯定不会同意将岑毓英等高官提京重审，实际是将此条作为讹诈清政府同意其他种种要求的条件。这八条要求是一年多以来英方关于马嘉理案本身及英国扩大在华权益的具体化。

威氏八条提出后，中英双方展开紧张谈判。对他的要求，清政府当然不能完全同意，但又害怕谈判破裂，于是请赫德出来调停。威氏看透清政府其实不敢反抗，只是不愿意一下子完全接受，总想讨价还价一步步妥协。而这时英国正因土耳其问题发生国际危机，英国外交部要求威妥玛尽快解决此事，所以威氏对清政府的步步妥协政策已不耐烦，于是又离京经天津赴沪，以谈判破裂相要挟。他这一招果然见效，清政府急忙命令李鸿章在天津设法挽留并尽量与他定议，为李鸿章正式介入此事提供"引线"。

李、威会谈后，威妥玛一方面坚持离津南下上海，另一方面却又要求清政府正式委派全权大臣与他谈判，为"和谈"留下余地。威氏不久到烟台避暑，又通过赫德指名要李鸿章作为清政府全权大臣到烟台与他谈判。在英方的威逼下，清政府于 1876 年 7 月 28 日命令李鸿章到烟台与威妥玛会谈，李鸿章正式负责解决此事。李鸿章认为此事应迅速了结，因为拖得越久，越易节外生枝，英方要价越高，而将岑毓英等提京审讯是威妥玛要挟的主要手段，因此主张提岑毓英来京与威妥玛面质。但总理衙门认为"此举有碍中国体制，中国决不能允"，而其他方面均可让步。其实，这一年多的种种"背景"，已大体决定了谈判的结局，李鸿章也自知难有作为，所以，大有进退两难之感。他在给沈葆桢的信中说英国可以对中国朝廷随意提要求，而他却不能随意对待他们，因为"稍不如愿，恐兵端随其后，若使其如愿，天下之恶皆归焉"。也就是说，如果不遂英方之愿，双方就可能开仗；如果满足英方要求，他就要承担"天下之恶"的罪名。在给总理衙门的信中，他表示原来希望能另派大员前往谈判，但"今既奉旨专派，虽蹈汤火，岂敢固辞"，但他又一吐苦水："将来筹办有未周到，不求局外原谅，不顾事后讥弹，幸同共济者尚能鉴其苦衷耳！"很明显，他深知谈判结果必定是屈服，会遭到国人痛责，他仅希望总理衙门和朝廷能体谅他的苦衷。另一方面，他这也是提醒总理衙门，谈判结局也有你们一份，责任要由大家共负。

李鸿章要离津赴烟台的消息传来，天津绅民一怕影响本城安定，二怕英国人将李鸿章抓走，便在城厢内外遍贴告白，同时集会选出代表到总督府攀留，表示如果李鸿章启程，他们将"卧路攀辕"，不然就与洋人滋闹。李鸿章认为在天津会谈于己有利，便利用舆情，派人到烟台面邀威妥玛到天津会谈，但被威氏严拒。威妥玛之所以坚持要在烟台会谈，是因为烟台距大连仅有几小时的航程，一支英国舰队就停泊在大连港内，足以显示其军事力量。果然，在中英会谈开始不久，英国舰队司令就乘兵船来到烟台，明目张胆进行武力威胁。在美国公使劝说下，李鸿章终于8月17日乘轮船离开天津，第二天到达烟台。会谈尚未开始，在会谈地点的选定上中方先即遇挫。

会谈一开始，威妥玛就将要求提岑到京审讯作为要挟手段，被李拒绝。由于烟台是避暑胜地，此时俄、法、西、美、奥等国驻华公使均在此度假，他们对一年多来英国一直想单独扩大在华权益的做法日益不满，不赞成威氏的一些蛮横要求。李鸿章当然知道此点，仍用其

"以夷制夷"的基本路数，表现出镇定、悠闲之态，先后应邀参观德国、英国军舰，并设宴招待英、德、美、法、日、奥等国公使，营造出"群情欢洽"的样子，他们因此纷纷出来调停，"公论颇不以提京为是"。第二、第三次会谈仍是从提岑到京说起。李鸿章知道朝廷绝不可能同意此点，但在其他方面可以让步，只得力求威氏另议其他办法作为免议提京的交换，正中威氏下怀。在会谈中，威妥玛为了尽快达到目的，威胁说中国十八省地方官大都藐视外国人，只有像1860年英法联军打到京城"那时或可改心"。他进一步说，"此案若问真正罪人，不是野番，不是李珍国，也不是岑抚台，只是中国军机处"。他边说边取出一则属于中国机密的咸丰十年间要求地方官限制洋人的谕旨作证，大大出乎李鸿章意料。

李鸿章在这封给总理衙门的《述烟台第四次会议并论外交》的信中报告说，直到8月29日双方第四次会谈时，威妥玛开始仍要将滇案提京，但他按总理衙门的意见，坚持如果情况确实如此可以提京，但如果没有证据则坚决不能。在他的坚持和各国公使的反对下，威妥玛终于同意"另议条款"，但却要求中方"必须全允，始能结案"，不容中方讨价还价。在信中他进一步阐明了自己对外交的一些基本观点："鸿章细思此事始末，钧署及查办星使似皆有误会之处。"都认为英国借此要挟是"常态"，但如果不给英国把柄，即不给其"可挟之端"则"不至因此失和"。案件初发时，不同意一些细小的让步，到事态严重时"则允其大者，仍不能结"。他明白英方要求滇案提京只是为"需索之计"，如果中方能查明案情真相并拿出证据证明与官员无涉，则中方可"理直气壮"，"此外要索，尽可一意坚拒"。但"疆吏任性颟顸于前"，而查办此案的官员由于"不谙洋务"所以也未能彻底查清此案，"以致枝节横生"。他重申自己一年前"毒蛇螫手，壮夫断腕"的观点，意在催促总理衙门"权衡关系轻重情形"，尽可能同意威氏要求。他知道达成的协议当然于中国不利，肯定会有"清议"强烈反对。对此，他讥之为："士大夫清议浮言，实未谙悉机要。"所谓"清议"，即指不管实际事务、不谙时事、只注重维护传统意识形态的官员的空论。由于他们并不负责具体事务，所以面对危机可以不切实际地慷慨陈词、大发宏论。尽管所论空泛，但却具有"道德优势"，所以不同意见者很难公开反对。李鸿章深知此中三昧，所以抱怨道："内外诸当事为所摇惑，于本案情节视若淡漠。此时不才即焦头烂额，于事何裨？"此话既有对"清议"的不满，而其潜意思又说事情之所以发展到现在难以收拾的地步，责任都在与此事有关的"内"（总理衙门）"外"（边疆大吏）大臣们听信了"清议浮言"，现在他焦头烂额也没有办法。短短一句话，又将责任完全推给了别人。

紧接着他强调威妥玛"意有所挟，出言无状"，而自己是"腼颜忍忿，曲与周旋，深为痛心"，已含垢忍辱尽了最大的努力。而后他不无要挟地写道：对威妥玛所提条款"势必不能尽允"，但又没有其他尽快了结此事的办法，所以自己"只有回津坐待决裂。后患之来，不堪设想"。最后，他用心颇深地将几天前给总理衙门的信中曾谈及的威妥玛取出的咸丰十年九月寄谕稿照钞附呈，并深深感叹不知威氏如何看到此谕，结果他们"挟彼疑此"，自己只能"百喙难明，徒为浩叹"。连如此核心机密都被对方获得，自己还能有什么办法呢？不知总理衙门各位大臣读完此函作何感想，又有何办法。

在随后的紧张谈判中，李鸿章在个别问题上有所争辩，但基本上满足了威妥玛的全部要求。1876年9月13日，双方正式签约，这就是中国近代史上著名的《烟台条约》。

在马嘉理案的处理中，李鸿章的心态是矛盾的，一方面他对英国"反复要挟""且牵连通商"，借机扩大在华权益的做法"愤恨填胸"，但又认为这是中国地方官违背中外签订的条约带来的危害。《烟台条约》签订后，他即奏请朝廷谕令各省督抚，再行严饬所属"嗣后遇各国执有护照之人往来内地，于条约应得事宜，务必照约相待妥为保护。若不认真设法，致有侵凌伤害重情，即惟该省官吏是问"。在此折附片中他密陈许多地方官不懂交涉、不谙条约，如果都像岑毓英那样"任性贻误，诚恐后患方长"，所以应严饬各地方官如果遇到"外国官民被戕之事，迅即饬属查明，严缉真正凶犯，勒限办结。倘有任意迁延、虚饰等弊，致开边衅，立予重惩，庶期消患未萌，免蹈前辙"。同日，清廷颁发上谕，申令李鸿章所请内容。

中国宗藩体系的崩塌之琉球
——中日外交三

覆美前总统格兰特函

光绪五年七月初六日附（1879年8月23日）

　　日前贵前主来游中国，获亲风采，畅聆教言，欣佩不可言喻。惟款待多疏，时蒙歉念。顷接西历八月初一日自日本东京来书，猥蒙记注，感慰交并。所托琉球之事，叠接杨副将信，知贵前主居间排解，苦口劝导日本诸大臣俾勿听信旁人唆弄，致开兵衅。仰见贵前主不忘金诺，顾全两国大局之美意。本大臣立即将贵前主赐函并杨副将信译寄我总理衙门，转呈恭亲王查阅，靡不同声感谢。惟此事实系日本欺人太甚，琉球为中国属邦已五百余年，案卷具在，天下各国皆所闻知。今日本无故废灭琉球，并未先行会商中国，乃于事后捏造证据，照覆我总理衙门，强词夺理，不自认错。闻已将此项节略转呈贵前主阅看，想必能明辨其诬也。来示两国应该彼此互让，不致失和，诚为公平正大之论。但日本错谬在先，毫无退让中国之意。中国于前年台湾之役，业经忍让过分，举国臣民已形不服。今此事若再退让，于国家体制声名恐有妨碍。未知贵前主与其太政大臣等如何妥商办法，使两国面子上均下得去。本大臣窃愿倾听下风，以待贵前主之指挥也。贵前主将此事费心商定，不日命驾回国，想可属令贵国平安大臣与敝国何公使在东京接续商办，务使两国归于和睦，感盼尤殷。至敝国朝廷上下，皆欲认真整顿诸务，设法自强，以副贵前主暨杨副将殷勤属望之怀。惟祝贵前主回国后仍旧总理国政，庶中美交情日臻亲密。以后仰仗大力维持之处甚多，容再随时专函布告。德领事人极正派谨慎，本大臣素相器重，尚祈贵前主回国后加意栽培为幸。再，日前贵前主在天津晤谈，曾蒙以金山华工之事，属为妥筹办法。当经本大臣转述尊意，函商我总理衙门王大臣，请其酌为变通。旋据贵国西公使会议，拟暂禁止娼妓、逃犯、有病及招工人等前往金山等因。我总理王大臣因贵前主谆属在先，顾念两国睦谊，互相体谅，遂与西公使和衷商酌，允照所请。以后再妥订章程。想西公使必已函报尊处，特再附闻以释远念。

这是李鸿章给美国前总统格兰特（Grant, Ulysses Simpson）的一封回信，事情缘起于中方请格兰特在中日琉球争执中充当调停者，从中颇可看出几分弱者的无奈与苦楚。

1879 年春，已卸任的美国第十八任总统来华游历，这时中日两国正因琉球交涉争得不可开交。在日本毫不讲理、咄咄逼人的压迫下，中方则尽一切可能挽回局面，由于格兰特访华后还要到日本游历，于是恭亲王奕䜣和李鸿章与他见面时，先后都请与此毫无关系的格兰特到日本后从中调停。这也算是没有办法的办法吧。对此要求，格兰特表示愿意一试。

历史上的琉球国位于日本九州岛和中国台湾岛之间，由三十几个小岛组成，其王城为中部的"首里"，即今天日本的冲绳县。在中国的明朝，琉球国与中国结成宗藩关系。明朝覆亡后，清王朝在问鼎中原不久即派人前往琉球，册封尚质为中山王，同时规定琉球每两年进贡一次。此后，所有王位继承人都由清王朝赐给镀金的银印，册封前只能称"世子"，册封后才能称王。最后一位琉球国王尚泰，就是在

1866 年接受清朝册封的。琉球不仅向清王朝称臣纳贡，而且使用清朝的年号，并常派官生到中国的国子监读书。不过，由于琉球离日本萨摩藩很近，多次遭萨摩藩侵略，在 17 世纪初萨摩藩甚至曾将当时的琉球国王掳往鹿儿岛。此后历代国王慑于萨摩藩的威胁，也向日本进贡，逐渐形成了中、日两属的复杂局面。清康熙朝以后，日本还在琉球设官、征租税、保护商旅等，但他们当时毕竟害怕中国，所以每逢清使来临，这些日本官员便事先躲起来。1871 年明治维新后的日本政府废藩置县，立即开始了野心勃勃的侵占琉球、将其变成日本领土的活动。

1871 年 11 月，发生了台湾原住民误杀琉球人事件，日本天皇于 1872 年 10 月中旬册封琉球国王尚泰为日本藩王，列为华族，其目的是为侵略中国台湾寻找借口。日本由于此时羽翼未丰，所以 1874 年侵占台湾的目的并未达到，但却得到了清政府的几十万两白银作为从台湾撤兵的代价。更重要的是，双方签订的《北京专条》承认"台湾生番曾将日本国属民等妄为加害"，因此承认日本此次侵台是"保民义举"，这就为日本吞并琉球提供了口实。日本全权大臣大久保利通回国后，建议日本应采取断然措施尽快结束琉球的两属状态，要琉球断绝与中国的关系，将琉球并入日本版图。1875 年 5 月，日本政府命令尚泰晋京，停止向清朝遣使进贡并不得再接受清朝册封。在日本的压力下，琉球国被迫同意使用明治年号、执行日本法律、改革藩制、派遣留日学生等要求。但尚泰本人不愿前往东京，而且命令前往东京的官员恳求日本不要强断琉球与中国的关系，结果却遭到日本大臣的痛斥。尚泰不甘心就此亡国，决定向清政府求援，于 1876 年底派使臣乘坐一只小船出海，假装遇风漂泊，于 1877 年 4 月到达福州，投递国王密咨，要求到北京陈情。但他们只强调了日本的"阻贡"，而改年号等事却未告诉中国。

得到消息后，清政府认为琉球并非战略要地，不值得过于重视，但如果毫不过问，又恐怕其他国家认为自己不能保护藩属国，引起连锁反应。由于清政府对问题的严重性没有应有的认识，所以在1877年6月底轻率发谕，要琉球使臣全部回国，不必来京。同时要驻日公使何如璋"相机妥筹办理"，弄清日本阻贡的原因。何如璋于12月到达日本，与日本政府严正交涉，但日方态度十分强硬，毫无妥协余地。何如璋此时对日本的野心已洞若观火，主张中国不能坐视，要积极干预琉球问题，阻止日本侵略，甚至不惜动武。他坚定地表示在与日本交涉中如果自己的某一句话被日本作为挑衅的理由，那就请朝廷罢斥自己。但闽浙总督、福建巡抚等地方官则不主张如此强硬。李鸿章的态度一开始则颇为暧昧，他在给何如璋的信中一方面谴责日本"无理已极"，认为琉球确实值得同情，日本阻贡之举不能不争，并指示何在与日本谈判时可援引《修好条约》第一、二两款相争，并请总理衙门将数百年琉球朝贡的成案抄备，作为力争根据；但另一方面又认为由于琉球地势阻隔，中国干预的困难很大，因此主张"淡漠相遭"，实际表现出消极冷淡、不主张动武的态度。总理衙门认为何如璋积极干预甚至不惜动武的主张"过于张皇，非不动声色法"，认为还是"以据理诘问为正办"。总理衙门在其观点得到李鸿章赞同后立即上奏，得到首肯，清政府确立了以外交斗争为限、决不动武的方针。

在与日本的一系列谈判中，何如璋态度坚定，毫不退缩，而日本仍坚持一定要吞并琉球，谈判事实上陷入僵局。1879年3月8日，日本政府决定废琉球藩，并派大批军警到琉球强制执行；4月宣布改琉球为冲绳县；6月将琉球国王和王室其他成员移送东京。由于有只能限于外交的指令，何如璋在无奈之中认为不妨请一些西方国家出面调停，在给总理衙门的信中，他认为美国最有可能帮助调停。这时，正好美国前总统格兰特于 5 月末到达中国而后再到日本，于是奕䜣和李鸿章都请他从中调停。而格兰特更关心的是中国华工赴美问题，当时美国国内强烈要求禁止华工赴美，希望修改原先有关条约。清政府此时有求于他，不得不同意"略予通融"。格兰特的活动为后来中美修改有关条约铺平道路。

格兰特于 7 月 4 日到达东京，由随员杨约翰（Young, John Russell）同日本官员接触，调停琉球问题。日方声称琉球原系日本属国，同时攻击中国驻日公使何如璋，说何行文外务省时言辞有辱日本之意，如果中方愿将此文撤销，日本同意商议有关问题。7 月 14 日，何如璋派此时任驻日参赞的黄遵宪将琉球事件始末文卷译送格兰特，格兰特阅后认为中国理由充足，要杨约翰与日方讨论。经过一番了解，杨约翰认为日本国内有一股强硬势力难以妥协、准备与中国作战，遂写信给李鸿章，要李对此有所准备，提醒中国应当改革自强。在日期间，格兰特曾同伊藤博文、西乡从道等日本高级官员会谈，但一谈及琉球问题，他们就沉默不语，勉强表示要回去商量。眼见调解无望，格兰特就在 8 月 1 日分别致信总理衙门和李鸿章，竟说："日本确无要与中国失和之意，在日人自谓球事系其办，并非无理。但若中国肯宽让日人，日本亦愿退让中国，足见其本心不愿与中国失和。"反复强调中日"两国应该彼此互让，不致失和，似不必再请他国出为调处"，表明不愿调停之意。在琉球问题上一筹莫展、原将一线希望寄托在格兰特调停之上的李鸿章得此信后焦急万分，在这封给格兰特的回信中首先对格兰特的调停表示感谢，然后重申几百年来琉球即是中国藩属的历史事实，痛斥日本事后捏造证据的无耻行径。信中客气地承认格兰特这位"贵前主"要中日互让不致失和"诚为公平正大之论"，但紧接着笔锋一转，强调"日本错谬在先，毫无退让中国之意。中国于前年台湾之役，业经忍让过分，举国臣民已形不服。今此事若再退让，于国家体制声名恐有妨碍"。他几近哀求地请格兰特继续调停："未知贵前主与其太政大臣等如何妥商办法，使两国面子上均下得去。本大臣窃愿倾听下风，以待贵前主之指挥也。"大清王朝权倾一时、出将入相的中堂大人，不得不如此低三下四，既令人同情，亦令人可鄙。莫非此正应了"可怜人必有可恨之处"这句老话？同时，他还请格兰特回国后，美国驻日大使仍继续调停此事，与中国驻日公使在东京"接续商办，务使两国归于和睦，感盼尤殷"。对他而言，美国调停可能是唯一的希望。同时他表示："至敝国朝廷上下，皆欲认真整顿诸务，设法自强，以副贵前主暨杨副将殷勤属望之怀。"

9月2日，格兰特一行离开日本，琉球"调停"毫无进展。但他在给总理衙门和李鸿章的信中却把责任推给何如璋，认为何如璋的第一次照会使日本人大为不满，是事情无法解决的关键，他认为撤销照会、撤换何如璋是继续谈判的先决条件。但杨约翰在给李鸿章的信中却不同意此点，他写道："我看何之为人，实在谦和之至。"他认为何如璋的照会确实过于直率、有失礼之处，但他对李鸿章说："至于何公使照会一节，此系细故，球事了结与否，及如何了结，与照会无干，可以不必追究。"他认为"照会"其实只是日本侵略的一个借口，他进一步分析日本必将好战，原因在于日本的改革使有二百万人的武士阶层失去特权，生活穷困，唯愿日本与其他国家打仗自己才有出路。杨约翰能从日本国内阶层变动分析日本将走上战争之路，在当时确属洞见。杨约翰不久还在美国一家报纸上撰文，"乃全指日本为不是"，日本官员对此愤愤不平；欧美许多国家的报纸转载此文，都认为日本对华过于傲慢。何如璋的助手黄遵宪曾写道，日本原来指责何如璋初次照会失于无礼，但"自杨约翰新闻一出，反谓其行文无礼，乃缄口不复道此，盖中间人补救之力亦不鲜也"。

不过，杨约翰的看法毕竟只是他的个人看法，不是格兰特的，也不是美国官方的看法，对日本更是毫无影响。而日本的态度却越来越强硬，提出了越来越过分的要求，清政府开始倾向对日妥协、同意其要求。因为日本狡猾地选择了一个最佳时机——这时候，正是中俄"伊犁交涉"越来越紧张的时期。在 19 世纪 70 年代初，俄国就占领了中国的伊犁地区；从 70 年代中后期起，清政府开始了收复伊犁的努力。从 1880 年初开始，中俄矛盾更加尖锐，俄国开始集结军队，特别是增强太平洋舰队；中国也开始在绵长的中俄边境部署防御部队。在 1880 年的大半年内，普遍认为中俄爆发大规模战争的可能性大增。在这种情况下，清廷和包括李鸿章在内的各级官员的主要关注点，不能不是以伊犁为焦点的中俄关系，而不可能是以琉球为焦点的中日关系。中国朝野普遍担心"倭为俄用"，害怕日俄结盟，甚至一向比较强硬的张之洞也主张同日本"连和"，"彼所议办商务，可允者早允之"，尽量使日本在中俄冲突中保持中立。此时栖居海外的名士王韬也写文章，认为中国不值得为琉球开战；倘真要打仗，也应等到中国强大到能冒此风险；虽然日本不讲诚信而且对中国的威胁不会消除，但尚不能与俄国的威胁相比；由于俄国已威胁到日本和英国的利益，所以中国甚至可能与它们结成三国反俄同盟。在这种背景下，中国准备基本接受日本的要求。但 1881 年 2 月底，中俄谈判取得进展，签订《伊犁条约》，清政府争回一定主权，中俄关系有所缓解。3 月初，清廷发谕，正式否决了总理衙门与日本达成的妥协方案，日本驻华公使气愤地离华回国，表示强烈不满。以后的几年中，中日两国又多次因此交涉，并无结果，但日本实际巩固了在琉球的统治地位。中国的藩属国琉球就这样不明不白、不清不楚、不了了之地最终被日本吞并。清政府此时确实也无暇顾及琉球了，因为这时相继发生的法国侵略越南问题和导致日本干涉的朝鲜内乱问题，确实要比琉球问题重要得多。

琉球终于成为日本对外扩张的第一个祭品；而琉球是中国传统的"属国"，中国此时却根本无法保护它免于被强邻吞并的命运，这不能不说是近代"宗藩体系"崩塌的一个最刺目的标志性事件。

中国宗藩体系的崩塌之朝鲜
——中日外交四

密劝朝鲜通商西国折

光绪五年七月十四日（1879年8月31日）

奏为遵旨缮函，密劝朝鲜与泰西各国立约通商，钞稿进呈恭折。仰祈圣鉴事。

窃臣承准军机大臣密寄七月初四日奉上谕：总理各国事务衙门奏，泰西各国欲与朝鲜通商，事关大局，缕晰密陈等语。日本朝鲜积不相能，将来日本恃其诈力，逞志朝鲜，西洋各国群起而谋，其后皆在意计之中。各国既欲与朝鲜通商，倘藉此通好修约，庶几可以息事，俾无意外之虞。惟该国政教禁令，亦难强以所不欲。朝廷不便以此意明示朝鲜，而顾念藩封又不能置之不问。据该衙门奏，李鸿章与朝鲜使臣李裕元曾经通信，略及交邻之意，自可乘机婉为开导。在该督必不肯轻与藩服使臣往来通问，而大局所关，亦当权衡轻重。著李鸿章查照本年五月间丁日昌所陈各节，作为该督之意，转致朝鲜。俾得未雨绸缪，潜弭外患，等因。钦此。

仰见圣谟广运，眷念东藩，指示机宜，无微不至，钦佩莫名。伏惟朝鲜孤峙海隅，向不愿与远人交接。英、法、美诸国屡为所拒。前岁日本胁以兵威，始与立约通商。猜疑未泯，积有违言。日本知其孤立无援，倘一旦伺隙思逞，俄人亦将隐启雄图，英、德、法、美诸国复群起而议，其后非惟朝鲜之大患，抑亦中国之隐忧。本年五月间，前福建抚臣丁日昌所陈各节，为朝鲜计，实为中国计。惟朝鲜地僻俗俭，囿于风气。彼于近日海外情形，茫乎未有闻见。日本最与相近，交涉数年，尚多隔阂。若骤语以远交之利，恐彼国君臣成见未融，势难相强。此臣所以久欲设法，而不能不踌躇审顾者也。

至朝鲜原任太师李裕元，自光绪元年秋奉使来京，是冬十二月间事竣回国，道出永平。嘱该知府游智开转寄一函，道其仰慕。臣以古者邻国相交，其卿大夫不废赠答之礼，矧朝鲜久列藩服，谊同一家。现值时事多艰，臣职在通商，既不能不广示牢笼、稍通遐迩之气，复不能不代为筹画、俾免机阱之虞。因于覆书，略著外交微旨，嗣后间岁，每一通函，于备御俄人、应付日本之方常为道及。本年春间，李裕元来书，颇陈日本非礼侵侮。臣尚未及裁答，适蒙圣慈垂训，顷已专泐覆函，作为微臣之意反复开导，加封递至盛京将军衙门，请兼署将军臣岐元妥速转递。查李裕元现虽致仕，据称系其国王之叔，久任元辅，尚得主持大政，亦颇晓畅时务。如能因此广谘博议，未雨绸缪，庶于大局有裨。惟泰西各国立约，如传教内地及贩运鸦片烟入境，为该国上下所深恶。恐其因此疑畏，是以书中豫为剖晰，俾毋过虑。将来朝鲜若果定议，事务正多。该国于约章利病素未深究，立约之时或不能不代为参酌。朝鲜臣民未谙洋情，骤与西人杂处，欲其措置悉协、永无瑕衅亦尚难保。仍应由中国随时随事妥为调处，庶几柔远绥边较有实际。

除俟接李裕元覆书再行陈奏外，谨将此次来往函稿钞呈御览。所有遵旨缮函密劝朝鲜与泰西各国立约通商缘由，恭折由驿密陈。伏乞皇太后、皇上圣鉴训示。谨奏。

朝鲜与中国唇齿相依，在"宗藩体系"中很早就是中国的藩属，又隔一道窄窄的海峡与日本相对，自然又成为明治维新后迅速崛起的日本觊觎的对象。

除奉中国为"上国"外，朝鲜一直实行"锁国"政策，日本人只能在釜山经商。日本首先想与朝鲜建立邦交，插进立足点，但被朝鲜拒绝，于是转而实行"日清交涉先行"方针，于1871年9月与中国签订了中日《修好条约》和《通商章程》。这个条约和章程的精神是平等互利的，但中日对等的关系使此时的日本基本达到目的，因为在它的谋划中，"日清平等后，朝鲜自然列于下位"，使它对中国的"属邦"朝鲜的打压、威逼处于更有利的地位。在谈判中，李鸿章对日本侵朝野心有所警觉，所以《修好条约》第一条规定："嗣后大清国、大日本国倍敦和谊，与天壤无穷。即两国所属邦土，亦各以礼相待，不可稍有侵越，俾获永久安全。""所属邦土"，即指中国藩属国，主要是指朝鲜。在随后几年与日本人交往中，李鸿章也曾多次提醒日本对朝鲜不要怀有非分之想。

但一纸条约和善意规劝根本束缚不住日本的野心。1875年2月，日本派使臣前往朝鲜，由于国书中有"大日本""皇上""敕"等字样，而且日本使臣乘坐轮船、身着西洋大礼服，引起朝鲜方面反感，朝鲜拒收日本国书，谈判陷入僵局。5月，日本军舰"云扬"号擅自测量朝鲜海岸，意在示威。9月20日，"云扬"号再次擅自驶入朝鲜江华岛附近测量海口，朝鲜守军开炮警告，日舰即开火将朝鲜炮台炸毁。12月，在日本的压力下，朝鲜政府通知日本代表国书可以接受，但要求把"皇上""敕"字样改掉。几乎同时，日本政府派森有礼为驻华公使，同清政府谈判朝鲜问题，同时遣使率舰队驶赴朝鲜处理江华岛事件。1876年初，森有礼同总理衙门反复交涉，强说清朝与朝鲜政府之间的宗藩关系只是一种"空名"，所以日朝之间的关系与《中日修好条约》无关。此时总理衙门倾向于认同这种观点，认为朝鲜"一切政教禁令，向由该国自行专主，中国从不与闻。今日本欲与朝鲜修好，亦当由朝鲜自行主持"。但李鸿章却不赞成这种观点，所以1月24日在保定直隶总督府与森有礼激烈舌战七个小时之久。森有礼明确说："国家举事，只看谁强，不必尽依着条约。"同时强辩朝鲜不是中国属国。李鸿章则针锋相对指出"恃强违约，万国公法所不许"，强调朝鲜"奉正朔"怎能说不是中国属国。最后森有礼央求李鸿章转商总理衙门，设法劝说朝鲜接待日本使臣。事后，李鸿章向总理衙门详细报告了与森有礼激辩的情况，同时建议奏请礼部要朝鲜接待日本使臣以息事宁人。在李鸿章的坚持下，总理衙门在1月29日照会森有礼，重申清王朝与朝鲜的宗藩关系，要求日本严格遵守《中日修好条约》中"所属邦土不可稍有侵越"的规定。当然，森有礼对此置若罔闻，因为日本的目的是一定要打开朝鲜大门。但在日本的压力和清政府息事宁人态度影响下，朝鲜于2月底与日本签订了《江华条约》共12款，而第一款一开头就写道："朝鲜国乃自主之邦，拥有与日本国平等之权。"若仅从"文本"且以今日之国际关系准则来看，朝鲜是与日本平等的"自主之邦"何错之有？岂非"天经地义"？但在这种冠冕堂皇的"文本"之后，其实却包藏着日本的"祸心"。这一条的真实意义是为了割断中朝间的宗藩关系，为将来侵略、吞并朝鲜扫清障碍。这一条款再次提醒人们，对任何宣言、纲领、条款等等，都不要轻信字面上的意义，而要透过"文本"，看到文本之后的实际目的、作用和结果。《江华条约》还规定除釜山外，还要对日本人开放两个港口。通过这个条约，日本还取得了通商口岸的租地造屋、自由测量海岸、派驻领事、领事裁判权等特权。清政府却愚蠢（也可能是自欺欺人）地以为，只要朝鲜仍承认中国为宗主国、第三国承认此点与否无关紧要，因此既未向日本抗议，也未行使"宗主"之权向属国朝鲜诘问。

《江华条约》是朝鲜被迫同外国签订的第一个条约，它的大门终于被日本打开。此后，日本借口朝鲜是"自主之邦"，"顺理成章"地开始越过中国直接与朝鲜交涉，并竭力将中国排除在外。说实话，此时日本在现代化道路上才刚刚起步，之所以如此急迫地将"征韩论"付诸实施，其侵略朝鲜的野心比西方列强萌发得更早、更强烈，除了地理上与朝鲜相近以外，还有与俄国相争、要抢在俄国前面的缘故。俄国与朝鲜本不接壤，但 1860 年签订的《中俄北京条约》规定将乌苏里江以东的 40 万平方公里土地割让给俄国，这样俄、朝之间才有土地接壤。俄国南下侵朝的野心日益明显，西方其他列强也企图前来瓜分。《江华条约》签订后，日本、俄国都加紧了在朝鲜的活动，而日本吞并琉球更引起了中国的警觉。1879 年 6 月初，在家养病的前福建巡抚丁日昌条陈海防事宜时，认为日本有吞并朝鲜之心，但西方列强侵略各国主要是为了通商等种种利益，而"无灭绝人国之例"，所以主张朝鲜终不能闭关自守，不如主动与各国建立外交关系，如果遇到日本、俄国吞并朝鲜，中国应"全力卫之，并可邀齐与高丽有约之国鸣鼓而攻，庶几高丽不致蹈琉球覆辙"。经过总理衙门的讨论和建议，朝廷肯定了丁日昌的意见，但觉得"不便以此明示朝鲜"，因为如果正式通知朝鲜与各国立约通商毕竟有碍中国是"天朝上国"的面子，所以在 8 月 21 日命令李鸿章查照丁日昌条陈，作为个人意见给朝鲜使臣李裕元通信，"私劝"朝鲜主动与西方各国建立外交关系。上谕还以李鸿章曾与李裕元通信且现在"大局所关，亦当权衡轻重"为由，解除李鸿章"必不肯轻与藩服使臣往来通问"的担心。

　　劝朝鲜与各国立约通商、门户开放，李鸿章早就有此想法，所以在此折中称赞丁日昌条陈"为朝鲜计，实为中国计"。在以前给李裕元的复信中，他其实就透露过此意。李裕元是朝鲜国王李熙的叔父，"久任元辅，尚得主持大政"，影响很大。在 1875 年曾作为"属国"

使臣来华，归国时曾致信李鸿章表示敬意，李鸿章向朝廷解释说自己当时"以古者邻国相交，其卿大夫不废赠答之礼"，故曾回信。

有了朝廷的谕旨，李鸿章在给李裕元的长信中畅谈了他对朝鲜处境、东亚形势的看法和应该奉行的外交方针。他认为日本居心叵测，行为乖谬，恃强诈力，以鲸吞蚕食为谋，应及早设法防范。朝鲜在做军事准备的同时，还应做外交努力，"似宜用以毒攻毒以敌制敌之策"，与欧美各国立约以牵制日本。简言之，他——实际是整个清王朝——只能向过去的"藩属"推介"以夷制夷"这种炮艇外交横行时弱者的"没有办法的办法"。

在上朝廷此折中，李鸿章对在国际大势上几乎一无所知的朝鲜能否采用此策不无怀疑。同时认为朝鲜尚未开放，担心如果采用此策与外国立约时"利病素未深究"，中国不能不代为参酌；由于朝鲜不熟悉"洋情"，突然与洋人相处可能会发生种种冲突，"应由中国随时随事妥为调处"。

由于清政府意识到朝鲜的地位已经危险，在"以夷制夷"政策主导下，催促甚至直接参与了朝鲜先后与美、英、德、俄、法签订通商条约。清政府企图在朝鲜与各国签订的条约上写明朝鲜为中国属国，以确保列强承认自身的宗主国地位。但清政府这种努力并未成功，只是由朝鲜政府在签约后单方面发表明确中朝宗藩关系的照会，意义委实有限。

1882 年 7 月，朝鲜发生"壬午兵变"，中国、日本先后积极介入。事后，日本胁迫朝鲜签订了《仁川条约》，进一步对日本开放，日本在朝鲜享有更多特权，重要的一点是允许日本使馆驻兵。

《仁川条约》签订后，日本侵朝野心已昭然若揭，朝鲜危机进一步加深。如何制定朝鲜政策，清政府内部有三种意见。第一种意见以张謇、袁世凯等人为代表，主张东征日本，为朝毁约，然后将朝鲜废藩置省，直接成为中国的一部分；或者设立监国，派人直接管理朝鲜内政外交。第二种意见是朝鲜独立，各国共保。具体说就是让朝鲜"自主"，与中国脱离传统的"宗藩关系"。第三种意见是保持传统宗藩关系，加强对朝鲜的干预、控制。经过反复讨论权衡，清政府最后决定采取第三种办法。

1887年，在列强压力下，朝鲜政府决定向日、美、英、德、俄、意、法派遣驻外使节。清政府出于维护"天朝上国"体制表示反对，迫使朝鲜向中国管理藩属的礼部呈递咨文，先征得清政府同意再向外派使，表明中国仍是"上国"，朝鲜仍是中国的"藩属"。随后，李鸿章亲自拟定了清朝与朝鲜驻外使节体制的《应行三端》，主要内容是：第一，朝鲜使节初至各国，应先赴中国使馆具报，请中国公使协同赴所驻国外交部。第二，遇有外交宴会，应随中国公使之后。第三，交涉大事关系紧要者，应先密商中国公使核示。此皆"属邦"分内应行体制，与各国无关，各国不能过问。不久，清政府迫使朝鲜政府将不遵守《应行三端》的驻美公使召回免职。通过加强对朝鲜驻外公使的控制权，企图迫令列强承认清政府对朝鲜的宗主权。

清政府要朝鲜与各国签订通商条约，但又要求朝鲜与各国签订的条约上写明朝鲜为中国属国，清政府为朝鲜制定《应行三端》，今天看来都是荒谬之举。但历史地看，这种"荒谬"恰是"天朝"体系被动地、不得不向现代国际体系过渡的反映。

1894年，日本终于利用朝鲜问题挑起中日甲午战争。甲午战争的结果是中国惨败，清政府签订了丧权辱国、割地赔款的《马关条约》。《马关条约》第一款确定："中国认明朝鲜国确为完全无缺之独立自主，故凡有亏损独立自主体制，即如该国向中国所修贡献典礼等，嗣后全行废绝。"天朝体系，最终崩溃。

朝鲜最终被日本吞并，则说明"以夷制夷"并非普适的良方。

中国边疆危机之新疆
——中俄外交

请宽减崇厚罪名以固邦交（致总理衙门函）
光绪六年四月十一日（1880年5月19日）

　　俄事传闻不一，正深悬系。初九日津关税司德璀琳送来密函，译录赫总税司所接西国电信，与该总税司在尊处面谈大略相同。初十日申刻，英国威使来署，屏人密谈俄事。谓腊正间曾向贵署力言崇公不可办重罪，致令俄国羞辱，又会同各使公函商恳，蒙尊处唯唯。旋阅邸钞，已定议斩监候，即知事无可为。嗣接本国外部电信，奉君主谕令，转求贵署奏陈大皇帝宽免崇罪，欲再哓渎。而贵署或谓此事与英无涉，则君主面上亦不好看，是以至今未向贵署陈及。但曾侯抵俄后，俄人必不与议事。且闻俄国添调兵船多只来华，又欲勾同日本、日斯巴尼亚、葡萄牙诸国与中国为难，计在本年七八月间。若到彼时，凡各国有交涉未了事者，皆乘机而动。我虑中国力量万支不住，恐于前订条约外又添枝节。中英交情素好，看此危险局面，深为着急，故来津与水师提督商议保护英商之事。

　　鸿章询以据你意见，当如何办理。威使又云，今须先与俄国说明中国本不愿失和，但必显出不愿失和之凭据。倘蒙朝廷特恩，将崇某提出刑部监，或发往西北口充当苦差，实免斩候罪名，邸报喧传，中外共见，我即可电复英廷，以大皇帝暗准君主邀免之情。君主与俄主系儿女姻亲，必务从旁说合，转请俄廷接待曾侯，妥商更改约章。其能改几条虽不可预知，而中国既显出不失和之据，俄国不至激怒，各国亦不至播弄生事各等语。鸿章告以此关系国体，钧署未能为力。惟尔国既分外关切，当将尊意转达，可行与否，实不敢言。该使议论甚长，因无人侍坐，未及详录。谨撮记大要如此。

三月下旬，美国西使过晤，密称英君主有电信令威使为崇公乞免。威因所议不谐，即不复言。似威使所论，尚非子虚。邵小村来电，俄廷属驻华各使代崇乞免，恐新使蹈故辙，须先立据云云。英俄姻娅，其君主或受请托，而威使以宽免崇公死罪为不失和之凭据，亦与须先立据语意相符。昨接劼刚二月十四日来书，俄都电音约章已定，丝毫不能更改。深恐入境之受窘，议事之棘手，而谆谆于崇公谴责不可太重，并责鸿章于利害大端不肯侃侃一陈。岂知刑赏大政，绵力固不敢越俎，即尊处亦未能独伸其说。伏思崇公仅予斩候，在圣恩已属从宽，而外人不知中国定例，见有斩字疑为莫保首领，遂谓辱及彼邦，与其数年以后仍递减遣戍，似不若乘劼刚将行之际，特旨宣布，使四夷怀德，俄人归心，衅端无自而开，约章徐议更定，此事庶有结局。否则威使、赫德之言虽未可尽信，亦难保必无。崇某一人无足计较，而大局安危关系甚重，想执事亦钦钦在抱也。德税司密函照钞呈览。

从 1871 年 7 月俄国军队悍然出兵攻占我国新疆伊犁地区到 1881 年 2 月中俄签订《伊犁条约》、纠纷基本解决，这十年间由伊犁问题引发了中俄关系的全面紧张。这十年间俄国一直像一个越来越浓重、越来越巨大的阴影压在清政府的心头，对它的对外政策产生深刻影响。这期间清政府在处理日本侵台、中英马嘉理案、日本吞并琉球、日本打开朝鲜大门等事件时，都不能不或少或多地考虑伊犁问题引发的"俄国因素"。由此，足见伊犁问题之重要。而李鸿章此信竭力"宽减"其罪名的中国使臣崇厚，则是中俄伊犁交涉中的一个重要人物。清政府对他的处置，竟引起了俄国的强烈抗议、英国的调停及其他列强的关注。

伊犁问题由来已久。1864年，新疆爆发了大规模的回民反清起事，陷入严重动荡。对新疆垂涎已久的英、俄帝国主义加紧对新疆的侵略活动。为了预防英国势力的扩大，俄国抢先动手，于1871年7月悍然出兵，侵占了我国伊犁地区，总面积约七万平方公里。俄军入侵伊犁，毕竟不能"师出无名"，对清政府说是"代收"，即代为收复。既是"代收"，收回后就应该"物归原主"吧？得此消息，清政府立即命令伊犁将军前去与俄国当局交涉归还伊犁的具体事宜，但却被俄方以种种理由拒绝。俄国提出，南疆现由亲英的阿古柏政权占领，所以要等中国军队击败阿古柏、收复南疆后才可能归还伊犁；还提出新疆全境通商、重新划定中俄边界及赔偿俄国"损失"等一系列无理要求。此后中方多次与俄进行不同级别的交涉，但俄国就是拒不归还。事实表明，俄国毫无交还伊犁的诚意。

在与俄方的交涉中，中国意识到如不消灭阿古柏政权收复南疆，就根本不可能与俄谈归还伊犁之事。所以从1876年春到1877年冬，中国军队在左宗棠率领下彻底摧毁了阿古柏政权，收复天山南北除伊犁外的广大地区。从俄国手中收回伊犁，提上了清政府的议事日程。然而经过多次交涉，俄国仍不打算履行一旦中国军队收复南疆就归还伊犁的诺言。清政府内部虽有人曾提出以武力收回的主张，但明显是义愤之辞而无可行性，所以包括对新疆问题一言九鼎的左宗棠在内的朝廷内外绝大多数官员，都主张只能以外交方式解决此问题。经过左挑右选，朝廷选中了以"知洋务"著称的崇厚到俄国首都，谈判伊犁交接问题。崇厚是满族贵族，曾任三口通商大臣，1870年天津教案发生后奉命代表中国政府到法国"谢罪",回国后升任总理各国事务大臣,1876年任盛京将军。在满族贵族中,他是不多见的有对外打交道经验的人。

1878年12月底,崇厚一行来到彼得堡。在彼得堡,崇厚一行受到俄方隆重、热情接待,沙皇亚历山大二世亲自召见使团,并盛宴款待。在俄方精心安排的盛情款待中,崇厚在谈判中放松了应有的警惕,最终于1879年10月未经清政府同意就与俄方在俄国克里米亚半岛的里瓦吉亚签订了《里瓦吉亚条约》及《陆路通商章程》等几个条约。这几个条约的主要内容是俄国将伊犁交还中国,但中国应给俄国五百万卢布作为赔偿;中俄双方在一些地段重新划界,中国将中俄相邻的大片领土割让给俄国;俄商可以在中国蒙古地方和新疆全境免税贸易,并另开新的通商路线到达天津、汉口等地,深入中国内地。签订条约后,崇厚即自行回国。中国虽然收回了伊犁等城,但付出了巨大代价,欧洲舆论大哗,与俄争夺新疆的英国表示严重不安。中国国内反对之声更加强烈,认为对中国危害太大,奕䜣、左宗棠等大批王公大臣纷纷表示坚决反对,人们的愤怒和谴责都集中在崇厚身上。此事中崇厚确应承担丧权辱国的责任,但平心而论清廷其实也不无责任,因其并未给他明确的训令作为交涉的根据。

为了平息人们的强烈不满,也是为了推卸自己的责任,1880年1月2日,清廷以"奉命出使,不候谕旨"为名宣布将崇厚交部严加议处,随后定为斩监候。但清政府没有想到,对崇厚的处罚却引来了列强的不满和抗议。就在清政府将崇厚"交部议处"的第三天,沙俄代办就到总理衙门向清政府抗议,蛮横地质问中方惩处崇厚"是何用意"。当奕䜣向其解释说这是中国内政时,这位代办竟以此事与两国交涉大有关系为由恫吓中方,然后拂袖而去。1月6日,奕䜣不得不亲赴俄公使馆再作解释,但该代办态度依然强硬,并以下旗、返国相威胁。在随后几个月内，俄方在从东北到新疆的边境线上集结大量部队，同时加强太平洋舰队，调遣数十艘军舰驶向远东海面，准备进攻中国沿海城市和港口。面对俄国的军事威胁，中方也开始在中俄边境增兵以防俄国侵略。中俄两国军事冲突一触即发。

对清政府严惩崇厚，英、法、德、美、意、奥等国也纷纷表示"关注"甚至抗议，但对中俄关系的骤然紧张甚至可能引发军事冲突，各国态度则根据自身利益而不同。总的说来，只有德国希望中俄关系恶化，而其他各国则希望事件尽快平息。因为德国此时在亚洲利益有限，企图趁机"浑水摸鱼"，扩大在华权益，同时也可使俄国的注意力集中在亚洲，减少自己在欧洲扩张的阻力。法国希望俄国能在欧洲东部牵制德国，自然怕俄国因亚洲问题分心，因此盼望中俄冲突能早日平息。英国认为一旦中俄爆发军事冲突，中国肯定失败，俄国在华势力将大大增加，英国利益将受到侵害。因此，英国曾一度考虑直接支持清政府与俄对抗。但由于此时中日关系因日本吞并琉球也日趋紧张，英国转而认为一旦中日、中俄同时爆发冲突后果将更加严重，其在华贸易将受重大损害，所以态度又转为积极参与外交调停维持中俄和平局面，希望中国对俄有一定妥协但又不使俄国得到更多利益。

清政府当然也不想放弃谈判，在1880年2月任命当时的驻英公使曾纪泽兼任驻俄公使，以便重开中俄谈判。但在两国军事冲突一触即发时重启谈判并不容易，因此英国一方面要中方"宽免"崇厚死罪以缓和中俄关系，一方面促使俄国尽早接待新的中国公使。英国驻华公使威妥玛、总税司赫德都积极参与此事。在这一系列外交活动中，自然少不了"中心人物"李鸿章。英国公使威妥玛专门到天津，希望通过李鸿章影响朝廷。对外息事宁人，本就是李鸿章的一贯态度，所以他多次给总理衙门写信，力主"宽减"崇厚罪名。但他深知，"宽减"崇厚罪名不仅阻力极大，而且会受到舆论猛烈抨击，所以在此信中，他详述了威妥玛、赫德等人劝清政府宽减崇厚以与俄国重开谈判的种种理由，最后才寥寥数语表明自己的观点。他提出应乘任命曾纪泽为兼任驻俄公使的时机特旨宣布宽减崇厚的罪名，以使"四夷怀德，俄人归心，衅端无自而开"。明明是自己妥协，还要说是别人"归心"，这种自欺也是为了给朝廷一个"台阶"下。同时他提醒威妥玛等人所说"虽未可尽信，亦难保必无"，并明确提出"崇某一人无足计较，而大局安危关系甚重"。几天后，他又再次致函总理衙门，明确促其给朝廷上奏宽减崇厚罪名。在这封信中，他亦借曾纪泽之口表明自己的观点，因曾来函认为现在中俄关系紧张，担心其他国家从中渔利，因此对英国主动调停表示欢迎，认为"藉一言解纷，使俄人不至激怒，各国免再播弄，似于时局有裨"。同样，李鸿章只是在最后寥寥数语说明自己的意见："鸿章非敢避谤亦非畏用兵，惟念办理洋务以了事为要义，目下东西洋谣言日起，势将酿成衅端，既有英君与威使雅谊关照，似不妨因而用之。"

在多方活动下，甚至英国维多利亚女王还亲自打电报给慈禧太后，清政府终于在 6 月 26 日在曾纪泽动身前通知他已决定将崇厚"暂免斩监候罪名，仍行监禁"。1880 年 7 月 30 日，曾纪泽到达圣彼得堡。不久，清政府更宣布将崇厚"即行开释"。经过紧张的谈判，曾纪泽据理力争，终于在 1881 年 2 月底与俄方签订了新约取代崇厚所签旧约。虽然新约仍于中国有损，但与旧约相比，对中国的损害还是少了一些。在当时条件下，这一结果倒也差强人意。

李鸿章给总理衙门的信再次说明，借他人之口详述自己不便详述的观点，的确是他的惯用手法。

中国宗藩体系的崩塌之越南
——中法外交

法国议和定约折

光绪十一年四月二十七日（1885年6月9日）

奏为与法国使臣商办详细条约画押竣事，仰祈圣鉴事。

窃臣等钦奉三月初六日上谕：本日已有旨，派李鸿章为全权大臣与法国使臣办理详细条约事务。并派锡珍、邓承修前往天津，会同商办。法使巴德纳不日到津，所有应议事宜关系重大，李鸿章务当与锡珍、邓承修会同详细妥筹，临机因应，与法使据理辩论，毋得意存迁就。总期无伤国体，不贻后患。仍随时奏明请旨遵行，等因。钦此。

仰见圣谟闳远，训示周详，曷任钦悚。臣锡珍、臣承修陛辞后于三月初十日抵津，会晤臣鸿章，密商详细条约，业由总理衙门王大臣饬总税务司赫德与巴黎法外部电商办理。巴德纳至津，彼此拜晤。初未谈及公事，三月十六日接奉醇亲王、礼亲王、庆郡王公函，以赫德面交法都所拟详约十条皆本上年津约之意，略有出入，现酌改数处，属臣等再行酌度具覆，臣等当据管见胪陈去后。嗣叠准庆郡王等密函历次删改辩论之处甚多，均随时进呈御览，遵旨酌办。三月二十九日，先将第一、三、四、七、八、九共六条彼此均允照办。四月初三、初六等日，复将第五、六条核定，先后钞交臣等与巴德纳督同中法翻译官详确考究，讲解文意，间有不符，复函请王大臣与赫德、丁毓良等妥细校正，寄由臣等与巴德纳面定。仍请总理衙门随时奏进，请旨遵行。四月十九日，第二、第十两条亦经法电遵改，巴德纳译送臣等。又缄请庆郡王令赫德、丁毓良另译进呈。

二十三日奉电旨：此次议约往返电商，各条均尚得体，本日披览改定第二、第十两条，亦最妥协。著李鸿章等再将各条详加核对，如意义相符，并无参错，即著定期画押，等因。钦此。

臣等复与巴德纳面商，复加核定。随即电奏在案。该使屡催克期画押，订于四月二十七日齐集公所，将中法文四分会同校对无讹，均各画押钤印竣事，彼此各存正副本二分。窃维中法两国为越事战争数年，胜负互见，今乘谅山大捷之后，皇威震慑，薄海同钦，法都既有悔过之诚，中土亦可藉收戢兵之益。仰蒙皇太后、皇上坚持定见，杜要求之诡谋，扩怀柔之大度。诸王大臣和衷匡弼，实力赞襄。自本年正月迄今，往复辨折，煞费经营，遂得定艰危于俄顷，跻举世于平康，实天下臣民之福。臣等从事其间，禀承庙谟，随机因应，幸无陨越，断不敢稍有草率，致贻后悔。此后惟冀总理衙门暨滇、粤各督抚臣恪遵条约，分晰筹办，慎固封守，联络邦交，庶可防患于未萌，相安于无事耳。谨将条约正本封送军机处进呈，恭候批准，以便届时互换。其副本咨送总理衙门查核。臣鸿章原奉全权大臣谕旨一道，敬谨咨缴军机处备查。

所有商办法国详细条约画押竣事缘由，谨缮折由驿驰奏。伏乞皇太后、皇上圣鉴训示施行。再，臣锡珍、臣邓承修即日起程回京，覆命合并声明。谨奏。

中法战争以中国"打胜仗而签败约"为世人所知，但何以如此的具体过程则大都知之不细。而李鸿章与外国人签订的各类"条约""和约"为数确实不少，此约也由他与法方签订，因此引起国人愤恨，当时即有诗严责李鸿章："电飞宰相和戎惯，雷厉班师撤战回。不使黄龙成痛饮，古今一辙使人哀。"此诗广为流传，于今未绝。其实，这个和约对他而言却"大不一般"，因为这个和约谈判的关键时刻他实际被排除在外，于详细内容并不知情，是另有其人瞒着他先与法方谈成后，才由他出场画押签约。

一切，都要从头说起。

自 1875 年 5 月法国驻华公使罗淑亚（Rochechouart, Louis Jules Emilien）因"越南归属"问题照会中国政府起，至 1885 年 6 月中法两国正式签订《中法和约》止，中法"越南交涉"历时十年。其间打打停停、停停打打，冲突不断。透过这历时十年曲曲折折的交涉，可以看到清王朝确已腐朽不堪了。

越南位于中国正南方，旧分南北两圻，以平定十省为南圻，以河靖以北十六省为北圻。北圻被西方人称为东京。在漫长的历史中，中越两国交往极为密切，越王要由中国皇帝册封，而且，中国皇帝对其还有废立之权。但中国虽曾多次应越王的请求，派军队帮助越南平定国内叛乱，却并未干涉属藩内政，这是历代中国政府的传统政策。但法国政府却以此为依据，否认中越传统宗藩关系，为侵略越南做准备。

1761 年法国在与英国争夺印度的角逐中败北，遂将越南作为东侵的重点。这时，越南发生的内乱为法国提供了难得的机会。1777 年越南国王被杀，其子阮福映逃往西贡，由法国传教士百多禄（Pigneau de Behaine）将其藏匿。为了法国的利益，百多禄劝阮福映向法国求援。阮福映听其劝告，且遣百多禄为使臣往法国游说法王路易十六。而这正是法王求之不得的，于是由百多禄代表越南于 1787 年 10 月与法国签订了《凡尔赛条约》，约定法国派兵帮阮福映恢复王位，而越南则将岘港等地割让给法国。另外，法国人还可在岸上设立各种航运、商业设施，并有通商自由，其他国家不得均沾等等。同时还规定该约须经双方国王正式批准交换后才有效。但不久法国大革命爆发，法国根本无法履行这一条约，亦无法批准、交换该约，所以是无效的。但这一纸废约却成为引狼入室的伏线。野心勃勃的百多禄并不甘心，于是以私人名义招集了一些法国志愿兵前往，于1802年帮助阮福映收复北圻全境，号嘉隆，且仍遣使请封于中国。而法国仍忙于内乱，无力东顾。

时至1862年6月，形势早已巨变，中国已然陷入内乱外患之中而自顾不暇。法国则乘与英国一道侵略中国的第二次鸦片战争之余威，又联合西班牙侵越，并强迫越南签订了法、西、越《西贡条约》（第一次西贡条约）。法国取得了通商、航行等一系列特权，尤为重要的是还占领了西贡和下交趾东三省，不久又吞并了下交趾西三省。这样，法国就占据了几乎整个南圻，作为侵占全越进而北上侵华的基地。

北上侵华，云南当是直接目标。几经试探之后，法国殖民者确定将红河航道作为努力对象。事有凑巧，1869年云南回民起事，提督马如龙竟听从旅华法商堵布益（Jean Dupuis）的巧言，授其通航红河运送军火大权，以镇压起义。但受云南当局委任的堵布益却向法国政府呈送了红河通航的计划。

1873年11月，堵布益因运军火和贩卖私盐在河内被越南当局扣留。下交趾法国总督杜白蕾（Jules Dupre）急忙攻占河内等地相救。后来，虽然越南国王在刘永福"黑旗军"帮助下大败法军，并授刘三宣副提督职，但最终还是屈服于法国的压力，于1874年3月同法国签订了《法越媾和同盟条约》（即第二次西贡条约，简称《西贡条约》）。条约的主要内容是法国从北圻撤军，并承认越南完全独立，且有权帮助越南维持治安、防御攻击；越南承认法国的保护权，对外政策须与法国一致，承认法在交趾六省完全、充分的主权，开放红河通航及河内等三口通商，并准法在这些地方设领事馆。这一条约有明显的自相矛盾之处，即既承认越南是完全的独立主权国家，而又要"保护"及限制越南的外交主权。其实质是以"独立"来否定中越传统的宗藩关系，而由法国取而代之。后来，法国正是以此条约为其侵越攻华的主要依据。1875 年 5 月 25 日，法国驻华公使罗淑亚照会中国政府，将《西贡条约》内容通知总理衙门，并要求驱除中越边境的黑旗军、禁止中国军队进入越南、在云南开口通商等等。6 月 15 日，恭亲王奕䜣照会罗淑亚，反驳了法国的各点要求，重申了中国对越南的主权。但清廷因忙于马嘉理案而未对法国提出公开的抗议，亦未明确否认该条约。稍后法国政府便以此为中国承认越南的口实。

尽管此阶段清朝中央枢府对法国在越的扩张仍掉以轻心，但西南地区的一些封疆大臣却对越南问题忧心不已，多次奏陈越南局势。但这些奏疏并未引起朝廷的重视，因此未采取任何措施。若清廷早有所备，肯定不会像后来那样张皇失措，朝令夕改，始终没有一个一以贯之的对法方针、政策。但此时越南仍向中国朝贡，仍多次请中国派兵帮其平叛，对此法国亦未加干涉。也就是说，中越两国并未承认1874 年法越条约有关越南"独立"的有效性，仍坚持传统的中越宗藩关系。但从 1880 年起，法国国内进兵全越、反对中国军队入越的呼声陡然增大，并开始制订计划。然而在 1883 年 3 月以前，清廷仍未完全认识到问题的严重性与紧迫性。

在 1901 年 7 月将总理衙门改为外交部之前，清政府并无严格意义上的外交机构，这就必然形成一种"多渠道"的外交机制，极易产生矛盾与混乱。正是在这种机构混乱、互不协调、没有统一和权威的外交机构情况下，曾纪泽与李鸿章分别按自己的观点展开了对法外交。

1880 年 11 月，法国外交部通过其驻俄大使照会曾纪泽，表示法在越将依《西贡条约》行事，即法国有权保护越南。曾纪泽对此明确表示反对，并且强调越南与中国数省相邻，地位比琉球重要。但曾纪泽此时并未完全否认《西贡条约》，因为此时他正忙于对俄伊犁谈判，仅想维持现状，承认法国在越南的保护权，而以外交手段阻止法国北侵吞并全越的计划。但不久，无情的现实使曾纪泽的此种企望破灭。

1881 年初，法国外交部再次向曾表明要越与中国脱离一切关系的要求。3 月，法国驻华公使宝海（Bouree）向中国政府声明不许越南进贡、不许中国兵船在越南海面剿灭海盗的要求。7 月 22 日，法国议会通过了海军殖民部提出的开通红江、经营越南东京案，其吞并北圻的野心昭然若揭。

1881 年 2 月，曾纪泽对俄交涉成功，于 9 月来到巴黎，全力对法外交。9 月 14 日，他就法国议会通过军费拨款一事走访法国外交部，表示坚决反对经红江通商云南之议，并再次申明越南为中国属国。曾纪泽在给总署的报告中指出，虽然法国欲占北圻，但此时法国正忙于侵占突尼斯，引起英国和意大利的强烈不满，因此中国应抓住时机积极筹划，强硬待之。重要的是，他认识到仅以外交手段不足以遏法，必须要有相应的军事准备。事实证明，曾纪泽的判断十分正确，此时法国极力避免武装冲突。

这时，清政府才开始感到越南问题的压力。1881 年 12 月 6 日，总署上奏越南形势："越之积弱，本非法敌，若任其全占越土，粤西唇齿相依，后患堪虞"，承认"越南既无抵制之力，中国亦殊鲜因应之方"。同日朝廷发布上谕，意识到"若任其侵削，则滇粤藩篱尽为他族逼处，后患不可胜言"。除谕曾纪泽坚持前议、与法辩论外，尚无具体对策，因而命李鸿章、左宗棠、刘坤一、刘长佑、庆裕等人商奏妥办越南事宜。除李鸿章外，其余人均主张强硬待之，提出了种种派兵方案，甚至有人主张联络刘永福。对这些主张，清廷大都表示赞许，但认为"刘永福既未可深恃，且虑形迹太露，转致枝节横生……"因而不表赞同。但李鸿章却力主缓和，将希望寄托在其他列强身上，力劝英国与越南签订通商条约，以牵制法国人。在这种方针指导下，他一直采取含混不清、一味迁就的策略。

值得注意的是曾纪泽提出的七条办法，其基点是承认法国既得利益，又保持中国在越南的权益，不使法国人进一步扩张，基本可行。他还力劝总署采取强硬态度，因为"此事动静之机，与口舌争辩绝不相关，仍视吾华应付处置之方何如耳。若我备豫周详，隐然示以不可犯之势，则法人语气虽硬，而侵伐之役仍当缩手。若实事未经布置，但与外部公使往复争辩，在我虽据辩胜，仍恐无济于事"。"备战求和"可说是曾纪泽对法政策的总结。

对曾氏的七条建议，除最后一条外，李鸿章逐条反驳，认为行不通，一方面存法国不侵北圻之侥幸，另一方面又认为若法国侵略则无法抵抗。所以，李鸿章未提出任何具体办法。但如此关键时刻，清廷却仍不知所措，始终未能制定出一种能称之为"政策"的东西。这样，在随后的事件中便不能不处于被动挨打的境地。

刘永福的黑旗军是法国通商红江的一大障碍，但1882年以前法国因准备不足而未敢轻动。1882年初，经过准备的法国西贡总督命令部将李维业（H. L. Riviere）率兵前往红江沿岸驱刘。此时若清政府采取积极措施，将使法国有所顾忌，能在一定程度上遏制法国的侵略活动。遗憾的是中国政府一直延宕犹豫，终于坐失良机。由于中国方面没有任何反应，李维业于4月25日突然攻取河内。这一突然打击使清廷认识到问题的严重性，急忙谕旨进兵越南，但同时又要求入越将领"不可轻率从事，衅自我开"。曾纪泽在巴黎极为愤怒，向法外交部提出了措辞激烈的抗议。对此，法国外交部十分恼怒，决定通过其驻华公使宝海与中国政府直接交涉。

1882 年 11 月末，法国公使宝海按总署的意思，来到天津与北洋大臣李鸿章会谈。经过一番交涉，拟就了解决草案三条：一、如中国将在越驻军撤回或退至境外若干里，由宝海照会总署"法国毫无侵占土地之意"，"毫无贬削越南国王治权之谋"；二、开红江通商，中国可在保胜（今老街）设关收税，但中国要"驱除盗贼"保证航路"畅行无阻"，实指驱除黑旗军；三、在云南广西界外与红江中间划定界线，北归中国保护，南归法国保护。李开始要求以南北圻分界，宝海则要求以北圻之红河以北划界，李终于同意这一要求。这一草案将中越宗藩关系这一重大问题搁置未论，但李鸿章事后向总署报告时，却说该草案"但允中法互相保护，划定界限，则越南为中国属邦之意，不言而喻矣"。这样，中国政府大体同意这一方案，通知前方部队撤回。但宝海心存疑虑，提出华军撤退后法军将前往巡逻。对此，总署持有异议，但软弱地表示"此事须要法国面上过得去，中国面上过得去，又使越南国能办得动"。李鸿章得知后，忙向总署解释法军前往巡逻"似指两国会议分界后应办之事"，"并无我退而彼将求进之心"。经李解释后，中国政府准备同意这一方案。

但是，1883 年 2 月 21 日法国政局发生变动，新内阁仍嫌越事三条获利不够，决定撤换宝海，由驻日大使德里固（Tricou）接任，又于 3 月 27 日派兵攻占了红江入海处的南定。法国单方面毁约且攻取南定，使清廷不得不取强硬态度，并对法国更不信任，直接影响到随之而来的李、德谈判。

4 月 21 日，清廷谕令正在家营葬的李鸿章速回直隶总督本任。5 月 1 日又发上谕要"李鸿章迅速前往广东督办越南事宜，所有广东、广西、云南防军，均归节制；应调何路兵勇前往，著该大臣妥筹具奏，金革勿避，古有明训"。李鸿章接到上谕后立即上奏，列举种种理由力辞不受，并提出暂住上海，"察酌南北军情，再取进止"的主张。对清廷派淮系将领刘铭传赴粤为后路援军的谕旨，李也以刘有目疾为由辞之。他十分清楚，如果受命南征，不但要离开自己的势力范围，淮军还将遭受损失。在对外交涉这种大事上，疆臣已敢找理由不听朝廷派遣，足见中央权威的衰落之重。

对于李鸿章的意见，朝廷是不能轻视的，又于5月13日谕李，同意他"暂在上海驻扎，统筹全局……审度机宜，再定进止"。5月28日李鸿章到达上海，6月6日法国特使德里固也到达上海，二人于6月8日进行了实质性会谈。对这次会谈的情况，德、李二人的报告颇不一样。据中方记载，德首先问李是否有全权，李答可以"代达"，但由朝廷做主。而德的报告却说李表明自己有全权，并基本同意法国的主张。现在很难确定谁的报告更接近事实，但从李给总署的报告来看，很可能是李的含糊其词所致。李说与德会谈"似只有虚与委蛇，相机观变，再筹因应之方"。在重大问题上的"虚与委蛇"，只能造成重大误会。6月18日二人再次会谈，李的态度大变，不仅极其强硬，而且否认自己有谈判全权，德氏大怒而去。6月30日和7月1日，德氏两次主动约见李鸿章，出示了法国外交部的电报，称曾纪泽在巴黎对法总理言明李有交涉全权。原来，曾在6月21日与法总理会谈时明言"与李相议事与总署无异"，对法总理问李鸿章是否有全权商办此事答曰"然"。可见曾李二人缺乏协调，更根本的原因是清廷谕旨对谈判代表的权限很少作严格明确的界定，此乃当日"理藩"遗风，而非现代"外交"概念。会谈时李又告德自己已奉旨马上回津，并建议德北上或进京与总署面谈，或到天津再与他商议。但均被德拒绝。

事实上，李鸿章早在6月7日就收到要他速回天津北洋大臣署任"筹备海防"，21日再次谕李速回，同时谕令有关各路将领继续入越，做好战斗准备。显然，清廷此时采取了较为强硬的"备战求和"政策。促使这一变化的原因是多方面的，但主要是 6 月 13 日总署收到曾纪泽的电报所致。曾氏电言曾晤法国前外相，彼曰多数法国人不满现政府的对华政策，使曾氏信心大增。7 月 3 日，曾又电李，说法议员对北圻事件感到后悔，将在议会质问政府，所以"乞中堂待脱（即德里固）加严，或不理脱而赴津"，使政府无词对议员，"则事或稍顺"。李便于二日后登轮赴津。而李鸿章迟迟不告德理固他早已收到回津谕令，是因为他一心想和，仍不希望谈判破裂，一再劝德北上。

这期间曾纪泽一直试图通过各种渠道打开外交局面。他曾活动英国外交部，想让英国出面调停，但未成功；多次面见法国总理和外长，提出种种方案，皆为法所拒绝。无奈中他向英、法报界公布事实真相，希望获得舆论的支持，但毫无作用。

9 月 17 日，德里固与英使巴夏礼（Parkes）由沪抵津。他提出由北圻海岸北纬二十二度附近择地划一直线至保胜作为中间地带，而李鸿章主张以北纬二十一度作为分界起点，巴夏礼提出在二十一、二十二度之间划线。但均未达成协议。德氏前往北京，亦无效果。因为法国早在 8 月就趁越南内乱之机，兵分两路扩大侵略，清廷只得取强硬态度。8 月 25 日，法将孤拔（Courbet）进攻顺化，强迫越南签订了《法越新订和约》（第一次《顺化条约》）共二十七款。其要点为越南受法国"保护"，越南的所有对外关系，包括与中国的关系都归法国管理；法国人可任意在越南各地通商，沿红河设防，驱除刘永福。由波滑（Bouet）率领的另一支法军向北圻的山西、北宁进攻时却受到黑旗军的重创。

面对法军进攻，主战声浪再起，清廷决定与法相抗，派大批华军入越，并公开支援刘永福。11 月 12 日，华军会同越南义军袭击位于河内与海防之间的海阳，是为中法正规军的首次交火。但在随后的四个月内，华军连连大败，越南山西、北宁、太原、兴化相继失守，有关将领受到严处。消息传来，舆论大哗，恭亲王奕䜣首当其冲。1884年4月8日，慈禧借机剪除政敌，发布懿旨，严责恭亲王，结果恭亲王被"开去一切差事"，军机处与总署亦进行了大改组，慈禧的亲信醇亲王奕譞入主军机。醇亲王被认为是主战派，但后来的事实说明，他上任后处理许多问题非常缓和，趋于主和。可以说，这次重大改组并未使清廷的对法政策发生变化。

军事上的失利使清廷极欲转和，一个偶然的机会再次打开了和谈的大门。1884年3月末，津海关税务司德璀琳（Detring，德国人）改任粤海关税务司。在赴粤途中，他与法国海军舰长福禄诺（Fournier）会于香港，由于二人以前在天津过从甚密，便一同由港赴粤。德氏在天津时与李鸿章颇有往来，而福氏曾为北洋水师制定过章程，因而与李鸿章也有"一日之雅"。谈起中法冲突，二人认为仍有和谈希望，便由福氏写密函一封由德璀琳转李鸿章。李闻讯后立即电告总署，要总署饬总税务司赫德（Hart）令德氏赴津。德氏于4月17日到津，将福氏密函交李。福在信中提出五点要求，主要内容为中国承认法国对越南的保护权，中法订章时法国在措辞上"必有以全中国体面"；中国必须速将驻法公使曾纪泽调开，"曾侯一日不行调开，即法国一日不与中国商议此事"；中国向法国赔款，并以东南某地作为抵押。他最后说这是他的私见，"并未向本国请示"。第二天，李便电告总署："兴化已被法兵据守，云粤税司德璀琳到津密称晤法水师提督调兵船入华，将夺踞一大口岸为质，若早讲解，可电请本国止兵等语。"20日上谕李鸿章准备谈判，并将中法冲突归罪于越南："越南昧于趋向，首鼠两端，致使该国教民肆行侵逼，抗我颜行。此皆越南君臣不识事机所致，朝廷法国并不愿伤睦谊也。""著李鸿章通盘筹划，酌定办理之法。""总期中法邦交从此益固，法越之事由此而定，既不别贻后患，仍不稍失国体，是为至要……"同日李鸿章寄函总署（内附福禄诺密信），认为只能以福的条件为谈判基础，并要求将曾调离，认为曾在法言语过刚，"怨毒之于人深矣"。22 日军机处即电李"奉旨'事属可行，许其讲解'。望将此意电知福酋"。28 日正式撤除了曾的驻法大使之职（专充出使英俄大使，不再兼驻法大使），由许景澄出任驻法等国大使，许来到之前由李凤苞代任。李鸿章迅速将此电告福禄诺，以显示中方的诚意与迫切。清廷于 5 月 4 日谕令李鸿章谈判时必须坚持以下四点：一、越南仍为中国属藩；二、法可在越南通商但不得在云南通商；三、黑旗军不能逐；四、中国不能赔款。这四项原则说明清廷的基本立场并未改变。

5 月 5 日福禄诺来到天津，第二天两人即开始会谈。经过几番讨价还价之后，双方最后达成简明条约五条：一、法国承认中越边界；二、中国将在北坼的军队"即行"调回，并于法越所有已定将定各约均不过问；三、法国不向中国索赔，但中国应许中越边境通商，以后详定商约税则必须照顾法国利益；四、法国约明现与越南议改条约之内决不插入伤碍中国体面字样；五、此条约签字后两国即派全权大臣限三月后照以上所定各条再详细商定条款。李鸿章于当晚即将大意电告总署，7 日又将详情寄往总署，并解释说第四条"法国现与越议改条约，决不插入伤碍中国体面字样"即包括了"越南世修职贡，为我藩属"之意。这种解释明显牵强。对于黑旗军问题，他认为因法国轻视而未提及。他建议待互派大员时再筹安置之法。其实，既然中国军队从北坼撤出，也就实际承认了法对北坼的占领，这样黑旗军只能或是撤至中国境内或是被法军驱除。至于中国撤军一节，他认为华军驻在谅山、保胜等地皆离中国边境不远，所以"只须密饬边军屯扎原处，勿再进攻生事，便能相安，亦不背约"。事实证明，这只是一厢情愿。但清廷并未看出简约的不妥之处，于 10 日授李鸿章以全权。第二天李、福在天津签订了《中法简明条款》（天津简约），规定以法文为准。福氏认为大功告成，便于 18 日离津回国。

从李的数次奏折及几次谈判经过中，不难看出他是在玩着非常危险的走钢丝的把戏。他对许多关键问题的解释都是有意含糊其词，以便作解释时有较大的随意性。在与法方谈判时他总是力图表示已作了极大的让步，而在奏报朝廷时，他又竭力说明并未作更多的妥协。他对二者的解释往往有较大的差异，想使双方满意，但一遇具体问题，这种解释的差异性立即尖锐地显示出来，结果双方都不满意。李鸿章的策略是注定要碰壁的。

正当人们以为和平在望时，北黎事件的爆发使和平顿成泡影。北黎距中国边境约 80 公里，距谅山约 60 公里。"天津简约"签订的消息传到在北圻的法军后，法军派出一支队伍前往接收由华军驻守的谅山，于 6 月 23 日到达北黎附近遇中国军队阻拦。法军首向华军开火后，华军进行反击，展开激战。由于华军数量远较法军为多，故一直坚守阵地。法军由于准备不足便退回河内。冲突未进一步扩大。北黎事件的爆发使中法双方均极愤怒，互相指责对方违约。事情是这样的：福禄诺离津前感到条约中中国军队"即行"由北圻撤军尚不精确，在 5 月 17 日会晤李鸿章时即询问中国军队现扎何处。李并不知中国军队已进驻离境约一百公里的屯梅、谷松等地，便告福华军在离中国边境不远的谅山、保胜一带。福氏要求中国军队立即撤出，李以"我军分扎北圻边境，防范土匪"为名要求法军"不必深入谅山、保胜等处，致启嫌疑"。福禄诺提出法若攻击黑旗军与中国无关，李鸿章默认此点。值得注意的是李还告福，法国"倘必派队往巡，现既议和，切勿与我军接战生衅"，含有承认法军前往巡查的意思。他心存侥幸地认为"大滩以上，小轮船难行，有险可扼。现值暑瘴，尤不易进兵"，故法不会进兵。他在 5 月 26 日致前将潘鼎新的信中仍认为高平、谅山等地人烟稀少，山路崎岖，法军"势难深入，彼不过虚声恫喝",法国新任驻华公使巴德诺(Patenotre)来津"必先催询我军是否调回边界,当告以闻已调回,含糊答应而已"。他在7月7日给潘的电报中依然认为:"法派兵往谅山,却非违约,但不应恃强先开枪炮。"事实说明,李对前线状况并不清楚。外交谈判代表与前线军事首领之间不通声气、不能协调,谈判是很难成功的。一旦法军前进,他则希望中国驻军自审机宜,甚至提议可以退回界内,据守河口。但他又不敢冒大不韪公开请旨退兵,而是希望由驻防军队灵活掌握。但没有旨意,前线退军是根本不可能的。这一切,都决定了李、福谈判的必然破裂。

尽管中法双方均极愤怒,但又都想不经过战争便达到自己的目的。因中方自知力不如人,而法国此时正在征服红海附近的马达加斯加岛,且与英国在埃及也有冲突。

总署在7月2日照会法国代办谢满禄(Semalle),表示"所有中国各军,暂行屯扎谅山、保胜,不准前进,静候两国大臣议定界务",并希望巴德诺迅速来津谈判。同日,谕令"前敌各营,全行调回谅山老营"。清廷仍任命李鸿章为全权代表与巴德诺谈判。但法国认为中国违约,必须赔款,所以巴氏于7月1日到达上海后拒不北上,坚持须先赔款。这一要求被中国拒绝。7月12日,法国代办谢满禄在京向中国政府发出最后通牒,要求中国军队立即从北圻全境退出,并赔款250万法郎,否则法将在七日内动武。在这种威胁面前,清廷开始动摇,于7月16日发布上谕:"前据李鸿章与福禄诺于四月间议定简明条约……现在已将届期,所有第二款北圻各防营调回边界一节,应即如约照行。著岑毓英、潘鼎新将保胜、谅山各处防营撤回滇粤关内驻扎。"而醇亲王上奏要求撤军的理由读起来更是饶有趣味:"现届三月后会议详细条约之期,越南瘴疠盛行,与其受瘴损伤精锐,不如调回内地休息整顿,再图进取。"7月19日,清廷改派两江总督曾国荃为全权大臣赴上海与巴氏谈判，屈就法国要求。这使法国认为中国已经屈服，表示可把最后期限延至 8 月 1 日。

由于双方在赔款问题上各执己见，会谈迟迟未能正式开始。经过多方斡旋，曾、巴终于 7 月 28 日在上海开始正式会谈。虽然美国驻华大使杨约翰、总税司赫德等提出种种调停方案，但双方仍无法就赔款达成协议。此时，法国认为有必要以军事行动迫使中国同意赔款，便于 8 月 5 日派海军进攻台湾基隆，却为中国守军所败，退回舰内。清廷此时感到问题的严重性，多次谕令有关陆军水师做好战斗准备。而法舰在闽、台海面的聚集使清廷更为不安，命令李鸿章、曾国荃、彭玉麟等调兵船支援福建。但李借口"北洋轮船皆小，不足敌法之铁舰大兵船"、曾借口"镇防轮船不敷分拨"，拒绝派援。仅彭玉麟派去两船，支援福建水师。8 月 23 日下午，法军炮轰马尾，福建水师全军覆没。10 月 1 日，法军攻陷基隆，并宣布对台湾进行封锁。

法军炮轰马尾后，举国愤怒。清廷同意"牵敌以战越为上策"的主张，谕令进兵越南。滇、桂各军本已退回关内，此时未经充分准备就匆忙进驻谅山、保胜。但直到 12 月底以前，尽管双方在越有几次激战，但总的说来比较沉寂，互有胜负，局势不甚明朗。

这期间，双方仍然展开了频繁的外交活动，各中立国也根据自己的利益而调解斡旋。在法舰炮轰基隆后，曾纪泽即前往英国外交部，希望英国调解，被英拒绝。总署又想联英抗法更为英所拒绝。9 月至 10 月，美使杨约翰先后提出两个调解方案，分别为中、法所拒绝。这时，曾纪泽在伦敦一直设法进行种种活动，与法国某报馆主笔秘密联系。该主笔以私人身份提出了四项议和条件，即仍旧施行天津条约；中国军队从东京退出，法国战舰同时离开中国洋面；法国不索兵费；台湾仍由法军驻守，以保证津约施行。曾氏认为可以商量，但被清廷拒绝。税务司德璀琳亦呈递节略，提出四条办法，也因条件过苛而被清廷拒绝。以李鸿章为后台的盛宣怀与法国驻天津领事林椿（Ristelhueber）也在津展开秘密会谈，后提出一个七条方案呈上，亦因过于迁就法国被清廷拒绝。正是战场上互有胜负的局面和国内主战情绪的高涨，使清廷采取了较为强硬的立场。

11月8日，军机处奏定议和办法八条寄曾纪泽，希望通过英国调停。主要内容如下：一、仍以津约为基础；二、由谅山到保胜划一直线，为中国保护通商界线；三、在中国界外设关通商；四、越南仍为中国藩属；五、法国可与曾纪泽谈判或来华谈判；六、立约以中文为准；七、"中国入越之兵，均暂扎不进"，法军退出基隆，"俟和议就绪，两国定期撤兵"，法国解除对台湾的封锁；八、中国本应向法索赔，但"今已弃怨修好，中国亦可免索此巨款"。当曾将此转英外相时，英方认为法国不会接受而拒绝转达。后曾氏作了一些文字上的修改，但因在"贡""界"这两个实质问题上并无让步而为法驻英大使所拒绝。在随后的一段时间，中法双方仍通过英国频繁商榷，但终无结果。正当陷入僵局、毫无进展之际，突然打开了一个秘密渠道，并最后取得"成功"。

10月间，中国海关的巡逻艇"飞虎号"（Feihoo）被封锁台湾的法国海军劫走，并通知海关当局只有得到巴黎的命令才能将船释放。1885年1月7日，赫德电令中国海关驻伦敦办事处的负责人金登干（Duncan，英国人）去巴黎面见法国总理茹费理（Jules）解决此问题。其实，赫德并不介意飞虎号的扣与放，而是感到这是一次难得的机会，他在给金登干的长信中激动地说："现在我这张牌已经打出来啦！这就是你为'飞虎'而去巴黎的那件事。""飞虎事件将使你能亲自去见茹，我希望你能好好地利用这机会。"

当金登干在1885年1月开始他的谈判活动时，形势突然发生变化。在军事方面，华军连连大败，一直退回中国境内的镇南关。法军于 2 月末攻破镇南关，举火焚关后扬长而去。在国际方面，日本于 1884 年 12 月在朝鲜发动甲申政变。驻朝清军为保护朝鲜国王而开进王宫，日军退却，政变失败，但国内主战之声甚嚣尘上。清廷认为朝鲜的战略地位重于越南，对此深感忧虑，不愿南北同时作战，于 1885 年 1 月 9 日谕令李鸿章与日本谈判。4 月 18 日，李鸿章与伊藤博文在天津代表中日两国签订了《天津条约》，使朝鲜成为中日的共同保护国。在军事形势逆转和日本威胁加剧的情况下，清廷对法又趋缓和。正是这种客观情势，使金登干在巴黎的活动取得了出乎意料的成功。

1 月 10 日，金登干抵巴黎，第二天便与茹费理相商；24 日，二人再次会晤。此时，清廷对赫德与茹费理的秘密联系十分信赖，并感到其他渠道将妨碍这一联系。这期间，曾纪泽曾电请总署，试图在伦敦再开外交谈判；驻柏林公使许景澄也电报不断，拟开展活动。但清廷已无意别开渠道，对此一概拖延不复，置之不理。所以赫德十分得意地告诉金登干："目前的谈判，完全在我手里，我要求保密，并不受干预。我自守机密，总理衙门也如此，皇帝已有旨，令津、沪、闽、粤各方停止谈判，以免妨碍我的行动。"赫德独揽了整个谈判过程，李鸿章这次也被摒除在外："连李鸿章都不知道实情，而且没法碰它。""幸而我把事情统统抓在我自己手里，……连总理衙门方面我也不敢把每一件事都告诉他们。"之所以能如此，是因为得到醇亲王的支持："王爷始终支持了我的办法，如果我们这次办成功，我将永远能有他这样一个有力的盟友。""衙门，特别是新王爷，在我们直接去找茹费理以后，坚决地支持了我。"

2 月 28 日，赫德将经醇亲王同意的草约四条致电茹费理：一、中国批准津约，法国于津约外别无要求；二、双方尽快在各处停战，法国解除对台湾的封锁；三、法国派公使到北京或天津，商定详细条约，规定撤兵日期；四、中国政府任命金登干为全权代表，与法国签订本草约。随后赫又致茹长电，对草约四条作了详细解释，劝茹不要"匆忙"伤害中国人的"面子"，只要耐心等待就能得到想要的一切。茹虽对未提赔款不满，但由于有了中国政府的正式提案，遂同意金登干与法国外交部政治司司长开始正式会谈。在谈判过程中，茹一直认为草约四条对北圻撤兵、边界、贸易、筑路等问题不够明确。赫德极力劝茹此时切勿提出这些问题，认为只要清廷现在同意草约与和平，将来就能同意这些条件；若法国过早提出这些，反有碍停火实现。茹遂同意以草约四条作为谈判基础。3月22日，清廷谕令李鸿章为全权大臣在天津与法商议详细条约。赫立即将此消息电茹。金登干3月26日向赫德报告：茹费理"接受了赫德爵士的意见和草约三款以及如何执行三款的说明书。草约并未建立和平，仅在为谈判和平所需要的期间内暂先停止敌对行动。双方意见正趋一致"。

此时，北圻战局发生了戏剧性变化。入越桂军在老将冯子材率领下于3月24日在镇南关大败法军，接连收复文渊州、谅山、谷松、屯梅等多处失地，法军溃不成军。同时，刘永福也率黑旗军大败法军于临洮，并收复一些失地。虽然法军于29日攻占澎湖，但整个战局陡转为于华军有利。法军大败的消息传到巴黎，顿时爆发一片谴责之声，30日，茹费理内阁倒台。

但此时巴黎和谈已基本告成，清廷极欲求和。3月30日，军机处基本同意赫德所递法拟善后事宜，即彼此停战，华军撤回关内，法解除对台湾的封锁等。赫德立即将此电告法方，并解释说："在中国已得收复谅山消息之后，朝廷和衙门还都恪守谈判所已达成的协议"，足以"证明中国方面希望和平履行《天津条约》的真诚"。"总理衙门唯恐谅山的胜利会使宫廷听从不负责的主战言论，急于迅速解决。"赫德更是唯恐前功尽弃，多次电促金登干相机行事，立即签字。曾纪泽此时也主张议和，于 30 日致电总署："刻下若能和，中国极体面。虽稍让亦合算。似宜趁法新执政初升时速办。"

茹费理内阁倒台后，新内阁要一星期后才能成立，法国总统格雷（Grevy）也担心夜长梦多，便采取非常措施，授旧内阁以签字之权。4 月 4 日下午，金登干与法外交部政治司司长分别代表中法政府在巴黎签署了中法停战协定，内容如下：一、中国批准"天津简约"，法国别无其他目的；二、命令传到前线后即行停战，法国解除对台湾的封锁；三、法国派专员到北京或天津商定条约细则，再由两国订立撤兵日。4 月 6 日，清廷发布上谕："中法现议修好，允准津约。各路军营，著即定期停战。滇粤各军并著照约定期撤回边境。"第二天又电令沿海及滇桂督府撤军具体日期。面对来自各方的主战呼声，清廷两降严旨退兵："若不乘胜即收，不惟全局败坏，且孤军深入，战事益无把握；纵再有进步，越地终非我有；而全台隶我版图，援断饷绝，一失难复。彼时和战两难，更将何以为计？""若此时复饬进兵，此等举动，岂中国所为？幸而获胜，尚觉得不偿失；一有蹉跎，更伤国体。"此时清廷所追求的只是"乘胜议和"。这样，华军从 4 月 28 日起陆续撤离越境，刘永福也率黑旗军于 6 月 25 日撤入云南境内。

4 月 28 日，巴德诺到达天津，准备同李鸿章签约。但实际上，中法议和的详细条款此时仍由赫德、金登干与法国外长佛莱西纳（Freycinet）仔细商榷，李鸿章仍不得预闻，只待到时出场画押而已。最后，李、巴终在 6 月 9 日签订了中法和约十条。主要内容为中国承认法国与越南所订立的一切条约；由法国"保护"北圻，而中国不得在北圻驻军；中国在越侨民、商人也要由法国"保护"；在中越边境开两处通商口，法商可在此居住，法国可在此设领事馆；条约签订六个月后，中法双方派员勘定中越边界；等等。李鸿章在给同僚的信中，也自嘲说自己仅最后时刻签字画押而已。

至此，中法越南交涉以中国失败而告终。尽管法国放弃了赔款和占地为质的要求，但却达到它最初也是最主要的目标——侵占全越、在中越边境开关通商；而中国，则失去了它最初视为最重要的东西——千余年来对越传统的宗主权利、不许边境开关通商等。

　　这纸实际由英国人赫德与法国人交涉出的"和约"透露出清王朝的种种信息：外交大权假手于人，迟迟建立不起来统一的近代化外交机构，各路诸侯首先考虑自己利益竟能不听朝廷调遣……一句话，清王朝已经腐朽透顶。

洋务

被打出来的近代化

鸦片战争失败后，林则徐提出"师夷长技以制夷"的主张，但老大帝国依然沉浸在"天朝上国"的迷梦中，根本未意识到这次规模并不算大的战争的巨大意义，林则徐的主张，更被冷落、拒绝。也因此，林则徐才被后人尊为近代中国"睁眼看世界第一人"。直到近二十年后，曾、左、李在镇压太平天国运动中掌握了相当的权力，同时领略到洋枪洋炮的厉害，冲破重重阻力，开始了中国的第一次"近代化运动"———以引进大机器生产、制造先进枪炮轮船、铺铁路架电线、引进西方近代科技知识、派遣留学生为主要内容的洋务运动。

对一直处于外患频仍、内乱不断的清王朝来说，洋务运动的种种举措与其生死存亡休戚相关，本应大力支持。然而，由于朝野愚昧守旧力量过于强大，洋务运动的开创与进展一直十分艰难。从造枪造炮到铺铁路架电线……顽固派一概谴责为"溃夷夏之防"，是用"奇技淫巧"来"夷化"中华。顽固派认为"铁路"可用于西方而不能用于中国，因为铁路的性质是逐利，违背了中国"谋道不谋利"、以"礼义"不以"利益"治国的原则；电报也是西方可用而中国不能用，因为西方信耶稣不崇拜祖先，而中国崇拜祖先，电线或电线杆埋入地下将使已经入土的"祖宗"不得安宁，此即"不孝"，"不孝"便不能"忠"。总之，顽固派凡事都要问"姓什么"，从来不从"技术"层面来反对洋务派，而是将技术问题道德化、上纲上线从"道德"层面谴责洋务派，使洋务派难以招架。

面对此种困局，李鸿章总是"遇到红灯绕道走"，迂回曲折达到自己目的。李鸿章在19世纪70年代初就提出要修铁路，但近二十年一直得不到朝廷的首肯，不过他最终通过运作新成立的"海军衙门"达到使朝廷同意修路的目的。他曾巧借反对派修造轮船的奏折，使"洋务"从纯军工而转向"民用"；中国的近代化，从"求强"发展为"求富"。

当时，只有"官"才有可能创办近代化企业，然而一些年后，"洋务"官办企业的弊病日渐严重。但朝廷又严禁私人创办近代企业，李鸿章又想出了"官督商办"作为过渡。不过，这种企业的一个天生的严重欠缺是产权不明。终于在清末引发了争夺这些企业的"官办"与"民营"的激斗，而清政府没有制定稳定的经济政策，经常大幅摇摆的经济政策终于动摇了清王朝的政权基础。

亦开风气之先
——请设上海广方言馆

请设外国语言文字学馆折
同治二年正月二十二日（1863年3月11日）

奏为援案请设外国语言文字学馆，恭折仰祈圣鉴事。

窃臣前准总理衙门来咨遵议设立学习外国语言文字学馆为同文馆，等因。伏维中国与洋人交接，必先通其志，达其欲，周知其虚实诚伪，而后有称物平施之效。互市二十年来，彼酋之习我语言文字者不少，其尤者能读我经史，于朝章宪典，吏治民情，言之历历。而我官员绅士中，绝少通习外国语言文字之人。各国在沪均设立翻译官一二员，遇中外大臣会商之事，皆凭外国翻译官传述，亦难保无偏袒捏架情弊。中国能通洋语者，仅恃通事，凡关局、军营交涉事务，无非雇觅通事，往来传话，而其人遂为洋务之大害。查上海通事一途，获利最厚，于士农工商之外，别成一业。其人不外两种，一广东、宁波商伙子弟，佻达游闲，别无转移执事之路者，辄以学习通事为逋逃薮。一英法等国设立义学，招本地贫苦童稚，与以衣食而教肆之。市儿村竖，来历难知，无不染洋泾习气，亦无不传习彼教。此两种人者，类皆资性蠢愚，心术卑鄙，货利声色之外，不知其他。且其仅通洋语者，十之八九；兼识洋字者，十之一二。所识洋字，亦不过货名价目与俚浅文理，不特于彼中兵刑食货，张弛治忽之大，懵焉无知，即遇有交涉事宜，词气轻重缓急，往往失其本旨，惟知藉洋人势力播弄挑唆，以遂其利欲。蔑视官长，欺压平民，无所忌惮。即如会办防堵一节，间与通习汉语之大酋晤谈，尚不远乎情理，而琐屑事件，势不能一一面商，因而通事假手其间，勾结洋兵为分肥之计。诛求之无厌，挑斥之无理，支销之无艺，欺我聋喑，逞其簧鼓，或遂以小嫌酿大衅。洋务为国家怀远招携之要政，乃以枢纽付若辈之手，遂至彼己之不知，情伪之莫辨，操纵进退，汔不得其要领。此非细故也。

京师同文馆之设，实为良法。行之既久，必有正人君子、奇尤异敏之士，出乎其中，然后尽得西人之要领，而思所以驾驭之。绥靖边陲之原本，实在于此。惟是洋人总汇之地，以上海、广东两口为最。种类较多，书籍较富，见闻较广。言语文字之粗者，一教习已足，其精者务在博采周咨，集思广益，非求之上海、广东不可。故行之他处，犹一齐人傅之之说也。行之上海、广东，更置之庄岳之间之说也。臣愚拟请依照同文馆之例，于上海添设外国语言文字学馆，选近郡年十四岁以下，资禀颖悟、根器端静之文童，聘西人教习，兼聘内地品学兼优之举贡生员，课以经史文艺。学成之后，送本省督抚考验，作为该县附学生，准其应试其候补佐贰佐杂等官。有年少聪慧愿入馆学习者，呈明由同乡官出具品德端方切结送局，一体教习，藉资照料。学成后亦酌给升途，以示鼓励。均由海关监督督筹试办，随时察核具详。三五年后，有此读书明理之人精通番语，凡通商督抚衙门及海关监督应添设翻译官，承办洋务，即于学馆中遴选承充，庶关税军需可期核实，而无赖通事亦敛迹矣。夫通商纲领固在总理衙门，而中外交涉事件则两口转多，势不能以八旗学生兼顾，惟多途以取之，随地以求之，则习其语言文字者必多。人数既多，人才斯出。彼西人所擅长者，测算之学，格物之理，制器尚象之法，无不专精务实，浩有成书，经译者十才一二。必能尽阅其未译之书，方可探赜索引，由粗显而入精微。我中华智巧聪明岂出西人之下？果有精熟西文，转相传习，一切轮船火器等巧技，当可由渐通晓。于中国自强之道，似有裨助。

如蒙俞允，一切章程及薪资工食各项零费，容臣督同关道设法筹画，或仍于船钞项下酌量提用。其广东海口可否试行，有无窒碍之处，应请饬下该省督抚体察办理。臣愚昧之见，是否有当。伏乞皇上圣鉴训示遵行。谨奏。

从鸦片战争开始，中外交涉越来越多，特别是中英、中法《天津条约》和《北京条约》规定，以后英、法两国送交中国的文件均用本国文字书写，暂附中文副本，但是遇有文字歧异之处，则以它们本国文字为准。中国读书人从来只有走考"八股"的科举之路才是"正途"，结果读书人只知诗文而不通中外，更无人也不可能学习外语，因此此时清政府感到急需翻译人才。奕䜣等洋务派认为当务之急是培养翻译人才，遂于1861年奏请、1862年夏在北京正式开办了外国语言文字学馆——同文馆。

京师同文馆开办不到一年，李鸿章就呈上此折，奏请在上海设立外国语言文字学馆，后定名为上海广方言馆。

首先，他说明了培养翻译的重要性，他发现，中外交通二十余年，许多洋人头目（他称为"彼酋"）都在研习中文，其中一些突出者甚至能阅读中国经史，"于朝章宪典，吏治民情，言之历历"，而中国"官员绅士中，绝少通习外国语言文字之人"。彼知我而我不知彼，在中外交涉中中方自然居于劣势，经常吃亏。由于中外交涉日多，不得不找"通事"即翻译"往来传话"，因此翻译也成传统"士农工商"之外一个"获利最厚"的新职业。但这些翻译并非专门训练出身，不外两种人：一是"广东、宁波商伙子弟，佻达游闲，别无转移执事之路者，辄以学习通事为遁逃薮"；另一种是英、法等国在中国设立的教会学校，招收中国贫穷人家子弟学习外语，"市儿村竖，来历难知，无不染洋泾习气，亦无不传习彼教"。他断定"此两种人者，类皆资性蠢愚，心术卑鄙，货利声色之外，不知其他"。而且他们绝大多数只会口语而不能阅读外文，而极少数能读外文者也只是认得与商务有关的文字，对外国的政治、经济、军事则知之甚少。因此，"即遇有交涉事宜，词气轻重缓急，往往失其本旨，惟知藉洋人势力播弄挑唆，以遂其利欲。蔑视官长，欺压平民，无所忌惮"。在许多中外交涉中"通事假手其间，勾结洋兵为分肥之计。诛求之无厌，挑斥之无理，支销之无艺，欺我聋喑，逞其簧鼓，或遂以小嫌酿大衅"。与外国打交道是国家之"要政"，"乃以枢纽付若辈之手，遂至彼己之不知，情伪之莫辨，操纵进退，汔不得其要领"。他之所以用如此轻蔑甚至充满侮辱的语言来形容那些临时找来的"通事"，是为了强调创办语言学校来培养正规的翻译人才事关重大，确有必要。

在论证了创办外国语言文字学校的必要性后，李鸿章接着就必须论证在上海创办此校的理由，因为总理衙门刚刚在北京创办了同文馆，各方对如此短的时间内上海有无必要再办一所此类学校不无疑虑。他首先称赞说："京师同文馆之设，实为良法。行之既久，必有正人君子、奇尤异敏之士，出乎其中，然后尽得西人之要领，而思所以驾驭之。绥靖边陲之原本，实在于此。"紧接着他就笔锋一转，提出"洋人总汇之地，以上海、广东两口为最。种类较多，书籍较富，见闻较广。语言文字之粗者，一教习已足，其精者务在博采周咨，集思广益，非求之上海、广东不可"。此话说得斩钉截铁，志在必得。为了强调此点，他还把"亚圣"孟子拿出来为自己的观点辩护。《孟子·滕文公章句下》中曾言有楚人想学齐语，但如果请一个齐国老师教许多楚人，结果必然是尽管每天用鞭子强迫他们苦学齐语而终不可得。相反，如果将这些楚人放到齐国都城临淄城内街里名称为庄岳的地方数年，就是每天用鞭子逼迫他们保留楚国的语言而不学齐语也不可能。李鸿章说，在别的地方办外国语言文字学校，犹如一个齐人教众多楚人，难以学会；而设在上海、广东则如同"置之庄岳之间"，容易掌握。

从方方面面论证了上海必须或必须在上海创办此校后，李鸿章接着就汇报具体办学方案。他谦虚地说只是"依照同文馆之例"，其实在一些重要方面，却突破了京师同文馆的办学模式。同文馆学生只从八旗子弟中挑选，实际是八旗子弟学校，而上海广方言馆则从附近地方招十四岁以下的文童，因为"通商纲领固在总理衙门，而中外交涉事件则两口转多，势不能以八旗学生兼顾，惟多途以取之，随地以求之，则习其语言文字者必多。人数既多，人才斯出"。同文馆只是语言学校，而上海广方言馆实际不仅仅是语言学校，还要学习西方的科学技术知识。"彼西人所擅长者，测算之学、格物之理、制器尚象之法，无不专精务实"，但翻译过来的极少，而只有"尽阅其未译之书，方可探赜索引，由粗显而入精微。我中华智巧聪明岂出西人之下？果有精熟西文，转相传习，一切轮船火器等巧技，当可由渐通晓，于中国自强之道，似有裨助"。而且，由于当时社会风气视西学为洪水猛兽，对任何向西方的学习都嗤之以鼻，科甲才被视为读书人唯一的"正途"，所以李鸿章特别提出，这些文童学生"学成之后，送本省督抚考验，作为该县附学生"，仍可谋取科甲"正途"，以减少招生的阻力。认识到西方船坚炮利背后是机器制造，而机器制造背后又是声、光、电、化等自然科学知识，李鸿章的这种认识当时确实超前；而以朝廷在对外交涉中不能不学的外国语言为理由，尽量拓宽了解、学习"西学"的门径，也是一种无奈的巧妙；而对学习"西学"的学生今后仍给"正途"，除了吸引学生的策略原因外，还隐含着将仍被视为"奇技淫巧"的"西学"合法化，从而在中国的知识谱系中合理合法地占有一席之地之意。

而四年后，京师同文馆才提出录取"正途"人员入馆，并设天文算学馆学习近代自然科学知识，并因此引起了顽固派的激烈反对，爆发了近代史上一次意义深远的文化论战。由此，亦可看出李鸿章创办上海广方言馆的远见及所冒风险之巨，确开风气之先。

"发威马齐"：中国军队的近代化

上曾相

同治二年三月十七日（1863年5月4日）

初十日寄上一缄，计已达到。十一日奉三月初一日手谕，并密奏片稿。伏读再四，钦悚曷任。

程镇与戈登商定进攻太仓，十二日先拔三营，进扎西门，正与贼石垒二座相对。十四日黎明，贼水陆来扑，程镇设计击退，夺获炮船三十余只，贼目尽歼之。戈登亦带大炮攻贼营，霎时即破，程镇派队驻守之。十五日，戈登在营前排列开花巨炮十余尊，对城轰打。贼始避匿埝下，继则深藏子城地窖中。炮力所穿，无孔不入。自午至申，轰倒二十余丈，城内屋瓦皆飞，击死悍贼无数。先出南门猛扑，经三舍弟所派队伍击回。我军奋勇大呼登城，上下数回合，犹巷战片时，诸军合力围杀之。蔡逆首突围，由北门溃走，又经程镇追捡脔割之。城贼实万余人，漏网盖少，惨劫亦快事也。蔡逆新封会王，系伪忠王之婿，在贼中著名凶狡。忠贼北行，以苏浙一带地方交蔡与慕、听两王防守。歼此渠魁，亦去一患。在城中搜获伪文，内有忠逆来信钞呈。似该逆蓄意北犯，未必遽回苏巢。祈吾师与希帅严密防备为幸。浙东败贼，闻止踞绍兴之伪来王一股并入苏州听逆，添守杭城，似难即克。戈登同程镇欲乘胜进攻昆山。昆、太相距三十二里，有不可中止之势。地广兵单，布守不易。

西洋炸炮重者有数万数千斤，轻者数百数十斤，战守攻具，天下
无敌。鸿章现雇洋人数名，分给各营教习。又募外国匠人，由香港购
办造炮器具。丁雨生即来监工，又托法、英提督各代购大炮数尊自本
国寄来，大约今年底可渐集事。每思外国兵丁口粮贵而人数少，至多
以一万人为率，即当大敌。中国用兵多至数倍，而经年积岁不收功
效，实由于枪炮窳滥。若火器能与西洋相埒，平中国有余，敌外国亦
无不足。俄罗斯、日本从前不知炮法，国日以弱，自其国之君臣卑礼
下人，求得英法秘巧，枪炮轮船渐能制用，遂与英法相为雄长。中土
若于此加意，百年之后，长可自立。仍祈师门一倡率之。

士迪佛立自芜湖回，谈次颇讯上游军中无利器，是以有请练万余
人之说。戈登智勇兼优，尤喜英国济助军火，源源不穷，价值尚不甚
贵。打福山须千余金，打昆、太须万数千金也。淮勇向多骚扰，鸿章
时以禁诫诸将，断不敢稍存袒护。惟勇易集而将难求，徒深惴惴。都
公军气不振，部下惟詹镇启纶素称能战，近益沾染李世忠风派，专于
贩卖霸占，都帅莫敢谕禁。论者为富都护差强，究未悉其底蕴。里下
河暂可无事，如希帅击回忠党，则旁审淮扬意中事也。

腊底奉献微物，久无轮船带往，乘便补呈。伏冀鉴纳。

李鸿章组建淮军，开始是以湘军为蓝本，但随着他身处"华洋杂
处"的上海，并且几乎日日与"洋兵洋将"打交道，对西方船坚炮利
近代化武器的认识越来越直观，也越来越深刻，所以不久就开始在许
多方面更多地学习西方，引进西方武器，甚至用西法操练淮军。

在具体主持"华洋会剿"太平天国的过程中，他真切地感受到西
方武器的威力，决定"师夷之长技"以"自强"。早在1862年4月
他抵达上海不久，初次看到西方武器的威力就让他眼界大开，叹为观

止。在给曾国藩的信中感叹他亲眼看到英法军队"防卫"上海与太平军作战的情形："洋兵数千，枪炮并发，其落地开花炸弹真神技也！"他认为要镇压太平军也"惟有多用西洋军火以制之"，于是决心"讲求洋器"，积极设法尽可能以西式武器武装淮军。

但当时"讲求洋器"仍是骇人之举，李要大规模引进西方武器遇到了巨大阻力，甚至一贯讲求"变通""致用"、并不保守的曾国藩，由于此时对"洋枪火炮"的认识有限，也对李的做法不以为然，去信劝阻，认为带兵治军在"人"而不在"器"。由此，可见李所遇阻力之强大。对此，李鸿章在复信中一方面对"师门"表示尊重，承认"用兵在人不在器，自是至论"，另一方面又表示"鸿章尝往英法提督兵船，见其大炮之精纯，子药之细巧，器械之鲜明，队伍之雄整，实非中国所能及。其陆军虽非所长，而每攻城劫营，各项军火皆中土所无，即浮桥云梯炮台，别具精工妙用，亦未曾见"。他还以"贼亦徒震于炸炮之名"说明洋枪洋炮的厉害，然后向曾表明心迹："鸿章亦岂敢崇信邪教，求利益于我。惟深以中国军器远逊外洋为耻，日戒谕将士，虚心忍辱，学得西人一二秘法，期有增益而能战之。""若驻上海久而不能资取洋人长技，咎悔多矣！"学习西方先进技术的态度比曾国藩更为坚决。几个月后，他在给曾的此信中进一步阐明了必须学习西方的根据："每思外国兵丁口粮贵而人数少，至多以一万人为率，即当大敌。中国用兵多至数倍，而经年积岁不收功效，实由于枪炮窳滥。若火器能与西洋相埒，平中国有余，敌外国亦无不足。"更值得注意的是，此信表明他开始以俄国、日本为例，论述学习西方"长技"的重要性，说明他的视野已更开阔，而且他还吁求其师曾国藩倡导学习西方："俄罗斯、日本从前不知炮法，国日以弱。自其国之君臣卑礼下人，求得英法秘巧，枪炮轮船渐能制用，遂与英法相为雄长。中土若于此加意，百年之后，长可自立。仍祈师门一倡率之。"

李鸿章此时以西法治淮军的具体步骤是，以购买外国枪炮为先，虽然经费紧张，他却不惜重金想方设法求购较为先进的武器。1862年6月，他的部将程学启组建了一支有百余支来复枪的洋枪队，到当年9月淮军各营就有来复枪一万余支。到1863年5月，随着淮军的急剧扩张，除有来复枪一万余支外，还有许多门能发射26磅炮弹的大炮。为了让官兵尽快学会操作先进武器，他还高薪聘请一些外国军官当淮军教习，教演使用洋枪洋炮。除了用西方武器装备淮军，他还聘请外国军官按"西法"操练军队，一些口令都按音译成中文，如"前进"，就按英语"forward march"音译成"发威马齐"。

引进近代化武器，自然而然就要逐渐导致军制的近代化。淮军源自湘军，本来是以湘军为师，但不久就以"常胜军"为师，学习现代军事操练和战法，在现代兵器装备和现代军事训练方面迅速超过湘军。所以近人王闿运在《湘军志》中说："淮军本仿湘军以兴，未一年尽改旧制，更仿夷军，后之湘军又更效之。"在中国军队近代化的道路上，淮军引进西方武器、以西法操练，是极为重要的一步。而淮军的近代化，实又源自"常胜军"。

"阿思本舰队"事件

——中国的近代海军梦

致总理衙门函

总署同治二年六月二十二日收（1863年7月7日）

六月二十二日，江苏巡抚李函称：李泰国所雇轮船七只，尚未据报到沪。钦奉五月二十三寄谕，并抄录贵衙门现议章程五条。

伏读之下，仰见深谋远虑，杜渐防微。不知几费唇舌，几经筹议，乃能如此周到。每月一切费用七万五千两，分派各关，当可勉力凑付。此项兵船原拟入江后协剿九洑洲、金陵等处。现在楚军水陆业将九洑洲沿江贼垒，次第踏毁。金陵已成合围之势，可无庸外国兵船会剿。即兵船前去，亦无甚益。容即缄商涤生中堂，如何调度。至前拟统带之总兵蔡国祥，能否作为中国汉总统，会同阿思本管带，暨挑选何项兵上船学习，均请曾帅裁示。遵奉谕旨，暨贵衙门条议。实力筹办，次第酌行。

鸿章窃查外国人性情揽权嗜利，不约皆同。如上海英、法教练勇一千数百名，始议中外会带，久则外国多方搅扰，渐侵其权，不容中国管带官自主，亦不肯绳勇丁以中国之法。又如常胜军四千五百名，现已裁至三千余，自戈登接带后，尚听调遣。然引用外国弁兵至一百数十人，分领其众，中国会带官李恒嵩，名虽会同商量，实不能自行法令，不过调停迁就，使其和合各管，并力剿贼，不至决裂耳。今派中国武职大员作为该师船之汉总统，阿思本作为帮同总统，听督抚节制调遣，挑选中国人上船学习，名綦正矣，义极严矣。惟外国弁兵水手，有六百人之多，言语不通，气类不合，彼众我寡，一传众咻。加以武夫愚蠢，英人猜忌，偶失周旋，则谤毁随之。略与争论，则辱詈及之。始则嫌于相逼，久或不能相容。此总统之难分其权者一也。李泰国久在中国，深知虚实。往者抚局难成，当事不免婢娵，彼遂藐视等夷，趾高气扬。又自命轮船一到，可尽平中国之贼。三月过沪时，鸿章以理折之。谓其轮船仅可入长江助剿金陵，而金陵附城小河，即不能入。况金陵即克，贼不上窜皖南北，即下窜苏浙。平原旷野，轮船固不能行内河支港，兵船亦不得进。彼犹强词夺理，然实不知兵法，不晓贼情者也。若彼不另出主意，挽越调度，尚未见阿思本辈之果听指挥。若彼再把持唆弄，颠倒是非，更难保统兵大员之不受挟制，此调度之难分其权者二也。中国兵勇口粮本少，绿营弁兵，既不可用。大率募农民精壮者以为勇，又选勇丁勤朴者以上船学习。即如外国人教练洋枪队，口号难解，领会稍迟，鞭挞立加，情谊不属。于是愿者逃亡，黠者争论。楚勇战胜功多，水师亦颇骄悍，驱而纳诸兵船，未必皆俯首顺从，甘受洋人之凌虐。而洋人据为利薮，未必肯实心教练，果愿华人之擅长。且其轮船机器、炮火精微，亦非顽夫健卒所能尽得其奥妙。此学习驾驶之难分其权者三也。此三难者，鸿章近与若辈交涉军务，悉心体会，微有阅历。又深知李泰国心术险诈，目前不愿中国人专权，即将来不愿中国人接手。愚虑所及，不敢不为殿下切实陈之。惟既奉明诏，著鸿章等节制调遣，谨当推诚驾驭，因势利导，随时陈请贵衙门主持饬遵。

"船坚炮利"，可说是近代国人对西方列强的最初印象。但清政府建造近代海军的过程却一波三折，极不顺利，李鸿章此信说的就是近代史上一度沸沸扬扬的"阿思本舰队"事件，为此事李鸿章与总理衙门之间函件频频，此处收录的即其中一则。透过这一事件，可以看出李鸿章的真实思想，可以看到清政府起初是短视继而又过于急功近利的危害，亦反映出中外之间的矛盾、各地方利益集团间的矛盾。而对这些矛盾的处理不当，则是清政府初次试办近代海军失败的重要原因。

在第一次鸦片战争中，直接与英国侵略军交战的林则徐深刻感受到近代海军的威力，提出"师夷长技以制夷"的主张，最早提出了建立近代海军的构想。但当时朝野却仍昧于世界大势，还认为中国是位于世界中心的"天朝上国"，外国仍是远逊于中国的"蛮夷之邦"，"师夷造船"有失"天朝"体制，所以不仅安于现状，而且反对买船造船。林则徐提出购买、仿造近代军舰的想法和实践，遭到朝野上下的激烈反对，道光帝甚至在林则徐建议造船的奏折上朱批道："一片胡言。"

林则徐建立近代海军的方案被否定，有名无实、落后腐败、早就不堪一击的绿营水师仍是当时中国唯一的水军。虽然后来在镇压太平天国的运动中，湘军在江南多次与太平军进行水战，不得不建设水师，但仍是旧式水军。第二次鸦片战争时期，英法侵略军从海上进攻，最后直入都城，使朝野深受震动，一些人开始认识到近代海军的厉害。随着第二次鸦片战争的结束，出现"中外和好"之局，太平天国成为清政府的"心腹之患"。19世纪60年代初，清廷开始考虑仿造或向西方购买军舰以镇压太平天国。这时，距林则徐提出建立近代海军的建议已整整20年矣！而就在这20年间，西方的海军发生了飞跃性发展，蒸汽舰已逐步取代帆舰成为海军主要舰只。

清政府准备建立近代舰队的消息传出后，英国反应最为迅速，驻华外交官和其他人员等立刻到总理衙门劝说建造轮船不如买英国轮船。1861 年 4 月，刚刚代理中国海关总税务司的赫德向恭亲王奕䜣建议，只要花几十万两银子就可从外国买一支舰队，并可请外国军官进行训练。奕䜣为赫德的建议所动，认为曾国藩等提出的造船太慢，缓不济急，于是饬令赫德经办买船事宜。赫德制订了详细计划，实际要花银 130 万两。对财政长期困难的清政府来说，一百多万两银子确非小数，所以奕䜣一时难以决定，故未上奏。8 月下旬，曾国藩上《复陈购买外洋船炮折》，承认"购买外洋船炮，则为今日救时之第一要务"，"轮船之速，洋炮之远，在英、法则夸其所独有，在中华则震于所罕见。若能陆续购买，据为己物，在中华见惯而不惊，在英、法亦渐失其所恃"。这年冬天，浙江数城接连被太平军攻克，清廷惊慌不已，加速了买船进程。在此期间，赫德一直积极活动鼓动买船，他知道清政府因财政困难一时难下决心，便提出可动用关税。主管此事的奕䜣即为此议所动，于 1862 年 1 月下旬上奏，称现在"浙江宁波、杭州两府，相继失守，贼势益张，难保不更思窜出宁波，为纵横海上之计"。因此"请饬下江苏巡抚，迅速筹款雇觅外国火轮船只，选派将弁，驶出外洋，堵截宁波口外，以防贼匪窜逸。并令广东、福建各督抚，一体购觅轮船，会同堵截"。第二天，朝廷就批准了此奏。

早无准备，丧失了 20 年时光，直到现在事到临头、军情十万火急时，才匆匆忙忙想建立近代海军，这就难免要付代价不菲的"学费"。

从 1862 年 2 月起，清政府与赫德开始具体商谈买船的各项事宜。经过一番交涉和讨价还价后，最后确定购买英国制造的中号轮船 3 艘、小号轮船 4 艘，共需银价 65 万两，并经赫德推荐，由正在英国休假的中国海关第一任总税务司英国人李泰国（Lay Horatio Nelson）在英具体经办买船事宜。李泰国早在 1842 年即随其父来华，曾任英国驻上海副领事，1857 年以汉文副使身份北上天津，参与与中国钦差大臣交涉修约。1858 年的中英《天津条约》与《通商章程》被认为都出自他手，1859 年被派为海关首任总税务司。这些经历使他总以"中国通"自居，对华态度粗暴。

确定了所买船只的大小、数量、价格后，紧接着就要确定内地水手、水勇的选配。这个问题事关新舰队的控制权，有关各方都不相让，矛盾骤然尖锐。由于买船的目的是为了镇压太平军，所以总理衙门起初自然奏明由正与太平军激战的曾国藩"酌配兵丁，学习驾驶，以备防江之用"。但赫德认为曾国藩不会由他摆布，故反对此议，提出"添配内地水勇人等，应由广东、福建、山东沿海等处，选募生长海滨、习惯出洋、不畏风涛之人，分配驾驶，可期得力"。他的建议自然得到这些地方的地方官支持，但却遭到曾国藩的强烈反对。曾国藩认为仍应维持总理衙门原议，"配用江楚兵勇，始而试令司舵司火，继而试以造船、造炮，一一学习，庶几见惯而不惊，积久而渐熟"。曾国藩位高权重，对他的话，赫德也不能不让三分，于是提出船上炮手可用湖南人。最后，总理衙门决定由曾国藩"悉心筹商，妥为配派，不必拘定何省之人，但以熟悉洋面，能守法度，日久易于驾驶为要义"。这一饬令可谓圆滑，既决定由曾国藩办理、照顾了他的利益面子，又要求他"不必拘定何省之人"，关照了他人的利益。最后，曾国藩决定每船酌留三四名"洋弁"，其余即配楚勇，以后再参以浙江、广东、福建等沿海处兵勇。曾国藩的想法是："始以洋人教华人，继以华人教华人，既不患教导之不敷，又不患心志之不齐，且与长江各项水师出自一家，仍可联为一气，不过于长龙、舢板数十营中，新添轮船一营而已。"

但事实证明，曾国藩过于乐观了。

1863 年 1 月中旬，李泰国在英筹建舰队。他推翻了 65 万两原议，提出再加20万两，经过一番讨价还价后，中方同意再加15万两共80万两。同时，李泰国聘请英国海军上校阿思本（Sherrard Osborne）为总司令，因此史称"阿思本舰队"或"李泰国—阿思本舰队"。然而令人震惊的是，身在伦敦的李泰国未经清政府同意就擅自代表清政府同阿思本签订了一个有十三款的合同，其主要内容是："中国现立外国兵船水师，阿思本允作总统四年。但除阿思本之外，中国不得另延外国人作总统。""凡中国所有外国样式船只，或内地船雇外国人管理者，或中国调用官民所置各轮船，议定嗣后均归阿思本一律管辖调度。""凡朝廷一切谕阿思本文件，均由李泰国转行谕知，阿思本无不遵办；若由别人转谕，则未能遵行。""如有阿思本不能照办之事，则李泰国未便转谕。""此项水师各船员弁兵丁水手，均由阿思本选用，仍须李泰国应允，方可准行。""倘有中国官员，于各兵船之官员兵丁水手人等有所指告事件，则李泰国会同阿思本必得详细查办。""李泰国应即日另行支领各员薪俸工食、各船经费等银两，足敷四年之数，存储待用。"

这些条款最重要的内容就是中国政府实际不能管理、指挥阿思本舰队，不仅如此，今后中国购买军舰、新式海军都归阿思本管理指挥！而阿思本只接受中国皇帝的谕令，实际是只受李泰国指挥，因为中国皇帝谕令只有通过李泰国转达才有效，否则就不遵行！

1863年5月，李泰国回到中国，来往于上海、北京之间。在上海，他要求李鸿章由海关提银12万两支付船炮欠款和官兵川资，并告诉李鸿章，船到之后每月开销将不止赫德说过的3万两。提银12万两的要求被李鸿章严词拒绝，李泰国于是大怒说要向恭亲王索要这笔钱款。李鸿章也不示弱，回答："无论怎样也无钱，你能把我怎样？"并且颇有些自吹自擂地说自己现有重兵十万，攻克长江上游从未有过外国人援助；若李泰国现在如此要挟，可能会激怒军情，他们不免一战。李泰国当即拂袖而去，而李鸿章也怒不相送。之后，李鸿章感到事情严重，因为舰队到达后仅日常维持费用海关就难以保证，便急忙将详情函告总理衙门，要总理衙门早做准备："外国弁兵口粮，既非中国兵勇可比，李泰国性情褊躁，索饷甚急，情势汹汹，刻不容缓。目下海关收数太绌，无力承应。若不预为陈明，稍有贻误，致滋他变，则鸿章罪戾更重。敢祈迅速核定分派，请旨严饬各关，按月由税务司扣交李泰国、赫德收用，应免决裂。"义正词严，却又有自己利益的考虑，希望各方分摊费用，而不是仅由上海一处负担。

几天后，李鸿章再次致函总理衙门。第一，他对李泰国任意加价极其不满，认为"国家度支有节，岂同买菜求添"，恐怕今后李泰国还会不断加价，"将来漫无限制，何以应其所求"？第二，他认为船员应以中国人为主，并且只要是中国人即可，不必分这省那省，而李泰国却提出要以英国人为主，四年内不可更换。他提醒总理衙门，此点与赫德原议不符，应坚持原议。第三，他还对李泰国与赫德两人人品作了一番比较，认为"赫德人尚平正"，"周旋中外之间，随事尽力，众誉交推"。而"李泰国承其父余焰，权谲百出"，由于参与天津换约谈判，"既狡焉得逞，眼界遂大，气势颇张，其视赫德若辈蔑如也"。李泰国"见赫德渐为中国宠信，稍自树立，既阴忌之，又恐此项兵船谨受中国节制，不能复遂其恣肆，故立意尽反赫德之议，将以困中国而便其私"。他建议总理衙门"仍用原议赫德会同办理轮船一切事宜，即不能专倚赫德而置李泰国于局外。要在处处隐寓抑扬，以重赫德之势而轻李泰国之权"，"赫德此时所以不能置议者，权势不足故也。若中国益倚任之，外国人亦承随其言论所向而左右之，则赫德可复理其原议。庶不致此项兵船落在李泰国手中，为虎傅翼，后患将不可终穷也"。看来，他不仅在处理国家间关系时"以夷制夷"，在处理个人关系时竟也"以夷制夷"。从此处他对赫德的褒扬有加，可以看出今后赫德在中国政坛将起重要作用。最后，他强调"船中自总理大员以及弁兵枪手炮手人等，须层层节制，倘有违反罪过，不遵调遣，应照中国法律惩治。总之，此项兵船系中国购买雇用，即是中国水师，进退赏罚，应由中国统兵大员及该船管带之中国大员主张。其会带之外国兵官及办事人等，不得把持专擅。以上各条，仰祈慎之于始，严定章程，明立条约"。显然，李鸿章最关心的是中国政府对此舰队的主权。

在上海与李鸿章争执一番后，李泰国又来到北京，与奕䜣等总理衙门官员反复争论。李泰国一定要清政府认可他擅自与阿思本签订的合同，而总理衙门则认识到这个合同的实质，是"一切均归阿思本、李泰国调度。而每年所用经费则以数百万计，并请将各关税务全归李泰国管理，任其支取使用。其意思借此一举，将中国兵权、利权全行移于外国"。所以在谈判中不论李泰国如何"反复抗论，大言不惭"，总理衙门坚持认为："所立十三条，事事欲由阿思本专主，不肯听命于中国，尤为不谙体制，难以照办。"总之，此次总理衙门坚持中国一定要有指挥权。经过一个多月的争辩，李泰国自知未经中国政府认可擅自签约实在没有道理，于是不得不与总理衙门重新议定《轮船章程》五条。其主要内容是："由中国选派武职大员，作为该师船之汉总统。阿思本作为帮同总统，以四年为定。用兵地方听督抚节制调遣。阿思本由总理衙门发给札谕，俾有管带之权。此项兵船，随时挑选中国人上船学习"；经费每月供给，统归李泰国经理。

重新议定的《轮船章程》之实质是指挥权在中国，但对其能否实现，曾国藩、李鸿章等人均持怀疑态度。曾国藩此时早无起初的乐观，认为"悉由中国主持，窃恐万办不到，其势使之然也"，"节制之说，亦恐徒托虚名"。甚至提出为挫李泰国之骄气，"以中国之大，区区一百七万之船价，每年九十二万之用款，视之直轻如秋毫，了不介意。或竟将此船分赏各国，不索原价，亦足使李泰国失其所恃，而折其骄气也"。如此建议虽说荒谬，却说明他压根认为李泰国不会将舰队交给清政府，所以不如干脆白白送给他人。

李鸿章在这封致总理衙门函中也表示了自己的疑虑。他认为指挥权归中国、中国派人上船学习"名綦正矣，义极严矣"，但"外国人性情，揽权嗜利，不约皆同"，所以欲分其权有"三难"。一是外国水兵有几百人之多，"彼众我寡，一传众咻"，更加语言不通，所以中国官员根本无法指挥。二是"李泰国久在中国，深知虚实"，所以他总是趾高气扬，即便他不从中使坏，阿思本之流也未必听中国调度，若他"再把持唆弄，颠倒是非，更难保统兵大员之不受挟制"。三是洋人"未必肯实心教练，果愿华人之擅长。且其轮船机器、炮火精微，亦非顽夫健卒所能尽得其奥妙"。最后，他语重心长地说："鸿章近与若辈交涉军务，悉心体会，微有阅历。又深知李泰国心术险诈，目前不愿中国人专权，即将来不愿中国人接手。愚虑所及，不敢不为殿下切实陈之。"应该承认，此"三难"确实深中肯綮。

然而，主管总理衙门的奕䜣对李鸿章的意见并不以为然，仍乐观地认为这"五条"能够实现，中国有可能收回指挥权，故回答李鸿章："来书论及此事共有三难，崇论宏议，令人钦佩。但本处犹望阁下知其难而制之，不愿阁下畏其难而听之。现在轮船奏明归曾帅及阁下节制调遣，应如何设法钤制，收回在我之权，惟望阁下与曾帅图之也。"

事情果然不出曾、李所料，阿思本于当年9月率舰队驶抵上海，并于9月20日到达北京。到京后便与李泰国一起到总理衙门，坚决要求推翻《轮船章程》五条，双方激烈争辩长达20多天。英国驻华公使布鲁斯也参与进来，公开表态支持阿思本，而总理衙门则以布鲁斯自己曾多次说过"中国兵权不可假与外人"反驳，布鲁斯哑口无言，便请美国驻华公使蒲安臣（Burlingame Anson）出面调解。蒲安臣多次与双方商谈，但双方意见仍无法统一。最后，双方都认为只能将此弁员遣散，舰队驶回英国变卖。又经过一番讨价，决定价款归还中国，但中国要支付阿思本和其他兵弁一笔不小的遣返费。总之，这一买一卖，清政府损失了数十万两银子。

这，就是清政府初次试办近代海军的命运。

穷则变，变则通

——李鸿章洋务思想述评一

致总理衙门函

同治三年春（1864年春）

承询外国火器洋枪火药铜帽等，其最能制胜者，乃系炸炮。上年尊处募外国人在营教制各种火器，近日是否已有成效。我中国人学制此项火器，何项易于入门。所用外国匠头几名，工食每月若干，买制一切，需银若干，均望查明示覆，等因。奉此。

伏查泰西各国，明于制器尚象之理而得其用。所凭藉以横行海外者，尤以轮船与火器为最。火器之得力者，尤以炸炮为最。鸿章自抵沪以来，购买外洋各种军火，专心研究，略知端倪。又雇募精巧匠人，留心仿制。近来稍有把握。试将各局制造施放之有成效者，约略言之。

一曰长炸炮。大者吃子至百余磅，小者吃子十余磅。造炮之法，先铸一实心大铁块，头大尾小，外如塔形。铸就后，锉削炮质，先定何处为炮耳，何处为浮线。外面锉磨光滑，然后用铁车对准中线。车空炮腹，由小而大，由浅而深。至近头之处，铁皮极厚。缘此处药气紧闭，其力甚猛。比药在空地然者，其力约加三十倍。愈近尾则力愈松，是以近口处铁可稍薄，降而至受二十四磅弹三十二磅弹之炮，则铜铸钢铸者尤妙。弹有空腹者，有实心者。空腹之弹，先制内模，抟沙为球，蒂系铁丝炭焙，令沙燥则内模成。次制外模，和泥为之，揉以稻穗，底盖如一。刓其中令空宽过内模二三寸，盖端穿小穴，置内模于底而加盖，则蒂端铁丝贯出穴上。匠人将镕就铁汁，斜倾入穴内，俟满然后决去弹心内模之泥，而弹以成。弹口必用螺旋，冒以锡盖，以免潮湿。弹口用引，或以铜，或以黄杨木。外国人击远敌用铜引，击近敌用木引。中国仿制，则用木引较灵。木引长二寸至四寸不等，首尾皆平圆，形如锥柄。引首圆径，约一寸，尾圆径约七分。引首中镟陷二分许，外备轮廓，中通而不到底。中通处入缓药，陷深处施药线，引旁穿细眼或九，或十七，或二十一。其及远之可稽算者，以二百步起，至二千一百步止。弹入炸药后，木引配好舂紧。其口朝外，炮药燃时其火焰包出弹子之外。初而燃及木引首之药线，继而燃及木引中之缓药。如击近则就靠上之细眼钻穿，火力行至此，即斜穿，燃及炸药，而弹炸矣。击稍远，则就中间之细眼钻穿，再远则就靠下之细眼钻穿。时时较试，自有效验。凡长炸炮之弹，皆下施木座，络以马口铁，出口时势方直而不偏。一曰短炸炮，身短而口哆，炮耳在后，形如怒蛙，俗名田鸡炮。其口斜昂向天，故外国人又名天炮。分周天三百六十度八分之一为四十五度，炮口测准四十五度，不可时高时低，但以药之多寡，定弹之远近。从高坠下，落地开花。散处内地炉所制短炸炮，有受十八磅之弹。炮重不满五十斤，用药仅三两许。远及千余步，最为轻便。其次有受四十八磅之弹，有受一百零八磅之弹。用药递加，弹亦递重。大约洋人轰坚城，破炮台，则用长炸炮。雷奔电掣，累累贯珠。击厚攻坚，殆同摧枯。惊敌心，散敌阵，则兼用短炸炮。眘然中坠，势若下石。洞垣穿墉，虽趋莫避。炮有不同，而用弹则一律，惟以莹滑合腔为主。大约炮口径一寸，弹必径九分六厘，所争不过一皮纸厚。药气不外泄，弹方能及远有力。其余各弹有椭圆者，有顶锐而底平者，有首尾俱尖如橄榄形者，有双层上实药而下实子、中间以铁皮者。又有洋铁盒内藏群子者，又有菩提子弹，用绳络大子，涂以漆、击远则四散者，又有腰包锡、中施铁柱、内藏自来火、触物而机自发者，又有三眼喷火子、用以烧物者。以上各种炸弹，皆可仿铸。至如英法近来新出之炮，有炮尾开门、决去螺旋、以受弹者，其炮腹亦有螺旋，药燃则弹子旋转而出，势最猛烈而及远，名曰来福炮。又炮腹有火药房，比长炮较短，而比短炮较长，名曰蒿勿惹炮。又有无双耳腹下有一圈，此乃击近所用，名曰加鸾力炮。此皆妙品，外国不肯轻售与人，亦最难仿制。敝处顷购有西人汽炉，镟木打眼铰螺旋铸弹诸机器，皆绾于汽炉中盛水，而下炽炭，水沸气满，开窍由铜喉达入气筒。筒中络一铁柱，随气升降俯仰，拨动铁轮，轮绾皮带，系绕轴心，彼此连缀，轮旋则带旋，带旋则机动。仅资人力之发纵，不靠人力之运动。惜所购机器未齐，洋匠未精，未能制造轮船长炮，仅可锉铸炸弹而已。敝处去年所延法国人勒日尼色教习铸炮，原欲推广尽利，奈渠回国购器，至今未来。现在汽炉则以英人马格理委员刘佐禹综理其事。所用外国匠人四五名，每月工食，多者三百圆，少者一百数十圆。汽炉机器购自外国，约须万金，然未能全备。所用中国匠人五六十名，每月工食，多者三十圆，少者七八圆不等。所出大小炸弹，每月约可四千余个，此外国炉开铸炸弹之大略也。至于内地泥炉以及锉磨螺旋器皿，每套不过数百金，每炉约须工匠五六十名。一局每日可开数炉，一炉可得炮子五六十个，工紧时每日可得炮子三百余个，工匠须三百余人，匠目工食，每月三十圆至二十圆不等。散匠五六圆至十余圆不等，所出大小炸弹每月约可得六七千个，大小短炸炮，约可得六七尊。铜帽及铜自来火引门，均能仿制。铜帽每个约钱三文，铜引门约钱二十余文，尚不及洋人之精，略可使用，但必须采办外国煤铁硝磺药料，方制得成。委员直隶州丁日昌、副将韩殿甲综理其事，并未用外国匠人经手。此内地炉仿铸短炸炮，及各色炸弹之大略也。目前火器，自以炸弹为能制胜，而长炸炮尤为得力。然非用外国全副机器，延请外国巧匠，不能入手。即长短炸炮，非用外国火药不能得劲。散处各局，尚未能试铸长炮。但购英法之长炸炮，大小数十尊，自铸炸弹，源源济用。至所制受十八磅弹之铁短炸炮，连架制就，不过四十金。受四十八磅弹之铁短炸炮，连架制就，不过八十金。炸弹大者，每个须洋二三圆，小者须洋一圆零。中国人初学入门，自以短炸炮为较易。查西士制器，参以算学，殚精覃思，日有增变，故能月异而岁不同。中国制炮之书，以汤若望《则克录》及近人丁拱辰《演炮图说》为最详。皆不无浮光掠影、附会臆度之谈。而世皆奉为秘本，无怪乎求之愈近，失之愈远也。夫器不精，则有器与无器同。用不审，则有精器与无精器同。炮不能施放，弹不能炸裂，此制造者之过也。弹之远近疾徐，炮之高下缓急，此用炮者之事也。其中皆有至当一定之理，非可浅尝而得。鸿章窃以为天下事穷则变，变则通。中国士夫沉浸于章句小楷之积习，武夫悍卒又多粗蠢而不加细心，以致所用非所学，所学非所用。无事则嗤外国之利器为奇技淫巧，以为不必学。有事则惊外国之利器为变怪神奇，以为不能学。不知洋人视火器为身心性命之学者，已数百年，一旦豁然贯通，参阴阳而配造化，实有指挥如意、从心所欲之快。其演习之弁兵，使由而不必使知。其创制之员匠，则举国尊崇之，而不以曲艺相待。中国文武制度，事事远出西人之上，独火器万不能及。其故何由？盖中国之制器也，儒者明其理，匠人习其事，造诣两不相谋，故功效不能相并。艺之精者，充其量不过为匠目而止。洋人则不然，能造一器为国家利用者，以为显官。世食其业，世袭其职。故有祖父习是器而不能通，子孙尚世习之，必求其通而后止。上求鱼臣乾谷，苟荣利之所在，岂有不竭力研求，穷日夜之力，以期至于精通而后止乎。前者英、法各国，以日本为外府，肆意诛求。日本君臣发愤为雄，选宗室及大臣子弟之聪秀者，往西国制器厂师习各艺。又购制器之器，在本国制习，现在已能驾驶轮船，造放炸炮。去年英人虚声恫喝，以兵临之。然英人所恃为攻战之利者，彼已分擅其长，用是凝然不动，而英人固无如之何也。夫今之日本，即明之倭寇也。距西国远，而距中国近。我有以自立，则将附丽于我，窥伺西人之短长。我无以自强，则将效尤于彼，分西人之利薮。日本以海外区区小国，尚能及时改辙，知所取法，然则我中国深维穷极而通之故，夫亦可从皇然变计矣。抑犹有虑焉者，中国残寇未灭，外国不拘官民，窃售利器。倘山陬海隅，有不肖之徒，潜师洋法，独出新意，一旦辍耕太息，出其精能，官兵陈陈相因之兵器，孰与御之？鸿章所为每念及此，不禁瞿然起立，慨然长叹也。杜挚有言曰：利不百不变法。功不十不易器。苏子瞻曰：言之于无事之时，足以有为，而恒苦于不信。言之于有事之时，足以见信，而已苦于无及。鸿章以为中国欲自强，则莫如学习外国利器；欲学习外国利器，则莫如觅制器之器，师其法而不必尽用其人。欲觅制器之器与制器之人，则或专设一科取士。士终身悬以为富贵功名之鹄，则业可成，艺可精，而才亦可集。京城火器营，尤宜先行学习炸炮，精益求精，以备威天下，御外侮之用。鸿章去年四月覆书，曾拳拳及此。今又详布颠末者，亦以明问所及，必有鉴于已然，而防其未然，且思尽其所以然也。

  李鸿章给总理衙门的这封信很长，有三千余字。之所以一字不漏地将这几千字抄录下来，是因为这段文字非常重要，是近代中国对西方作出"反应"的重要文献，是洋务思潮最初的表现，自然也是中国近代思想史上的重要文本之一。

  曾国藩、李鸿章最初看到西方的"长技"，就是船坚炮利，因此他们谋求"自强"的活动即从购买和制造船炮开始。1861 年湘军攻陷太平军占领的安庆后，在恭亲王奕䜣的支持下，曾国藩设立了安庆内军械所，试造枪炮炸弹。或许是曾氏与洋人交往有限，或许是他对洋人抱有戒心，安庆内军械所"全用汉人，未雇洋将"，而且没有机器设备，仍是手工生产。从严格意义上讲，它还不是近代军事工业。

而李鸿章1863年在上海设立了三所洋炮局，其中两所由中国人主持，一所由英国人马格里（Macartney Halliday）主持。前两个炮局没有雇佣外国工匠而且也没有机器设备，完全采用手工劳动。马格里主持的炮局起初也无机器设备，但不久就购置了一些机器，这些机器虽然非常简单，但毕竟是中国政府首次引进机器，意义不可低估。这三所"洋炮局"，不仅为淮军镇压太平军提供了不少炸炮和炮弹，补从西方购买武器之不足，而且为今后创办江南制造总局、金陵机器局打下了最初的基础。

李鸿章在"讲求洋器"方面的成效深得奕䜣赞赏，在奕䜣给皇上的奏折中，他对李的"雇觅英、法洋弁教练兵勇""不惜重赏，购求洋匠，设局派人学制"，夸赞不已，认为"得此利器，足以摧坚破垒，所向克捷。大江以南逐次廓清，功效之速，无有过于事也"。因此，他对"洋器"也饶有趣味，"臣等闻其制造此器业有成效，随即专函往询"。李鸿章此信就是对恭亲王"专函往询"的回复。

此信虽长，看似松散，却有严密的内在逻辑。更重要的是，从中可以看到一种引进新知识的观念变化。

在此信的前半部分，李鸿章对炸炮、炸弹和蒸汽机作了详细介绍，其绘声绘色、浅显直观，犹如一个对新奇之物初有所知的小学生在向其他"小朋友"耐心讲解。现在想来，这些曾是最严肃认真的官方文牍，那些王公大臣如何一本正经地认真阅读这些文字，确使人忍俊不禁。从中可以看出当年那些相对稍稍开明的王公大臣，开始"睁眼看世界"时懵懂初开的幼稚，亦可看出他们想了解"奇技"奥秘的迫切心情，而这与当时从上到下大多数人仍将"奇技"视为"淫巧"

形成鲜明对照。而李鸿章之所以如此不惜笔墨描述"洋器"，当有更深的目的。

李鸿章在介绍完"洋器"之后，便顺理成章地开始探触"洋器"背后更深的知识和技术背景，虽然浅白，却是中国官员对"西学"的知识谱系认识进一步深化的标志。而且，他开始把中西之"学"的某些方面作一比较，也是中西文化比较的重要标志。因此他的这番论述确实格外重要，其实这也是他此信最重要的目的。

他指出，"查西士制器，参以算学，殚精覃思，日有增变，故能月异而岁不同"。而中国以往对西洋枪炮的介绍不仅数量极少、极为简略且"皆不无浮光掠影、附会臆度之谈"，若以此作为了解"西器"的门径，结果只会"失之愈远也"。西方的武器之所以强大精确，"其中皆有至当一定之理，非可浅尝而得"。他强调"天下事穷则变，变则通。中国士夫沉浸于章句小楷之积习，武夫悍卒又多粗蠢而不加细心，以致所用非所学，所学非所用。无事则嗤外国之利器为奇技淫巧，以为不必学。有事则惊外国之利器为变怪神奇，以为不能学。不知洋人视火器为身心性命之学者，已数百年，一旦豁然贯通，参阴阳而配造化，实有指挥如意、从心所欲之快"。他进一步指出，这种制器之学在西方发达的原因之一，是"其创制之员匠，则举国尊崇之，而不以曲艺相待"。而制器之学在中国的知识谱系中从来不能列为"正宗"，所以其"创制之员匠"地位低下，"曲艺"同流。这种比较，颇有"知识社会学"的意味，在当时实属难得。他不得不说"中国文武制度，事事远出西人之上"，但目的是为了强调"独火器万不能及"；而强调"火器万不能及"的目的是为了指出中西不同的另一原因，即中国传统"理"与"事"分离："儒者明其理，匠人习其事，造诣两不相谋，故功效不能相并。"能对"儒者"有某种非议，当时至为不易。相反，西学则不仅能"造"而且求"通"，"通"即"理"

也。也就是说，其实西方更符合中国传统理想的"理事相通"，所以"制器"才能发达。"制器"，并非中国传统鄙视的"形下之器"，而是有深刻的"道理"蕴寓其中。

其时日本"开国"向西方学习未久，但李鸿章已感到日本的崛起在即，故以日本为例鞭策国人：日本前些年也被英法等国侵略，但现在"日本君臣发愤为雄，选宗室及大臣子弟之聪秀者，往西国制器厂师习各艺。又购制器之器，在本国制习，现在已能驾驶轮船，造放炸炮"。此时国人大都仍视日本为不足道的"蕞尔岛国"，而李鸿章却已看到日本今后将对中国造成严重威胁："夫今之日本，即明之倭寇也。距西国远，而距中国近。我有以自立，则将附丽于我，窥伺西人之短长。我无以自强，则将效尤于彼，分西人之利薮。"读史至此，不能不使人倍感遗憾，近代中国的历史被李鸿章的后一种预言不幸而言中，近代中国"无以自强"，迅速强大的日本岂止"效尤于彼""分西人之利薮"，而是成为中国最疯狂的侵略者。不过，几年后当他初掌全国"外交权"时，却一度忘记此言，居然主张"联合日本"对抗西方！当然，这是后话。这说明，此时他提出日本对中国的潜在威胁主要是为了激励国人。

他痛心国人对世界大势蒙昧无知，拒不变改，语重心长地引用苏东坡的话说：变革"言之于无事之时，足以有为，而恒苦于不信。言之于有事之时，足以见信，而已苦于无及"。也就是说，当形势从容足可以变革时，人们总不相信危机在即，因此拒不改革；直到危机来临时，人们才相信应当变革，只是这时往往已没有时间了。纵观晚清历史，清廷就是这样被形势步步紧逼，一误再误，最终丧失变革图存机会的。

最后，李鸿章指出："中国欲自强，则莫如学习外国利器；欲学习外国利器，则莫如觅制器之器，师其法而不必尽用其人。欲觅制器之器与制器之人，则或专设一科取士。士终身悬以为富贵功名之鹄，则业可成，艺可精，而才亦可集。""觅制器之器与制器之人"的确抓住了问题的要害，因为世界工业发展史表明，从手工制造机器到用机器制造机器是一个相当漫长的过程。李鸿章提出"觅制器之器"直接进入用机器制造机器的阶段，将大大缩短从手工制造机器到用机器制造机器的历史过程。"觅制器之器"自然要有"制器之人"，而中国传统考"八股"文章的科举制度根本培养不出"制器"之人，他提出在科举考试中把自然科学知识"专设一科"以培养"制器之人"，确属洞见，但当时却是惊世骇俗之论，恭亲王奕䜣在呈皇上的奏折中对此也只字不提。然而四十余年后，科举终被完全废除，不知在白白浪费四十年时光后，人们是否想起李鸿章的这番建议。

但对李鸿章此信提出的派京城火器营兵弁到江苏学习炸炮的建议，恭亲王却赞赏有加，并奏准实行。值得一提的是，恭亲王在奏折中特别强调"京营学成后，只可推之各省驻防旗兵学制。缘旗人居有定所，较易防闲，仍禁民间学习，以免别滋流弊"。而慈禧当即下谕说："该弁兵等到苏后，该抚务须加意稽察，妥为防闲，俾秘妙之传不至稍有漏泄，方为妥善。"清政府对民间深抱警惧的心态栩栩如生地表现出来。

从求强到求富
——李鸿章洋务思想述评二

置办外国铁厂机器折
同治四年八月初一日（1865年9月20日）

奏为置办外国铁厂机器，并局制造，并饬奉派京营弁兵，分起到厂学习，恭折具陈，仰祈圣鉴事。

窃自同治元年臣军到沪以来，随时购买外洋枪炮，设局铸造开花炮弹，以资攻剿，甚为得力。上年春间，蒙总理各国事务衙门函询学制各种火器成效何如，当即详细具复，以短炸炮与各种炸弹，均能制造。其长炸炮及洋火药，非得外国全副机器，不能如法试造。现亦设法购求，以期一体学制。至于各项运用之妙，与洋人之贵重此器，暨日本视中国之强弱以为向背各情形，亦推阐陈明，经总理衙门钞函，恭呈御览。并以臣函中所言，虑患防微，与该衙门所筹，适相符合。宜趁南省军威大振，洋人乐于见长之时，将外洋各种机器，实力讲求，期得尽窥其中之秘，有事可以御侮，无事可以示威等语。于同治三年四月二十八日奏蒙谕旨，饬由火器营派拨护军参领萨勒哈春等官兵四十八员名到苏，经臣酌派在丁日昌、韩殿甲及洋人马格里等三局，分习制造，专折复奏在案。

查制造船炮军火、各种机器，有通用者，有专用者，着买制齐全，须数十万金。雇觅中外匠工，采购外洋钢铁木炭等料，亦需费不赀。臣处所设西洋炮局，其机器仅值万余金，不全之器甚多，只可量力陆续添购，以求进益。前由曾国藩派人赴英、美各国探访该处船厂机器实价，臣并议及此物，若托洋商回国代购，路运价重，既无把握，若请派弁兵，径赴外国机器厂讲求学习，其功效迟速与利弊轻重，尤非一言可决。不若于就近海口，访有洋人出售铁厂机器，确实查验，议价定买，可以立时兴造。进退之权，既得自操，尺寸之功，均获实济。拟饬海关道丁日昌在沪访购，如制器之器，已可购得若干，仍应添补若干，或宜另择妥口试办，容通盘筹议，略有端倪，方可入告。以上各情，均经节次函陈总理衙门，一面饬访购办。此臣处前此议办铁厂机器之原委也。

又去年十二月初九日，钦奉寄谕：昨据御史陈廷经奏，绿营水师废弛，请饬整顿营伍、制造军火一折。著曾国藩、李鸿章会同商酌，奏明办理。原折著钞给阅看。等因。钦此。遵查原奏所议军火一节，大意以夷情叵测，恃有战舰机器之精利，逞其贪纵，然彼机巧之器，非不可以购求学习，以成中国之长技。请于广东等处海口设局，行取西洋工匠，置造船炮，以期有备无患等语。虽语焉不详，未得要领，而大致与总理衙门暨臣所筹议不谋而合。曾国藩平时亦持此论，自应遵旨商酌办理。

兹据丁日昌禀称：上海虹口地方，有洋人机器铁厂一座，能修造大小轮船及开花炮、洋枪各件，实为洋泾浜外国厂中机器之最大者。前曾问价，该洋商索值在十万洋以外，是以未经议妥。兹有海关通事唐国华，历游外国多年，熟习洋匠，本年因案革究，赎罪情急，与同案已革之扦手张灿、秦吉等，愿共集资四万两，购成此座铁厂，以赎前愆。厂内一切机器俱精，所有匠目照旧发价，任凭迁移调度。其余厂中必需之物，如铜铁、木料等件，另值银二万两，由该关道筹借款项，给发采买，以资兴造，先行请示前来。

当查唐国华一案，既情有可原，报效军需赎罪，亦有成案可援。此项外国铁厂机器，觅购甚难，机会尤不可失，批饬速行定议，禀候分别具奏。并饬该厂一经收买，即改为江南制造总局，正名辨物，以绝洋人觊觎。其丁日昌及韩殿甲旧有两局，即归并总局，一切事宜，责成该关道丁日昌督察筹画，会同总兵韩殿甲暨素习算造之分发补用同知冯焌光、候选知县王德均、熟谙洋军火之候选直隶州知州沈保靖，一同到局总理。所有出入用款，收发器具，稽核工匠，分派委员数人，各司其事，分饬遵照去后。

旋据丁日昌等查造该厂机器、物料件数清册，拟具开办章程，约有数端：

一、核计局用房租、薪水及中外匠工等有定之款，月需银四千五六百两。其添购物料多寡不能预定，大约每月总在一万两以外。

二、查原厂所用之洋匠，计留八人，其匠目科而一名，技艺甚属精到，所有轮船、枪炮、机器，俱能如法制造。现拟于华匠中留心物色，督令操习，如有技艺与洋人等者，即给以洋人工食，再能精通，则拔为匠目，以示鼓励。

三、现造洋枪器具，尚未全备，已令匠目赶制全副，约大小四十余件，数月可以成功。如式仿制，即省功力。惟已制洋枪，则必需铜帽，既得铜帽，又必需洋药，皆系相因而至之物，不容偏废。但闻制药机器工料，尤为繁重，容再设法购求，俾可推行尽利。

四、查铁厂向以修造大小轮船为长技，此事体大物博，毫厘千里，未易絮长较短，目前尚未轻议兴办。如有余力，试造一二，以考验工匠之技艺。其铸钱、织布、挖河、犁田诸器，虽可仿制，但其法式，同中有异，触类引伸，尚须考究，尤当权其轻重缓急，庶不致凌躐无序。

五、前奉议饬以天津拱卫京畿，宜就厂中机器，仿造一分，以备运津，俾京营员弁，就近学习，以固根本。现拟督饬匠目，随时仿制，一面由外购求添补。但器物繁重，非穷年累月，不能成就，尚须宽以时日，庶免潦草塞责。

六、查本厂现在虹口，每年房租价银六七千两，实为过费，兼之洋泾浜习俗繁华，游艺者易于失志。厂中工匠繁多，时有与洋人口角生事，均不相宜，应请择地移局。

其他所议，如机器宜择人指授，工匠不令随意去留，费用宜实报实销，赏罚宜明定章程。

以上各条，均属切实。臣查此项铁厂所有，系制器之器，无论何种机器，逐渐依法仿制，即用以制造何种之物，生生不穷，事事可通。目前未能兼及，仍以铸造枪炮藉充军用为主。月需经费，容臣随时于军需项下通融筹拨。如将来各种军器，仿造洋式，造成取携甚便，即可省购买洋军火之费。上海虹口地方设局，于久远之计殊不相宜，稍缓当筹款另建房屋，移至金陵沿江偏僻处所，以便就近督察。曾国藩采办西洋机器，俟到沪后，应归并臣处措置。

至前次派在丁日昌、韩殿甲两局之护军校达咙阿等四员，京营兵二十名，已饬入厂学习。其尽先参领萨勒哈春、副参领崇喜等所带弁兵，本在苏州西洋炮局。该局机器与上海铁厂亦自同源，仍可互相观摩。惟此事形下不离形上，与规矩不能与巧，将来各弁兵所得之浅深，恐难以一例绳也。

机器制造一事，为今日御侮之资，自强之本，总理衙门原奏言之甚详，已在圣明洞鉴之中。

抑臣尤有所陈者，洋机器于耕织、刷印、陶埴诸器，皆能制造，有裨民生日用，原不专为军火而设。妙在借水火之力，以省人物之劳费，仍不外乎机括之牵引，轮齿之相推相压，一动而全体俱动，其形象固显然可见，其理与法，亦确然可解。惟其先华洋隔绝，虽中土机巧之士，莫由凿空而谈。逮其久，风气渐开，凡人心智慧之同，且将自发其复，臣料数十年后，中国富农大贾，必有仿造洋机器制作以自求利益者，官法无从为之区处。不过铜钱、火器之类，仍照向例设禁。其善造枪炮在官人役，当随时设法羁縻耳。

天下至奇至异之事，究必本于平常之理，如或不然，则推之必不能远，行之亦不能久。陈廷经原奏以中国修造钟表，推之于机器，虽有精粗、大小之别，可谓谈言微中。中国文物制度，迥异外洋獉狉之俗，所以郅治保邦、固丕基于勿坏者，固自有在，必谓转危为安、转弱为强之道，全由于仿习机器，臣亦不存此方隅之见。顾经国之略，有全体，有偏端，有本有末，如病方亟，不得不治标，非谓培补修养之方，即在是也。如水大至不得不缮防，非谓浚川浍经田畴之策可不讲也。事无巨细，乐成固难，而图始尤不易。自来建一议，兴一利，劳臣志士，缠绵而经营之，及乎习之既久，相安于无事，或几不察其所自来。而追溯创议之初，于此中难易得失之数，几经审慎，曷敢卤莽而一试哉？臣于军火机器，注意数年，督饬丁日昌留心访求，又数月，今办成此座铁厂，当尽其心力所能及者而为之。日省月试，不决效于旦夕，增高继长，尤有望于方来。庶几取外人之长技，以成中国之长技，不致见绌于相形，斯可有备而无患。此则臣区区愚诚之所觊幸者也。

除唐国华赎罪一案，另片附奏，并咨总理衙门外，所以置办外国铁厂机器，并局制造，并京营弁兵分厂学习缘由，谨会同协办大学士两江总督臣曾国藩恭折由驿具奏，伏乞皇太后、皇上圣鉴训示。谨奏。

自领兵沪上粗通洋务后，李鸿章就一直尝试办厂造枪造炮。经过一番"小打小闹"后，他终于筹办了近代中国第一个大型兵工厂、对近代中国工业化具有里程碑意义的江南制造总局。这个奏折汇报了筹办的经过，可说是江南制造总局（简称"沪局"）的成立告白。

李鸿章知道，要办稍大一些的工厂企业必须得到总理衙门的同意和支持，所以多次致函总理衙门，陈说办厂造船的必要性。他曾这样说道："各国洋人不但辏集海口，更且深入长江，其藐视中国，非可以口舌争，稍有衅端，动辄胁制。中国一无足恃，未可轻言抵御，则须以求洋法、习洋器为自立张本，或俟经费稍裕，酌择试办，祈王爷大人加意焉。"由于当时风气未开，李知道用大机器生产遇到的阻力过大，担心总理衙门有独木难支之虑，故致书威望较高的御史陈廷经，阐明中国学习西方技艺的必要性和紧迫性，抨击顽固派抱残守缺、昧于世界大势。他感叹自己略知国家富强的"底蕴"，故"每于总理衙门函中稍稍及之"，但"朝廷即欲变计，亦恐部议有阻之者，时论有惑之者，各省疆吏有拘泥苟且而不敢信从者，天下事终不可为矣。吾丈知爱素深，究心机要，附陈一一，伏希心鉴"。陈为信中的说理透彻和情真意切所动，于1865年1月奏陈变兵制、筹海防，在广东等海边城市设局制造外洋船炮以"靖内患，御外侮"。朝廷将此折发下，要曾国藩、李鸿章会同商酌。

李提出的建厂造船的建议，得到总理衙门的赞同。对于开办方案，李鸿章也有具体的考虑。以往的经验使他认为，如果委托洋商从国外购买机器不仅价高而且难于把握控制，而派人到外国机器厂学习，他认为"其功效迟速与利弊轻重"也难以判断。由于上海已有一些外国人开办的机器厂，他认为最稳妥的办法是以适当价格就地收购一家，因此嘱咐下属丁日昌着手经办此事。1865年夏，丁日昌得知上海虹口美商旗记铁厂准备出售，而且该厂能够修理制造轮船枪炮，在征得李鸿章的同意后，丁以银六万两买下该厂及其所存储的全部原材料，合并原来建立的两个洋炮局后，终于奏准成立。

李鸿章此折首先陈述了办厂理念和就地购厂的理由，然后就提到陈廷经的奏折，"虽语焉不详，未得要领，而大致与总理衙门暨臣所筹议不谋而合。曾国藩平时亦持此论，自应遵旨商酌办理"。这样一来，他现在筹办江南制造总局就顺势成为"遵旨商酌办理"、呼应陈奏的结果。显然，陈廷经早先在他力劝下给朝廷的那则奏疏犹如一枚早已布下的棋子，在关键时刻发挥如此重要、具体的作用，不能不让人深叹李鸿章的老谋深算。紧接着他就简述购买此厂的具体情况，并强调"此项外国铁厂机器，觅购甚难，机会尤不可失"，言外之意是希望朝廷尽快批准。

　　他称将此厂由旗记铁厂改名为江南制造总局系"正名辨物，以绝洋人觊觎"。不过若深究一下，他起此名可能还有另一层意义。这明明是座兵工厂，它的英文名称即"Kiangnan Arsenal"（江南兵工厂），但他却不像此前办"洋炮局""军械所"那样，名正言顺地给工厂冠以军工之名，其原因就在于他认识到"洋务"迟早要突破"求强"的"军工"范围，进入"求富"的"民用"领域，这种认识极为超前。他明确写到军工只是目前的救急之用，因"机器制造一事，为今日御侮之资，自强之本"，而更根本的目的还在于民用以"求富"："臣查此项铁厂所有，系制器之器，无论何种机器，逐渐依法仿制，即用以制造何种之物，生生不穷，事事可通。目前未能兼及，仍以铸造枪炮藉充军用为主"，"臣尤有所陈者，洋机器于耕织、刷印、陶埴诸器，皆能制造，有裨民生日用，原不专为军火而设"，"臣料数十年后，中国富农大贾，必有仿造洋机器制作以自求利益者，官法无从为之区处"。在此，他预言了一个社会大变革的时代即将来临。当时连恭亲王和曾、左、李等实权人物为直接挽救清政府而创办这类官营军工企业都如此阻力重重，此刻连他们尚且无权创办生产民用品以求富的企业，根本无法想象民间可以用大机器生产日用品谋利。而李鸿章却认识到大机器是"有裨民生日用，原不专为军火而设"，而且民间必然要用机器生产以"自求利益"且官方无法阻拦这一历史趋势，确实识见深远。他之所以能有此认识，因为他认为机器"妙在借水火之力以省人物之劳费"，"其理与法亦确然可解"，其中的道理应是中外共通的，只是以前"华洋隔绝，虽中土机巧之士，莫由凿空而谈。逮其久，风气渐开，凡人心智慧之同，且将自发其复"，而"天下至奇至异之事，究必本于平常之理，如或不然，则推之必不能远，行之亦不能久"。

此折最后部分，他再次借陈廷经折提出自己的洋务思想："中国文物制度，迥异外洋獉狉之俗，所以郅治保邦、固丕基于勿坏者，固自有在。"中国传统政治制度、伦理纲常等均超过"外洋獉狉之俗"，只有机器技艺不如西方。而"经国之略，有全体，有偏端，有本有末"，中国文化是"全体"应该为"本"，西方技艺是"偏端"应该为"末"，所以学习机器制造并不会伤害中国之本，不必担心"中学"之"本"会因此受到伤害。这就是洋务派对反对学习西方机器技艺的顽固派的回答和反驳。

另外，此折中有一小段又提到天津设立机器制造局之事。他仍是在应付朝廷。曾经在1865年5月，京城受到捻军严重威胁，清廷要李帮助天津设厂但被李找理由拒绝。但随着捻军的发展，清廷在津建厂心情更加迫切，于是接连发出几道上谕一再索要李鸿章在上海、苏州等地办厂的部分机器设备和工程技术人员，甚至要李鸿章和丁日昌一同"赴天津开局"。对此要求，李鸿章还是拖延敷衍，实际决心机器与人员均不外放。在此折中，他仅承诺将"厂中机器仿造一份以备运津"，同时"一面由外购求添补"，但接着他又声明："器物繁重，非穷年累月不能成就，尚须宽以时日，庶免潦草塞责。"仍是行拖延之计。不过随着职位的变化，后来他对"津局"的态度又大有变化。当然，这是后话。

开天辟地第一页

论幼童出洋肄业（与曾国藩联署致总理衙门函）
同治十年五月初九日（1871年6月26日）

去秋国藩在津门，丁雨生中丞屡来商榷，拟选聪颖幼童送赴泰西各国书院，学习军政、船政、步算、制造诸学。约计十余年，业成而归，使西人擅长之技，中国皆能谙悉，然后可以渐图自强。且谓携带幼童前赴外国者，如四品衔刑部主事陈兰彬、江苏同知容闳皆可胜任等语。国藩深韪其言，曾于去秋九月及今年正月两次附奏在案。鸿章复往返函商，窃谓自斌君椿及志孙两君奉命游历各国，于海外情形亦已窥其要领。如舆图、算法、步天、测海、造船、制器等事，无一不与用兵相表里。凡游学他国得有长技者，归即延入书院，分科传授，精益求精。其于军政、船政直视为身心性命之学。今中国欲仿效其意而精通其法，当此风气既开，似宜亟选聪颖子弟携往外国肄业，实力讲求，以仰副我皇上徐图自强之至意。查美国新定和约第七条，内载嗣后中国人欲入美国大小官学，学习各等文艺，须照相待最优国人民一体优待。又美国可以在中国指准外国人居住地方设立学堂，中国人亦可在美国一体照办等语。国藩等思，外国所长，既可听人共习，志孙诸君又已导之先路。计由太平洋乘轮船径达美国，月余可至，尚非甚难之事。或谓天津、上海、福州等处已设局仿造轮船枪炮军火，京师设同文馆选满汉子弟延西人教授，又上海开广方言馆选文童肄业，似中国已有基绪，无须远涉重洋。不知设局制造、开馆教习，所以图振奋之基也，远适肄业，集思广益，所以收久大之效也。西人学求实济，无论为士、为工、为兵，无不入塾读书，共明其理，习见其器，躬亲其事，各致其心思巧力，递相师授，期于月异而岁不同。我中国欲取其长，使一旦遽图尽购其器，不惟力有不逮，且此中奥突，苟非遍览久习，则本原无由洞澈，而曲折无以自明。古人谓，欲学齐语者须引而置之庄岳之间，又曰百闻不如一见，比物此志也。况诚得其法，归而触类引伸，视今日所为孜孜以求者，不更可扩充于无穷耶？惟是试办之难有二。一曰选材，一曰筹费。盖聪颖子弟不可必得，必其志趣远大，品质朴实，不牵于家累，不役于纷华者，方能远游异国，安心学习，则选材难。国家帑项，岁有常额，增此派人出洋肄习之款，更须措办，则筹费又难。凡此二者，国藩、鸿章亦深知其难。第以成山始于一篑，蓄艾期以三年。及今以图，庶他日继长增高稍易为力。爰饬陈兰彬、容闳等悉心酌议，加以覆核。拟派员在沪设局，访选各省聪颖幼童，每年以三十名为率，四年计一百二十名，分年搭船赴洋，在外国肄习。十五年后，按年分起挨次回华。计回华之日，各幼童不过三十岁上下，年力方强，正可及时报效。闻前此闽、粤、宁波子弟亦时有赴洋学习者，但止图识粗浅洋文洋话，以便与洋人交易，为衣食计。此则入选之初，慎之又慎。至带赴外国，悉归委员管束，分门别类，务求学术精到。又有翻译、教习随时课以中国文义，俾识立身大节，可冀成有用之材。虽未必皆为伟器，而人才既众，当有瑰异者出乎其中，此拔十得五之说也。至于通计费用，首尾二十年需银百二十万两，诚属巨款。然此款不必一时凑拨，分晰计之，每年接济六万，尚不觉其过难。除初年盘川发给委员携带外，其余指有定款，按年预拨，交与银号陆续汇寄，事亦易办。总之图事之始，因不能与之甚吝，而遽望之甚赊，况远适异国，储才备用，更不可以经费偶乏，浅尝中辍。近年来设局制造，开馆教习，凡西人擅长之技，中国颇知究心，所需经费均蒙谕旨准拨，亦以志在必成。虽难不惮，虽费不惜，日积月累，成效渐有可观。兹拟选带聪颖子弟赴外国肄业，事虽稍异，意实相同。仰维荩抱傚谟，主持大局当必有以提挈之也。章程十二条附呈台览。如贵衙门以为可行，一俟接到覆信，敝处即会衔具奏。其需用经费，亦即奏明饬下江海关于洋税项下指拨，勿使缺乏。章程中恐有未尽事宜，仍求裁酌示知遵办。再，春间美国镂使过津时，鸿章曾面与商及。渠甚怂恿速办，并允俟贵衙门知照到日，必即转致本国妥为照料。三月间，英国威使来津接见，亦以此事有无相询。鸿章当以实告，意颇欣许。谓先赴美国学习，英国大书院极多，将来亦可随便派往。此固外人所深愿，似于和好大局有益无损。

随着洋务运动的发展，对新式人才的需求急剧增加，洋务派在国内大力兴办新式教育的同时，又开始创办出国留学事业。办新式教育都阻力重重，派学生出洋的困难更不难想象，所以派学生出洋留学的一些重要奏折、函件，均由曾国藩、李鸿章这两位重臣联名，足见其对此事的重视，亦可见此事的阻力之大，非曾、李联名而难成。

曾、李或许早就有派学生出洋留学的念头，但将此事提上议程、付诸实施，则是接受了处理"天津教案"时曾国藩译员容闳的建议。容闳是广东人，早年受美国传教士的资助到美国留学，毕业于耶鲁大学。对外国的深入了解，使他认为中国要富强的一个重要方面是要派学生出洋留学。从 19 世纪 50 年代中期起，他就不断为此努力，但四处碰壁，均以失败告终。但他对此并不灰心，一直全力奋斗。1868年，他通过江苏巡抚丁日昌（字雨生）向朝廷上了一个派遣留学生的条陈，但如石沉大海，没有回音。1870 年"天津教案"发生，曾国藩奉命前去处理，容闳担任曾的译员。容闳充分利用这次机会，通过参与办案的丁日昌向曾提出派人出洋留学的具体计划，并表示自己愿意带队前往。他的建议切实可行，终获曾国藩同意，即与李鸿章联名上奏，请求旨准。1870年冬，朝廷正式旨准曾、李关于派遣留学生的建议。

由于这类事属总理衙门管理，所以曾、李一直与总理衙门充分沟通，此《论幼童出洋肄业》文即他们于1871年6月26日致总理衙门函。此函论述了派人出洋留学的必要性、正当性与可行性。他们认为留学可以"业成而归，使西人擅长之技，中国皆能谙悉，然后可以渐图自强"，这也符合"我皇上徐图自强之至意"。对中国已办有新式学堂，故不必费资巨大派人留学的反对意见，他们反驳说"设局制造、开馆教习，所以图振兴之基也"，而"远适肄业，集思广益，所以收久大之效也"。中国不可能尽购外国兵船机器，只能派人出去学习，同时还以百闻不如一见、"欲学齐语者，须引而置于庄岳之间"等中国古训加强自己的论点。他们认为派人留学所费虽巨，但有20年时间，所以每年负担并不算重，"远适异国，储才备用，更不可以经费偶乏，浅尝中辍"。他们特别提出，1868年中美两国签订的《中美续增条约》第七条早就规定："嗣后中国人欲入美国大小官学，学习各等文艺，须照相待最优国之人民一体优待"，为赴美留学提供了条约依据。当然，这些学生在国外还要配备中国教习，"随时课以中国文义，俾识立身大节"。同时，他们将具体制定的12条章程作为附件送上，征求意见。除经费问题外，这12条的主要内容大都是关于留学生的选派、管理和使用。规定每年选派30名十二三岁的幼童赴美，分4年共派120名；学生所学专业要由清政府决定，留学期限为15年，毕业后要回国听候政府派用，不得在外入籍他国，不得在外逗留或私自先回另谋职业；其中特别重要的是规定在外留学仍要学习中国儒学传统经典，并定期由正、副监督传集学童宣讲《圣谕广训》等，若发现有品行不端或身体不适者将随时送回国内。

而后曾、李又几次上奏，再三强调派遣留学生的意义，并提出具体措施。在人们想方设法出国留学或让子女出国留学的今天，人们可能很难想象当时派遣留学生之困难，所遇阻力之大。那时在国内上"洋务学堂"都被视为有辱祖宗门楣之事，要到"番邦"去拜"洋鬼子"为师，更是被认为"背宗叛祖"，所以愿意、敢于出国留学的人很少。为了完成留学任务，只得在穷人一向有出洋传统的东南沿海地方作为任务"摊派"。为了完成任务，一些地方官甚至挨家串户做劝说工作。本来"官派"就是出国所有费用全由政府负担，但愿意去者仍然不多，地方官不得不再许给这些穷苦人家更多好处。有些贫苦人家原本出于生计已经报名，但又听说西方的野蛮人会把他们儿子活活剥皮再把狗皮贴到他们身上，当怪物展览赚钱，于是立即反悔，取消报名。结果，只有 30 个名额的首批留学任务竟然没有完成。首倡留学并且具体负责此事的容闳焦虑不已，只得回到老家广东香山县说服动员，同时又在香港的新式学堂招收学生留学。首批留学生中的许多人都有家人、亲戚出洋闯荡的经历。后来大名鼎鼎的詹天佑，其父也是非常勉强地送他出国的。詹家虽不富裕，但非赤贫，所以詹天佑之父詹兴洪自然也要他走科举功名的"正途"，根本没想要他留学。詹家有位谭姓邻居长期在香港做事，对西方情况有所了解，他非常喜欢年幼聪颖的詹天佑，便力劝詹家送詹天佑留学。没想到詹兴洪一口拒绝，在谭的反复劝说下，并且谭还同意将女儿许配给詹天佑，詹兴洪才勉强同意詹天佑出国留学。

由此，也可看出曾国藩、李鸿章首创留学事业的艰难。

1872 年 2 月，曾、李奏准上海广方言馆总办陈兰彬任出洋局委员（监督）、容闳为副委员（副监督）。经过一番运作，第一批幼童终于在 1872 年 8 月踏上了出洋留学之途，掀开了中外文化交流史上的重要一页。

后发国家的困境
——李鸿章洋务思想述评三

筹议制造轮船未可裁撤折
同治十一年五月十五日（1872年6月20日）

　　奏为遵旨通盘筹画制造轮船未可裁撤，仍应妥筹善后经久事宜，恭折密陈，仰祈圣鉴事。

　　窃臣钦奉同治十一年二月三十日密谕：前因内阁学士宋晋奏，制造轮船糜费太重，请暂行停止。当谕文煜、王凯泰斟酌情形，奏明办理。兹据奏闽省轮船原议制造十六号，定以铁厂开工之日起，立限五年，经费不逾三百万两。现计先后造成下水者六号，具报开工者三号，其拨解经费截至上年十二月止，已拨过正款银三百十五万两，另解过养船经费银二十五万两。用款已较原估有增。造成各号轮船虽均灵捷，较之外洋兵船尚多不及。其第七八号船只，本年夏间方克藏工。第九号出洋尚无准期。应否即将轮船局暂行停止，请旨遵行等语。左宗棠前议创造轮船用意深远，惟造未及半，用数已过原估，且御侮仍无把握。其未成之船三号，续需经费尚多。当此用款支绌之时，暂行停止固节省帑金之一道。惟天下事创始甚难，即裁撤亦不可草率从事。且当时设局意主自强，此时所造轮船既据奏称较之外洋兵船尚多不及，自应力求制胜之法。若遽从节用起见，恐失当日经营缔造之苦心。著李鸿章、左宗棠、沈葆桢通盘筹画，现在究竟应否裁撤，或不能即时裁撤，并将局内浮费如何减省以节经费，轮船如何制造方可以御外侮各节悉心酌议具奏，等因。钦此。

仰见圣主力图自强，规画远大，钦佩莫名。臣窃维欧洲诸国百十年来由印度而南洋，由南洋而东北，阑入中国边界、腹地，几前史之所未载，亘古之所未通，无不款关而求互市。我皇上如天之度，概与立约通商，以牢笼之。合地球东西南朔九万里之遥，胥聚于中国，此三千余年一大变局也。西人专恃其枪炮轮船之精利，故能横行于中土。中国向用之弓矛小枪土炮，不敌彼后门进子来福枪炮；向用之帆篷舟楫艇船炮划，不敌彼轮机兵船。是以受制于西人。居今日而曰攘夷，曰驱逐出境，固虚妄之论，即欲保和局守疆土，亦非无具而能保守之也。彼方日出其技与我争雄竞胜，挈长较短，以相角而相凌，则我岂可一日无之哉。自强之道，在乎师其所能，夺其所恃耳。况彼之有是枪炮、轮船也，亦不过创制于百数十年间，而浸被于中国已如是之速。若我果深通其法，愈学愈精，愈推愈广，安见百数十年后，不能攘夷而自立耶？日本小国耳，近与西洋通商，添设铁厂，多造轮船，变用西洋军器，彼岂有图西国之志，盖为自保计也。日本方欲自保，而逼视我中国，中国可不自为计乎？士大夫囿于章句之学而昧于数千年来一大变局，狃于目前苟安而遂忘前二三十年之何以创巨而痛深，后千百年之何以安内而制外，此停止轮船之议所由起也。臣愚以为国家诸费皆可省，惟养兵设防、练习枪炮、制造兵轮船之费万不可省。求省费则必屏除一切，国无与立，终不得强矣。左宗棠创造闽省轮船，曾国藩饬造沪局轮船，皆为国家筹久远之计，岂不知费巨而效迟哉。惟以有开，必先不敢惜目前之费，以贻日后之悔。该局至今已成不可弃置之势，苟或停止则前功尽弃，后效难图，而所费之项转成虚糜，不独贻笑外人，亦且浸长寇志。由是言之，其不应裁撤也明矣。

至奉旨询及经费如何减省一节。闽厂相距过远，臣实不知其详。

但就沪、津机器各局情形推之，凡西人制器，往往所制之器甚微，而所需以制器之器甚巨。机器重大，必先求安置稳固之地，培土钉椿，建厂添屋，不惜工本，积累岁月而后成。其需用器具缺一不备，则必各件齐全方能下手。而选料之精，必择其良而适用者，恰合尺寸，不肯略有迁就。其不中绳墨，皆在屏弃之列。又经营构造时有变更，或甫造未成忽然变计，则全料已经拆改废弃。且以洋匠工价之贵，轮机件数之繁，倘制造甚多，牵算尚为合计。若制器无几，逐物以求分晰工料之多寡，则造成一器其价有逾数倍者矣。凡造枪炮轮船等项，无事不然。闽厂创始，系由法人日意格、德克碑定议立约。该二人素非制造轮船机器之匠，初不过约略估计，迨开办后逐渐增多，势非得已。其造未及半而数已过原估，或造更加多而用费转就减省，似属西人制器事理之常。实未便以工部则例寻常制法一律绳之。惟厂工既已粗备，以后不过工料薪费数，大端应如何设法节省之处，请敕下福建督抚臣会同船政大臣沈葆桢随时督饬撙节妥办。省其所当省，而非省其所必不可省。斯于事有济矣。

又奉旨询及轮船如何制造方可以御外侮一节。臣查兵法须知己知彼，乃得制胜之要。访闻英国兵船三百六十余只，在诸国为最多，内有铁甲船四十余只。法国先有兵船三百余只，现减至二百四十只，内铁甲船六十余只。美国兵船二百余只，内铁甲船五十余只。俄国兵船三百余只，内铁甲船二十余只。布国兵船仅百余只，内铁甲船六只，现又续筹添造。此皆西洋数大强国，势力相埒。其余小弱诸邦，或兵船数十只、百只不等。然而上年布法之战，法兵败于陆路。虽战船多而坚，且数倍于布，尚无把握。兵事胜败，固难言已。大概西洋商船只可运载兵粮辎重，其兵船则分数等。小者曰根驳，舱面置炮数尊，用以哨探巡防。今闽厂所制万年清、伏波、安澜等船，沪厂所造恬吉、操江、测海等船，大小尺寸虽稍异，总之不离乎根驳式样。至外洋兵船大者，马力或七八百匹，食水至二三十丈，置炮两层至四五十尊。闽厂尚未试造，现沪局造成第五号，船身长三十丈，机器马力四百匹，锅炉均在船腹水线之下，舱面及两旁两层置炮二十六尊，确系依照外国三枝桅兵船做法。英馆新闻纸称系中国第一号大船，信不虚也。然食水已十九尺，内江浅涸时便虞阻搁。又据沪局道员冯焌光禀称，上年法国有铁甲船至沪，该员登舟察看，船炮坚利异常。本年四月英国铁甲船又至沪，俱泊吴淞江外，不能进口。该道等往观，水线之上铁甲厚十寸，内衬木板厚十八寸，船帮均系夹层，中可藏人，即轰破外层而里铁未穿，外水不能灌入。机器锅炉及两层巨炮，均在厚铁甲之中。其首尾铁皮稍薄，水线之下铁皮不过五六分，船内炮位用电气线燃放，各炮一时同响。又用汽机轮船起椗，较人力尤为神速等语。此等制作，实堪奇诧。盖根驳不若大兵船之坚猛，兵船又不若铁甲船之坚猛，以铁甲船御兵船，当之辄靡，竟根驳乎。惟船愈坚大，则费愈多。今欲我数年创始之船，遽敌彼百数十年精益求精之船，不待智者而知其不逮。然就已成者而益求精，未必其终不逮也。中国大势陆多于水，练陆军视练水军尤亟。即使兵船造精，非专恃轮船可以御侮。况如天津海口最浅，次则江南之吴淞口、福州、广东进口均有浅处，外洋大兵船、铁甲船势难深入。即长江金陵以上，亦不能驶。我之造船，本无驰骋域外之意，不过以守疆土保和局而已。海外之险，有兵船巡防，而我与彼可共分之。长江及各海口之利，有轮船转运，而我与彼亦共分之。或不让洋人独擅其利与险而浸至反客为主。臣尝督同沪局委员筹议仿造兵船，以该局现造五号为度，不宜更求加大，庶无事时扬威海上，有警时仍可收进海口，以守为战。该局员匠近由英国觅得小铁甲船式样，身短中宽，底平，仅置巨炮数尊。其圆活炮台在船中段，食水浅而不能出洋，闻西国用以守口最宜。曾国藩上年曾经奏明仿造，尚未开工，第为御侮之计，则不妨多为之备。彼见我战守之具既多，外侮自可不作，此不战而屈人之上计。即一旦龃龉，彼亦阴怀疑惧而不敢遽尔发难。若虑制胜无甚把握而遂自堕成谋，平日必为外人所轻，临事只有拱手听命，岂强国固本之道哉？惟是国家经费支绌，制造轮船既未可裁撤，必须妥筹善后经久之方。窃查闽厂用费专指闽海关洋税，每月五万。沪厂用费专指江海关二成洋税，均系拨定专款。应请仍就原款节缩经营，暂无庸另请添拨。惟闽厂洋匠过多，需费较重，若有不足再由船政大臣等随时奏办。至于养船之费，当分兵船商船二端。闽厂兵船，现议酌拨沿海各省巡防分养，嗣后添造兵船无可分拨，拟请裁撤各省内外洋红单拖缯艇船，而配以自造兵轮船。即以艇船修造养兵之费，抵给轮船月费。应请旨饬部，凡有议修各项艇船者，概予奏驳，令其改领官厂兵轮船，以裨实济。缘红单拖缯等船实不如轮船之迅利，虽费倍而功用亦倍之也。沿海沿江各省尤不准另行购雇西洋轮船，若有所需，令其自向闽沪两厂商拨订制，庶政令一而度支可节矣。至载货轮船与兵船规制迥异。闽沪现造之船装载无多，商船皆不合用。曾国藩前饬沪厂再造兵船四只外，另造商船四五只。闽厂似亦可间造商船，以资华商领雇，总理衙门去冬已函商及之。臣前与曾国藩筹议，中国股商每不愿与官交涉，且各口岸轮船生意已被洋商占尽。华商领官船另树一帜，洋人势必挟重赀以倾夺。则须华商自立公司，自建行栈，自筹保险，本巨用繁。初办恐无利可图，若行之既久，添造与租领稍多，乃有利益。然非有熟悉商情、公廉明干、为众商所深信之员为之领袖担当，则商人必多顾虑。自有此议，闻华商愿领者必准其兼运漕粮，方有专门生意，不至为洋商排挤。惟恐运漕事体繁重，现又无船可雇，自应从缓酌议。将来各厂商船造有成数，再请敕下总理衙门商饬各省妥为筹办。抑臣更有进者，船炮机器之用非铁不成，非煤不济。英国所以雄强于西土者，惟藉此二端耳。闽沪各厂日需外洋煤铁极伙，中土所产多不合用，即洋船来各口者亦须运用洋煤。设有闭关绝市之时，不但各铁厂废工坐困，即已成轮船，无煤则寸步不行，可忧孰甚。南省如湖南、江西、镇江、台湾等处率多产煤，特无抽水机器，仅能挖取上层次等之煤。至下层佳煤为水浸灌，无从汲净，不能施工。诚使遴派妥员，招觅商人购买机器开采，价值必视洋煤轻减，通商各口皆可就近广为运售，而洋煤不阻自绝，船厂亦应用不穷。至楚粤铁商，咸丰年前销售甚旺，近则外洋铁价较贱，中土铁价较昂，又粗硬不适于用，以致内地铁商十散其九。西洋炼铁炼钢及碾卷铁板铁条等项，无一不用机器。开办之始，置买器具，用本虽多而炼工极省，炼法极精，大小方圆色色具备，以造船械军器。土铁贵而费工，洋铁贱而得用，无怪洋铁销售日盛，土铁营运渐稀也。近来西人屡以内地煤铁为请，谓中土自有之利而不能自取，深为叹惜。闻日本现用西法开采煤铁之矿以兴大利，亦因与船器相为表里。曾国藩初回江南有试采煤窑之议，而未果行。诚能设法劝导官督商办，但借用洋器洋法，而不准洋人代办。此等日用必需之物采炼得法，销路必畅，利源自开。榷其余利，且可养船练兵，于富国强兵之计殊有关系。此因制造船械而推广及之，其利又不仅在船械也。要之，法待人而后行，事因时为变通。若徒墨守旧章，拘牵浮议，则为之而必不成，成之而必不久。坐让洋人专利于中土，后患将何所底止耶？所有遵旨悉心酌议缘由，谨缮折由驿密陈。伏乞皇太后、皇上圣鉴训示。谨奏。

"船坚炮利"是近代中国人对西方文明最早也最为直观的认识，所以中国"向西方学习"也是从仿造轮船枪炮开始的。中国近代正式有造船工业，是从李鸿章在1865年创办的江南制造总局于1868年开始建造轮船"恬吉"（后改名"惠吉"）号开始的。到1870年，该厂又建造了"操江""测海""威靖"等轮。

紧接李鸿章之后，洋务派的另一重臣左宗棠于 1866 年底创办了近代中国最早、规模最大的专业造船企业福州船政局。但左宗棠立即被调任陕甘总督，于是请沈葆桢出任福州船政大臣，在沈的经管下，闽厂发展迅速。1869 年 6 月，该厂建造的第一艘轮船"万年清"号终于下水。到 1871 年底，该厂又陆续建造了"湄云""福星""伏波""安澜""镇海"等船。

　　正当造船事业顺利发展的时候，顽固派官僚、内阁学士宋晋于 1872 年 1 月 23 日上奏，要求停止造船。他的理由是现在国家财政困难，而仅福州船政局由于连年造船，听说经费已拨用四五百万两，"糜费太重"。因为制造这些轮船是用以"制夷"的，现在中外"早经议和"，造船反而会引起外国"猜嫌"，而"且用之外洋交锋，断不能如各国轮船之利便，名为远谋，实同虚耗"。如果"用以巡捕洋盗，则外海本设有水师船只"，不必在传统水师木船外再造轮船，增加巨额费用。总之，在财政如此紧张之时还"殚竭脂膏以争此未必果胜之事，殊为无益"。他同时指出江南制造总局的情况与福州船政局相同，所以请旨敕令闽浙、两江总督停止福州船政局和江南制造总局两处造船。

　　对宋晋的建议，朝廷认为不无道理，但此事毕竟事关重大，且与位高权重的曾、左、李都有关系，因此将他的奏折交两江、闽浙等省督抚阅看，酌情议奏。这道"上谕"行文也颇为巧妙，一方面表示轮船如果"制造合宜，可以御侮，自不应惜小费而堕远谋"，一方面又表示"若如宋晋所奏，是徒费帑金，未操胜算，即应迅速变通"。对宋晋的意见，曾国藩表示坚决反对，但福州将军兼署闽浙总督的文煜则表示支持。这使清廷依然举棋不定，便于 1872 年 4 月初再发上谕，要李鸿章、左宗棠、沈葆桢三人通盘筹划、悉心筹议。

　　左宗棠、沈葆桢于 5 月初先后覆奏，坚决反对停止造船，而李鸿章则迟至 6 月下旬才覆奏，上此《筹议制造轮船未可裁撤折》，足见他对此折的重视。在此折中，他首先高屋建瓴指出，中国面临的形势是"合地球东西南朔九万里之遥，胥聚于中国，此三千余年一大变局也"！西方列强通过印度从南洋逐渐向东北侵略，闯入中国边界甚至腹地，这是中国历史上前所未有的。西方列强之所以能横行中土，中国之所以受制于西方各国，就在于中国传统的弓矛、小枪、土炮不敌彼之后膛枪炮；中国传统的舟楫、艇船、炮划不敌彼轮机兵船。在这种情况下，不要说"攘夷"，就是维持现在局面也要学习、制造西方的船炮。谋求自强之道在于"师其所能，夺其所恃"，"若我果深通其法，愈学愈精，愈推愈广，安见百数十年后，不能攘夷而自立耶"？日本是一小国，为自保而学习西方，结果近年来反而"逼视我中国"，"中国可不自为计乎"？他进而指出："士大夫囿于章句之学而昧于数千年来一大变局，狃于目前苟安而遂忘前二三十年之何以创巨而痛深，后千百年之何以安内而制外？"这正是要求停止造船论的由来。因此"国家诸费皆可省，惟养兵设防、练习枪炮、制造兵轮之费万不可省。求省费则必屏除一切，国无与立，终不得强矣"。他坦言他们并非不知道开始制造船舰花费甚巨，"为国家筹久远之计，岂不知费巨而效迟哉"，但现在必须开办此事，否则今后将后悔不及。如果现在停办，不但前功尽弃，而且将为外人耻笑，并进一步助长列强侵略中国的野心。"由是言之，其不应裁撤也明矣。"

反对者指责福建船厂在筹划开办时曾上奏花费不大，现在花费远远超过当初计划，用现在的话来说，就是颇有"钓鱼工程"之嫌。对此，李鸿章辩解说负责创办福建船厂的两个法国人并非造船专家，估算可能不准；并进一步详细说明创办之初购买机器、修建厂房、培养员工确实花费巨大，然而经过初创阶段后造船越多，每艘船的成本则将越低。这一解释，确有相当说服力。

对于反对者即便中国建造兵船，与外国在水上打起仗来也未见得能赢的论点，李鸿章的反驳看起来相当低调，他不能不承认事实确实如此，但实际却非常有力。他承认中国在海上仍打不过西方列强，但他以结束不久的普法战争为例，说法国兵船无论质、量都胜过普鲁士，最终还是战败，所以"兵事胜败，固难言已"。接着不厌其详地介绍了英、法更为先进的军舰，其装备设施非中国新造轮船可以相比，他想要说明的是如果中国想打胜仗也要造这样先进的军舰，而这需要更多经费。他巧妙地利用了论敌的矛盾：我们新造军舰打不过列强是因为没有它们的先进，如果你要求我们能打赢，就应拨更多的造舰经费，而不能裁撤刚刚起步的造舰事业。他接着便反驳说："今欲我数年创始之船，遽敌彼百数年精益求精之船，不待智者而知其不逮。然就已成者而益求精，未必其终不逮也。"何况，中国现在建造轮船"本无驰骋域外之意，不过以守疆土保和局而已"，只是为了防守沿海、沿江，这些地方由于水浅礁多，"外洋大兵船、铁甲船势难深入"，所以从保卫海防而言，现在所造船舰规模、水平完全够用。退而言之，即便我们的兵船打不过外国，但我们建造这些船就使他们可能不敢轻举妄动；反之，如果因我们建了这些船也打不过外国而停建，就会"平日必为外人所轻，临事只有拱手听命，岂强国固本之道哉"？

由于反对造船者以财政、经费紧张为理由，因此李鸿章在陈述了中国面临的不得不造轮船的历史环境后，便具体分析财政问题。接着他以相当篇幅提出了解决经费问题的具体建议，其中尤其值得注意的是，他由财政紧张顺理成章地提出解决财政问题的根本是要"求富"，提出不仅要建造兵船，更应建造商船，设立经营民用商业运输企业，要建立用大机器生产的煤矿、钢铁企业，创办民用企业赢利赚钱。他指出，船坚炮利后面的支撑是铁与煤，而英国之所以最强大，就因它的铁、煤产量最多。如果我们一直像现在这样不能自己用机器生产铁、煤而不得不依赖进口，那么一旦中外冲突，"不但各铁厂废工坐困，即已成轮船，无煤则寸步不行"，这才是真正应该忧虑的。

其实，李鸿章早就想用机器生产各种民用品，但他深知守旧的反对力量太强，因而不敢提、不能提。确实，用机器生产枪炮兵船明显关系到清王朝的生死存亡，还遭到如此强烈的反对，用机器生产煤、铁，组建近代航运业等与"军工"无关的事业确更难推行。此时，李鸿章认为时机已到，便借反对者提出财政问题而提出只有以机器"求富"才是解决财政的根本办法。最后，他总结说："法待人而后行，事因时为变通。若徒墨守旧章，拘牵浮议，则为之而必不成，成之而必不久。坐让洋人专利于中土，后患将何所底止耶？"

清廷将左、沈、李等三人奏折又交总理衙门议奏，总理衙门上折完全支持他们的意见，这场洋务派与顽固派对是否要学习、引进西方科学技术进行的又一场重要争论才告结束。而更重要的是，李鸿章此折借顽固派提出的"财政紧张"，反而提出更为顽固派所反对的"求富"主张，使洋务运动从"求强"阶段深化为"求富"阶段。从"求强"到"求富"，不但是洋务运动发展的重要阶段，对中国社会也产生了既深且广的影响。而李鸿章此折中"借力打力"的技巧，端的是老谋深算。

在洋商与华商之间

——李鸿章洋务思想述评四

论试办轮船招商局（致总理衙门函）

同治十一年十一月二十三日（1872年12月23日）

　　轮船招商转漕一事，叠承尊处殷殷函属筹议章程。本年五月十四日钧示，以若俟官船造有成数再行筹议，不惟咄嗟莫办，且恐造者之心思与用者之利钝未能一意相承，依然无裨实用，何不趁此闲暇，悉心拟议，一俟各船工竣，成规具在。承租者争先恐后，船不赋闲，费不虚耗，而我即以验其良窳，加意讲求。遇有事时亦可驾轻就熟，是于造船初意变而不离其宗属。即遴谕有心时事之员，妥实筹维，独抒己见。勿以纸上空谈一禀了事，等因。

　　仰见长顾远虑，切实预筹，曷任佩服。鸿章窃查轮船招商章程，同治六年以后，曾文正、丁雨生叠据同知容闳道员、许道身等各有筹议成规。曾文正当将容闳所拟章程刊本寄送贵衙门查阅，并以核定华商置造洋船章程，饬由江海关道出示通颁各口晓谕试办。迄今又六七年，此局因循未成，实由筑室道谋，主持无人，商情惶惑。若徒议章程而不即试行，仍属无济于事。本年七月间，曾饬据南省海运委员熟悉情形之知府朱其昂等酌拟招商章程二十条，其大意在于官商合办以广招徕，期于此事之必成，而示众商以可信。当经录咨贵衙门察核，并钞咨南洋大臣剳行沪道，仍饬该守朱其昂于海运事竣回沪会同妥商。嗣沪局各道以官厂现无商船可领，迟疑不决，而朱其昂等尤虑将来官局所造商船未能合式。诚如钧谕，造者之心思与用者之利钝未能一意相承，且待造成再行招商，亦断不能以一二船取信于众，而争先承租。莫如仍循往年许道身、容闳原议，先招华商，将素所附搭洋行之船只资本渐渐拆归官局，俟试行有效，则官造商船自可互相观摩，随时给领。现届江浙海运米数日增，沙宁船只日少，得有华商轮船分运，更无缺船之虞。是一则为领用官船张本，一则为搭运漕粮起见，于国计固有裨助。又，中国长江外海生意全被洋人轮船夹板占尽，近年华商殷实狡黠者，多附洋商名下，如旗昌、金利源等行，华人股分居其大半。闻本利不肯结算，暗受洋人盘折之亏，官司不能过问。若正名定分，立有华商轮船公局，暂准照新关章程完税免厘，略予便宜。至揽载货物起岸后仍照常捐厘，于饷源无甚窒碍，而使华商不至皆变为洋商，实足尊国体而弭隐患，尤为计之得者。前曾文正及雨生等叠经批准，未即果行。鸿章以为若不及此时试行，恐以后更无必行之日。因姑允朱其昂等所请，准令设局试办，并由津海关陈道、天津丁道议覆，准照苏浙典商借领练饷制钱定章，借拨钱二十万串，以为倡导。嗣据朱其昂、李振玉等会同设局叠次禀称，各帮华商纷纷搭股，现已陆续购集坚捷轮船三只，所有津、沪应需栈房码头及保险各事，分装海运米数，均办有头绪，并由鸿章咨准江浙分运明年漕米二十万石。筱宋制军暨沪关沈道等缘未深悉底里，初尚游移，旋经鸿章详晰告知，均各释然。振轩昨已缄覆照行，谅无掣肘之虑。用敢将此事原委专折陈明，并备文咨呈冰案外，朱其昂等另议商局条规照钞呈览，大致似尚公允。此事现属试办，如有未尽妥洽之处，当随时督令察酌改定。目下既无官造商船在内，自无庸官商合办，应仍官督商办。由官总其大纲，察其利病，而听该商董等自立条议，说服众商。冀为中土开此风气，渐收利权。将来若有洋人嫉忌，设法出头阻挠，应由中外合力维持辨论，以为华商保护。伏祈加意主持，使美举不至中辍为幸。至闽厂未成船只似无商船式样，沪厂拟造商船现因续造兵船，尚未筹及。其应如何变通尽利之处，尤在当事续行妥筹，合并覆陈。

在半年前的《筹议制造轮船未可裁撤折》中，李鸿章即指出创办民用轮船公司是"求富"的重要方法，但现在的情况是"各口岸轮船生意已被洋商占尽。华商领官船另树一帜，洋人势必挟重赀以倾夺"，所以"须华商自立公司，自建行栈，自筹保险"，要由"熟悉商情、公廉明干、为众商所深信"的人出面主持。当奏折被批准后，他就开始了创办轮船招商局的准备，于同治十一年十一月二十三日向朝廷呈上《试办轮船招商局折》，同日给总理衙门致此《论试办轮船招商局》函，将此事正式提上议事日程。

创办轮船招商局，首先要打破外国轮船公司垄断中国沿海和长江的航运局面。由于利益巨大，所以许多洋行经营航运业务，但最主要的是美商旗昌、英商太古和怡和这三家轮船公司，它们资金雄厚，中国的航运业务事实上被它们垄断。在它们的扩张下，中国旧式船运业遭到致命打击，以前曾经盛极一时的沙船业濒临破产。在这种情况下，创办轮船招商局可说是符合中国航运和民族经济发展趋势的明智之举。李鸿章在给同僚的信中写道："我既不能禁华商之勿搭洋船，又何必禁华商之自购轮船？""以中国内洋任人横行，独不令华商展足耶？"不过，由于中国素来的"抑商"传统，再加上朝野反对新式机器生产的保守力量十分强大，政府禁止商人办新式企业，所以中国商人还根本不可能办新式工商企业。一些商人为了赚钱，只能依附在洋商名下，一些巨商甚至投入巨额资金。这样的后果是政府税收减少，而且华商依附在洋商名下还容易受到洋商的盘剥。因此，李鸿章提出了由官方出面创立轮船招商局的主张。

他在这封信中指明当前的形势是："中国长江外海生意全被洋人轮船夹板占尽，近年华商殷实狡黠者，多附洋商名下，如旗昌、金利源等行，华人股分居其大半。闻本利不肯结算，暗受洋人盘折之亏，官司不能过问。"如果设立轮船招商局，则华商可以名正言顺入股，"使华商不至皆变为洋商，实足尊国体而弭隐患，尤为计之得者"。创办近代民用企业，需要大量资金和懂得新式企业经营的人才。当时清政府国库空虚，财政几近干涸，不可能拿出大量资金筹建企业，更无人才。在这种情况下，李鸿章瞄准了买办阶层。在为外商服务的过程中，一些买办积累了一定的近代工商经营管理的实际经验和能力，同时也积累了大量财富。把他们连人带资本从洋商中"挖过来"，确是解决问题的可行方法。

考虑到当时的情形，他提出招商局应采取"官督商办"的形式，即"由官总其大纲，察其利病，而听该商董等自立条议，悦服众商。冀为中土开此风气，渐收利权"。"将来若有洋人嫉忌，设法出头阻挠"，官方可出面交涉，"以为华商保护"。在给同僚的信中他写道："倡办华商轮船，为目前海运尚小，为中国数千百年国体、商情、财源、兵势开拓地步。我辈若不破群议而为之，并世而生，后我而起者岂复有此识力？"

轮船招商局是洋务派创办的第一个从"军工"转向"民用"、从"求强"深化为"求富"、由"官办"转向"官督商办"的企业，因此意义非同寻常。在新式大机器生产和民间资本面临国内的重重阻力和外面的巨大压力的情况下，"官督商办"这种由商人出资认股、政府委派官员经营管理的模式，在当时对新式民用企业的建立、对民间工商资本的发展起了重要的推动作用。不过，随着社会与时代的发展，这种模式的负面作用越来越明显——当然，这是后话。

"戴红帽"企业的困境

复陈招商局务片

光绪六年三月二十七日（1880年5月5日）

　　再，钦奉正月二十八日上谕：有人奏招商局办理毫无实济，请饬认真整顿经理一折。设立招商局原所以收利权而裕税课，若但听委用各员任意开销，浪费侵蚀，深恐私橐日充，公款日亏。著李鸿章、吴元炳慎择公正廉洁之员，将历年出入各款彻底清查，实心经理。如有糜费侵渔等情，即行据实严参，毋稍徇隐，等因。钦此。

　　遵查轮船招商局之设，系由各商集股作本，按照贸易规程自行经理，已于同治十一年十一月创办之初，奏明盈亏全归商认，与官无涉。诚以商务应由商任之，不能由官任之。轮船商务牵涉洋务，更不便由官任之也，与他项设立官局开支公款者不相同。惟因此举为收回中国利权起见，事体重大，有裨国计民生，故须官为扶持，并酌借官帑以助商力之不足。光绪三年冬，曾将该局事宜筹画整顿覆奏，并饬江海、津海两关道于每年结帐时就近分赴沪津各局，认真清查帐目，如有隐冒，据实禀请参赔，业经循办在案。数年以来，虽有英商太古、怡和洋行极力倾挤，而局事尚足相持，官帑渐可拨还，生意次第开拓。先后承运京仓漕米、各省赈粮不下数百万石，征兵调饷、解送官物军械者源源不绝。旦夕可至，岂得谓于国事毫无实济。其揽载客货，以及出入款目，因会办各员多有服官他省，不能驻局，仍责成素习商业之道员唐廷枢、徐润总理其事。局中股本亦系该二员经手招集，每年结帐后分晰开列，清册悉听入本各商阅看稽查。若该商总等任意开销侵蚀，则众商不待官查，必已相率追控。而自开办至今，并无入股商人控告者。局外猜疑之言，殊难凭信。现值运漕揽载吃紧之时，若纷纷调簿清查，不特市面徒滋摇惑，生意难以招徕，且洋商嫉忌方深，更必乘机倾挤，冀遂其把持专利之谋，殊于中国商务大局有碍。总之，商局关系国课最重，而各关各纳税课丝毫无亏。所借官帑，现据唐廷枢、徐润等禀，定由该局运漕水脚分年扣还。公款已归有著，其各商股本盈亏，应如前奏，全归商认，与官无涉，只可照案。俟每年结帐时由沪津两关道就近清查一次，以符定章。惟总分各局及码头船只甚多，用人甚众，难保一无糜费。臣等仍随时严饬该员唐廷枢、徐润认真整顿，实力经理，不得稍任浪费侵蚀，违则严行参办。谨会同署两江总督江苏抚臣吴元炳附片覆陈，伏乞圣鉴。谨奏。

此折是李鸿章为轮船招商局，亦即为"官督商办"辩护的众多奏折中的一则。对"官督商办"企业的态度是清政府经济方针、政策的重要方面，所以我们不妨通过此折对清政府的有关政策作一简略透视，当给人以有意义的启示。

由于清廷一直禁止私人创办近代新式企业，所以李鸿章在1872年为了突破官无资金、不会经商，而有资金、有经商才干的商人没有合法办近代企业之权的困境，"遇到红灯绕道走"想出的一个变通办法，就是"官督商办"，简单说就是由政府出面、商人出资办近代企业，"官为维持""商为承办"，即官府督办，商人自筹股资，并且具体经营。用今天人们熟悉的语言来说，就是"戴红帽子"。

由于招商局的成功，清政府主要是李鸿章又创办了电报总局、上海机器织布局等官督商办企业。这种企业一个天生的缺陷就是产权不明，对这类企业，清政府内部一直就有两种不同观点：一种观点认为这是国有企业，官家自可任意处置，因为本来就是以政府之名而设，而且在经营过程中得到政府的多种优惠待遇，甚至享有某种垄断权。更重要的是，他们认为私人资本强大之后，将削弱统治者的统治力量。另一种观点则认为私人资本强大反会使国家富强，朝廷统治基础更加巩固，而且这些企业是商家出资经营，理应为商家所有，国家不应收回，如果收回，应给商人合理的补偿价格。两种政治力量斗来斗去，一时这派占优势一时那派占上风，长期没有定论。轮船招商局是创办最早的官督商办企业，所以围绕它的争论自然最早，也最激烈。

当时长江的航运业被外国公司垄断，但这些公司却有很大比重的华人资本。有关资料表明，当时上海轮船业实际是"华洋合资，华资为主，洋商主持"，不少洋行的许多轮船实际为华商所有。之所以如此，一是因为洋商将相当一部分赚取的利润运回本国，无意在中国境内迅速扩大规模；二是因为在洋行工作的华人，俗称买办，积攒了大量财富，想投资新式企业而得不到清政府的许可。而且，中国官员对"商"一直采取压抑政策，任意勒索刁难，一位中国商人写道："夫商之不愿者，畏官之威，与畏官之无信而已。"只有依附洋商、挂外国旗，才能避免官员的敲榨。不过，求洋商庇护是以丧失许多利润为代价的，所以不少买办希望能独立出来成为真正的"华商"。李鸿章的"官督商办"设想，客观上适应了华商的需要。

一开始，李鸿章仍习惯地任命官员经办此事，饬令浙江海运委员、候补知府朱其昂筹办轮船招商局。但朱是官员，根本不善于经营新式航运业，更加上官僚习气浓重，商人避之唯恐不及，根本招募不到商股。不得已，李鸿章于1873年3月撤掉朱其昂，任命原怡和洋行买办唐廷枢为轮船招商局总办，重定局规和章程。同时，原宝顺洋行买办徐润被任命为会办。买办出身的唐、徐二人有长期经营近代航运业的经验，在他们的领导下，轮船招商局开始迅速发展。

唐、徐两位商人主事后，上海商人信心大增，招募商股进展顺利。他们按照商业模式、规则办事，规定每百股举一商董，由诸商董中推举一商总，总局和各分局分别由商总和商董主持，使投资人对局务有一定发言权，大股东享有经营管理权。

创办之初，招商局一方面面临洋商的竞争，另一方面面临国内守旧势力要将其改归官办的压力，形势不容乐观。但李鸿章仍坚持"商为承办，官为维持"的原则，在经济上和政治上提供大力支援。当时沿海和长江航运已被洋商垄断，新成立的招商局简直没有"立足"之地，于是李鸿章为招商局奏准了运送漕粮和一些官府物资的专权。此举是轮船招商局可以建立、维持的关键。在与洋商的激烈竞争中双方大打"价格战"，因此招商局资金一直紧张，李鸿章多次指示拨借官款，有时还规定可以缓息。这些措施使招商局摆脱了困境，不到 10 年时间，货轮即由初期的 4 艘发展到 30 余艘，总装载量近 24000 吨。经过激烈竞争，轮船招商局在 1877 年收购了美商旗昌公司的全部产业，包括 16 艘轮船和长江各埠及上海、天津、宁波各处的码头、栈房，从而超过英商怡和、太古两家轮船公司。以后它的业务不断发展，先后在烟台、汉口、天津、汕头、福州、广州、香港等地及日本、新加坡等国重要港口增设了分局。

有关数据表明，轮船招商局的建立确实达到了"分洋商利权"的目的。仅 1873 年到 1876 年间，外国航运公司收入总共损失 4923000 两，其间中国商人少付给外国商人的费用当在 136000 两以上。因此，李鸿章后来在给朝廷的奏折中曾得意地说道："创设招商局十余年来，中国商民得减价之益，而水脚少入洋商之手者，奚止数千成，此收回利权之大端。"

虽然招商局取得了巨大的成功，但仍然受到顽固派的攻击。本来，顽固派注重的就不是经济，而是所谓的名分，如果用现代语言来说，就是"不要看经济效果，而要看政治效果"，宁要符合自己思想意识、政治标准的草，不要不符合这些标准的苗。于是，有人奏请"轮船招商局关系紧要，急需整顿"，提出要收归国有，由南北洋大臣统辖。招商局成立以来，参劾招商局的奏本便一直不断，此奏一出，更得到许多官员响应，纷纷要求收归官办，起码要加强政府的监督控制。面对这汹汹群情，李鸿章立即上折坚决反驳。在此折中，他首先说明招商局是依照几年前所定章程经营管理的，当然，这也有提醒朝廷别忘了这些章程当初是经过其批准之意。他强调开始创办时就奏明"盈亏全归商认，与官无涉。诚以商务应由商任之，不能由官任之。轮船商务牵涉洋务，更不便由官任之也"。与官无涉、商务应由商任之不能由官任之，这些见解远远超出当时其他官员，显然，他认为"官督商办"应以商为主。对于顽固派提出经营者贪污、滥用公款的指责，他辩护说与其他官办局开支公款完全不同，只是在开办初期由"官"借了一些公款："惟因此举为收回中国利权起见，事体重大，有裨国计民生，故须官为扶持，并酌借官帑以助商力之不足。"何况这些官款早已归还，与官更无关系。对于查账的要求，他知道这并非官无权查账的纯商办企业，而是官有权查账的"官督"企业，所以不能以官无权查账反驳之，只能晓以"利害"劝说不必查账。他解释说如果查账会使谣言更多，现在是与洋商竞争最激烈的时候，洋商一定乘机打压招商局，再度垄断长江航运，结果"殊于中国商务大局有碍"，总之"商局关系国课最重"，不能轻动。

　　由于李鸿章的坚决反对，此次收归国有之议不了了之。

　　不久，国子监祭酒王先谦又上奏弹劾招商局，认为企业"归商不归官，局务漫无钤制，流弊不可胜穷"，再次提出要收归官办。这一次次弹劾，引起的呼应比上次要强烈得多。李鸿章知道最为反对者所忌恨、最为朝廷所担心的是这类企业对统治者的政权所起的作用可能是削弱，所以他在 1881 年 3 月中旬又上折反驳王先谦时，首先详细列举几年来该局的成就，证明正是招商局使洋人在长江水运所得之利大为减少，因此强调"其利固散之于中华，关于国体商务者甚大"，当然使统治者的政权更为巩固。有趣的是，李鸿章在此折中称得利的是"中华"而不用"华商"，说明他深知朝廷对"华商"等私人获取巨额利益仍心存警戒，所以刻意回避"华商"这种容易联想到私人的词汇。在激烈争论中回避朝廷敏感的字眼，当然更容易赢得朝廷的支持，而且华商得利确也可说是"中华"得利。一词之选，煞费苦心，反映了李鸿章写奏折的老练。然后，李鸿章才从有关章程、规定说明政府应遵守早先订立的章程，如果"朝令暮改，则凡事牵掣，商情涣散，已成之局，终致决裂，洋人必窃笑于后，益肆其垄断之计。是现成生意，且将为外人所得，更无暇计及东西洋矣"！值得注意的是，他强调政府遵守章程必要性的立论基础主要不是政府也必须遵守条约的"契约论"，而是一旦违约、生意受损的后果是洋人垄断得利这种"民族主义"话语。因为他很明白，朝廷根本不会将政府与私人所订之约放在眼里，不会将此作为一个决策的参考因素，只有这种与朝廷根本利益有关的"民族主义"话语才是打动、说服朝廷的最有力的理由。所以，他强调一定要坚持"商为承办，官为维持"，如果开始垫有官款，则"缴清公款"后"商本盈亏与官无涉"。当然，他又一再表明"并非一缴公帑，官即不复过问"，而是强调官仍要尽督管之责。其实，这类企业的问题就在于政府从未放弃管制，干预太多，只是顽固派要求国家所有制应纯而又纯、容不得丝毫私人因素才会认为"商"的权力过大。李鸿章的观点，得到权力越来越大的"总理衙门"的支持，轮船招商局仍维持官督商办，而未被收归官办或官商合办。

在 1885 年以前，轮船招商局发展迅速，但以后就陷入停滞状态，直到李鸿章去世都没有大的发展。原因是多方面的，但最主要的原因则是"官"的色彩越来越浓。

1883 年迫在眉睫的中法战争在上海引发一场巨大金融危机，许多企业陷入困境，招商局也不例外。这时，一直存在的要求将其收归官办的呼声陡然强烈。在经济和政治双重压力下，李鸿章不得不于 1885 年重组招商局，札委官员盛宣怀为督办。盛是官员出身，在任督办期间一直保有官职，因此"官""商"两面性在他身上反映最为鲜明。与商人相比，他显得"官气十足"，习惯"官场作风"；与官员相比，他又更像商人，后来还不乏维护商人利益之举。

在他主事期间，招商局"官督"大为加强，"商办"大为削弱。在挑选高层管理人员时，他按"官场"规则，挑选自己的亲信担任各种职务，而不是以"商场"规则按股份多少或任人唯贤。这样，大多数高层管理人员都有深深的官方背景，但却缺乏经营近代企业的经验。另外，招商局开始被官方视为"摇钱树"，户部不断要求"核查"（实为要钱）招商局账目，同时明确要求招商局总办应由高官会商遴派。从 1891 年起，谙熟官场规则的盛宣怀还不得不每年向官方"报效" 10 万两。

招商局已然成为一个"衙门"，既丧失了自主经营权，又不断被官方索财，终只能惨淡经营。在 19 世纪 70 年代末，它的船只数目和吨位远远超过英商怡和、太古公司，但到 1894 年它落到与怡和不相上下、远远不如太古的境地。

虽然如此，招商局仍是清政府重要的财政来源之一，总有人想将其"收归国有"，所以十几年后，即甲午战后的 1896 年，李鸿章因甲午大败为万民所指、被清廷投闲散置，大权尽失。这时，御史王鹏运认为时机来临，上奏请特派官员到招商局"驻局办事"，有些现在派"工作组"的意思，虽未明说，实际意图仍是收归官办。但总理衙门以"若无商局，则此利尽属洋商。是该局收回利权，实明效大验"，反驳了王鹏的建议，维持了官督商办原状。

创办于1880年的电报总局也面临同样命运。架设电线、成立相关机构对近代以来一直军情紧急的清政府本是重中之重，但与所有新事物在近代中国的命运一样，因顽固派认为这些是西方的奇技淫巧不能学而迟迟未有进展。李鸿章于1879年在自己的辖区内试架短短一线，后又于第二年借沙俄准备侵略新疆伊犁以"电报实为防务必需之物"上奏请敷设电线。在这种情况下，清廷才批准架线设局。1880年10月，电报总局在天津成立，标志着中国近代电讯业的诞生。

官办电报局经营未久，便面临经费严重紧张问题。在李鸿章的支持、筹划下，电报总局于1882年春改为官督商办。改制后的电报总局，完全是商股商办。

或许因为轮船招商局创办在先，容易成为众矢之的，而成立稍后的电报总局命运则相对平稳，在1902年前未遇将其"收归国有"之议。

1902年秋，李鸿章病逝未及一年，新任直隶总督、北洋大臣的袁世凯开始设法将轮船招商局和电报总局收归国有。袁以强硬著称，主张"强政府"，由政府兴办新式企业，所以想把"北洋"的官督商办企业都收归国有，增强政府，同时也增强自己的实力。此时，轮船招商局、电报总局的经营者盛宣怀父亲病故，袁世凯乘盛丁忧守制之机，夺去了盛宣怀的"督办"之职。

刚开始，清中央政府想派人将轮、电二局收归"央企"，以利中央财政，对此盛宣怀坚决反对，错误地想争取"实力派"袁世凯的支持。袁世凯当然也反对将此二局收归中央，但他的真实想法是一定要将其收归"北洋",即"地方国企"。

盛宣怀是个复杂异常的人。他是李鸿章的心腹幕僚,精明超常,本身即官员,对官、商两界都非常熟悉,深谙为官之道与经商门路。李鸿章乃至后来张之洞创办企业,都对他十分倚重。虽然他于1885年担任招商局督办,与前任相比他主政时的"官督"大为加强,官的色彩较浓,但与那些要完全官办的人相比,他又是"商"的代表,坚决反对"官办"。早在1894年2月初,他奉李鸿章之命接办官督商办的上海机器织布局时就担心企业办好后为官收回,向李建议道:"股商远虑他日办好,恐为官夺,拟改为总厂,亦照公共章程,请署厂名,一律商办。"以前的企业都是"局","局"乃官方机构名称,"厂"则是企业名称。由"局"改"厂",一字之易,却是大有讲究。李鸿章同意盛的方案,将其改为华盛机器纺织总厂。1901年,由于棉花价格猛涨,工厂亏本,盛宣怀串通两江总督刘坤一上奏称由于亏损严重,"自应准其另招新商顶替,改换厂名,再接再厉"。经清政府批准后,1901年2月盛宣布旧股票一概作废,将其以银210万两全盘出售给集成公司。集成公司实际上是盛及其家族、亲友为收购华盛专门而设,3月即将其转租给又新公司经营,又新公司主要经理人员均为盛的亲戚。集成、又新的实际控股人就是盛宣怀。

盛宣怀以原价买下自己股权占优、一手经营的企业,改名为集成纺织公司。上海机器织布局—华盛机器纺织总厂—集成纺织公司,此厂终于从产权不明的"官督商办"经过逐步改制变成了产权明晰的盛氏"私产"。对他的这种改制是"合法"还是"非法",是否"化公为私"或曰"侵吞国有资产",一直争议不断。而吊诡的是这两种观点确实各有道理,正说明了社会转型期造成了"制度灰色地带",很难以简单的非黑即白来作判断。今天许多"戴红帽子"企业其实也是如此改制,盛氏百余年前的手法依然适用,历史何其相似乃尔!无论怎样评价，管理层收购（MBO）据说是 20 世纪七八十年代欧美的发明，其实首创权可能是 20 世纪初中国清末无师自通的盛宣怀呢。此例能入哈佛商学院教学案例么？

由于早就担心这些"官督商办"企业可能被收归国有，盛宣怀在经营轮、电两局时就多次想方设法将盈利及各项收入转为商股，以便万一将来政府按票面价值将轮、电二局购归国有时，包括他在内的股东利益不至于损失太大。

然而，此时"商人思维"的盛宣怀面对的却是"强政府思维"的袁世凯，他根本无意按股票票面价值将官督商办企业收归国有。1903 年 1 月中旬，袁世凯被清廷派为电务大臣接收电报局。袁世凯以政府资金紧张、无法全付商股为由，表示商人仍可"附股一半"，而另一半商股则以大幅度杀价"购回"。此法一出，商情哗然，但毫无办法。但此时清政府因要支付巨额"庚子赔款"连超低价的"价购"都付不起，在降旨袁世凯接收之时宣布："该局改官办之后，其原有商股不愿领回者，均准照旧合股。"对这种完全的"商股官办"朝廷还说是在维护既有体制之中"寓体恤商情之意"。无论盛宣怀及众商人多么不满，想出种种办法，都无法改变收归官办的命运。袁世凯的基本思路是：取之于商，用之于官。

接收完电报总局，袁世凯紧接着就强迫盛宣怀辞去招商局督办之职，派自己的亲信杨士琦担任该局总理。这样，袁世凯通过将电报局收归官办、轮船招商局由他派人督办，从而将这两个大型企业实际收归己有。

以前有李鸿章做靠山，盛宣怀做事一直顺风顺水，现在靠山已去且面对的是"强势政府"袁世凯，自然毫无招架之力，顿时败下阵来。他当然不甘就此作罢，于是暗中准备，窥伺时机，以图夺回企业。他本来就是亦官亦商，现在对"官"权之大的体会更深，于是在积极联络股东的同时又向大太监李莲英巨贿买官，终于在 1908 年 3 月获授邮传部右侍郎。铁路、电报、航运和邮政都归邮传部管，盛氏顿时权力大增。有了权后，他首先联络电报总局的入股商人与政府交涉，要求退还收归官办的电报总局的商股。经过一番讨价还价，清政府最终按每股 180 元的价格将全部股票从股商手中买回，股商挽回部分损失。

就在这年 11 月，光绪、慈禧相继去世，政坛风云突变，袁世凯骤然失势，被贬归家，盛宣怀明白机会来临，于是开始努力夺回招商局。在被袁世凯收归官办的短短几年中，轮船招商局亏损严重，不仅未添几艘船只，未增加一处码头、栈房，反而不得不将上海浦东、天津塘沽、南京下关的码头卖掉。盛宣怀以挽救招商局为理由于 1909 年 8 月在上海召开股东大会，会上"组织商办隶部章程"，"注册立案"，并选盛宣怀为董事会主席。会议上报后，邮传部（盛宣怀任右侍郎）复电承认轮船招商局"本系完全商股"，同意其设立董事会。招商局终于完全商办。

在招商局、电报总局的争斗中，中央（清廷）、地方（袁世凯）和商人都尽力争取自己的利益，在"产权不明"混沌状态下，自然是谁的力量大，权益就归谁所得。在这种时而"国有"、时而"民营"的各种力量的博弈中，影响最大、失误最严重的是清政府的铁路政策。

铁路最开始引入时受阻力最大，但铁路的巨大利益渐渐显示出来，成为各方争夺的对象，因此铁路的"国有"与"民营"之争渐渐成为斗争的焦点。

修路耗资巨大，财政极为紧张的清政府根本无此力量，所以又不得不招商股，而更多靠举借外债。1905 年秋，湖北、湖南、广东三省民众集股从美商手中收回了粤汉铁路利权，朝廷也曾下令这三省由商民集股兴建铁路。而 1904 年在成都成立的官办的川汉铁路公司也于 1907 年改为商办。湖南、湖北主要是绅商集资，广东主要是华侨商人集资，而四川的股本来源主要靠"田亩加赋"，靠"抽租之股"。抽租的办法一般是随粮征收，值百抽三，带有强制征收、集资的性质，贩夫走卒都被迫参与。这样，全川民众无论贫富，都与汉川铁路有紧密的利益关系。

而清政府一方面允许民间自办铁路，另一方面又于 1908 年任命调入军机处的张之洞为粤汉铁路督办大臣，不久又命其兼督湖北境内的川汉铁路，实际又企图把铁路改为官控，遭到这几省民众反对，领导者恰恰是清政权的统治基础地方绅士和富商。在地方强烈反对下，清廷于 1909 年末和 1910 年初又先后准许粤汉、川汉铁路民办，于是入股民众更多。然而仅仅一年，"立宪运动"已经风起云涌，清政府却又不顾广大民众的强烈反对，于 1911 年 5 月在新任邮传部尚书盛宣怀的主张下悍然又宣布"铁路干线国有"政策。几年之内，于国计民生大有干系的铁路政策竟如此反反复复，清政府真是"自寻短见"。

一石激起千层浪，不久前还同意铁路民营、允许民众大量入股，现在突然宣布"国有"，广大股民认为这是政府有意设套圈钱，怒不可遏，轰轰烈烈的"保路运动"应声而起。使问题变得更加严重的是，财政极其困难的清政府根本无力给股民合理（或者说让股民满意）补偿，而只能以折扣的方式，即以远远低于股民实际投资额的方式赎买股份。

清政府对湖南、湖北采取的倒是路股照本发还政策，由于绅商损失不大，所以最先兴起保路风潮的"两湖"却也最先平息。而广东路股，清政府只发还六成，不过由于广东股商主要为华侨，在备感愤怒之下一走了之，却也未有更大波澜。对四川路股，清政府采取的也是"低价"赎买政策。由于入股的中下层民众最多，所以四川反抗"铁路国有"的风潮最为炽烈，最终成埋葬清王朝的辛亥革命的导火索。

值得再次一提的是，当年极力维持商民利益的盛宣怀一就任邮传部尚书，观念即随地位的变化而变，成为"铁路国有"的主要策划者。因铁路属邮传部管，一旦铁路"国有"，邮传部的"地盘"、实力将大大扩充。在"国有"的名义下，实际考虑的是他的个人利益，并不考虑在各种矛盾已经十分尖锐激烈的情况下强行此项政策将危及整个王朝的利益甚至统治的根基。

"官督商办"企业的历史说明，近代中国的外资确实挤压中资，但外资却又是"中资"产生的温床，华商在自己的政府不许自己经办近代企业的情况下，正是在外资企业开始了初步的资本积累，学习到近代企业管理经验。在新式大机器生产和民间资本面对国内的重重阻力和外面的巨大压力的情况下，"官督商办"模式在当时对新式民用企业的建立、对民间工商资本的发展起了重要的推动作用。不过，随着社会与时代的发展，这种模式的负面作用越来越明显，其成败的关键之处在于"官方色彩"是渐渐淡化还是不断强化，"官"方对企业是支持、扶持还是将其作为一个下属"衙门"对待，这就是不容忽视的历史经验。

由于"民"远弱于"官"，所以在清末"国有"与"民营"的斗争中国家、政府的力量强如压卵之石，商民只能设法谋官才能维持自己的权利。而商一旦成了官，往往会如盛宣怀那样，反过来又以政府的力量为自己谋利。这样，官、商的界限便永难划清，腐败也将日甚一日。

导致清王朝灭亡的因素当然很多，从经济层面上说，先是为民营经济发展设置重重障碍，而后虽允许民营经济发展，但政策却又极不稳定经常大幅度摇摆，不能不说是重要原因之一。经常大幅度摇摆，根本原因是清政府面对社会转型、面对从农业经济向近代工商经济转向这种深刻的结构性变化、面对新崛起的近代工商阶层完全不知所措，因此制定不出一个基本稳定的经济政策，更谈不上基本稳定的制度建设。由于没有稳定的政策和制度，结果必然是"人治"。而政坛风云向来变幻莫测，今天赞成商办的官员得势，政策自然是"商办"导向；明天力主国有的官员上台，政策则立即转向"国有"。

经济政策和制度是最重要、最基本的社会政策和制度，能否制定大致稳定的经济政策和制度，是统治者执政是否成熟的基本标准。没有大致稳定的经济政策和制度，人民不会安居乐业，社会没有安定和谐，统治者的政权基础自然也不可能巩固。清末的历史再次证明了这一点。

电报与"忠""孝"

请设南北洋电报片

光绪六年八月十二日（1880年9月16日）

再，用兵之道必以神速为贵，是以泰西各国于讲求枪炮之外，水路则有快轮船，陆路则有火轮车，以此用兵飞行绝迹。而数万里海洋欲通军信，则又有电报之法。于是和则以玉帛相亲，战则以兵戎相见，海国如户庭焉。近来俄罗斯、日本国均效而行之，故由各国以至上海，莫不设立电报，瞬息之间可以互相问答。独中国文书尚恃驿递，虽日行六百里加紧，亦已迟速悬殊。查俄国海线可达上海，旱线可达恰克图，其消息灵捷极矣。即如曾纪泽由俄国电报到上海只需一日，而由上海至京城，现系轮船附寄，尚须六七日到京。如遇海道不通，由驿必以十日为期。是上海至京仅二千数百里，较之俄国至上海数万里，消息反迟十倍。倘遇用兵之际，彼等外国军信速于中国，利害已判若径庭。且其铁甲等项兵船，在海洋日行千余里，势必声东击西，莫可测度，全赖军报神速，相机调援。是电报实为防务必需之物。

同治十三年，日本窥犯台湾，沈葆桢等屡言其利，奉旨饬办，而因循迄无成就。臣上年曾于大沽北塘海口炮台试设电报，以达天津。号令各营，顷刻响应。从前传递电信犹用洋字，必待翻译而知。今已改用华文，较前更便。如传秘密要事，另立暗号，即经理电线者，亦不能知，断无漏泄之处。现自北洋以至南洋，调兵馈饷在在俱关紧要，亟宜设立电报以通气脉。如安置海线，经费过多且易蚀坏。如由天津陆路循运河以至江北，越长江由镇江达上海，安置旱线即与外国通中国之电线相接，需费不过十数万两，一半年可以告成。约计正线支线横亘须有三千余里，沿路分设局栈，常年用费颇繁。拟由臣先于军饷内酌筹垫办，俟办成后仿照轮船招商章程，择公正商董招股集赀，俾令分年缴还本银，嗣后即由官督商办，听其自取信资，以究经费，并由臣设立电报学堂，雇用洋人教习中国学生自行经理，庶几权自我操，持久不敝。如蒙俞允，应请饬下两江总督、江苏巡抚、山东巡抚、漕河总督转行经过地方官一体照料保护，勿使损坏。臣为防务紧要，反复筹思，所请南北洋设立电报实属有利无弊。用敢附片缕陈。伏乞皇太后、皇上圣鉴训示。谨奏。

今人读完这通折片，可能会感到平淡无奇，不值一提。架设电报线不过是一个政府应做的最基本建设，有何"意义"可言？因此，只有在中国近代化的大背景中，才能了解此折的意义及上折者的"技巧"。

电线电报是近代引入中国、引起相当争议的"奇技淫巧"之一。顽固派认为电线会变乱风俗，是背祖弃宗之举，如工科给事中陈彝在1875年9月的一道奏折中坚决表示要禁止架设电线，认为电线可以"用于外洋，不可用于中国"，因为"铜线之害不可枚举，臣仅就其最大者言之。夫华洋风俗不同，天为之也。洋人知有天主、耶稣，不知有祖先，故凡入其教者，必先自毁其家木主。中国视死如生，千万年未之有改，而体魄所藏为尤重。电线之设，深入地底，横冲直贯，四通八达，地脉既绝，风侵水灌，势所必至，为子孙者心何以安？传曰：'求忠臣必于孝子之门。'藉使中国之民肯不顾祖宗丘墓，听其设立铜线，尚安望尊君亲上乎"。在顽固派的逻辑中，中国人架设电线就是不孝，不孝必然不忠，架设电线必然导致不忠不孝，罪莫大焉！对架设电报线在军事和经济上的重要性，连洋务派刚开始也多认识不足，对有关架设电报线的建议屡屡以无用而拒绝，奕訢、曾国藩、崇厚、左宗棠、刘坤一等都曾表示坚决反对，认为是劳民伤财的无益之举。不过李鸿章的态度则有所不同，他在 1865 年 3 月就曾致函总理衙门，提出架电报线费钱并不多，但传递信息却非常迅速，现在洋人正想方设法在中国架设电线，中国一时能禁止，但"将来不知能否永远禁阻"，如果不能永远禁阻，不如中国现在自己开始创办电报事业。然而，他的这一建议并未得到总理衙门的支持和其他洋务派官员的响应，结果不了了之。但李鸿章并未因此作罢，而是一直在等待恰当的机会。事实上，洋商已想尽种种办法，主要是架设海线而非陆线，绕过清政府管理在中国架线设局。凡此种种，足见中国开创自己电报事业的艰难。

几年后，洋务派大员开始认识到电报的重要性。曾国藩在上海租界内看到电报的作用赞不绝口。崇厚在 1870 年末出使法国，至 1871 年末返国，其间多次利用外国人开办的电报机构与总理衙门互通电信，使奕訢也体验到电报的便捷、重要。但真正使洋务派下决心架设电报线的直接因素，还是 19 世纪 70 年代中期日本对台湾的进犯。1874 年，清政府派洋务官员沈葆桢为钦差大臣赴台抵抗日本侵略。到台湾后，沈深感台湾孤悬大洋，与大陆通讯、联系极不方便，必将影响军机大事。他看到外商能越洋架线，信息往来无阻，便正式奏请朝廷准予架设福州陆路到厦门、厦门海路到台湾的电线。但几经波折，此事最终未成。1879 年，为加强海防，也是为了做一试验、探索，李鸿章于大沽、北塘海口炮台试设电报以达天津，效果良好，增强了他架线设局的信心。此次中俄伊犁交涉军情骤紧，李鸿章不失时机再次上奏，详陈必须立即架设电报线的理由。这些理由，今日看来都是"常识"，但那时却是有待普及的"新知"。他并以正在俄国进行的中俄谈判，以自己年前在天津做的试验、探索为例，具体说明架电报线的紧迫性与可行性。李鸿章深知经费、经营管理方式与主权是朝廷最关心、最担心的问题，所以此折虽短，但他仍在最后部分专门针对朝廷的疑虑提出了具体解决办法（好的奏折确应如此提出具体办法）："旱线"（即陆线）从天津到上海所需不过"十数万两"，可先从淮军军饷项内拨款开办，等到办成后仿照轮船招商局的办法招募商股，分年缴还本银；经营方式自然是"官督商办"；由于中国目前没有这方面人才，故不能不雇佣外国专家，但他明确提出要设立电报学堂培养中国学生"自行经理"，"庶几权自我操，持久不敝"。

此折虽短，却有充足的理由、具体的事例与明确的办法。险恶的现实和李鸿章的透彻分析，使清廷终于顾不得电线究竟"孝不孝""忠不忠"，立即允准李鸿章着手办理电报局。1880 年 10 月，李鸿章在天津设电报总局，同时设立电报学堂，这是中国近代电讯事业的开始。

近代中国的"顽固派"从来不从技术层面论证、反对"新事物"，而是从"政治""道德""意识形态"的"高度"来否定新事物的合法性。"电报"居然能被"上纲上线"到"忠""孝"的高度，再次说明"泛政治""泛道德""泛意识形态"传统的深厚。这种凡事都要先问"姓什么"，究竟是维护了传统文化还是耽误了传统文化？对统治者有利还是有害？是"爱国"还是"误国"？是促进社会发展还是阻碍社会发展？

"必由商办"殊不易

津沪电报等费暂由淮饷开支折

光绪九年八月十七日（1883年9月17日）

奏为津沪电报官督商办，所需弁兵巡电等费，部议驳归商人自给，拟仍请暂由淮饷内开支，以符原议而示大信，恭折仰祈圣鉴事。窃查津沪电报经前署督臣张树声核明续支用款循案截数，开单报销，奉旨：著照所请。该衙门知道。钦此。旋准户部咨开各节，并称该局虽有认缴官本之名，而官本悉归乌有。惟凭以后官报信资，巧为充抵，信资数目又未据实开报，以后限令按季将一季中发递官报若干件、信资若干数，按期报部查核。至各汛弁兵津贴干粮，原为巡护电线而设，电报既自八年三月起卸归商办，此项津贴干粮及修理巡房岁约需银一万一千两，若再由淮饷代给五年，是前项官本既归乌有，而后此又将添拨，商享其利，官认其需，办理实属未妥。所请仍由淮饷内开支，俟五年后归商自给之处，碍难准行等因。臣当札饬电报局总董，查照部指各节，妥筹分晰具复。旋经该总董等传询众商，据情详复前来。据称信资数目一节，光绪八年三月初一日改归商办起，至十二月底止，官报信资银三千四百七十四两有奇，已经造报送详。九年以后遵当按季将发递官报若干件、信资若干数，如期详送，决不敢稍有含混。沿途绿营各汛弁兵津贴干粮一节，前经禀明由官项开支，侯五年后电局倘能立脚，再归电局自行给发。因奉奏准有案，始敢刊单招股，众商共见共闻，以便股商承办，有利可赢，原应报效。惟查光绪七年十一月至八年二月，官局共收报费银六千余两，开销八局薪工银一万九千余两，入不敷出，已有明证。即便马干口粮常拨官款，商力实亦难支，所冀历年稍久，商报渐繁，勉可支持，再请停发。但查外洋各国电线得以四通八达而不费者，有官设之线有商设之线，凡关系国家政务者，缘由官造局由官办，凡商货稠密之区，方由商人设立，并以电线初设开销较巨，例由国家认付股商利息，每年五六厘。日本初设线时，其国家认至八厘，故能日增月盛，有举无废。至于巡护之事，各国沿路均有巡捕，其口粮亦由公家给发。凡有官报，仍照商民一体给费恤商，如是而不嫌其优，盖以商利愈厚，则电务益兴，深有裨于军国大计也。众商之意，拟恳将马干口粮一项，准照上年奏案办理，抑或略仿西例，不设年限，永归官款开支，以恤商困。如不蒙允准，惟有仰求退还商本，将电线仍归官办。又称洋商近在上海开设公司，每招股分，华商趋之若鹜，多以中国之银钱增洋商之气焰。及至华员招股，众商反不免观望，诚恐官不保护，无以示信。故洋商日富，华商日贫，凡有捐输报效之事，日见其微。此次添设闽、粤、浔、汉电线，续招股分，本形竭蹶，若已定之案，更有游移，必致商情日涣。且今电局所寄之报，官报居其半，局报居其半，皆无报费可收。其商报不过三分之一，商人咸以本重利轻毫无把握，甚觉畏沮等语。臣查电报之设，裨益军国甚大，经臣督率局员，殚力经营，幸而有成。即如去年朝鲜生变，赴机迅捷，实赖电报之力。此外如筹措海防、侦察边情、酌调兵勇，及出使各国大臣购船制械，商办交涉机宜，莫不如数，万里外传递要信，瞬息互答，成效已著，无待赘陈。当臣创办之初，以常年用费颇繁，拟先于军饷内酌筹垫办，侯办成后招集商股认缴本银，随饬道员盛宣怀督同众商筹议。据禀称电报原为军务洋务缓急备用，向北至南绝少商贾码头，线长报稀，取资有限，非官为津贴不可。请改归官督商办，除由商缴还官本银六万两外，五年后分年续缴银二万两，其余不敷银两，以军机处、总理衙门、各省督抚、出使大臣洋务军务电报应收信资陆续划抵，似此项抵缴完毕，别无应还官款，则前项官报永不领资，以尽商人报效之忱。各局常年经费，即以官商信资抵支，无论不敷多少，不得再请津贴。其沿途绿营弁兵巡电各费，每年由淮饷内支银一万一千两，俟五年后归电局自给。以上各情，经臣迭次奏明，奉旨允行在案。窃思电局所以必归商办者，总分各局迢遥数千里，常年用费甚繁，未便官为经理。各州县驿站岁支正饷钱粮已巨，断无余力再筹此费，若酌取商民电资贴补，则以官吏较此锱铢，稍失体统，且出纳之间稽核难周，弊混滋甚，必改归商办，斯国家收消息灵通之益，而无耗损巨帑之虞。惟是商民势涣力散，非善为倡导，则不能集事，商情见利则趋，非稍予赢余，则无由鼓舞。臣前提拨军饷，创成要务，初不患前款之虚糜，而特虑后费之难继。今既有众商承办，若衡情酌理而论，倘该商等能将官款全缴，并自给巡费，则局事应由商主持，官即不能过问。中外官报，亦应照章给费，官商转多隔膜。今因所缴官款尚有未足，又暂贴巡费，虽名为商办，仍不啻奉行官事。目下中外紧要官报络绎往来，毫无贻误，其捷速过于驿递奚止百倍。且究于臣所提拨淮饷二十万两之内认缴银八万两，较之外洋创成一事厚酬商利者，其省费不啻倍蓰。况巡费俟五年后，仍责商局自给，则是将来可不助公帑，而军国重务获呼应灵通之效。前者仅用银十余万两，而为公家及商民创永远无穷之利，于大局亦不为失算。况前者英商大东、丹商大北两公司迭来唝渎，谋在中国设立电线，臣复拟展设闽浙电线以至广东，左宗棠亦议展设长江电线以至汉口，借收自主之权利，以杜洋人之觊觎。概招商股，未借官款，实因津沪电线创立其基，商情踊跃，乃能不待筹费而推行尽利。臣默自循省，似尚无办理不妥之处。臣之悉计与其使洋人窥伺，不若使华商获利。华商苟有以自立，则要务可开拓经营，缓急可通融报效，果使商利日旺，亦不失藏富于民之意。特是电局初设，风气尚未大开，该商所逐什一之利，尚难确有把握，经臣累饬局员劝导，众商始勉为承办。今该商董等又以仍归官办为请，臣欲派员经理，则虑耗费愈多，欲从此停辍，则数年心力与已成之工弃之可惜。而南北及海外信息又滞，且恐为外人所窃笑而攘取矣。欲仍责令商办，则招商之事不可尽慑以官势，必令出于众愿，又必有信约可凭，始能行之久远。再四筹思，惟有责成该总董开导众商，依旧经办，仍照奏奉旨准之案，巡费暂由官发给。该商等所请巡费，不设年限，永支官款，断难准行，应令五年后自行筹给，以符原议。臣尝谓，时至今日，地球诸国通行无阻，实为数千年来未有之变局，故于政务得失利病往往有非思议所及，例案所有者，非从事海疆，周咨博访，考究多年，末由穷其曲折。微臣措注洋务，经用饷项，实不敢不踌躇审慎而出之，即如轮船招商局，数年以前群疑众谤，云谓上亏国帑，下耗商本，今则官款渐可缴清，而使洋人少占中国商利三四千万，公家不出丝毫造船养船之费，坐得轮船三十余号，纵横江海，稍壮声威，天下亦稍知其利矣。惟要务愈办愈多，初非一端可竞。臣所办诸事，平时与总理衙门往返函商，未尝不详，故此中甘苦，惟总理衙门颇知其梗概。若户部既未专司洋务，势难先与筹商，又难详告颠末，此等创办之事，骤而察之，未有不滋疑窦者。在部臣实事求是，有此一驳，而臣乃得稍伸其说，未始无益。惟虑此后凿柄之处尚多，不能不豫为陈明。至电局巡兵修房各费，岁需银一万一千两，拟恳圣恩仍准暂支官款，俟五年后归商自给。臣当严饬该总董等将续缴银二万两不准愆期，无论局费如何不敷，不准再请津贴。除将户部咨查各节另行咨复外，所有津沪电报巡电修房等费请照原议暂由淮饷内开支缘由，恭折沥陈，伏乞皇太后、皇上圣鉴训示。谨奏。

光绪九年八月二十日，军机大臣奉旨：著照所请。该部知道。钦此。

天津电报局成立后，即开始紧张的机构设置与线路架设，首先架设的是津沪线。一切开支，都从淮军军饷内拨付。从之前引"请设南北洋电报片"可以看出，李鸿章说服朝廷创设电报局的理由就是国防军务急迫需要，丝毫不提电报可以带来巨大的商业利益。他知道，如果此时提及商业利益，阻力可能会增大许多。电报是"防务必需之物"，用军饷就理所当然，既然是军需且用军饷，电报局自然是官办。但是，李鸿章内心设想的办理模式却不是官办，而是官督商办。有轮船招商局和开平矿务局的成功前例，他知道官督商办体制的功效远较官办体制为佳。而且电报于商业、商人大大有利，官督商办，商人定会踊跃入股，所以在"请设南北洋电报片"的最后，又明说"拟由臣先于军饷内酌筹垫办，俟办成后仿照轮船招商章程，择公正商董招股集赀，俾令分年缴还本银，嗣后即由官督商办"。

1880年创办天津电报局时，李鸿章任命盛宣怀为总办，商人郑观应于1881年5月被李任命为上海电报分局总办。以天津为"总局"，上海"副之"，盖因上海电报分局为南路各局总汇，并且上海也是外国在华电报的汇集之地。

1881年12月，津沪线即将开通，李鸿章着手企业改制，将电报局由官办改为官督商办。具体经办的盛宣怀拟定了《电报局招商章程》，开篇写道："中国兴造电线固以传递军报为第一要务，而其本则尤在厚利商民，力图久计。前蒙北洋大臣阁爵督宪奏明，先以军饷项下垫办，俟办有成效，招商集股，分年缴本，即由官督商办，是使商受其利，而官操其权，实为颠扑不破之道。"

具体规章共十二条，主要是详细规定了商股与官费的比例、计息、提取利润的方法，总体上于商有利，体现了官对商的"体恤"。当然也规定了电局应以军机大臣、总理衙门大臣、各省将军督抚及各国出使大臣所寄洋务、军务、公务电信永不收费的方式报效官方。

之所以在官督商办中仍特别强调官方体恤，强调"官操其权"，因为盛宣怀深谙国情，知道中国风气是重官轻商，创设电线之初，保护电杆电线不被盗窃至关重要，民众若知道此是官家之事，不敢妄动，如果是商家之事，则沿线安全难保；电线数千里，跨越数省，完全靠各地官员巡守，地方官知道是国家之事，则不敢不认真巡守。所以，"若尽委之于商，虽商出数倍看守之资，而无益于事"。

拟就章程后，盛宣怀就南下与上海分局的总办郑观应商量。郑观应曾经是买办商人，又参与官督商办轮船招商局和开平煤矿的管理，深知现代企业管理，同时也深谙国情。在《致总办津沪电线盛观察论招商办电报书》中，他明确说明了自己的观点、看法。对具体规章，郑观应大体并不反对，但是对章程中规定的官本永远存局、加添官股成本等规定，认为"似未稳妥"，不表赞同。作为现代商人，他对官家资本有着本能的不信任和警惕。反对"官本永存"，意味着他认为今后是完全的商办。

他最为反对的，则是前面几条过多体现官方体恤，尤其是"商受其利，而官操其权"这种表述。他认为电报发达之后，一定利润丰厚，招商人入股并不难，但他担忧的是官方可能会政策有变。因为官方见到利润越来越高，很可能会不断压榨企业，免费官方电信会越来越多。稍不如意，官方就会肆意刁难勒索，根本原因在于："中国尚无商律，亦无宪法，专制之下，各股东无如之何，华商相信洋商，不信官督商办之局，职此故也。"因此"官督商办之局不占公家便宜，只求其保护，尚为地方官勒索；若太占便宜，更为公家他日借口"。

他特别提醒，今天商家有李鸿章的支持，但李不可能永远在此职位，不能保证李的继任者也有与李同样的见识，支持商家。所以章程强调"官督商办是商受其利、官操其权等语，似皆有流弊，想执笔拟章程者意重利商，求易于招股，未曾有深思远虑耳"。

盛宣怀与郑观应思路、观点的侧重显然不同。吊诡之处在于二人的思路、观点都是基于对国情的深刻了解与认识，这是一种深刻的、难以解决的悖论。中国风气重官轻商，创办之初，不强调官方色彩，确难成事。另一方面中国官权甚重，对商人几乎为所欲为，商家确易受官勒索甚至被收为官有。历史证明了郑观应的远见：1902 年，电报局被收为官办，郑当年的远虑成为现实。清政府直到 1904 年才颁商律，直至覆亡都没有宪法。郑观应二十年前对"中国尚无商律，亦无宪法"，因此私人产权得不到保障的担忧，说明他认识到只有制度、法治才是商家的基本保障。

郑观应的意见得到电报局其他人的赞同，因此盛宣怀对此章程做了修改，淡化了一些"官"的色彩。官办津沪线计费开通四个月来效益不佳，因此电报局在 1882 年 4 月 18 日起正式改为官督商办。

电报局改为官督商办后发展迅速，在南方一些省份陆续架线。李鸿章于 1883 年 1 月 16 日专门上了一道《商局接界电线折》，从国家主权、民族利益的角度论述电报的意义，以期得到朝廷和地方政府对官督商办的电报局的支持、保护。他说由于英商将在中国一些地方设局架线，无法禁遏，他与总理衙门反复商量，认为"惟有劝集华商先行接界由沪至粤沿海各口陆线，以杜外人觊觎之渐而保中国自主之权，使彼族无利可图，或者徘徊中止"。只有官督商办才能集巨资，迅速发展，抵御外国资本："惟欲收我国自有之权利，必当竭力筹维，劝集巨资，次第开办，以尽报效之忱"。他认为盛宣怀等人所议章程"尚属周妥，谨照钞恭请御览"，"当此外人窥伺之际，必须激励华商，群策群力，共图抵制"。电报局在南方各省陆续兴办电报事业，然而各省情况不同，民情不同，所以请朝廷敕令江苏、浙江、福建、广东各督抚臣，"转饬经过各地方官妥为劝谕，随事照料保护，勿使稍有阻挠损坏，以期事在必成，庶免华商裹足，外人贻笑。而各国添设海线之谋，当渐消阻，实于交涉大局有裨"。

李鸿章的担心并非过虑。对电报局的官督商办的各项政策，户部上奏表示不满，认为有利于商而于官不利。户部是清政府的"财政部"，李鸿章不能不立即反应，在1883年9月17日上此"津沪电报等费暂由淮饷开支折"，详析各项规定，反驳户部。民族主义，是他的立论基点，以民族主义来论述华商获利的正当性。

他介绍了各国办电报的情况，说明天津电报局只是仿照他国成功经验，"盖以商利愈厚，则电务益兴，深有裨于军国大计也"，并以去年处理朝鲜问题实赖电报之力说明此点。现在洋商在上海开设公司，华商趋之若鹜，"以中国之银增洋商之气焰"，而中国企业招股，众多华商反而观望，"诚恐官不保护，无以示信。故洋商日富，华商日贫，凡有捐输报效之事，日见其微"。电报局官督商办虽然使商获利，效果是"收自主之权利，以杜洋人之觊觎"，"与其使洋人窥伺，不若使华商获利"，"果使商利日旺，亦不失藏富于民之意"。

除了从民族主义价值论阐述了商人获利的正当性，他又从技术层面论述必须商办的理由。创办之初，必须官给扶持，日本就是如此，所以卓有成效。"至于巡护之事，各国沿途均有巡捕，其口粮亦由公家给发。""窃思电局所以必归商办者，总分各局迢遥数千里，常年用费甚繁，未便官为经理。各州县驿站，岁支正饷钱粮已巨，断无余力再筹此费，若酌取商民电资贴补，则以官吏较此锱铢，稍失体统，且出纳之间稽核难周，弊混滋甚，必改归商办，斯国家收消息灵通之益，而无耗损巨帑之虞。"

当然，在此折结尾处，他还是给户部猛然一击："时至今日，地球诸国通行无阻，实为数千年未有之变局"，所以自己在这种情势下讲求洋务，几年前创办轮船招商局官督商办时也群疑众谤，指责让国家亏本，结果"今则官款渐可缴清，而使洋人少占中国之利三四千万"，官方也大得其利。朝廷主管洋务的机构是总理衙门，"臣所办诸事，平时与总理衙门往返函商，未尝不详，故此中甘苦，惟总理衙门颇知其梗概"。意在说明自己所办诸事，并非自作主张，而是与朝廷主管部门详细商量。然而笔锋一转，指向户部："户部既未专司洋务，势难先与筹商，又难详告颠末，此等创办之事，骤而察之，未有不滋疑窦者。在部臣实事求是，有此一驳，而臣乃得稍伸其说，未始无益。"

至此，户部未再提异议。官商之争，在李鸿章"必归商办"思想的指导下，暂告一段落。

铁路贵姓
——晚清建造铁路的大争论

妥议铁路事宜折
光绪六年十二月初一日（1880年12月31日）

奏为铁路为富强要图，亟宜试办，筹款立法尤宜得人豫为考究，遵旨妥议恭折，仰祈圣鉴事。

窃臣承准军机大臣密寄十一月初二日奉上谕：刘铭传奏筹造铁路一折，所请筹款试办铁路先由清江至京一带兴办，与本年李鸿章请设之电线相为表里等语，所奏系为自强起见，著李鸿章、刘坤一按照折内所陈，悉心筹商妥议具奏。原折著钞给阅看，等因。钦此。

仰见圣主廑念时难，力图振作，周谘博访，不厌精详，曷胜钦服。伏思中国生民之初，九州万国自为风气，虽数百里之内，有隔阂不相通者。圣人既作刳木为舟，剡木为楫，舟楫之利，以济不通。服牛乘马，引重致远，以利天下。

自是四千余年以来，东西南朔同轨同文，可谓盛事。迄于今日泰西诸国，研精器数，创造火轮舟车，环地球九万里，无阻不通。又于古圣所制舟车外别出新意，以夺造化之工，而便民用。迩者中国仿造轮船，亦颇渐收其益，盖人心由拙而巧，器用由朴而精，风尚由分而合，此天地自然之大势，非智力所能强遏也。

查火轮车之制，权舆于英之煤矿，道光初年始作铁轨以约车轮。

其法渐推渐精，用以运销煤铁，获利甚多。遂得扩充工商诸务，雄长欧洲。既而法、美、俄、德诸大国相继经营，凡占夺邻疆、垦辟荒地，无不有铁路以导其先。迫户口多而贸易盛，又必增铁路以善其后，由是欧美两洲六通四达为路，至数十万里。征调则旦夕可达，消息则呼吸相通。四五十年间，各国所以日臻富强而莫与敌者，以其有轮船以通海道，复有铁路以便陆行也。即如日本，以区区小国在其境内营造铁路，自谓师西洋长技，辄有藐视中国之心。俄自欧洲起，造铁路渐近浩罕、恰克图等处，又欲由海参崴开路以达珲春。中国与俄接壤万数千里，向使早得铁路数条，则就现有兵力尽敷调遣。如无铁路，则虽增兵增饷，实属防不胜防。盖处今日各国皆有铁路之时，而中国独无，譬犹居中古以后而屏弃舟车，其动辄后于人也，必矣！

窃尝考铁路之兴，大利约有九端：江淮以北陆路为多，非若南方诸省河渠贯注而百货流通。故每岁所征洋税厘金二三千万两，在南省约十之九，在北方仅十之一。倘铁路渐兴，使之经纬相错，有无得以懋迁，则北民必化惰为勤，可致地无遗利，人无遗力，渐臻殷阜之象。其铁路扼要之处，征收厘税，必渐与南方相埒。此便于国计者利一也。从来兵合则强，兵分则弱。中国边防海防各万余里，若处处设备，非特无此饷力，亦且无此办法。苟有铁路以利师行，则虽滇、黔、甘、陇之远不过十日可达。十八省防守之旅，皆可为游击之师。将来裁兵节饷，并成劲旅，一呼可集，声势联络，一兵能抵十兵之用。此便于军政者利二也。京师为天下根本，独居中国之北，与腹地相隔辽远，控制綦难，缓急莫助。咸丰庚申之变，议者多请迁都，率以事体重大，未便遽行。而外人一有要挟，即欲撼我都城。若铁路既开，万里之遥如在户庭，百万之众克期征调，四方得拱卫之势，国家有磐石之安。则有警时易于救援矣。各省仕商络绎奔赴，远方粮货转输迅速，皆愿出于其途，藏于其市，则无事时易于富庶矣。不必再议迁都而外人之觊觎永绝。自有万年不拔之基。此便于京师者利三也。曩岁晋、豫荐饥，山西米价跃踊，每石需银至四十余两。设有铁路可运，核以天津米价与火车运价，每石不过七两左右。以此例之，各省遇有水旱偏灾，移粟辇金捷于影响，可以多保民命，且货物流转自免居奇之弊。此便于民生者利四也。自江浙漕粮改行海运，议者常欲规复河运，以防海运之不测。铁路若成，譬如人之一身血脉贯通，即一旦海疆有事，百万漕量无虞梗阻。其余如军米、军火、京饷、协饷莫不应手立至。此便于转运者利五也。轮车之行，较驿马十倍之速，从此文书加捷，而颁发条教，查察事件，疾于置邮。他如侦敌信、捕盗贼皆朝发夕至，并可稍裁正路驿站，以其费扩究铁路。此便于邮政者利六也。煤铁诸矿去水远者，以火车运送，斯成本轻而销路畅。销路畅而矿务益兴，从此煤铁大开，修造铁路之费可省，而军需利源更取不尽而用不竭。此便于矿务者利七也。凡远水之区，洋货不易入而土货不易出，今轮船所不达之处，可以火车达之。出入之货愈多，则轮船运货亦与火车相为表里。此便于招商轮船者利八也。无论官民兵商，往来行役千里而瞬息可到，兼程而途费转轻，无寇盗之虞，无风波之险。此便于行旅者利九也。

以上各端，西洋诸国所以勃焉兴起者，罔不慎操此术，而国计军谋两事尤属富强切要之图。刘铭传见外患日迫，兼愤彼族欺陵，亟思振兴全局，先播风声，俾俄、日两国潜消窥伺之心。诚如圣谕，系为自强起见。查中国要道，南路宜修二条。一由清江经山东，一由汉口经河南，俱达京师。北路二条。宜由京师东通奉天，西通甘肃。诚得此四路以为根本，则傍路繁要之区，虽相去或数百里，而地段较短，需费较省，即招商集股，亦舆情所乐就。从此由干达枝，纵横交错，不患铁路之不振兴。惟统计四路工费浩繁，断难并举。刘铭传拟先造清江至京一路，与臣本年拟设之电线相辅并行，庶看守易而递信弥捷，洵两得之道。盖先办一路，虽于中国形势尚偏而不举。然西洋诸国五十年前，亦与中国情形相等。惟其刻意营缮，争先恐后，故有今日之气象。刘铭传之意，盖欲先创规模，以为发轫之端，庶将来逐渐推广，不患无奋兴之日也。

顾或谓铁路若开，恐转便敌人来犯之途，且洋人久思在中国兴造铁路，此端一起，或致彼愈滋烦渎。不知各国之有铁路，皆所以征兵御敌，而未闻为敌用。何也？铁路在我内地，其临边处皆有兵扼守，彼岂能凭空而至？万一有非常之警，则坏其一段，扣留火车，而路亦无用，而全路皆废。数十年来，各国无以此为虞者，客主顺逆之势然也。至洋人擅在他国造路，本为公法条约所不准。若虑其逞强爽约，则我即不自造铁路，彼独不能逞强乎？况洋人常以代中国兴利为词，今我自兴其利，且将要路占造，庶足关其口而夺之气，使之废然而返矣。或又谓铁路一开，则中国之车夫贩竖将无以谋衣食，恐小民失其生计，必滋事端。不知英国初造铁路时，亦有虑夺民生计者，未几而傍路之要镇以马车营生者，且倍于曩日。盖铁路只临大道，而州县乡镇之稍僻者，其送客运货仍赖马车、民夫。铁路之市易既繁，夫车亦因之增众。至若火车盛行，则有驾驶之人，有修路之工，有巡瞭之丁，有上下货物伺候旅客之杂役。月赋工糈，皆足以仰事俯畜。其稍饶于财者，则可以增设旅店，广买股份，坐权子母。故有铁路一二千里而民之依以谋生者，当不下数十万人。况煤铁等矿由此大开，贫民之自食其力者更不可数计。此皆扩民生计之明证也。或又谓于民间田庐坟墓有碍必多阻挠，不知官道宽广，铁路所经，不过丈余之地，于田庐坟墓尚不相妨，即遇官道稍窄之处，亦必买地，优给价值。其坟墓当道者，不难稍纡折以避之。

刘铭传剿捻数年，于中原地势民情，固亲历稔知者也。惟是事端宏大，经始之初，宜审之又审，俾日后勿滋流弊，始足资程式而行久远，臣当博采众议。外洋造路有坚窳久暂之不同，其价亦相去悬殊，每里需银自数千两至数万两不等。清江浦至京最为重要之衢，造路须坚实耐久。所需经费虽未能豫定，为数自必不赀。现值帑项支绌之时，此宗巨费欲筹之官，则挪凑无从。欲筹之商，则散涣难集。刘铭传所拟暂借洋债亦系不得已之办法。从前中国曾借洋债数次，议者恐各省纷纷援例，致受洋人盘剥之累，经户部奏明停止。顾借债以兴大利与借债以济军饷不同，盖铁路既开，则本息有所取偿，而国家所获之利又在久远也。惟是借债之法，有不可不慎者三端。恐洋人之把持，而铁路不能自主也。宜与明立禁约，不得干预吾事，但使息银有着，期限无误。一切招工购料与经理铁路事宜，由我自主，借债之人毋得过问。不如是则勿借也。又恐洋人之诡谋，而铁路为所占据也。宜仿招商局之例，不准洋人附股设立铁路公司，以后可由华商承办，而其政令须官为督理。所借之债，议定章程，由该公司分年抽缴，期于本利不至亏短。万一偶有亏短，由官着追。只准以铁路为质信，不得将铁路抵交洋人。界限既明，弊端自绝。不如是则勿借也。又恐因铁路之债或妨中国财用也。往时所借洋款，皆指定关税归偿。近则各关拨款愈繁，需用方急，宜议明借款与各海关无涉，但由国家指定日后所收铁路之利，陆续分还，可迟至一二十年缴清，庶于各项财用无所牵掣。不如是则勿借也。凡此数端，关系较巨。闻洋人于债项出纳之间，向最慎重。若尽照所拟办法，或恐未必肯借，彼若肯借，方可兴办。与其速办而滋弊端，不如徐议而免后悔。

又闻各国铁路无一非借债以成，但特素有名望之监工踏勘估工之清单，与日后运载之利益，足以取信于人。中国南北铁路行之日久，必可多获盈余。诚设立公司名目，延一精练监工细为勘估，由总理衙门暨臣等核明，妥立凭单，西洋富商或有愿为称贷者。至铁路应试造若干里，如何选料募匠，如何费省工坚，非悉心考究无由握其要领。

一切度地、用人、招商、借债事务繁赜，非有特派督办之大员呼应，断不能灵。查刘铭传年力尚强，英气迈往，曾膺艰巨。近见各国环侮，亟思转弱为强，颇以此事自任。惟造端不易，收效较迟。倘值外患方殷，朝廷或畀以军旅之寄，自应稍从缓议。现既乞假养疴，别无所事，若蒙圣主授以督办铁路公司之任，先令将此中窾要专精考校，从容商榷，即俄、日各国骤闻中国于多事之秋尚有余力及此，所以示之不测，未始非先声后实之妙用。且以其暇招设公司，商借洋债，虽能否借到巨款尚无把握，然以刘铭传之勋望，中外合力维持，措注较易于他人。其旧部驻防直、苏两省不下万余人，将来请求愈精，或另得造路省便之法，或以勇丁帮同修筑，或招华商巨股，可以设法腾挪，当与随时酌度妥办。盖刘铭传以原议之人始终经理，即待其效于十年以后，尤属责无旁贷。倘更有要任相需，仍可闻命即行，独当一面也。再，中国既造铁路，必须自开煤铁，庶免厚费漏于外洋。山西泽潞一带，煤铁矿产甚富，苦无殷商以巨本经理。若铁路既有开办之资，可于此中腾出十分之一，仿用机器洋法开采煤铁。即以所得专供铁路之用，是矿务因铁路而益旺，铁路因矿务而益修。二者又相济为功矣。

所有筹办铁路，力图自强，宜豫为考究，设法试行各缘由，恭折由驿覆陈。是否有当，伏乞皇太后、皇上圣鉴训示。谨奏。

直到今天，铁路对一个国家国计民生仍有重要意义，在一百多年前，其意义更不待言。但是，修建铁路在近代中国引起的反对却最强烈，争论时间最长也最激烈。

洋务派造炮造船，当然知道修建铁路的重要性，所以从19世纪70年代起就不断提出修建铁路的主张。1872年，俄国出兵侵占我国伊犁，李鸿章借机提出改"土车为铁路"的主张，指出俄国侵占伊犁，"我军万难远役"，如果不修铁路，新疆等西北边境就无法运兵，而且不仅俄国想侵占西北，英国同样垂涎云南、四川，如果中国自己开采煤矿、修建铁路，则列强将有所收敛，而中国"三军必皆踊跃"，否则，中国将面临更加紧迫的局面。但这种完全符合实际的救时之策，在当时却遭到一片反对，据说"闻此议者，鲜不咋舌"，视为骇人听闻之论。1874年，日本派兵侵略我国台湾，海疆告急，李鸿章又乘机提出修建铁路的主张。这年年底，他奉召进京见恭亲王奕䜣时，力陈中国修建铁路的重要性，并请先造清江到北京的铁路，以便南北交通。奕䜣向来支持洋务运动，当然同意李鸿章的观点，但他深知修铁路将会遇到顽固派的强烈反对，恐难实行，所以对李鸿章说此事"无人敢主持"。李鸿章仍不甘心，希望他有机会劝说慈禧、慈安，但奕䜣回答"两宫亦不能定此大计"。由此可见修铁路的阻力之大，而李鸿章便不再直接谈此问题，转而不断策动他人提修路建议。1876年，丁日昌担任福建巡抚后，李鸿章要他上疏建言，因台湾远离大陆，只有修铁路、架电线才能血脉畅通，才可以防外安内，不然列强总会对台湾垂涎三尺。1877年，清廷表示同意丁日昌所请，但此事却因经费短缺而中止。转眼几年过去，到1880年，中俄伊犁问题不仅没有解决反而更加紧张，两国之间的大规模军事冲突一触即发，运兵成为重要问题。在这军情紧急时刻，淮军将领刘铭传应召进京，就防务问题提供对策。到京后，刘在李鸿章的授意下上《筹造铁路以图自强折》，正式提出修建铁路的主张，并认为这是自强的关节点。刘折中具体提出应修从北京分别到清江浦、汉口、盛京、甘肃这四条铁路。但由于经费紧张，不可能四路并举，建议先修清江浦到北京线。局势的演变和刘折的说理充分，使清廷似为所动，命令分任北洋大臣和南洋大臣的李鸿章、刘坤一就此发表意见。

修建铁路是李鸿章的一贯主张，而刘折本就是他的授意，所以他立即洋洋洒洒地写了此折，约四千言，将压了几年的想法一吐而出。他知道反对修建铁路的最大阻力是"道义""传统""祖宗成法"，所以他首先必须进行"意识形态自卫"或"意识形态证明"，论证现在修建铁路与中国古代圣人刳木为舟、剡木为楫、服牛乘马、引重致远本质一样，目的都是以济不通、以利天下。如果现在不用火车，就如同早已用舟车的"中古"又放弃舟车回到茹毛饮血的荒蛮时代，必然要落后于人。针对顽固派一贯坚持的理论，即认为机器是败坏人心的"奇技淫巧"，他强调机器能使"人心由拙而巧，器用由朴而精，风尚由分而合"，而且，"此天地自然之大势，非智力所能强遏也"。机器能使人的心智由"拙"而"巧"、由"朴"而"精"，既是一种"知识论"，但同时也含有肯定进步观念的价值观，他以此反驳机器使人心败坏的"道德论"，确有说服力。

然后，他再概述国际局势，强调铁路在列强兴起、强盛中的作用。从国际形势再说到中国面临的险境，自然引申出修建铁路的"九利"，在这"九利"中，经济与军事是富国强兵最需要的。对这"九利"，他不吝文字，详细陈说，以期打动朝廷。具体的修路方案方面，他完全赞成刘铭传的主张（其实，刘的方案本就是他的方案），先修清江浦到北京线。他当然明白，朝廷必然会担心修路经费和主权问题，所以直陈由于所需资金庞大，无论官还是商，都难以凑集，只能向洋人借债。但他强调，在借洋债时必须在合同中订明一切招工、采购材料及铁路经营等事，都"由我自主，借债之人毋得过问"，而且还规定不许洋人附股，强调与海关无涉，由日后铁路所收之利归还借款。他不仅提出了由名望甚高的淮军将领刘铭传主持修路，甚至提出可用淮军"勇丁帮同修筑"，可谓中国"铁道兵"的首倡者。

由于创修铁路于国计民生确实至关重要，且是李鸿章的多年心愿，所以一折书后他感到言犹未尽，同时又附上《议覆张家骧争止铁路片》，对张家骧等反对者的观点作了进一步反驳。张等认为，修铁路会使市镇繁华、民众富裕，因此会更加刺激列强侵略的野心。对此李鸿章反驳说："洋人之要挟与否，视我国势之强弱"，我们如果能自强、百姓富裕，"洋人愈不敢肆其要求"。相反，如果"我不能自强"、百姓贫穷，则国势更弱，将更受外人轻蔑、更易为外人所侵凌。李鸿章顺势进一步论述了民富与国强的关系："盖强与富相因，而民之贫富又与商埠之旺废相因"，如果像张家骧等人那样因担心列强侵略"而先遏斯民繁富之机"，其实未必能阻止列强的侵略；他甚至退一步说，即便这种百姓贫穷之法真能杜绝别人的侵略野心，"揆之谋国庇民之道，古今无此办法也"。对反对者提出的铁路将"有碍民间车马及往来行人，恐至拥挤磕碰，徒滋骚扰"的观点，他则不厌其详地描述了国人当时闻所未闻的铁路与普通道路交叉时的两种解决办法：一是"旱桥"，即今天的"立交桥"之法，另一是"于两边设立栅门瞭望，火车将至则闭栅以止行人，俟火车既过，然后启之"之法。最后他情绪颇为激动地写道："士大夫见外侮日迫，颇有发愤自强之议，然欲自强必先理财，而议者辄指为言利。欲自强必图振作，而议者辄斥为喜事。至稍涉洋务，则更有鄙夷不屑之见横亘胸中。不知外患如此其多，时艰如此其棘，断非空谈所能有济。我朝处数千年未有之奇局，自应建数千年未有之奇业。若事事必拘守成法，恐日即于危弱而终无以自强。"他还鼓励朝廷说："臣于铁路一事，深知其利国利民，可大可久。假令朝廷决计创办，天下之人见闻习熟，自不至更有疑虑。"

然而，顽固派的反对更强烈、力量也更强大。如有人上奏指责说："观该二臣筹划措置之迹，似为外国谋，非为我朝谋也……人臣从政，一旦欲变历代帝王及本朝列圣体国经野之法制，岂可轻易纵诞若此！"把修筑铁路说成"为外国谋"，将改革者说成汉奸、卖国贼，而把自己打扮成"爱国者"，凭借一套具有"道德优势"，但实际虚假的"爱国主义""民族主义"话语打压革新者，是近代以来顽固派的惯用伎俩。实际上，正是反对变革的顽固守旧，才是中国积贫积弱的重要原因，真正误国害国的，其实正是这些顽固派。

还有反对者奏称铁路"行之外夷则可，行之中国则不可。何者？外夷以经商为主，君与民共谋共利者也；中国以养民为主，君以利利民，而君不言利者也"，修铁路是"蠹民"的"邪说"。对铁路，还要问一问是姓"君主"还是姓"共和"，看它是什么"性质"，这种传统，其实非常深厚呢！还有人上奏说铁路逢山开路、遇水架桥是惊动山神、龙王的不祥之物，会惹怒神灵，招来巨大灾难……

洋务派重要人物、南洋大臣刘坤一以圆滑著称，知道反对修铁路者力量强大，所以上奏时态度模棱两可，认为修与不修各有利弊，最后要求清廷饬令刘铭传再仔细推敲修路的利弊后再做决定。

由于反对者力量强大，清廷于1881年2月14日发布上谕："叠据廷臣陈奏，佥以铁路断不宜开，不为无见。刘铭传所奏，著毋庸议。"这次修铁路的争论以洋务派失败结束，中国近代化再次受挫，但李鸿章此折，成为洋务运动的重要文献之一，也是中国近代化思潮的重要文献之一。

挨打之后的进步：海军建设

设立海军衙门折

光绪十一年七月初二日（1885年8月11日）

　　窃准军机大臣字寄，光绪十一年五月初九日奉上谕：现在和局虽定，海防不可稍弛，亟应切实筹办善后，为久远可恃之计。自海上有事以来，法国恃其船坚炮利，横行无忌，我之筹画备御，亦尝开设船厂，创立水师，而造船不坚，制器不备，选将不精，筹费不广。当此事定之时，惩前毖后，自以大治水师为主。船厂应如何增拓，炮台应如何安设，枪械应如何精造，均须破除常格，实力讲求。至于遴选将才，筹画经费，尤应谋之于豫，庶临事确有把握。著各抒所见，确切筹议，迅速具奏。江苏、广东本有机器局，福建本有船厂，然当时仅就一隅创建，未合全局通筹。现应如何变通措置，或设总汇之所，或择地添设分局，以期互相策应，并著妥议奏办。务当广筹方略，行之以渐，持之以久，毋得蹈常袭故，撷拾从前敷衍之词，一奏塞责。等因，钦此。

　　仰见圣谟广运，为百年自强之计者、至深且远，曷胜钦服！

　　伏读谕旨，谆谆以大治水师为主，洵为救时急务。闽、沪各厂历造轮船，皆系旧式，只可巡守各口，不能转战大洋，臣已迭次陈奏在案。光绪六七年间，北洋始创议定购铁甲船两艘，与总理衙门、户部筹凑巨款，商令出使德国大臣李凤苞，详谘博考，参采各国最新而又于中国海面合用之式，陆续造成定远、镇远两舰。旋又以赫德代购之超勇、扬威两快船虽有巨炮，而舤薄身小，难御铁舰，函嘱李凤苞在洋访求各国钢面铁甲快船新式，定造济远一舰。适值法人启衅，德国守局外公法，不准我铁舰来华，实非始料所及。今和议成而三舰已开，八九月间约可抵津，正须豫筹驾船之人，养船之费，修船之坞。昨准总理衙门缄商，台澎孤悬海外，防守尤难。马尾之役，船多毁失，亟须添购船只，以备不虞。臣因饷源极绌，铁舰恐难遽添，请暂照济远式之钢面铁甲快船定购数艘，奏奉六月二十四日电旨：著照济远式快船定购四只，备台澎用，即电商英德出使大臣妥办。船价户部有的款可拨，等因，钦此。遵即分电曾纪泽、许景澄，会商在英、德各厂酌量分订购造去后。

夫中国七省洋面广袤万里，南须兼顾台湾孤岛，北须巡护朝鲜属邦，非有四枝得力水师，万不敷用。北洋合直、东、奉为一枝，南洋苏、浙合为一枝，闽台合为一枝，广东自为一枝。每枝必有铁甲船两艘，快船四艘，捷报舡两艘，鱼雷艇二十只，运兵轮船两只，以先立根基，徐图充拓。铁甲舰当如定远，镇远之式，快船当如济远之式，捷报舡则采取英法新式，以每小时能行十八海里者为尚，鱼雷艇须长百尺，每小时能行二十海里者为尚。其中铁舰工程较大，中国铁矿尚未兴办，钢面铁甲西洋各国现只有两厂能造，欲以大件运华合拢殊不合算。捷报舡机灵行速，在洋厂定造为宜。其穹甲快船及鱼雷艇等，则可令闽厂妥觅图式，次第仿造，以曾派在洋监工之学生、匠首为之。惟穹铁甲及钢面甲钢板等须购自外洋，运华配合，以济急需。俟铁矿开办得法，取诸宫中不难矣。至福州船厂，规模略具，糜款已逾千万，弃之可惜。上年虽被法船攻毁，机器厂屋尚未大损。历任船政屡易其人而未能整顿者，一由习气太深，一由经费太绌。若得熟悉机器、船学有风力者任之，仍归海部节制，严杜把持，请求制法，宽筹用费，添置大刨、大钻、大汽机、大石坞等项，则快船、雷艇必能仿制，铁舰亦可修理，较他处赤地新立者省费实多。

上海、江宁、天津、广东各有机器局，大都分造炮械子药，以供各路防军操战之需，万不可少，尚未能仿造后膛大炮。沪局虽间造轮船，不适于用，仍以闽厂专造为是。若夫三四寸口径后门小炮、后门连珠枪，为水陆军必需之利器，帑项稍充，应择内地开煤铁矿，近水之处，分设造枪造炮专厂，克鹿卜钢炮尚矣。德、奥、义各国复虑纯钢不能经久，均改铸硬铜后门小炮，融炼别有新法。日本已雇洋匠仿制，中国亦当踵行。各国后门枪样不一，新式改用连珠，或六七响，精利无匹，日本已设厂自造，中国亦当专造以应各省之用。约计造枪及小炮机器皆不过数十万金耳。水师之鱼雷、伏雷与炮并重。伏雷各种各机局多能自制。鱼雷理法精奥，另有不传秘诀，只可向西国订购。津局已购备试雷、修雷之器，仿造则未易言。

大抵海军专事游击，铁舰、快船吃水较深，本不能进浅水之口，亦不可任其久泊口内，渐致疲怯。是以西国无不于海外另立口岸为水师根本，有炮台、陆军依护，其船坞、学堂、煤粮、军械均于是屯储焉。中国如有四枝水军，则必择南北洋沿海形胜之地，分驻练泊。北洋大连湾口门太宽，难守。旅顺口虽稍浅狭，正当渤海门户，年来筹议浚澳筑坞，工费过巨，先其所急，不得不竭力经营。若有余力，再在山东之威海卫、胶州湾逐渐布置。南洋则长江口外大戢山迤东南岛屿之处，浙江之定海舟山皆甚扼要。道光年间，英法之役，先踞舟山，今春法船游巡大戢山一带，阻我出入之路，可为明证。设舟山有大枝水师驻扼，上下梭巡，敌断不敢遽犯吴淞，内扰镇海，江浙亟宜合力图之。闽洋则以澎湖为最要，若澎湖为水师口岸，设坞储煤，近护台湾，兼控福厦，洵为得势。粤洋则以虎门、沙角为最要，可择水深岛曲处为水师练泊之区，敌亦不敢正视。

　　造船之厂即不能遽添，而船坞不可不多备。铁舰快船既陆续告成，每年船底积有海蠹，或偶损坏，须随时就坞修洗。设有敌警接仗被伤，更须就近补葺。故船之需坞，犹人之需庐舍，栉风沐雨，胼手胝足，不可无休息饮食之所也。西国最重坞工，有专门习之。每石坞一座，并相连之水机厂屋器料，须银一二百万两，五六年或十年方能造竣。船坞外应有船池，方广可泊数十大舰，周砌驳岸，围以栈房。每舰差回进池休息，将炮械帆缆一切归栈，官弁水手调赴出差之船，其弁目或再入学堂肄业。此法有五便：一，省坐守之饷；二，免骄惰之习；三，各舰官弁未足，可轮替练习；四，弁兵可兼谙各舰之性，临事易于互调；五，船上炮械不致终年暴露，可耐久用。凡专设水师口岸，皆当如此办法也。

　　水师以船为用，以炮台为体。有兵船而无炮台庇护，则兵船之子药、煤水一罄，必为敌所夺，有池坞厂栈而无前后炮台，亦必为敌所夺：故炮台极宜并举。海口之台须格外坚厚，上置八寸至十二寸口径新式长筒巨炮，下藏子药小库，内包陆兵，外筑斜坡。凡敌船窥口，我必有三处炮台掎角击之。各国台式皆五角、六角形，其旧式之四角菱花样者久已不用。沿海各口炮台多未合式，似宜特派知兵晓形势大员，带同西弁谙新式台工者，遍勘要口炮台，令疆吏仿西式增拓改筑，乃可有备无患。

　　至于选将储才之法，尤为至要至急。陆军不乏战将，而深谙利器操法用法者颇少，臣故有创设武备学堂之请，冀后起者源源不绝。若水师将才则尤难。西洋各国武官无不由学堂出身，由世家子弟挑选，国人皆敬重之。其学有在岸者，有在船者。国家设立多学，教其各习艺业。在堂所学者其理，在船所习者其事。出学当差数年，可仍回原学再加精练，按年考试，去取极严，是以将才辈出。中国所用非所习，则无真才可用。二十年来，福州船政有驾驶、制造两学堂，各生出洋肄习，虽拔十未必得五，亦有可造之选；嗣在事者始勤终怠，渐至继起无人。天津创设驾驶管轮学堂未久，头班学生甫上练船，尚难克期成器。然除学堂、练船外，实无可造就将才之处。惟朝廷似不甚重其事，部臣复以寻常劳绩苛之，世家有志上进者皆不肯就学。诚使定以登进之阶，令学成者与正途并重，严以考核之法，俾贪惰者立予罢斥。又广募殷实清白之聪俊子弟，于津、宁、沪、浙、闽、粤分设官学以教之。学有根柢，劝令自备资斧出洋，在各国大书院、大兵船观摩考证，由出使大臣就近照料。学成回华应考，酌定等第，予以水师职衔，为额外人员，随船操练，核给薪俸。每年与各学堂官生一体考试，前列者补职，则官生无不奋勉，而绅民亦易信从。其既补职者，又须由统领、管驾官严定操演课程，讲求战阵攻取之略，并勖以忠爱勤劳、敬上听令、恪守军规，临事庶可得其死力，何患人才不日众哉？

以上各节，皆为治水师之根基，可大可久之计。然而非财不办，非人不行。泰西各大国，为水师岁耗巨款数千万，至少亦数百万，分年筹办，不稍吝惜，故强盛如彼。中国丁税、厘捐碍难骤加，远不敌各国入款之多。目前各省饷款皆不敷用，民困日深，搜括无术。加以法事起后，所借洋债累二千万，十年以内分起抽还，更无力能筹水师之岁需。

或谓开源之道当效西法，开煤铁，创铁路，兴商政。矿藏固多美富，铁路实有远利，但招商集股难遽踊跃，官又无可助资。若以轻息借洋款为之，虽各国所恒有，乃群情所骇诧。若非圣明主持于上，谁敢破众议以冒不题？至保商专工，亦为民兴利之大政，尚未能遽收利于国也。

或又谓洋药加税每箱至一百十两，各省土烟税偷减太甚，不若于山、陕、川、陇、滇、黔、豫、东，凡种罂粟之地，履亩重税，必有成数。现虽禁种烟而种者愈多，加税则种或减少，此为不禁之禁。

各国钞票皆通行无弊，拟由户部用洋纸仿洋法精印钞票，岁以百万，试行分交海防各省，明颁谕旨，严令出入如一，凡完纳税厘钱量，均准搭收，与现银无异。虽将来收票短银，而票可辗转周转，公家常得无息之借款。再酌提各关洋药加税岁二三百万，专作购船之需。

至于各省无利器不精练之勇营，大加裁并。外海红单艇船、帆船一概变价出售，官弁兵丁严行甄别，择其熟习风涛者归兵轮操练，其余全行遣汰，改归绿营，省无用以助有用，其旧有官轮，仍留供各口辑捕差遣。

总之，无论如何开源节流，每岁须另筹提银五百万两以为大治水师之需，约计十年当可成军。光绪元年奉拨南北洋海防经费名为四百万，大半无著，岁各仅得银数十万，只能备养船购器零用而已。

西国设立水师，无不统以海部，即日本亦另设海军卿以总理之。今虽分南北两洋，而各省另有疆臣，迁调不常，意见或异，自开办水师以来，迄无一定准则，任各省历任疆吏意为变易，操法号令参差不齐，南北洋大臣亦无统辖画一之权，遂至师船徒供转运之差，管驾渐染逢迎之习，耗费不赀，终无实效，中外议者多以为訾。或谓宜添设海部，或谓宜设海防衙门，有专办此事之人，有行久之章程，有一定之调度，而散处之势可归联络。若专设有衙门，筹议有成规，应手有用款，则开办后诸事可渐就绪。至办之愈久愈有裨益，一切详细纲目，须参考西国海部成例变通酌定，南北一律永远遵循，斯根柢固而事权一，然后水师可治，是在宸衷独断，破除常格，慎简深明防务之大臣，会筹妥办，自可行之以渐，持之以久。若以素不讲求者滥竽其间，各省意见不一，购造船械不一，未必不虚耗帑金，而水师仍有名无实，恐永无振兴之日矣……

1884 年 8 月的中法马江战役，是中国近代海军组建以来对外第一仗，却以福建水师几乎全军覆没惨告结束。海军的惨败，才使清廷开始重视海军建设，在 1885 年 6 月发布上谕，承认虽然也曾建立造船厂、建有海军，但"造船不坚、制器不备、选将不精、筹费不广"是失败主要原因，表示"当此事定之时，惩前毖后，自以大治水师为主"，并要沿海各督抚"各抒所见，确切筹议，迅速具奏"。这是十年前"切筹海防"后的再次"筹议"海防。

　　十年前，李鸿章曾上洋洋万言的《筹议海防折》，清廷开始较以往重视海军建设，他开始北洋海军的初创。但与中国漫长的海岸线和面临的险恶国际形势相比，清廷对海军的重视显然不够，所以十年来，海军发展很不理想，除北洋海军外，其余南洋、福建、广东三支水师发展极其缓慢。更重要、现在看来更难理解的是，全国竟然没有一个统一的海军指挥机关，各支水师皆由当地督抚管辖，本就很难协同作战，而各督抚更将水师看作自己的私产，更难调遣。例如，福建属南洋管辖，南洋大臣名义上有对福建水师的节制权，但 1879 年 5 月两江总督兼南洋海防大臣沈葆桢曾奏请将南洋各省兵轮每两月调至吴淞口会操一次，以便彼此协调，遇到紧急情况才能更好互相支援作战，对此，福州将军庆春和闽浙总督竟以种种理由推托。南洋海防大臣的号令都很难在自己所辖的福建水师中贯彻，全国海军的整体状况便可想而知。简单说，清廷仍是用管理传统水师方法管理近代海军，根本未意识到近代海军装备技术相当复杂，必须统一、系统管理，远非当年水师可比。

　　对此种状况的危害，李鸿章十分清楚。所以在 1884 年 2 月末，即中法马江海战半年前，他就曾向总理衙门建议设立"海部"统管全国海军。当时总理衙门想在沿海七省专设一"海防"衙门，七省海军建设大事由一重臣统筹。对此提议，李鸿章专门给总理衙门写了《请设海部兼筹海军》函，认为此议不可取，因为中国海疆辽阔，从旅顺、大连到台湾、海南岛，仅以一地方性大臣主管根本行不通。因为此事"非一人之才力精神所能贯注，而形隔势禁"无法"长驾远驭"。他尤其提醒总理衙门，这样会使这位重臣的权力过大，削弱中央权力，"开外重内轻之渐"。而他的意见是，这时应直接在京城设立作为中央机关的"海部"，而不是另建一带有地方色彩的"海防衙门"。他指出，西方各国"外部、海部并设衙门于都城，海部体制与他部相埒，一切兵权、饷权与用人之权悉以畀之，不使他部得掣其肘。海部大臣无不兼赞枢密者，令由中出，事不旁挠"。他知道海军在近代中国是一个新军种，建设地方性近代海军已遇强大阻力，如在"中枢"设立海部，一定会遇到顽固派更强大的反对、指其为"以夷变夏"。所以他特别强调不能因为海军是从外夷传来"而厚非之"，因为"中国议论多不屑步人后尘"，其实我们完全可以"楚材晋用"；他知道总理衙门用"海防"一词而不用"海部"一词，是想"踵其实而避其名"，避开反对派，但他认为大可不必，应直接用"海部"，因"海防二字顾名思义，不过斤斤自守"，所以不足以张国威而灭敌人的威风，在外患如此严重之时，应该直接在首都设"海部"，才有可能救急。

然而，李鸿章的这一急迫的建议并未得到朝廷赞同。直到半年后中国海军马江惨败，朝廷这才开始再次"筹议"海防。李鸿章当然不会放过这一等了十年才来的机会，上了这个长折，充分展开、论述了建立全国性"海军衙门"的理由。在这个奏折中，李鸿章并不就事论事，而是详细、全面回顾了近十年来近代海军建设的艰难历程，提出了海军事业的发展蓝图。他把这些年自己的想法与苦水一倾而出，字里行间隐现出对朝廷不够重视海军事业的不满和对今后能得到朝廷支持的期盼。他分别谈了舰船、舰队、造船、军港、船坞、炮台、学校等几个方面的具体情况。李鸿章的介绍如此之细，确令人惊讶，同时令人不禁想起约二十年前他对枪炮子弹、蒸汽机的详细描述，不能不承认他是清王朝"近代化"的启蒙者。在写到创办培养海军人才的各类学校遇到种种困难因而成效有限时，他更是感慨良多，对朝廷的不满甚至溢于言表："惟朝廷似不甚重其事，部臣复以寻常劳绩苟之，世家有志上进者皆不肯就学。"包括李鸿章在内的"微臣"很少敢在奏折中对朝廷表示不满，然而他之所以在此公开表示不满之情，因为他认为新式海军人才的培养是海军建设的重中之重，必须引起朝廷的足够重视。他知道，"科举制"是妨碍新式海军学校建设的重要原因，人们仍以走科举之路为"正途"，所以他提出必须给海军学校学生以"登进之阶，令学成者与正途并重"，并提出了"新文凭"与"旧文凭"之间如何"折换"、进而如何补职升官的具体方案。

若真正办理海军事业，需要大量资金，所以李鸿章在奏折中必然要提出筹集经费的种种办法。不仅提出应该做什么，而且还提出怎样做的具体意见，是李鸿章奏折的一个重要特点。最后，他明确提出建立一个统管全国的海军衙门："西国设立水师，无不统以海部，即日本亦另设海军卿以总理之。"而中国分南、北两洋，且各省另有疆臣，调遣困难、意见也不统一，许多规章制度也不同，"任各省历任疆吏意为变易，操法号令参差不齐，南北洋大臣亦无统辖画一之权"。这种混乱状况，怎能打仗？怎能不立即设立一个全国性的指挥机关？还能恪守"六部"旧制以"从夷"之名反对新设海军衙门吗？

收到李鸿章的奏折，清廷认为所言甚有道理，便要他来京，与中枢各位大臣一同商议其事。9月30日，清廷谕令军机大臣、总理衙门王大臣会同李鸿章妥议海防事宜，醇亲王奕譞也一并与议。最后由总理衙门复奏，提出设立海部或海防衙门，由特派王大臣综理其事，考虑到可供海战之船不多，暂时先从北洋已有船只精练海军一支，等到以后再考虑其他舰队。10月12日，慈禧太后发布懿旨，同意成立总理海军事务衙门（简称"海军衙门"），由醇亲王奕譞为总理，庆郡王奕劻、李鸿章为会办，曾纪泽为帮办。其实，早就应该成立海军衙门，但清政府只有在经过巨大失败后才被迫设立。从中亦可看出，无论大事小事，清廷不是事前主动变革而是事后被动应变，清王朝确已病入膏肓了。

海军衙门成立后，贯彻先精练北洋海军方针，所以北洋海军有较快发展。1888年10月，清廷批准李鸿章具体负责的《北洋海军章程》，标志着北洋海军正式成军。

然而，虽然成立了海军衙门，统管全国的海军事务，但它的总理、会办、帮办却全是兼职，竟无一人在衙专职办事！由此可见，清廷对海军的重视程度仍然有限。

遇到红灯绕道走：近代铁路海军造

论关东铁路（致海军衙门函）

光绪十七年二月十二日（1891年3月21日）

关东铁路一事，蒙准令变通办理，自内达外，由林西接造至吉林，仰见虚衷博采，不弃刍荛，曷胜钦佩。正月间，据第二次派赴关东勘路员匠回津销差，鸿章详加询问，逐层考究。铁路经沈阳辖境所取各路汇总之处地名曰老边，距福陵八十里，昭陵六十里，实于风水地脉毫无关碍。民间庐墓必须设法绕避，其有一二小屋、孤坟适当要冲，万难绕避者，可照津沽已办成案，公平给价，令其迁让。路工高下弯直均随远近之地势为转移，估工时测量大概，做工时尚多迁就。约略预计当路之庐墓为数无几。出关以后，如先至牛庄后抵沈阳，地多洼下，种种不便，不如经锦州、广宁、新民厅至沈阳以达吉林。再由沈阳建枝路以至牛庄、营口，地势较高，工程易固。且所经地面多商贾往来要道，车脚不致冷淡，养路不患无资。统计由林西经沈阳达吉林之干路，由沈阳至牛庄、营口之枝路，约估共需银二千零五十万两。如仅估干路不估枝路，尚不足二千万两。特令详具图说并照钞原禀一本奉呈鉴核。另备全图一份，敬乞咨送总署存览。如钧意及译署诸公均可就此定议，请即奏明开办。

小儿经方前曾述及在都面奉钧谕，以后铁路如有陈奏之件，未经目睹者，言之不畅，可由外代拟奏稿等语。兹特遵拟疏稿敬备采择。如有未合，祈转商译署各堂妥为改正，是荷。伏念今日当务之急，无出斯事之右。追思醇贤亲王临终之恨，未睹斯事之成。殿下及译署诸公皆原议之人，固属责无旁贷。即鸿章智小谋大，力微任重，而敢担此繁剧，招此怨尤者，亦欲报醇贤亲王之知遇而自尽当官之职事也。然若局外之浮言不息，计臣之关注不真，斯事必将中止。是以代拟疏稿内于此两端反复郑重言之，非好辩也。吾王近侍日边，与内廷诸公昕夕接见，尚望留意进言，主持一切，幸甚。

1880 年底，关于是否能修铁路的大争论以洋务派失败而告终。但李鸿章并不甘心，一直在寻机重提此事，而且，他明白修铁路虽然不可能作为一项"国策"，但有可能在他的势力范围内作为一项"地方"的"土政策"施行。

就在争论最激烈的 1880 年，他就悄悄开始试探性地动工修建开平煤矿唐山至胥各庄铁路，以便运煤；1881 年这条约 10 公里的短短铁路建成后，他才正式奏报清廷，并有意将其说成"马路"。李鸿章真不愧是后来"遇到红灯绕开走"的前辈。李鸿章汲取了在"大争论"中未得到朝中有力支持而失败的教训，所以在修路的同时积极活动，寻求权贵的支持。此时醇亲王奕譞早已取代恭亲王奕䜣，最为慈禧太后所倚重，所以李鸿章全力做他的工作。他多次给奕譞写信，说明兴办铁路的种种好处，奕譞有所心动，所以李才敢将唐胥路修完。但李一直认为修路应是举国兴办，所以在给奕譞的信中说修铁路在中国"阻于浮议"一直未能兴办，并且明确表示希望由奕譞直接出面"主持大计"。

1885 年中法战争结束，战争中暴露出海军调度协调的问题，清廷最终同意成立"海军衙门"；同时陆军调兵遣将行动迟缓的严重问题也暴露出来，清廷也不得不面对这个问题，重新考虑是否应当修铁路。在这种情况下，经过奕譞、李鸿章的努力，清廷终于在1886年决定将铁路事宜划归由奕譞为总理、李鸿章等人为会办的海军衙门办理。由"海军衙门"负责修建铁路，也可说是当时的"中国特色"。同年，奕譞到天津巡视北洋海口，与李鸿章具体商定修路办法。奕譞后来说他对修铁路以前也曾"习闻陈言，尝持偏论"，反对修路，但经中法之战，又"亲历北洋海口，始悉局外空谈与局中实际，判然两途"，于是支持修路的态度更加坚决。但以奕譞此时的权位之重，却也不敢大张旗鼓地主张修路，所以在天津巡视北洋海口与李鸿章商议时，也不得不想方设法避开强烈的反对意见。他对李鸿章说，如果修铁路，还必须从已修成的胥各庄一路修起，因为修唐山到胥各庄的铁路是为了运开平矿的煤，关系不大，反对的意见可能会小一些，这样此事才有可能办成。李鸿章也认为事情只有如此才可行，更加在唐胥铁路基础上逐年修建，相当一段时间内所经之地都在他管辖的直隶境内，更易办成。据此，李鸿章采取一点点来、稳步前进的策略。开平矿务局在李鸿章的授意下就在这一年便以要运煤以方便商业为理由，将唐胥铁路延长到芦台附近的阎庄，总长从10公里延长到40多公里，改称唐芦铁路。同时，李鸿章趁热打铁，成立了开平铁路公司，招集商股25万两。就在1886年底，李鸿章又与奕譞相商，提出将唐芦铁路延长修建到大沽、天津。1887年春，由奕譞出面奏准动工修建，强调这段路是"为调兵运军火之用"，并将开平铁路公司改名为中国铁路公司。此路第二年便告建成，这条从唐山到天津的铁路全长终于达到130公里左右。可以看到，从1880年修唐胥路到1888年延长到天津，几年间李鸿章一直紧锣密鼓，不放过任何"可乘之机"，硬是一点点修成了铁路。其间当然也有小小的波折，如唐胥路刚修成时，一位英国工程师用矿上的废旧锅炉改造成一台蒸汽机车拉煤时，却遭到顽固派的反对，曾不得不改用骡拉运煤车皮，几经周折，方许蒸汽机车运行。唐山至天津的线修通后，李鸿章视察了这条铁路，亲身体验了铁路的快捷，大为满意地说："从天津到唐山的铁路一律平稳坚实，所有桥梁和机车都符合要求。除停车检修时间不计外，全程二百六十里，只走一个半时辰，比轮船快多了。"这时李鸿章信心大增，想趁热打铁再把铁路从天津延伸到京城附近的通州，于1888年11月通过奕譞主管的海军衙门奏请修筑津通路，其理由是津通路将沿海与内陆联结起来，可以"外助海路之需，内备征兵入卫之用"，有利于军事、防务。这一奏请得到朝廷批准，没想到却捅了马蜂窝。顽固派本来可能是对醇亲王有所顾忌，对李鸿章悄悄修路忍而又忍，并未大张旗鼓表示反对，现在他要把铁路修到天子脚下，岂可容忍！反对声于是像炸开锅一样，一时弹章蜂起，纷至沓来，掀起了近代关于铁路的又一次大争论。顽固派有的上奏朝廷，有的致函奕譞，想争取他而拆掉李鸿章的后台。为了耸人听闻，顽固派与前几次一样，首先指责修路是"开辟所未有，祖宗所未创"，还将修路与"灾异"联系起来，认为清宫太平门失火就是"天象示儆"。大体而言，顽固派的意见集中于以下几点：一、修铁路有利于外敌入侵。认为如修筑津通路，一旦外敌入侵即可经由铁路直达京师。二、修路扰民。铁路所经之地，要拆毁民间田庐坟墓，必致民怨沸腾。三、修筑铁路夺民生计。铁路修通后，将导致成千上万原来的水手、船夫、客店主贫困失业，断了他们的生计。面对众多位高权重的大臣的强烈反对，李鸿章这次因有醇亲王支持，所以与顽固派针锋相对，反复辩驳，毫不示弱。对于铁路"资敌"的责难，他反驳说敌人前来也必须用机车、车厢运兵，我方可先将机车、车厢撤回，使敌无车可乘；另外，到时还可以拆毁铁轨或埋下地雷，使敌人不可能利用铁路长驱直入。相反，铁路将使中国运兵更加快捷。针对"扰民"观点，他以修筑唐山到大沽、大沽到天津的铁路为例，认为修路应当尽量避免拆毁民间房屋坟墓，万一无法避免，只要给居民以"重价"，民众就不会反对修路。至于说到铁路"夺民生计"，他认为更没有道理，从国外和国内已修通的铁路沿线来看，铁路沿线生意发达，修铁路、通火车只会增加各种职业。

1880 年底关于铁路的第一次大争辩中，双方基本只能空论修路的利弊，无法以经验、事实来检验，再加上顽固派比洋务派强大得多，故以洋务派失败告终。而这一次大争论，则有已经修成的唐津铁路以事实证明了铁路的优越性，加之中法战争后奕譞意识到铁路的重要性，所以坚决支持修路，这样赞成与反对双方力量旗鼓相当。面对这种局面，朝廷一时也拿不定主意，于是认为各位"廷臣于海防机要，素未究心，语多隔膜"，而各省将军督抚向身处各重要地方，亲自办理防务，"利害躬亲，自必讲求有素"，所以慈禧于 1889 年 2 月 14 日发布"懿旨"，要地方大员也发表意见。但这些"地方官"都谙熟官场的"游戏规则"，知道赞成与反对两派在朝廷各有势力，不能轻易得罪，结果明确表态支持与反对的都是少数，大多数都是含糊其词、态度暧昧。这时，两广总督张之洞经中法战争后已转而赞同洋务，所以明确表态支持修铁路。不过，他的建议却是停修津通路，改修腹省干路，即从卢沟桥到汉口的卢汉路。几经权衡，清廷最后采纳了张之洞的建议，决定缓建津通路，先建卢汉路，历时半年的大争论遂告结束。

从是否修铁路来说，这次争论以洋务派胜利而告终，所以奕譞在给李鸿章的电报中高兴地称赞张之洞的建议是"别开生面，与吾侪异曲同工"。然而，李鸿章的心情却复杂得多：一方面，若从 1872 年俄国出兵侵占我国伊犁他提出改"土车为铁路"的主张算起，到现在已近二十年，虽然十分艰难、耽误了二十年宝贵时光，但朝廷最终同意修路，他当然为此高兴；另一方面，张之洞的建议明显是为了限制自己的北洋系势力进一步扩张，而朝廷的决定也明显扬张抑己，所以又有深受打压之感，时有怨愤。而洋务派内部也有不少人对李鸿章北洋系扩张过快大为不满，如威望甚高的曾国荃上奏坚决主张修铁路，认为今天不修明天肯定也要修，各国皆同，但对修津通线一事却三缄其口，决不附和。

不过，李并不甘心自己的计划落空、势力受损。他知道，要修长达三千里的卢汉路谈何容易，约需三千万两白银，几乎是朝廷年收入的一半。所以他在给其兄的信中不满地说张之洞"大言无实"，最后"恐难交卷，终要泻底"。因此，他对修卢汉路采取袖手旁观的态度。但张之洞不愧是洋务运动的后起之秀，也是官场高手，岂能让李鸿章作壁上观？想方设法也要让李鸿章"上马"为其所用，所以向朝廷建议卢汉路分几段修筑，先修南北两段；南段从汉口到信阳，由他负责；北段从卢沟桥到正定府，由李鸿章负责。他还提出以十年为期，前几年先建铁厂、钢厂，后几年再开始修建铁路，"两端并举，一气作成"。对此主张，李鸿章大不以为然，曾以此中前辈教导后辈的口吻致电张之洞说：从开采铁矿、炼钢到做成铁轨、机车实非易事，如日本一直在大修铁路，工、料虽然都用土产，但直到现在钢轨仍不得不从西洋进口。最后，他表示"自愧年衰力薄，不获目睹其成耳"！一是以此推脱，二是以自己看不到那一天对张大泼冷水。就在他辞就两难之际，沙俄加紧修建东方铁路，直接威胁到"龙兴之地"我国东北的安全，他于 1890 年 3 月会同总理衙门上奏朝廷，提出东北、朝鲜受到日本、俄国严重威胁，因此建议缓建卢汉路、先修山海关内外的关东铁路以加强防务。此奏立即得到朝廷批准，谕令李鸿章督办一切事宜。李鸿章大喜过望，再不以"年衰力薄"推却，并迅速派人前往测量勘路。以当时形势而言，确应先修关东铁路，而李鸿章也确实善于"把握机会"扩大自己的势力。

关东铁路实行官办,将原来修卢汉路的每年200万两移作关东铁路之用。因为唐津铁路已修至滦州的林西镇,李鸿章决定关东铁路由林西造干路出山海关至沈阳,再到吉林,再从沈阳造到牛庄、营口的支线。然而就在这关键时刻,醇亲王于1891年元月病逝。李鸿章此时在山海关设立了北洋官铁路局,生怕此事因而生变,所以在此函中格外提醒新任海军衙门总理大臣奕劻等人:"追思醇贤亲王临终之恨,未睹斯事之成",大家都是这一提议的发起人,更加"责无旁贷"。他表白自己之所以敢于不畏劳苦、甘冒舆论反对担此重责,一因"欲报醇贤亲王之知遇"之恩,另外也是"自尽当官之职事也"。

当一切按计划进行,林西至山海关段一百多公里长的铁路于1894年春建成通车后,户部决定挪用关东铁路经费给慈禧太后作六十寿辰庆典之用,关东铁路不得不停建。而奕𫍯的去世使李鸿章在朝中失去强有力奥援,只能遵从停建之命。

"铁路"这种新式交通方式在近代中国几十年的命运真可谓一波三折。从要不要修铁路之争到怎样修铁路的明争暗斗,可以看到新旧观念的激烈交锋、各种政治力量的尖锐较量、利益关系复杂的你争我夺……不啻一幅当日官场的"缩图"。

备忘

晚清政局中的象征性事件

为官四十年，李鸿章的奏折、信函中自然透露出晚清政局的种种现象。

"地方"的崛起，是晚清政治格局最重要的变化。清王朝以人口绝对少数的满族统治人口绝对多数的汉族，因此自"定鼎中原"以来，对汉族官员一直非常警惕，从中央到地方，尤其是军队，大权都在满人手中。但太平天国运动，却使这种局面发生深刻变化。在太平军面前，清王朝的"国家军队"不堪一击，最终还是依靠汉族地主、官僚曾、左、李的"私人武装"才将太平天国运动镇压，因此以曾、左、李为代表的汉族官僚在这个过程中也取得了前所未有的权力。对他们，清廷颇为矛盾，既不能不倚重，又不能不压抑控制。这样，"中央"与"地方"形成了紧张的博弈。剿灭完太平军后，曾、李密切相商如何处置湘军淮军才能既保持实力又不引起朝廷的警忌。"两江"是富庶繁华之地，慈禧曾想安排亲信执掌，却被曾、李联手巧妙抵制。"地方"的崛起，很大程度上又与清廷的愚昧有关。虽然与列强签订了一系列不平等条约，但清廷却将"外交"大权交"南洋""北洋"地方大臣处理，表示外国只能低一等地与中国的"地方政府"交涉而无资格与"中央"直接交涉，以此维持"天朝上国"的面子。结果，使"地方"获得外交大权，实力大增。

与所有病入膏肓的政权一样，晚清政局也是一片混乱、腐败不堪。晚清财政极为困难，但慈禧却执意要重修圆明园，主管其事的内务府因可借机大捞一笔而大肆怂恿，其余王公大臣虽不赞成却无人敢劝阻，还是李鸿章利用一个诈骗案才将此事拦阻。首个驻外使馆的外交官内斗不断，充分彰显了中国政治"打小报告"的悠久传统，由于矛盾无法调解，最终朝廷只得将双方全都调回。皇位承继程序、制度是一个王朝最重要、最核心的程序和制度，但慈禧连这种事关王朝安危的"祖宗之法"都任意破坏，将其玩弄于股掌之中，足见其心中根本没有任何"祖宗之法";然而二十多年后慈禧发动戊戌政变、残酷镇压维新运动时,其最重要的"理由"却是维新改变了祖宗"成法"、违背了"祖制"和"家法"、破坏了传统,俨然又是"传统"的卫道士。慈禧对待传统的这两段截然不同的态度提醒人们,固然要重视传统,但更要重视的是究竟是谁在掌控传统,又是如何利用传统的。慈禧以"练海军"之名挖昆明湖,实际是为自己修颐和园,这种"政治文化"也是源远流长的。庚子时期,主和与主战的大臣先后都被朝廷杀害,在专制制度之下,臣属从来都是"替罪羊"……

曾李联手:"地方"派的崛起

上曾相

同治四年九月十六日（1865年11月4日）

　　十四夜肃缄到否，叠据各路探报，南阳张总愚一股有续窜东境之说，果尔则豫西暂毋庸另遣一帅。鸿章前函系照中旨拟办，于南北大局实均未妥，顷于雨亭专差递函，附呈钧督。师门回任，此间亦多此议。鸿章深以为然。惟前次叩送时奉谕，决不回任，故不敢拟议及之。若朝廷即照目前局面，勿急更调最好。而鸿章恐贻贪位避难之讥，必不得已仍照雨亭所拟，请以鸿章代吾师剿贼。如尊意肯俯徇众望，回驻金陵，则后路大局，满盘俱活，不致掣动。此必待请示而后敢行。伏乞明训。连日因家慈病似虐非虐，心神瞀乱。

　　1865年5月下旬，清廷命曾国藩到山东"剿捻"，李鸿章由江苏巡抚升任两江总督，顶曾之缺。但曾国藩在安徽的剿捻颇不顺利，捻军部分主力西进河南，且有再往西行的动向，但曾部已无力西顾。清廷唯恐捻军西进与西北回民起义军汇合，于是急命李鸿章立即率以洋枪洋炮为淮军之冠的杨鼎勋部赶赴河洛剿防捻军，两江总督的职位由漕运总督吴棠署理，李宗羲、丁日昌递署漕督、苏抚。清廷此举，其实有更重要的意图，因为"江督天下大缺"，是清政府财政经费最重要的来源，让曾、李久居此位，清廷毕竟放心不下，也心有不甘。而独立于湘淮系的吴棠早年曾有恩于当时还未发达的叶赫那拉氏家族，所以在慈禧垂帘听政后甚得恩宠，官运亨通。由他署理江督，既为他谋一肥差，又从曾、李手中夺回两江地方实权。清廷此项决定，可谓一举数得。

对清廷的用心，老于权谋的曾、李当然心知肚明，决定抵制。曾国藩当即上疏抗争，认为不必命令李鸿章前往河洛剿捻，而李宗羲、丁日昌或是"才略稍短"或是"资格太浅"，难胜其职。此时，李鸿章就任两江总督才刚满五个月，更不愿受领此命。在接到命令的第三天，就写信给曾国藩，商量对策。他认为如果慈禧亲信吴棠署理江督，其"用人行政或多变局"，恳请曾国藩"能否另再设法拟议之处，仰祈熟筹密陈"，同时提出了自己的人事安排意见。他提出或以胞兄李瀚章为"苏抚兼通商"，以丁日昌为江苏布政使；或以李瀚章署理江督，仍以丁日昌"兼苏抚通商"。当然，他也知道人事敏感，自己妄议并不妥当，同时表示"此非鸿章所敢与闻"。但此事事关重大，他还是忍不住提醒曾国藩"欲办事不得不择人，欲择人不得不任谤"，"事至此恐又不可一味隐忍，此尤关系至要者也"。仅过了两天，他又给曾国藩写了此信，提出最好是维持现状，如果不能维持现状，希望能按李宗羲（字雨亭）建议，曾、李对调；虽然曾国藩曾表示过"决不回任"，但李鸿章知道如果自己不去剿捻，会有贪恋两江总督之位、躲避艰巨任务之嫌，所以劝曾"必不得已仍照雨亭所拟，请以鸿章代吾师剿贼。如尊意肯俯徇众望，回驻金陵，则后路大局，满盘俱活，不致掣动"。很明显，他们的"底线"是要保住湘、淮对两江的控制。

几乎同时，他在给朋友的信中更坦率地写道："鄙人于西北形势生疏，而所部各军尽调归爵相四镇之内，冒昧前去，非特迁地弗良，岂忍夺爵相已成之局。诸将闻弟视师，必皆舍彼就此，一军两帅，牵制殊多，况饷源全恃吴中，付托非人，转运接济终必匮乏，恐于前敌无甚裨助，而东南全局先自动摇。"他知道，"一军两帅"从来是用兵之大忌，将领将在"两帅"间无所适从，贻误军机；而更难办的是，因为"裁湘留淮"曾国藩剿捻的精整部队系以淮军为主，如果自己去这些将领实际将唯自己的命令是听，而不大会服从曾的指挥，将给曾造成不小麻烦。此点，也可看出他对曾的体谅。另外，"两江"为饷源重地，他与曾当然极害怕失去对如此重要之处的实际控制。

经过一番深思熟虑，李鸿章在11月25日覆奏，陈明不能率兵前去剿捻的种种理由。而且，由于曾国藩坚决表示不愿回任，因此无法"对调"。结果，清廷只能维持现状，居然下谕承认："该大臣等均能详察缕陈，使朝廷洞悉此中利害，实为有见。"

由于他们的联合抵制，终使朝廷妥协，曾、李依旧保持了对"两江"的控制。这是"地方"与"中央"博弈的结果，也反映出晚清政治格局中以曾、李为代表的"地方"势力的崛起。

谢署钦差大臣沥陈大略折
同治五年十月二十七日（1866年12月3日）

奏为钦奉谕旨，恭谢天恩并沥陈大略情形，专折驰陈，仰祈圣鉴事。

窃臣承准军机大臣字寄十月二十日奉上谕：曾国藩著再赏假一个月，在营调理，钦差大臣关防著李鸿章暂行署理，必须迅将东股办竣，方可腾出兵力专意西路。即著通筹全局，妥为办理，应否移扎豫境适中之地。并著酌量奏闻，等因，钦此。

仰蒙圣慈简畀，训示周详。钦感之余，倍增惶悚。伏念臣一介庸儒，毫无知识。前在苏省，薄立寸功，皆由诸帅协力，将士苦战而成。臣并无指挥谋略，猥蒙厚赏，滥膺重任，夙夜怀惭。前奉旨饬令进驻徐州，本系总督管辖之地，疆吏应办之防。清淮以东、宿蒙以南，如兵力能及，臣皆责无旁贷，固不敢稍有推诿。兹复奉命接署钦差大臣，则凡发、捻所到之区，众人束手之际，皆将责望于微臣。以臣智术短浅，才力薄弱，实难胜此艰巨。非敢沽谦抑之虚名，拘辞让之末节。揆时揣分，战栗惊怖，诚有不能自已于衷者。惟恭绎圣谕因曾国藩积劳致疾，重烦宸念，令臣暂行署理为一时权宜之计。若再三坚辞，往返耽延，既无以仰体宵旰之忧劳，且令曾国藩病躯候代，情谊亦觉歉然。展转焦思，惟仍仰恳圣明从容筹议，另简知兵大员督办剿捻军务。或俟曾国藩调理就痊，仍旧办理，俾臣稍安愚拙，获免大戾，感戴高厚，曷有既极。但就目前局势，有必须预为筹度者，有不敢预为限制者，谨为圣主一一陈之。

上年九月，奉旨令臣带兵驰赴河洛。臣即恐一离本任，则粮饷军火均无所出，当将可虑三大端据实详细覆陈在案。曾国藩本年八月二十三日附片奏称，将帅带兵剿贼，非督抚手有理财之权者，军饷必不应手，系阅历真切之语。年余以来，曾国藩在前督师，臣在后筹饷，患难与共，休戚相关，虽士马未尽饱腾，而臣之心力实已交瘁，怨谤亦所不辞。自臣来徐甫逾一月，后路粮饷转运，相隔渐远，每恐呼应不灵。若再逐贼出境，远驻豫省，军务大局，未必遂能有济。而各军饷需、本任公事必多贻误。即蒙派员接署督篆，各有责任，各有作为，何能与前敌痛痒相连始终如一。若强争则徒失和衷，若隐忍则必分畛域。军需稍有掣肘，斯功效全无，溃败立见。臣去年折内固已言之详且尽矣。且臣自问本心，于一切荣利素知恬憺，若从此脱卸地方事件，专意办贼，事机可赴，神智不纷，犹可勉力报效。若因饷缺而溃，亦非朝廷所以用臣督师、望臣成功之意。臣从军十数年，稔知军情利钝之由，其枢纽不在贼之难办，而在粮饷军火之难接济。曾国藩老病侵寻，自萌退志，臣每谆切恳劝，谓若不耐军事之劳顿，即请回任筹饷，坐镇要区。彼总以精力衰惫相谢，然亦以剿捻全军专恃两江之饷，若经理不得其人，全局或有震撼，与臣再四密商，迄无嘉谟可以入告。是不得不仰赖朝廷之善为区处矣。今谕旨并未令人接办江督与通商要件，而询及应否移扎豫境。臣若至豫省边界，离江宁千余里，离苏沪千数百里，军储之调发、属吏之禀承文牍往还动逾月，未有不迟误者。后路根本重地，皆新复之区，又多通商口岸，设有蠢动，更难兼顾。臣反复推究事理，务求一是，纲领全在得人。皇上若仍令臣兵饷兼筹，须以驻扎徐州而止。应仍如曾国藩前奏，东路稍松，当回金陵。或驻清江，力筹饷运，乃足以固军心而维大局。捻逆在东，则督饬各军就近兜剿。捻若趋豫，则体察诸军之劳逸，东路之防务更番酌调，跟追前往，与鲍超、曾国荃等军会合夹击。刘铭传等忠勇奋发，临敌应变均尚可靠。臣随事商筹调度，似不致遽有失机。若皇上专责臣以讨贼，在本境可兼管地方，驻别省即不能兼管地方。如不兼管地方，军需当责之何人，缺乏当如何处置，非一二空谈能有实济。此必须预为筹度者也。至捻逆久成流寇，臣军打仗虽尚得力，而马队太少，不及贼马之多且悍。曾国藩固屡言之，臣到徐后，审察军情，可以胜贼，而尚不足以灭贼。盖贼败后抱队急走，日百余里。我军步队至速，日七八十里。贼随地掳粮，我军须赍粮而行。现各军略置车驼，赍粮不过旬日，旬日之后，就地采办。而贼过处人烟荒凉，城乡穷苦，往往停留三四日购不出一日之食。且饷银远道解送，亦不应手。军士忍饥赶路，催逼太紧，恐生溃变。我停一日，贼去已数百里，此剿捻追贼之苦。前亲王僧格林沁所统马队尚多，而仍屡蹶不振者，职是之由。曾国藩接手后，有鉴于此，故始为设立四镇，旋议扼守运河、沙河，使地势收窄，贼势较蹙，较易兜剿。目下运防水深堤密，尚可扼住。冬春浅涸，尤须加意。其贾鲁河、沙河地段太长，人力难齐，终办不成。为今之计，自应用谋设间，徐图制贼。或麇之于山深木复之处，弃地以诱其入，然后各省之军合力三四面围困之。或阴招其饥疲裹胁之众，使其内乱残杀，否则投降免死，给资遣回，以解散其穷麇致死之心，而披离其党羽。或另有设守致困之法，容臣与湘淮各将帅及各省督抚相势妥筹。但能同心协力，冀有歼贼之时。军事随时随地变幻无常，此不敢预为限制者也。至任、赖等逆东窜之股，蓄意扑运河不动，即下窜清淮。经刘铭传、潘鼎新、张树珊各军分路兜击月余，几于无日不战。刘铭传追逼尤紧，奔驰尤苦。据报该逆已于二十三日由巨野西北窜去，似向郓城一带。刘铭传等亦跟踪而进，趁地势以图夹击。惟前有黄河水套之阻，西南出曹考，地势散漫，无可控扼，恐仍由此入豫，或回永砀，均未可知准。曾国藩来咨已派刘秉璋、周盛波两军东来，如能早到，当饬会合兜剿，以厚兵力而期聚歼。所有钦奉谕旨，恭谢天恩，并历陈大略情形，谨缮折由驿六百里具奏。伏乞皇太后、皇上圣鉴训示。谨奏。

从 1865 年 5 月底接到北上剿捻的命令，到 1866 年底这一年半的时间中，曾国藩的剿捻以失败而告终。朝廷丝毫不理会曾氏屡遭败绩的种种苦衷，丝毫不念及他镇压太平天国的汗马功劳，而是多次严旨切责。在这一年半的时间中，曾氏受到廷寄责备七次，御史参劾五次，由于连吃败仗又屡遭朝廷严责，曾国藩终于感到衰病难持，告假休息。朝廷却顺水推舟，在他休假期满后仍要他在营调理一月，病愈后进京陛见一次，而钦差大臣关防暂由李鸿章署理。但耐人寻味的是，要李鸿章接替曾国藩任钦差大臣前去剿捻的谕旨却未提及由何人接替李鸿章的两江总督之职。这有两个可能：一是李鸿章仍兼任两江总督，二是以后任命他人。实际上李鸿章知道前线军务繁重，自己不可能兼任江督。但让他人接任，于公于私他都难以接受：于公他认为他人不会也无能力全力为他筹饷，于私不愿肥缺旁落。当然，他认为如能任命曾国藩重回江督之职，则于公于私最为理想。但曾国藩以老病告假，不能剿捻何堪两江总督重任？清廷对曾国藩本就防范有加，现在更不满意，又如何可能让他再担江督重任？

李鸿章接到谕旨后，立即走马上任。在1866年12月3日他赴前线一个多月后写了这个《谢署钦差大臣沥陈大略折》。这个二千余言的颇有些例行公事的"工作汇报"，其主旨就是强调筹饷的重要性。他指出曾国藩在早些时候的奏折附片中说"将帅带兵剿贼，非督抚手有理财之权者，兵饷必不应手""系阅历真切之语"。而这一年多以来一直是"曾国藩在前督师，臣在后筹饷，患难与共，休戚相关"。他强调自己到徐州剿捻刚一个多月，"后路粮饷转运相隔渐远，每恐呼应不灵，若再逐贼出境，远驻豫省，军务大局，未必遂能有济，而各军饷需本任公事，必多贻误。即蒙派员接署督篆，各有责任各有作为，何能与前敌痛痒相连，始终如一？若强争则徒失和衷，若隐忍则必分畛域。军需稍有掣肘，斯功效全无，溃败立见。"他深有体会地强调说："臣从军十数年，稔知军情利钝之由，其枢纽不在贼之难办，而在粮饷军火之难接济。"接下来的一句，看似无意，其实却透露出之所以再三强调军需粮饷重要性的具体目的："曾国藩老病侵寻，自萌退志。臣每谆切恳劝，谓若不耐军事之劳顿，即请回任筹饷，坐镇要区。彼总以精力衰惫相谢，然亦以剿捻全军专恃两江之饷，若经理不得其人，全局或有震撼，与臣再四密商，迄无嘉谟可以入告，是不得不仰赖朝廷之善为区处矣！"总之情况就是这样，请朝廷权衡决定，实仍表明希望朝廷让曾重回江督之意。他进一步对朝廷明言："今谕旨并未令人接办江督与通商要件，而询及应否移扎豫境"，如果率兵打仗与两江筹饷二事都要他兼任，那他到远离两江的河南就无法兼顾两江，必将误事，而"后路根本重地，皆新复之区，又多通商口岸，设有蠢动，更难兼顾。臣反复推究事理，务求一是，纲领全在得人"。最后他明确说道：如果"皇上若仍令臣兵饷兼筹"，那他就只能前进到徐州为止。如果"皇上专责臣以讨贼"，他不必兼筹粮饷，当然可以进兵河南，但朝廷一定要解决粮饷。因为"在本境可兼管地方，驻别省即不能兼管地方。如不兼管地方，军需当责之何人，缺乏当如何处置，非一二空谈能有实济"。其潜台词仍是给朝廷施压，要其按己意任命曾国藩重回两江，但又句句在理，朝廷不能不认真考虑。

看到李鸿章利弊陈明得如此清晰有理的奏折，"纲领全在得人"，清廷只能谕令曾国藩回两江总督本任，授李鸿章为钦差大臣，"专办剿匪事宜"。奉旨后，李鸿章立即于1866年12月19日写了《谢授钦差大臣沥陈下情折》。此折与前折相距半月，由于朝廷答应了他的要求，所以此折的主要目的是利用例行的"谢恩"对他在前折中对朝廷的施压有所挽回。他诚惶诚恐地表示接旨后"当即恭设香案，望阙叩头谢恩"，以前想到前线又感到"后无付托，日夜辗转，悚惶万分"，现在"仰蒙皇上洞鉴，两江所出饷需，实关剿捻全军命脉，特命曾国藩回任筹办，俾臣后路无掣肘之虞。圣慈曲逮，俯察艰难，无微不至，臣等应如何感奋，复何敢稍有推诿，致误事机？谨当恪遵谕旨，俟曾国藩回任后料理交卸，驰赴前敌"。当然，曾国藩回任仍有客观困难。因他不久前以衰老病多，不堪公务繁重，不能见客、阅读公文，病情短期内不得好转等为理由陈请开缺，怎好立即就回江督任上呢？精明老练的李鸿章当然能想到此点，所以紧接着就替曾国藩圆场说："臣熟知曾国藩积劳久病，时形衰惫。其前奏不能见客及畏阅公牍等语，皆系实情。屡接来函，深以地方公务烦重，精力不支，必欲坚辞回任。臣虽专函商恳，但既叠请开缺在先，亦自恐贻误于后，其素性耿介，量而后入，固久在圣明鉴照之中。"由于曾国藩仍随军在营，一时难以或很可能是仍感不便立即回金陵就任，李鸿章又于1867年2月23日给朝廷上了《请饬曾国藩回任片》，再次替曾国藩圆场。他写道："曾国藩久劳于军，所称衰病情形，实无捏饰。"不过现在"惟感蒙圣主倚畀之隆，臣复仰体眷怀，以大义相劝勉，似可力疾任事"，并一再强调："长江千里，番舶如织，游匪横行。自臣去金陵后，时恐小有蠢动，回顾不及。督臣必须常驻省会，坐镇四方。"他说曾国藩迟迟在营不回一方面是协助他剿捻，一方面是顾虑"回任迹涉畏难取巧，具见公忠尽抱，贞介素心。臣亦深为感敬"。但他仍强调"臣在江年久，审知后路筹饷察吏，督臣综揽大纲，不可远离"。所以在他即将远赴豫、鄂时，"仍乞圣明敕令曾国藩早日回省，久于其任。则东南已成之局不致败坏，即中原方、张之寇，终可殄除。通计天下大势，关系良非浅鲜"。通过这三则奏折，他一步一步地得出了曾国藩回任江督是事关"通计天下大势"的结论。

通过这三个奏折，李有步骤地使不久前还称病陈请开缺的曾国藩名正言顺地回任两江总督。有曾在后方筹饷，李可完全放心。更重要的是，两江总督这一重要的职位仍保留在湘、淮手中，虽然曾、李也时有矛盾，但那毕竟只是"自家内部"的矛盾。

会筹分别遣留各军折

同治七年十一月初十日（1868年12月23日）

奏为会筹大局，分别遣撤留防各军恭折，仰祈圣鉴事。

窃臣鸿章于陛辞后，南旋经过德州，将吴长庆所部并亲兵各营督带过河，顺往张秋察看。刘盛藻铭军分防布置情形尚为严整，即由济宁、徐州、宿迁一路，接见各统领，饬将弁勇久役思归者补给欠饷，先行陆续遣散。计刘铭传铭军裁遣马队一营，潘鼎新鼎军裁遣马队三营、步队八营，郭松林武毅军裁遣马队七营、步队十营，周盛传盛军裁遣马队二营，唐仁廉裁遣马队三营，张树屏树字步队三营全行撤遣。已故提督杨鼎勋所部勋军由沧州减河撤回，现饬营务处道员段喆会同王万钊等裁遣勋字马队三营、步队十营，合共遣撤马、步队五十营，勇夫已逾三万人。

臣于十月二十六日驰抵江宁省城，会商曾国藩等，通筹大局。佥以淮勇只可酌裁，不可尽撤。中原及东南各省粤捻诸逆扰攘几二十年，费无数人力财力，艰苦经营，始克奏功。臣身在局中，极知挽回之不易矣。现在用兵甫靖省分，降众散勇，无业可归，会匪游民到处勾结，徒以慑于军威不敢妄动。乱机之来，往往起于微而乘于忽。若不稍留劲旅以资镇压，一有警变，召募远调，均赶不及，必将不可收拾。惜目前之小费，忘日后之巨患，臣等何敢出此？

兹公同酌定铭军马步人数较多，纪律素严，暂令臬司刘盛藻统带驻扎河北东昌、张秋一带。曾国藩以直隶练军尚未定议，北路不宜太空，俟履任有期，当再察酌调遣。济宁居南北要冲，潘鼎新所部仅留七营两哨驻防。该藩司到任后，随时禀商山东抚臣相机酌办。江苏徐州，毗连东皖豫边界，土匪出没无常，最为重镇。除该镇弁兵分汛巡防并马步勇队四营，仍嫌单薄。拟暂留提督吴长庆步勇八营，马队三营，择要驻扼，会同徐州镇道协力妥办。又苏境沿江千余里，伏莽殊多，空虚尤甚。拟令道员段喆俟撤遣就绪，带勋字五营择要移驻，与长江水师联络巡缉，稍壮声威。金陵为东南关键，城大兵单。现经曾国藩留湘勇星豫三营驻防城内，臣鸿章拟留总兵刘玉龙开花炮队一营，仍扎下关江口，均交臣新贻等酌量调遣。臣鸿章将赴湖广本任，该省居上游四战之地，游匪肆行，防勇尚未尽撤，非带亲军前往，难资钤制。拟将提督郭松林裁剩步队五营，总兵周盛传裁剩步队九营、马队三营，并亲兵枪炮队二营调令随去，以便汰弱留强。如将来江皖稍有蠢动，即调回策应，以顾全局。

以上留防各军，臣等再三筹议，按时度势，因地制宜，诚属必不可少。饷需已渐节省，除潘鼎新所部月饷向由山东解济，现以本省藩司裁剩之军留防本境，应请旨仍饬东省酌减筹济。其余各营本食苏饷，应由苏省分别筹解接济，仍由臣等随时会商妥酌。俟各路游勇敛迹，边患渐纾，地方可臻巩固，再行次第撤裁，似于南北善后大局较为稳慎。曾国藩晤商定议后，于十一月初四日起程北上。嘱臣等会衔缮疏所有分别遣撤留防各军缘由，谨会同大学士调任直隶督臣曾国藩合词恭折，由驿具陈。伏乞皇太后、皇上圣鉴训示。谨奏。

无论李鸿章多么不愿意，从 1866 年底开始，他不得不披挂上阵，取代捻军手下败将曾国藩，肩负起"剿捻"重任。

镇压太平军的名臣曾国藩居然被捻军打得败下阵来，这使李鸿章也不敢掉以轻心，细心琢磨捻军的战略战术和曾国藩的军事得失。曾国藩的一个重要措施是在一些地方设立"河防"，沿河堤筑墙设防，如此"笨拙"的办法，遭到许多人的嘲笑，李鸿章也不例外，甚至在给曾部襄办军务、设建河防的刘秉璋的信中挖苦说："古有万里长城，今有万里长墙，不知秦始皇千年后遇公等知音。"然而，当他亲临战场之后，方才知道此方看似笨拙，却是"收慢功"的杀手铜。剿捻之初，他实行的战略主要是陆路围攻，但屡遭败绩，而后还是采取了曾国藩的防河之策，在多方努力下，终于在 1868 年秋，经过近两年的苦战将捻军"剿灭"。

剿灭捻军，剪除了清廷数年来直接面临的威胁，李鸿章可谓劳苦功高。因此，他得到了太子太保、协办大学士的头衔，并奉旨进京陛见，在京期间第一次拜谒了慈禧太后、同治皇帝，还会见了恭亲王奕诉等一些权贵，被赐在紫禁城骑马如仪，可谓极尽风光。但在这风光一时背后，老谋深算、阅历丰富的李鸿章却看出朝廷的另一层深意。在谕令他进京陛见的同时，清廷又不客气地催促他将为剿捻进入邻近京畿的淮军立即撤回黄河以南，任命剿捻败将曾国藩为重要的直隶总督，而曾的两江总督肥缺竟由威望极浅的闽浙总督马新贻接任，他本人则被任命为湖广总督。显然，几年前的"撤湘留淮"已使淮军独大，而此次剿捻的成功使淮军更强更大，深为朝廷疑忌。对此，李鸿章自然心知肚明，大有处境自危之感，自然想学乃师曾国藩镇压太平天国后主动撤裁湘军的"故事"。他在给朋友的信中表白说："弟为养此军，平中原之贼，而冒中外之不韪"，"军归农是吾素志，此后扁舟垂钓，不复与闻军事，可告无罪"。不过他又笔锋一转，流露出心有不甘："或谓宜留骁将，以备后患。涤相（按：即曾国藩）亦请留二万余人，未知主人翁能不惮烦否？"是撤是留，确是两难选择。

所以在京陛见期间，他就多方试探口风，打听消息。其实，朝廷对淮系人马也是撤留两难，难以决断。一方面确实惧怕淮军过于强大，忌李拥兵自重，尾大不掉，对朝廷形成威胁；另一方面深知外患未除，国内更不太平，西北"回乱"仍炽，而事实早就证明八旗、绿营等"正规军"已不堪一击，不得不依靠实力强大的湘淮军，而湘军已大量裁减，只得倚重淮军。在此种情况下，朝廷只得决定让曾国藩议定裁军事宜后再赴直隶任上，同时命令李鸿章保留部分淮军备用，在需要时帮助左宗棠"平回"。

摸清朝廷这种真实想法后，李鸿章立即将此情通报曾国藩，并于11月初离京南返，沿途照料各营后，于12月初到达南京。在南京，李鸿章与曾国藩、马新贻仔细商讨裁减淮军之事。湘、淮虽时有矛盾，但毕竟本是一家，湘军已减裁大半，如果淮军再被减裁，他们将手无兵权。无兵权就无实力，他们自然深谙此点，所以决定要尽量保留淮军。经过反复权衡，他们决定保留大部淮军，尤其是精锐部队全部保留，同时尽可能保持淮军因剿捻而扩大的防地。这与朝廷的旨意有较大不同，由于事关极为敏感的军队去留问题，所以如何消除朝廷的疑忌是问题的关键，因此李鸿章此折如何行文、怎样阐明自己军队不裁不撤的理由就至关重要。

首先，李非常详细地汇报了裁勇和撤防情况，以示执行谕令，尽量打消朝廷顾忌。然后就开始铺陈保留相当淮军的理由，这才是此折的关键。由于朝廷要曾国藩议定裁军事宜，所以他强调说自己专到江苏省城与曾国藩等会商、"通筹大局"后决定"淮勇只可酌裁不可尽撤"，明确提出要保留淮军。紧接着就论证为何必须保留淮军：因为中原及东南各省被太平军和捻军"诸逆扰攘几二十年，费无数人力财力，艰苦经营，始克奏功"，而他"身在局中，极知挽回之不易矣"！现在的情况是局面稍稍稳定，但这众多省份"降众散勇，无业可归，会匪游民到处勾结"，只是慑于军威才不敢再次造反。他警告说："乱机之来，往往起于微而乘于忽。若不稍留劲旅以资镇压，一有警变，召募远调，均赶不及，必将不可收拾。"面对这种危机四伏的局面，朝廷还敢裁撤淮勇吗？而后，老辣厉害的李鸿章进一步名似自责实责朝廷地说："惜目前之小费，忘日后之巨患，臣等何敢出此？"因为淮军经费主要由李自己负责筹集，所以此句的潜在意思是如果他裁撤淮军，则是为了"目前之小费"，是为了一己之私，而他的主张保留淮军，却是为了朝廷的长治久安而不惜自己出钱破财的大公无私之举！

紧接着他就提出另一个敏感问题，即不同意朝廷要他撤军黄河以南的谕令。他十分清楚在要求保留淮军的情况下，此点更为敏感，故不便自己直陈，所以一开始就打出与曾国藩等"公同酌定"的名目。有一部分淮军驻扎在黄河以北的山东东昌、张秋，靠近京畿，最引朝廷注目，因此他强调这支部队虽然"人数较多"但"纪律素严"，而且尚未到任的直隶总督曾国藩"以直隶练军尚未定议，北路不宜太空，俟履任有期，当再察酌调遣"，所以暂时无法南撤。由曾出面延缓，其实是不同意该部南撤，确实明智。而山东济宁"居南北要冲"，驻扎在此的淮军兵马本就不多，并要该部将领"随时禀商山东抚臣，相机酌办"，要朝廷放心，这部分淮军的行动将与地方官协商，不可能轻举妄动，所以也不必后撤。至于江淮一带，防务更加重要。部署妥当后，他将到湖北上任湖广总督，当然想带上自己的精锐部队。但易地履新还要带自己的军队，朝廷不能没有疑虑，所以他解释说因为"该省居上游四战之地，游匪肆行，防勇尚未尽撤，非带亲军前往，难资钤制"，因此必须带大量淮军精兵随己前往。而且带去这些部队是为了"汰弱留强，如将来江皖稍有蠢动，即调回策应，以顾全局"。

最后他强调："以上留防各军，臣等再三筹议，按时度势，因地制宜，诚属必不可少。"口气之坚决强硬，不容朝廷置疑。而后又突然回转，表示："俟各路游勇敛迹，边患渐纾，地方可臻奠固，再行次第撤裁，似于南北善后大局较为稳慎。"再给朝廷吃了一粒"定心丸"。总之，现在必须"留防各军"，而"次第裁撤"则是后事。

经过"剿捻"之后，淮军的精锐部队并未减少，而防区却从江苏一省扩大到江苏、湖北、直隶、山东四省。直隶、山东为畿辅重地，江苏、湖北为财源丰富之区，李鸿章的"淮系"势力骤然膨胀，与镇压太平天国运动后湘系的迅速衰退形成鲜明对照。

显然，朝廷和李鸿章上、下双方对淮军的裁留都各有难处，当然彼此"难点"不同，各有各的盘算。这实际上是一种博弈，端看谁能揣摩透对方心理。而李鸿章终敢"抗旨"拒不裁军撤防最后"取胜"，与他的个人野心、善于审时度势、巧妙利用各方矛盾、猜透朝廷心理等都大有关系，当然，与此折的行文技巧也不无关系。

最高的文化接轨
——跪拜礼仪之争

关于跪拜礼仪折
同治十三年春（1874年）

臣承准军机大臣密寄，同治十二年三月二十八日奉上谕：前据翰林院编修吴大澂奏，洋人恳请召见，未可允准。本日复据御史吴鸿恩奏，洋人请觐，请饬开导，并酌定礼节各折片。著李鸿章妥议具奏，等因。钦此。

伏读之下，仰见圣主虚衷博访，执两用中。臣详阅吴大澂、吴鸿恩所陈各节，皆系正论。朝廷体制，争得一分，有一分之益。在廷诸臣，共有此心。况总理衙门王大臣受恩深重，尤未尝一日不存是心。是以自咸丰九年以后，洋人请觐，无不极力拒阻。迨我皇上御极，十余年来，英法使臣，叠次要求，总理衙门每以中国礼节相绳，几于唇焦舌敝。而各国总以为修好第一要事，谓若阻其入觐即为不以客礼相待，多延一日，则怠慢外国之意多甚一日等语。其必求觐见，又断不肯行中国礼节，此各国之处心积虑也。先拒其进见，次责以中国礼节，此总理衙门之辩论依据也。今值亲政大典，各使请准面申庆忱，措词尚属恭顺。王大臣等仍以前议相抵制，辩争不为不力，开导不为不明。外延容有未知，圣明固已洞鉴。夫旁观者不悉其事之曲折艰难，每觉言之甚易。

当局者备历夫时之始终常变，确知势有难行。自古两国修好，使臣入觐，历载史册。我朝康熙乾隆年间，均有召见西洋使臣之事。其时各国未立和约，各使未往京师，亦尚不如今日之国势强大，而齐心协力，我犹得律以升殿受表之常仪。然而嘉庆二十一年，英吉利来朝，已不能行三跪九叩礼，盖其国势渐强，而衅端已伏矣。厥后道光咸丰年间，各国互立条约，钤用御宝，俨然为敌体平行之国。既许为敌国，自未便以属国之礼相待，各使臣拘执该国体例，不愿改从中国礼仪，固人情之常，无足怪者。若谓中国使臣在外国，则行外国之礼，各国使臣在中国，当行中国之礼，似可两言而决。总理衙门与臣等皆以此两相诘责，该使等以外国无跪拜，故未可强中国使臣以跪拜，中国亦何必强外国使臣以跪拜。洋人素性狡黠，贪得便宜，岂不知跪拜之输于不跪拜耶？彼国见君与见他国之君，实无跪拜之礼。势不能自变通行之例，独改于中国，中国亦无权力能变其各国之例。必以不见却之，则于情未洽。必以跪拜纠之，又似所见不广。彼但以敬其国君之礼，敬我皇上，或取其敬有余而恕其礼不足耳。若谓礼节不合，拒以不见，遂开兵衅，目前固未必然。惟中外交涉事件繁多，为日甚长，洋人好体面而多疑猜，彼求之十数年，迄今仍不准一见，或准见而强之跪拜，彼以为不得体面。积疑生衅，积愧生忿，将来稍有龃龉，必先引为口实。在我似觉理诎，亦非圣主包容六合、驾驭群雄之志量也。倘拒之于目前，仍不能拒之于日后。甚至议战议和，力争而后许之，则所失更多，悔之亦晚矣。

　　若谓此端一开，得步进步，他日窒碍难行之事，辄以面奏为词，不允必至决裂，此则不谙夷情之语。彼以入觐为真心和好之据，本非另有要求。臣前与大学士文祥等面商，如奉准见，宜先与议定条规。各国使臣来京，只准一见，不准再见；只准各使同见一次，不准一国单班求见，当可杜后觊觎。即伊等信守之万国公法一书，内载延见时各使献玺书于君，善言称颂，君亦善言慰答。又使臣概与国君所派部臣议事，君旨所在，即可从其臣而知等语。循此例文，何至有面质廷争，毫无顾忌之事。万一有之，则诎不在我，总理衙门与臣等皆无难据理驳斥，并可布告各国，明正其非矣。孔子云，嘉善而矜不能，所以柔远人也。今远人既不能行中国之礼，当在矜之柔之之列。孟子云，以大事小者，乐天者也。乐天者保天下。朱子注，谓仁人之心，宽洪恻怛。小国虽或不恭，而吾所以事之之心，自不容已。圣贤持论，交邻国与驭臣下，原是截然两义。朝廷礼法严肃，中国臣庶所不容丝毫僭越者，非必概责诸数万里外向未臣服之洋人。且礼与时为变通，我朝向有待属国一定之礼，而无待与国一定之礼。现在十余国通商立约，分住京师与各省口岸，实为数千年一大变局。不但列祖列宗无此定制，即载籍以来，昔圣昔贤亦未预订此礼经。一切交接仪文，无可援据。应如何斟酌时势，权宜变通，是在议礼制度之天子，非臣等所敢妄拟也。倘蒙皇上俯念各国习俗素殊，宽其小节，示以大度，而朝廷体制自在，天下后世，当亦无敢议其非者。

臣忝任通商已逾十年，于洋人要挟毫无情理之事，从不敢附和依违，致乖大体。其稍有情理可原，亦不敢立异沽名，致误全局。稔知此事终在必行，而礼节不能强遵，以故同治六年九月间奉者饬议，臣与曾国藩、左宗棠等各有覆奏，皆请格外优容。本年二月进京，仰蒙召对，又已粗陈梗概。兹复奉旨垂询，敢不据实缕缕直陈，用备采择。

近代以来，中国传统的精神世界受到的最大震撼便是"华夏中心"世界观的彻底崩塌。这种崩塌不仅是国家主权、领土等受到侵犯，而且与以往"狄夷"的入侵不同的是，中国文化受到空前的挑战，传统的纲常伦理、声名文物、礼仪规范等等开始动摇。这一过程无疑是痛苦的，朝野都难以接受。而最不能忍受的是最高的礼仪、华夏文化最高的礼仪性象征——觐见皇帝的礼仪居然受到"亵渎"。那些属于化外"生番"的"洋鬼子"作为"贡使"到位居"世界之中"的"朝廷"拜见皇帝即"真龙天子"时，竟然提出拒不跪拜，而只行鞠躬之礼。是可忍，孰不可忍？但在洋人的坚船利炮面前，"朝廷"亦无可奈何，不能强迫他们跪拜中国皇帝，然而又不能容忍有几千年传统的最高礼仪被破坏，于是陷入难解的两难之中。李鸿章此折，小心翼翼地试图劝说朝廷放弃不合时宜的礼仪，与世界外交通则"接轨"。

今人可能已经很难理解这一切了，因此，且容我慢慢道来。

中国素以"礼仪之邦"自居，对"礼"自然格外注重。在所有的礼仪中，最为庄严、神圣、隆重、严格与不可"冒犯"的，当属觐见皇上之礼。大概中国的皇帝们早就"不教自明"如今才流行的后现代"文化理论"：礼仪的实质是一种"文化资本"，是"权威"的象征或来源，维护、加强"礼仪"就是维护、加强"权力"，所以要不顾一切地维护"成礼"，有时甚至重"名"远甚于重"实"。由于"中国"是位于"天下"之"中"的"天朝上国"，所以华夏之外统统是"不文"的野蛮世界，其他民族、国家都是"化外之邦"的"夷""狄""蛮""番"。而且，又以中国作为远近的标准把"化外"的"狄夷"或"蛮夷"划分为"生番"和"熟番"，对其名称的翻译往往还要加"犭"（以示尚未成"人"）或"口"（以示可"吃"，类同动物）旁。无论"生番""熟番"，都要靠中国的声名文物、典章制度、礼乐规范来"教化"。

但就在乾嘉盛世，来自化外"嗼咭唎"的"番臣"马戛尔尼（George Macartney）和阿美士德（William Pitt Amherst）却偏不肯行觐见皇帝的跪拜之礼，不仅明拒"教化"，自甘堕落，且生出一段又一段难了的"是非"。

乾隆五十八年（1793）马戛尔尼率领有七百余人的庞大船队从英国来到中国。这位大英帝国的特使以为大清乾隆皇帝祝寿为名，实想为经济正在飞速发展的英国开辟一个巨大的商品市场。他有两个具体目标：一是希望清政府开放市场，扩大与英国的贸易；二是在中国首都设立常驻外交机构，建立经常性的外交关系。

　　马氏一行辗转来到北京后，没想到却因觐见皇上之礼与清廷争论不休，最终没有达到目的。

　　正处盛世的大清王朝，上上下下没有一人认识到这件事情的重要与意义，反而满心欢喜地以为这是"吾皇"天威远被，使远在天边的英国与其他藩属一样，因仰慕中华文明、诚乞教化而远涉重洋来为大清皇帝纳贡祝寿。负责接待他们的钦差大臣徵瑞在给皇帝的奏折中充满赞许之情："嘆咭唎国远在重洋，经数万里之程，历十一月之久，输诚纳贡，实为古今所未有。"马氏一行自然得到中国官员的热情款待，不过使他们极为不快的是，他们的船队却被插上了"嘆咭唎的贡使"的长幡；在他们的礼品清单上，"礼物"被改为"贡物"。马氏在递给中方的有关文书中译本以"钦差"自称，中方当然不能容忍，为此，乾隆皇帝谕旨曰："此不过该通事仿效天朝称呼，自尊其使之词。无论该国正副使臣，总称为贡使，以符体制。"既然是"贡使"来"进贡"，觐见皇帝时当然要按"天朝"体制向皇帝双膝下跪，行"三跪九叩"之礼。对此，马氏提出只有对上帝才双膝下跪，对英王也只行单膝下跪吻手礼，所以坚决不同意向中国皇帝行双膝跪拜礼。由于中方一再坚持，马氏提出或者按"平等对待"原则，如果要他向中国皇帝行双膝跪拜之礼，中国官员也应向英国女王像行此礼，否则他只以向英王所行之仅屈一膝的吻手礼向乾隆行礼。此为中国官员严拒。从 7 月下旬到 9 月中旬这近两个月的时间中，双方一直为是否"下跪"争论不休，互不相让。最终，还是中方妥协，同意英使不行双膝触地的跪拜之礼、而只屈一膝的要求。或许，这是因为在清廷眼中，"嘆咭唎"尚属完全不通礼仪的"生番"，不能强求，有待"天朝"将其慢慢化为"熟番"。这样，在9月中旬谒见皇上，"万邦来朝"同庆大清乾隆皇帝八十三岁大寿的庆典中，只有这几名不堪教化的"生番"拒不行双膝触地的跪拜礼，而行单腿屈膝礼，犹如鹤立鸡群。不过，当时就有人不愿正视此点，刻意编出英国使臣稍后觐见乾隆帝时"一到殿廷齐膝地，天威能使万心降"的神话。不过此时正值盛世，大多数人对此并不十分在意。无人料到此事其实是几十年后中国文化要遇到一个更强的文化的巨大挑战、产生严重危机的先声和预兆。

虽然"天朝"宽大为怀，免去这几个"生番"的跪拜之礼，但对驻使、通商这两项要求，乾隆皇帝则断然拒绝，并谕告英王："奉天承运皇帝敕谕嘆咭唎国王知悉：咨尔国王远在重洋，倾心教化，特遣使恭赍表章，航海来庭，叩祝万寿，并备进方物，用将忱悃。朕披阅表文，词意肫恳，具见尔国王恭顺之诚，深为嘉许……至尔国王表内恳请派一尔国之人住居天朝照管尔国买卖一节，此则与天朝体制不合，断不可行。"所谓"天朝体制"，是指凡西洋各国只有愿意来"天朝""当差"者才准其长期居京，既然在"天朝"当差，实际上就是"天朝"的臣民，因此要"遵用天朝服色，安置堂内，永远不准复回本国"。乾隆确实无法理解马氏提出的在各国首都互派外交使节，不能不认为这是无稽之谈。对通商要求，乾隆皇帝则认为毫无必要，因为"天朝德威远被，万国来王，种种贵重之物，梯航毕集，无所不有，尔之正使等所亲见，然从不贵奇巧，并无更需尔国制办物件"。马氏一行在受了一番羞辱之后，一无所获，于10月初被迫离京返国。

嘉庆二十一年（1816）又有阿美士德率团来华，中方仍认为这是英国"迭修职贡"，诚心向化。不想双方又因是否跪拜而争论不休，大清官员反复要他演练觐见皇上之礼，均被婉拒，最后称病，不见中国皇帝。嘉庆皇帝得知详情自然大怒："中国为天下共主，岂有如此侮慢倨傲甘心忍受之理？"当日便传旨遣其回国。

若从"历史反思"的角度出发，乾嘉之际这两次英国使臣来华要求通商、互派使节，本为中国稍敞大门，与外部世界广泛接触提供了一次难得的机会。但由于种种原因，这一历史机遇却被错失。这种"礼仪"之争背后却潜藏着两种不同文明的碰撞冲突。英方认为自己是世界上最强大的国家，自己的文化建立在现代科学与经济制度之上，因此最先进，是人类历史进步的代表；中方则认为自己永居万古不变的宇宙秩序中心，处于"万邦来朝"的地位，自己的文化最完美，由此派生的礼仪是文明基础，理所当然负有将"生番"教化成"熟番"的责任。在这种语境中，二者的"对话"实际便无法进行，中国与一次历史机遇就此擦肩而过。

最终，"世界最强"的国家终于按捺不住，悍然发动鸦片战争，用暴力同中国"对话"，迫使"礼仪之邦"一点点屈服于西方的"语言"，中国终于在血与火中被强行纳入一个新的世界体系。当然，这个过程是曲折而痛苦的。

在第二次鸦片战争的缔约谈判中，清政府对英、法侵略者割地赔款诸条照单全收，但对英法代表提出的向皇帝亲递国书的要求却严加拒绝，激烈抗议道："此事关系国体，万难允许。"表现出少有的坚决。视"礼仪"重于"地"与"款"，后人可能难以理解。不过几经谈判之后，清廷还是不得不同意外国公使驻京，这使"天朝体制"被打开一个不小的缺口，觐见皇帝之礼便迟早要发生变化。咸丰帝严拒接见西方使节后，不久就病故，由其年仅五岁的儿子载淳（同治帝）即位，两宫太后垂帘听政，西方使节觐见皇帝之事便暂时搁置下来。

1873年2月，同治帝亲政，西方使节再次提出觐见皇帝的要求，对中国来说根本性的"礼仪"问题再也无法回避。这一次，各国使节采取公使团联衔照会总理衙门的方法，提出同治皇帝亲政之时，如果他们不代表本国亲见皇帝、递交国书，就是失职。而且，按国际惯例，一国使臣进入某国后，如该国元首不予接见并接受国书，显系不友好的表示。对此要求，中方提出如要觐见，必行跪拜之礼，但又为外国驻华使节严拒，于是双方开始了为期四个月的有关礼仪的激烈争执。

由于事关重大，在这四个月之中，各路官员纷纷发表意见，提出自己的看法。不少官员坚决表示绝不能允许不行跪拜之礼，但他们又知理由不足，所以提出"入境问禁，入国问俗"，即"中国出使之臣，在外国则行外国之礼"，外国驻华使节"在中国则行中国之礼"。由于外国不行跪礼所以中国"出使之臣"不必向外国国君、元首行跪礼，而外国使节在中国必须向中国皇帝行跪礼。

对此，洋务重臣李鸿章也奉命发表意见。其实，早在1868年中英修约之前，他与左宗棠、曾国藩等就对此发表过意见，都认为不必也不可能以中国礼法苛求，甚至提出西方诸国与中国远隔重洋，本非中国属国，现在自不可能向中国行属国的跪拜之礼。现在，李鸿章自然明白中国早已失去"天朝上国"的地位，传统的礼节不可能不改。但此事毕竟事关重大，反对改变者将其上到事关国体、"乾纲"的地位，而且被改者不是别人，正是皇帝本人。因此，在奏折中他首先不说明自己的观点，而是"肯定"自己坚决反对的昧于时势、坚持要洋人行跪拜之礼的吴大澂等人"所陈各节，皆系正论。朝廷体制，争得一分，有一分之益。在廷诸臣，共有此心"。其潜在意思是，无论什么观点，无论朝廷是否接受，都是"正论"，都是耿耿忠心为朝廷考虑。接下来他仍不说明自己的观点，而是肯定从咸丰九年到现在十好几年间，一直具体经办此事的总理衙门"每以中国礼节相绳，几于唇焦舌敝"，已尽了最大努力，不是亲办此事的人，很难体会其中甘苦。

然后，他以历史为据，指出嘉庆二十一年时英国使臣来华已不行三跪九叩之礼，"盖其国势渐强，而衅端已伏矣"。在崇拜"祖宗"的中国，指出这一点至为重要。行文至此，李鸿章并未明言自己的观点，但其观点又已明确表达。道光、咸丰年间中国已与侵略中国的一些西方国家订立条约，也表明这些国家与中国"俨然为敌体平行之国。既许为敌国，自未便以属国之礼相待"。明确说出这些国家与中国实际已是"敌体平行"而非中国属国，要朝廷放弃"天朝上国"观念，至为不易。因此，"各使臣拘执该国体例，不愿改从中国礼仪，固人情之常，无足怪者"。

对许多人主张的"中国使臣在外国，则行外国之礼，各国使臣在中国，当行中国之礼"的主张，他认为根本行不通。因为"洋人素性狡黠，贪得便宜，岂不知跪拜之输于不跪拜耶"？而且，"中国亦无权力能变其各国之例"。这样，只能接受他们"以敬其国君之礼敬我皇上"这一事实。对此，他提出"取其敬有余而恕其礼不足"，作为一种自我心理安慰。他进一步提醒甚至恐吓，如果拘泥于礼仪而拒不接见外国使节，虽然眼下不至于"遂开兵衅"，但现在"中外交涉事件繁多，为日甚长，洋人好体面而多疑猜"，结果会"积疑生衅，积愧生忿，将来稍有龃龉，必先引为口实"。"倘拒之于目前，仍不能拒之于日后。甚至议战议和，力争而后许之，则所失更多，悔之亦晚矣。"而且，这也并非"圣主包容六合驾驭群雄之志量也"！在对"圣主"的赞扬中，使之难以反对。他进一步提醒朝廷，这种"礼仪"迟早要改，已是历史的趋势，如果"拒之于目前，仍不能拒之于日后"，历史潮流，确难抗拒。

当然，为表明自己实在是为皇上着想，并非完全任外国予取予求，他说自己已与有关大臣定好规矩："各国使臣来京，只准一见，不准再见；只准各使同见一次，不准一国单班求见。"对那种怕外国使臣当面顶撞皇上的担心，李解释说递交国书只是礼节性见面，使臣"善言称颂，君亦善言慰答"，不会发生外国使臣"面质廷争，毫无顾忌"之事。

由于事关根本原则，所以李鸿章还必须从中国儒学经典中寻找根据。他以孔子的"嘉善而矜不能，所以柔远人"和孟子的"以大事小者，乐天也"来为自己的论点辩护。"嘉善而矜不能"就是说对别人的优点要承认欣赏，对别人的不足要同情宽容，所以在"礼制"上洋人有缺点不足，我们要宽容才能"柔远"。现在中国在这方面迁就洋人，并非丢脸之事，而是孟子所说的"以大事小"的"乐天"表现，也就是朱子所说的"仁人之心"。总之，"礼制"的这一重大变化完全符合圣贤教导。凡事必须符合"本本"，符合圣贤经典，确是中国深厚的传统。

他看出朝廷还有一层担心，即废除洋人觐见皇帝跪拜礼节很有可能导致中国臣民对"跪拜"的怀疑，进而导致对皇权的怀疑。所以他在这篇原本是"对外"的奏折中特又指出："圣贤持论，交邻国与驭臣下，原是截然两义。朝廷礼法严肃，中国臣庶所不容丝毫僭越者，非必概责诸数万里外向未臣服之洋人。"也就是说中国的"礼法"只能用于"内"而不能强行于"外"，他再次说明内外有别，"洋人"并非中国属国之人。他强调"礼"要随"时"而变，"我朝向有待属国一定之礼，而无待与国一定之礼"。现在十几个国家在京城和通商口岸驻有使节，"实为数千年一大变局。不但列祖列宗无此定制，即载籍以来，昔圣昔贤亦未预订此礼经。一切交接仪文，无可援据。应如何斟酌时势，权宜变通，是在议礼制度之天子，非臣等所敢妄拟也"。这里，他明确提出"列祖列宗"和古时"圣贤"都未对现在

"大变局"时代的礼仪制度作出规定，所以根据时代变化权宜通变、议定礼法等事应由现在的"天子"决断。可以根据时代变化修改或自定礼法，确是大胆议论。朝廷对此的另一担心是改变体制恐被后世责备，对此他苦口婆心地劝说："倘蒙皇上俯念各国习俗素殊，宽其小节，示以大度，而朝廷体制自在，天下后世，当亦无敢议其非者。"虽不行跪拜之礼"朝廷体制自在"，"天下后世"也无人敢非议。

最后，他表白说自己与洋人打交道已逾十年，"于洋人要挟毫无情理之事，从不敢附和依违，致乖大体"，并特别提出几年前中英修约时他与曾国藩、左宗棠等各有覆奏，"皆请格外优容"。搬出曾、左两位重臣，使自己的观点更有分量、更易为朝廷采纳。

觐见皇上的礼仪可说是最高的"原则"问题，但李鸿章此折通篇没有也不可能从抽象的"原则"来论述此问题，而是从历史、经典和现实情况这几个方面详细论述不得不改革变通的道理，极具说服力。

一直负责此事的总理衙门亦力主允许外国公使觐见同治帝。终于，朝廷在1873年6月14日降谕"著准"各国使臣觐见。6月29日，一些国家驻华公使以五鞠躬而非跪拜之礼，在紫光阁觐见了清同治皇帝。

中国，在与世界"接轨"的方向上，又迈出艰难的一大步。

一桩官场丑闻：大工程里好赚钱

李光昭欺罔招摇折

同治十三年八月十六日（1874年9月26日）

奏为审明李光昭捏报木价，欺罔不法，并究出招摇煽惑各情，按律定拟，仍据实声明，请旨恭折，仰祈圣鉴事。

窃臣钦奉同治十三年七月初六日上谕：李鸿章奏职官报效木植，现在无从验收转解一折。据称候选知府李光昭报效木植，现与美、法两国商人互控结讼，轇轕甚多。其所买法商木植，较之呈报内务府之数，木价既多浮开，银亦分毫未付等语。李光昭所办木植，经李鸿章查明系买自法商，其价仅议定洋银五万四千余元。而在内务府呈称，购运洋木竟敢浮报值银三十万两之多。似此胆大妄为，欺罔朝廷不法已极。李光昭著先行革职，交李鸿章严行审究，照例惩办。所有李光昭报效木植之案，著即注销该衙门知道。钦此。

同日承准军机大臣字寄七月初六日奉上谕：李光昭现与法、美领事构讼，各执一词，必须持平妥办。著李鸿章饬令该关道与领事官会审明确，秉公办理。该革员以五万余元之木价，捏报三十万两，已属荒唐，且面求美领事代瞒价值，法领事照会关道，请拘留李光昭，无使逃走，无耻已极，尤堪痛恨。该督既称李光昭在外招摇，出言不慎，且恐有别项情节，即著李鸿章迅速确切根究，按律严办，不得稍涉轻纵，等因。钦此。

仰见我皇上整饬纪纲，严惩奸恶，莫名钦服。遵即分饬署津海关道孙士达、天津道丁寿昌及天津府县，将李光昭拿获。其与洋商结讼一节，前据美领事毕德格呈明，木商系法国人，归法领事办理。随饬孙士达先与法领事狄隆迅速会审明确，持平妥办。旋据查讯李光昭定买法商播威利木植三船，第一船已抵天津，其余两船一抵上海、一在外洋。所有后船木单，李光昭已经见过，惟所到木植尺寸短小不合工需，而播威利则谓原议如此。李光昭废弃合同，有意诓骗，致商重洋跋涉，守候多时，大受亏折，求令李光昭赔洋银一万五千元，以偿该商耽搁资本及船价耗费，方肯了事。讯之李光昭，既无钱买木，亦无力认赔。该领事与洋商屡渎不已。查所到木植尺寸本不合柂梁檩柱之用，若配修海防炮架等项尚属相宜，随饬该关道与法领事商办，将已到木植由天津机器局权宜收买，李光昭赔款即作罢论。播威利势难久候增累，亦即遵允其余两船木植由该洋商止令勿来，自行另售，以符注销报效之旨。

此层办结后，臣即督饬孙士达、丁寿昌并天津府知府马绳武连日严究李光昭捏报木价，欺罔招摇各情。兹据该道等录供具详前来，臣亲提复讯。据李光昭供，系广东嘉应州人，寄居湖北汉阳县，向贩木植、茶叶生理。同治元年在临淮军营报捐双月知府，仅领实收，未得部照，实收旋亦焚毁。前在汉镇挑筑堤工，被人控告未结。十二年六月，进京贩卖花板。与前任内务府大臣诚明、前署内务府堂郎中贵宝、内务府候补笔帖式成麟认识。其时兴修圆明园，诚明等问伊采买大木情形，伊思若到四川等省进山伐木，用工本银三千两可报效值银一万两，旋向贵宝说愿报效十万两银木植，分十年呈交。经贵宝带见堂官，允令呈请核办。随即出京与成麟偕行，嗣至湖北，探知进山伐木非三年不能出山，工本太重。复至广东、香港，改购洋木。本年三月，定买洋商菴忌吕宋木，洋尺三万二千尺，当付定洋十元，写立合同。后菴忌病故，原定木植被其债主分散，事遂罢议。时法商播威利亦有木植出卖，伊因无钱，初尚游移。成麟欲藉此补缺，据云可向其亲戚借凑，遂向定买。成麟先取木样回京，伊又至福州，与播威利议定买木三船。共洋尺三万五千尺，每尺价一元五角五尖；统合木价洋银五万四千二百五十元。言明到津付价交木，若有耽搁，每日加给船价洋银五十元。先付定洋十元，写立合同。伊于五月至津，播威利将第一船木植运到，伊即赴京在内务府呈报木植数目，捏开洋尺五万五千五百余尺，价值银三十万两。惟伊系无钱买木报效，家中仅有五十石粮之地，从前做生意时尚可通融银钱，今向各处告贷未获。成麟亦未借得银两，运到木植又不合用，遂与洋控。至伊曾刻有奉旨采运圆明园木植李衔条，并制有奉旨采办旗号等供。臣又追出李光昭定买洋商菴忌木植洋文合同一纸，饬照原文翻译，内有圆明园李监督代大清皇帝与阿多富菴忌香港商人立约字样。诘其何得如此狂悖，据云汉文内无此语，叠追汉文合同，称已无存。又谓系汉文译错，而讯其香港所邀专看洋文之通事戴子珍，则称洋文内实有圆明园李监督等字样，并未译错。查向来华洋交易，订立洋文合同，其华商衔名皆依本人所言而写，不能歧异。若李光昭并无李监督之语，洋文内何从造作？况汉文合同竟已灭迹，其为狡赖无疑。该犯自认捏造奉旨采办衔条旗号，至捏称圆明园监督，既有译出洋文可凭，并据通事戴子珍指证确鉴，应即就案拟结。查律载诈传诏旨者斩监候，又诈称内使近臣，在外体察事务，欺诈煽惑者斩监候各等语。李光昭捏报木价已属胆大妄为，欺罔不法。该犯呈请报效木植仅经内务府批准，并奏明由地方官查验，如有夹带或根件不符，查出从严惩办等因。是该革员并无专奉采办之谕旨，其自行报效与特奉采办名义悬殊，岂容假借影射。乃敢捏造奉旨采办衔条旗号，肆意招摇，煽惑中外，实属诈传诏旨。圆明园为圣驾巡幸重地，凡执事人员皆系内使近臣，该犯冒充园工监督到处诓骗，致洋商写入合同，适足贻笑取侮。核与诈称内使近臣之条相合，其捏报木价若照上书诈不以实尚属轻罪，自应按照诈传诏旨及诈称内使近臣之律问拟。两罪皆系斩监候，照例从一科断，李光昭一犯，合依诈传诏旨者斩监候律，拟斩监候，秋后处决。

该犯所称，前在军营报捐知府是否属实尚不可知，但罪已至死，应无庸议。查该犯素行无赖，并无家资，实藉报效为名，肆其欺罔之计。本无存木而妄称数十年购留。本无银钱，而骗惑洋商到津付价。本止定价五万余元，而浮报银至三十万两之多。且犹虑不足以耸人听闻，捏为奉旨采办及园工监督名目，是以洋商竟有称其为李钦使者，足见招摇谬妄并非一端。迨回津后，恶迹渐露，复面求美领事代瞒木价，致法领事照请关道将其拘留。诚如圣谕，无耻已极，尤堪痛恨。此等险诈之徒，只图奸计得行，不顾国家体统，迹其欺罔朝廷煽惑商民种种罪恶，实为众所共愤。本非寻常例案所能比拟，若不从严惩办，何以肃纲纪而正人心？仰蒙旨饬严办，臣断不敢稍涉轻纵，惟定例并无如何加严明文，向来似此案件，应仍请旨定夺。

所有查讯李光昭欺罔招摇各情节，按律定拟仍据实声明请旨缘由，理合专折覆陈。伏乞皇上圣裁训示遵行。谨奏。

这是一个荒唐年代演绎出的一个荒唐离奇的故事。但"荒唐离奇"背后的政治脉络却并不离奇，彰显出晚清朝廷的"政治生态"，彰显出政治与工程之间的复杂关系。

圆明园是著名的皇家园林，自雍正帝以后，园居渐成宫廷风尚，尤其咸丰帝更是常年在此，几乎以此为宫。因为住在集中西园林之萃、景色宜人的圆明园，要比住在宏伟壮观、气象森严，每日必须"正襟危坐"的紫禁城自在、舒服得多。无奈圆明园被英法侵略军焚毁时，正值太平天国和捻军等农民起义军风起云涌之际，清廷统治岌岌可危，当然顾不得重修这座废园。但几年之后，太平天国和捻军刚被镇压下去，便渐起修园之声，引起清廷内部的激烈争论。令人意想不到的是，一座花园的修与否，最终却引发晚清政坛的一场轩然大波。

事情，还须从头说起。

1861 秋，咸丰皇帝在热河病死后，慈禧与恭亲王奕䜣联手发动"辛酉政变"，推翻顾命制度，确立太后垂帘亲王辅政体制。奕䜣由于在政变中厥功至伟，被授为议政王，在军机处行走，权柄赫赫，炙手可热。由于奕䜣总揽朝中大权，不久便与权势欲极强的慈禧产生矛盾，明争暗斗，终于势同水火。1865 年春，经过精心筹划之后，慈禧突然下诏痛责奕䜣，明令"恭亲王著毋庸在军机处议政，革去一切差使，不准干预公事"。此诏一出，却引起不少王公大臣、地方大员的强烈反对。经过一番波折之后，尚未掌握全权的慈禧于是召见奕䜣，当面训诫后就发谕旨说："本日恭亲王谢恩召见，伏地痛哭，无以自容，当经面加训诫，该王深自引咎，颇知愧悔，衷怀良用恻然……"所以决定奕䜣"仍在军机大臣上行走"，但免去其"议政王"之衔。经此羞辱打击，奕䜣的权势与威望受到重创。

奕䜣当然不愿就此罢休，一直寻机报复。1868 年 9 月，深受慈禧宠信，一贯恣意妄为、不可一世的大太监安德海知道奢华成性的慈禧一直想修复圆明园，于是指使御使德泰奏请修复圆明园，讨好慈禧。由于修园需款甚巨，安德海同时又指使内务府库守贵祥拟出筹款章程，"请于京外各地方，按户、按亩、按村鳞次收捐"。此议一出，奕䜣等人坚决反对，认为"侈端将启"，加饷派饷更会使"民怨沸腾"，"动摇邦本"，"丧心病狂，莫此为甚"。在奕䜣的坚持下，德泰、贵祥二人受到革职和发落黑龙江披甲为奴的严厉处分。但安德海并未因此而稍有收敛，且于1869年秋违反祖制以为太后置办龙衣为名出京南下，为山东巡抚丁宝桢执杀。慈禧闻讯大惊，不过碍于祖制，又有慈安太后、同治帝、奕䜣及一些王公大臣的联合施压，只得接受既成事实，但却气急败坏，大病一场。

慈禧病愈之后，内务府人员又以太后休养为名，重提修园之议。内务府人员长期力主修园既是为了讨好慈禧太后，更是为了从中得利。晚清政治腐败，贪污成风，国家的大型工程项目，更成为有关人员大捞一把的好机会，所以有关方面总是千方百计以各种名目争取兴办各种项目，以中饱私囊。内务府人员这次吸取了前番德泰、贵祥的教训，采取了长期游说、引诱性喜游乐的同治帝的办法，终使同治帝在1873年秋以颐养太后为名，发布重修圆明园的上谕，并要"王公以下京外大小官员量力报效捐修"。但御使沈淮在上谕发出的第三天就上疏皇上，力请缓修。不想同治大怒，再次下谕修园。这两道修园上谕颁发之后，内务府立即行动起来，赶忙雇佣民工，清理旧园，同时命令南方一些省份立即采办大件木材三千件，限期报送北京。慈禧当然更是忙碌起来，多次召见有关人员，甚至审议一些具体方案，多次颁发有关谕令。对此，反对者依然不少，不过"帝师"李鸿藻苦谏同治毫无效果，御使游百川上疏恳请缓修反被革职。同治帝还严告群臣，再有奏请缓修者一定严惩。奕䜣开始还声言反对，后见如此阵势，深知此次难以阻止，便三缄其口，反而首先"报效"工银二万两，表示支持。

1874年3月7日，圆明园正式开工重修。不过，此时修园的时机的确非常不好。法国正加紧侵略越南，作为北犯中国的跳板，直接威胁到中国的西南边疆；日本开始发动侵略我国台湾的战争；新疆又爆发阿古柏叛乱，左宗棠率军西征日夜为难以保障的庞大军需发愁。自鸦片战争以来的几十年间，中国的外患内乱不断，清政府的财政危机日益加剧，连办紧急军政大事的财力都无法保证，此时却还要大兴土木重修圆明园，根本就拨不出款来。与重新修园所需经费相比，官员个人的"报效"只是杯水车薪，无济于事。正在内务府为修园经费一直无着发愁之时，一个名叫李光昭的"候补知府"声称愿为修园报效三十万元的木材应急。李光昭原为贩卖木材、茶叶的小商贩，本有前科，后来"捐输"得来一个知府衔，但并未得部照。所谓"捐输"，就是用钱买官或官衔，可以直接交纳银两，也可以为地方公共事业捐银，按清政府规定的"统一价格"，以捐银的多少"购买"不同等级的官衔。鸦片战争以前，捐输只是用于特例，如筹措战事银饷、赈灾等等，并曾一度废止。鸦片战争以后，清政府财政一直困难，捐输竟变成常例，并日渐成为清政府一个重要的财政来源。李光昭来京贩卖木材时与几位内务府大臣相识，知道这是一个发财的机会，便谎称自己在许多省份都购有木材，可以报效。他与内务府有关人员互相勾结，经内务府出面奏请后，他便打着"奉旨采办"名义南下办理此事，而且胆大妄为地私刻了"奉旨采运圆明园木值李衔"的关防。由于此事办得极不顺利，他只得到香港向一位法国商人购买，签订了购买三船价值五万四千二百五十元木材，先付定洋十元，货到天津即付款的合同。李光昭回到北京后，却向内务府谎报自己购买了价值三十万两的木材"报效"。货船到天津后，同治帝闻讯大喜，急令直隶总督、北洋大臣李鸿章免税放行，迅速运京。不想李光昭根本无力付款，便称木材尺寸与原议不合，拒绝提货付款。法商当然不干，由法国驻天津领事出面，照会天津海关和天津道李光昭私自废约有意欺诈，要求清政府扣留李光昭，令其付款并赔偿法商损失。李鸿章本就不赞成此时修园，急忙将此情况奏报同治帝。同治帝大怒，责令将李光昭先行革职后交李鸿章严厉查办。李鸿章在查办此案时才发现，李光昭不仅根本无力购买这些木材，而且欺骗朝廷多报了二十多万元的货价；更严重的是，他竟私自以"圆明园李监督代大清皇帝"的身份与外商立约，此案险成外商与"大清皇帝"之间的诉讼，几乎要引发一场严重的外交纠纷。李鸿章查明，合同"原文翻译内有圆明园李监督代大清皇帝"与外商立约字样，"诘其何得如此狂悖"，但李光昭却狡辩说中文内无此语，不过中文合同已经丢失。李鸿章又请专人查看洋文合同，证实李光昭"捏造奉旨采办旗号"、擅自以"圆明园李监督代大清皇帝"签约。根据有关律令，李鸿章判处李光昭斩监候，秋后处决。

强烈反对修园，但不敢公开反对的李鸿章，知道此案是阻止修园的难得机会，所以此折对李光昭诈骗细节的介绍不厌其详，桩桩件件，不容怀疑，皇帝读后能不龙颜大怒？他在历数李光昭的罪状时，同时就写明律书所规定的相应刑罚，提醒皇上诈传诏旨及诈称内使近臣两罪按律应判斩监候。如此这般，李鸿章犹恐不足，在奏折最后再将李光昭罪行概数一番：并无家资却借"报效"之名行欺诈之实；本无存木却称是数十年前购留；定价实际只有五万多元却虚报白银至三十万两之多；捏造自己的奉旨采办及圆明园监督身份甚至被洋商误认为是"李钦使"。"此等险诈之徒，只图奸计得行，不顾国家体统，迹其欺罔朝廷煽惑商民种种罪恶，实为众所共愤。本非寻常例案所能比拟，若不从严惩办，何以肃纲纪而正人心？"然而，他深知李光昭虽是一个微不足道的小人物，但此事实关宫廷内部权争，非他这种"外臣""汉臣"所能置喙，所以最后一句笔锋突然一转，针对皇上要他"严办"的谕旨说道："惟定例并无如何加严明文，向来似此案件，应仍请旨定夺。"最终，还是要皇上定夺。

李光昭诈骗案的消息迅速传开，舆情大哗，人们拍手称快。因为上上下下反对重修圆明园的人数虽多，但在慈禧太后与同治帝的威压之下全都敢怒不敢言，李案为他们提供了公开反对修园的良机。恭亲王奕䜣、醇亲王奕譞与其他一些王公大臣联名上疏，痛陈修园之巨弊，恳请急停。他们担心仅有上疏还不够，又再三要求同治帝召见，面陈利害。经过再三恳求，终得觐见。8月27日，晋见皇帝时奕䜣将折中所陈数条再一一详细讲解，同治帝不仅不为所动反而对他们怒斥一番。军机大臣、吏部尚书、大学士文祥见状伏地痛哭，几乎昏厥，被人扶出。醇亲王奕譞则继续泣谏，痛陈必须停止修园之理由。这些初步打动了同治帝，使他同意考虑停止修园。但最后的决定权实际在慈禧手中，于是李鸿藻又上疏慈禧，详论停止修园的种种理由；一些御史也上折参奏内务府大臣与李光昭狼狈为奸、中饱私囊的种种违法事例。在这种情势下，同治帝在9月9日又召见军机大臣、御前大臣等再议是否修园之事，同治帝与奕䜣、奕譞之间竟然反复辩驳。由于群臣都主张停工，同治帝不得不决定发旨停修，事情到此似已结束。

然而就在当天军机大臣拟就停修谕旨之时，内廷忽然发下一道同治帝朱谕，列举恭亲王种种罪状，革去一切差使，降为不入八分辅国公（清代宗室封爵共分和硕亲王、世子、多罗郡王等共十四等，"不入八分辅国公"为第十等，奕䜣的爵位由第一等降为第十等），交宗人府严议。9月10日又下一道朱谕，将对奕䜣的处分改为革去亲王世袭罔替，降为郡王，仍在军机大臣上行走，其子载澂革去贝勒郡王衔。同时，以"朋比谋为不轨"的罪名将醇亲王、文祥、李鸿藻等十名力主停修的王公大臣尽行革职。但就在第二天，即9月11日，慈禧突然在弘德殿慰谕奕䜣，表示"十年以来，无恭王何以有今日，皇帝少未更事，昨谕著即撤消"。同时懿旨赏还奕䜣及其子载澂爵秩，当然，对奕䜣的惩处"原属咎有应得，惟念该亲王自辅政以来，不无劳勋足录，著加恩赏还亲王世袭罔替，载澂贝勒郡王衔。该亲王当仰体朝廷训诫之意，嗣后益加勤慎，宏济艰难，用副委任"。这一

"夺"一"还"，其实都是慈禧在幕后操纵，意在再次向朝廷内外表明奕訢等王公大臣都可被她玩弄于股掌之中，她已大权在握，她的权威不容轻觑，更不容侵犯。

至此，历时半年的"修园之争"虽以"停修"而结束，但由此引发的政坛风波却进一步加强了慈禧太后的权威，再次严重削弱了恭亲王奕訢的权势。因此，当同治帝在几个月后（1875年1月12日）突然病死，在慈禧深违祖制、采取一系列阴谋手段强立载湉（光绪）为帝以独揽大权的过程中，曾经权倾一时的奕訢却只能听之任之，甚至随声附和，日渐成为晚清政坛一个无足轻重的配角。

是否重修圆明园本来是个工程问题，但在封建专制的政治体制中，这种"工程问题"往往会演变成"政治问题"。一旦最高统治者决定要上某项工程，反对者就有"犯上"之嫌，因为事关最高统治者的颜面和权威。而且，由于政争不能透明、公开，所以各派政治力量经常借机生事，以此大做文章。围绕着"工程问题"的相互斗争往往会导致各种政治力量的此消彼长，使政治格局发生某种变化。在这种背景中，"工程"就成为"政治"，所以对一些重大工程是否应当立项便很难作比较科学、客观的评估，立项后的实施操作更充满复杂斗争。这当然是"工程"的不幸，但利用"工程"达到政治目的，却是这种政治体制使然。

海防塞防战略大讨论

筹议海防折

同治十三年十一月初二日（1874年12月10日）

奏为钦奉谕旨详细筹议海防紧要应办事宜，恭折密陈，仰祈圣鉴事。同治十三年九月二十九日，承准军机大臣密寄奉上谕：总理各国事务衙门奏，海防亟宜切筹，将紧要应办事宜，撮叙数条，请饬详议一折。沿江、沿海防务，经总理各国事务王大臣并各该将军、督抚等随时筹画，而备御究未可恃，亟应实力讲求，同心筹办，坚苦贞定，历久不懈，以纾目前当务之急，以裕国家久远之图。该王大臣所陈练兵、简器、造船、筹饷、用人、持久各条，均系紧要机宜，著李鸿章等详细筹议，将逐条切实办法，限于一月内覆奏。此外别有要计亦即一并奏陈，不得以空言塞责，等因。钦此。

旋又准总理衙门钞奏知照，以丁日昌续拟海洋水师章程六条，请饬汇入该衙门前奏，一并妥筹覆奏，奉硃批：依议，钦此。仰见朝廷思患预防，力图自强之至意，钦服莫名。臣查各国条约已定，断难更改。江海各口门户洞开，已为我与敌人公共之地，无事则同居，异心猜嫌既属难免。有警则我虞尔诈，措置更不易周。值此时局，似觉防无可防矣。惟交涉之事日繁，彼族恃强要挟，在在皆可生衅。自有洋务以来，叠次办结之案，无非委曲将就。至本年日本兴兵台湾一事，经总理衙门王大臣与该使多方开谕，几于管秃唇焦，犹赖圣明主持于上，屡饬各疆臣严密筹防，调兵集船，购利器、筑炮台，一时并举，虽未即有把握，而虚声究已稍壮。该酋外怵公论，内慑兵威，乃渐帖耳就款，于国体民情，尚无窒碍，未必非在事诸臣挽救之力。

臣于台事初起时，即缄商总理衙门，谓明是和局，而必阴为战备，庶和可速成而经久。洋人论势不论理，彼以兵势相压，我第欲以笔舌胜之，此必不得之数也。夫临事筹防，措手已多不及，若先时备豫，倭兵亦不敢来，乌得谓防务可一日缓哉。

兹总理衙门陈请六条，目前当务之急与日后久远之图，业经综括无遗，洵为救时要策。所未易猝办者，人才之难得、经费之难筹、畛域之难化、故习之难除，循是不改，虽日事设防，犹画饼也。然则今日所急，惟在力破成见，以求实际而已。何以言之？历代备边多在西北，其强弱之势、客主之形，皆适相埒，且犹有中外界限。今则东南海疆万余里，各国通商传教来往自如，麇集京师及各省腹地，阳托和好之名，阴怀吞噬之计。一国生事，诸国构煽，实为数千年来未有之变局。轮船电报之速，瞬息千里。军器机事之精，工力百倍。炮弹所到，无坚不摧。水陆关隘，不足限制。又为数千年来未有之强敌。外患之乘，变幻如此，而我犹欲以成法制之，譬如医者疗疾，不问何症概投之以古方，诚未见其效也。庚申以后，夷势骎骎内向，薄海冠带之伦，莫不发愤慷慨，争言驱逐。局外之訾议既不悉局中之艰难，及询以自强何术、御侮何能，则茫然靡所依据。自古用兵未有不知己知彼而能决胜者。若彼之所长、己之所短，尚未探讨明白，但欲逞意气于孤注之掷，岂非视国事如儿戏耶。

臣虽愚闇，从事军中十余年，向不敢畏缩自甘，贻忧君父。惟洋务涉历颇久，闻见稍广，于彼己长短相形之处，知之较深。而环顾当世，饷力、人才实有未逮，又多拘于成法，牵于众议，虽欲振奋而未由。易曰：穷则变，变则通。盖不变通，则战守皆不足恃，而和亦不可久也。谨就总理衙门原议逐条详细筹拟切实办法，附以管见，略为引伸。丁日昌所陈，间有可采，一并汇入核拟，以备刍荛之献。仍请敕下在廷王大臣详晰谋议，请旨定夺。总之，居今日而欲整顿海防，舍变法与用人，别无下手之方。伏愿我皇上顾念社稷生民之重，时势难危之极，常存欿然不自足之怀，节省冗费，讲求军实，造就人才，皆不必拘执常例，而尤以人才为亟要，使天下有志之士，无不明于洋务，庶练兵、制器、造船各事，可期逐渐精强。积诚致行，尤需岁月。迟久乃能有济，目前固须力保和局，即将来器精防固，亦不宜自我开衅。彼族或以万分无礼相加，不得已而一应之耳。

所有遵旨详议缘由，谨缮折密陈，并将议覆各条缮具清单，恭呈御实。伏乞皇上圣鉴训示。谨奏。

中国传统"边患"主要在西北边境，但鸦片战争使中国有史以来第一次遭到从海上来的大规模的外敌入侵，一向较为安全平静的东南沿海成为国防前线。然而，随着中国海上大门被强迫打开，沙俄在西北的侵逼活动也日甚一日。于是，财政困窘的清廷面临"东""西"两面"边防"的艰难选择。海防塞防争论，从另一方面说明自太平天国农民起义被镇压下去之后，内部矛盾相对趋于缓和，而外部矛盾日益激化。清廷的"政治路线"从镇压"内乱"为主转为抵御"外侮"为主。具体而言，1874 年日本侵台的炮声，打破了自 1860 年以来"中外和好"的相对平静，"蕞尔小国"日本竟敢发兵中国台湾，并迫使中国赔款了事，东南海疆危机再现，不能不使清政府大为震惊，再次正视"海防问题"，从而引发了"海防""塞防"争论。

1874 年 11 月 5 日，总理衙门递上《海防亟宜切筹武备必求实际疏》，强调筹办海防的必要性和紧迫性，提出"练兵""简器""造船""筹饷""用人""持久"等六项具体措施，请求饬令有关大臣讨论、实施。11 月 19 日，正在广东家居的前江苏巡抚丁日昌请人代为递上《海洋水师章程》六条，提出海军分区设防、统一指挥的主张，具体说来设立北洋、东洋、南洋三支海军，分辖北海、东海、南海三面海域。清廷将总理衙门和丁日昌的条陈交滨江沿海各省督抚、将军讨论，限一月内覆奏。这时左宗棠在陕甘总督任上，根本不属滨江沿海地区，故不在饬议大员之列，但总理衙门认为他"留心洋务，熟谙中外交涉事宜"，所以特别咨请他参加筹议。

在这次争论中，有关官员纷纷上奏，提出自己的看法。大体说来，有主张专事海防经营而放弃塞防、主张注重塞防放弃海防建设和主张海防塞防并重这三种观点。其中影响最大、最具代表性的是李鸿章和左宗棠的观点。

李鸿章这次破例写了洋洋万言的《筹议海防折》（由于此长折详细内容是对总理衙门原奏及丁日昌续奏的逐条述评、发挥，文字过长，兹不全录）呈上，系统地阐述了自己对海防问题的看法，其内容不仅涉及海防，而且还进一步引申到洋务运动等其他问题。他首先分析中国面临的国际形势：中国与"各国条约已定，断难更改。江海各口门户洞开，已为我与敌人公共之地。无事则同居，异心猜嫌既属难免。有警则我虞尔诈，措置更不易周"。他赞扬总理衙门的"六条"将"目前当务之急与日后久远之图，业经综括无遗，洵为救时要策"。但是，要将其立即付诸实施却非常困难，因为"人才之难得、经费之难筹、畛域之难化、故习之难除"，都难在短期内解决，所以"今日所急，惟在力破成见，以求实际而已"。紧接着他就触及问题的核心，他所要力破的"成见"是："历代备边多在西北，其强弱之势、客主之形，皆适相埒，且犹有中外界限"，而"今则东南海疆万余里，各国通商传教来往自如，麇集京师及各省腹地，阳托和好之名，阴怀吞噬之计。一国生事，诸国构煽，实为数千年来未有之变局"。列强凭借近代化船坚炮利实为中国"数千年来未有之强敌"，而中国"犹欲以成法制之"，则如患者不论何种疾病皆以古方治之，肯定不能见效。因此他认为"居今日而欲整顿海防，舍变法与用人，别无下手之方"。这时所谓"变法"主要是指变革军事制度，建立近代陆海军；"用人"主要是指改革科举制度，培养新式人才。建立近代陆海军需要巨额军费，所以在筹饷方面他主张停止进军新疆，改用招抚办法处理阿古柏叛乱，认为英、俄等国一直图谋新疆，"揆度情形，俄先蚕食，英必分其利，皆不愿中国得志于西方。而论中国目前力量，实不及专顾西域，师老财痛，尤虑别生他变"。在他看来，"新疆不复，于肢体之元气无伤；海疆不防，则腹心之大患愈棘"。"其停撤之饷，即匀作海防之饷。否则只此财力，既备东南万里之海疆，又备西北万里之饷运，有不困穷颠蹶者哉？"在此折中，他仍借机强调筹饷的另外一个重要途径是要发展各类近代民用企业。因此，有人将此折称为洋务运动的"总纲"。

对李鸿章提出的暂缓西征、全力经营海防的观点，左宗棠坚决表示反对。他认为现在西北的"塞防"已有一定基础，已派驻一些军队，如果停饷将前功尽弃，如此是"自撤藩篱，则我退寸而寇进尺"，不仅西部被侵略，北方也将受到更大威胁。"是停兵节饷，于海防未必有益，于边塞则大有所妨，利害攸分，亟宜熟思审处者也。"因此，"东则海防，西则塞防，二者并重"，现在西北用兵乏饷，正指望沿海各省协济为大宗，"若沿海各省因筹办海防急于自顾，纷请停缓协济，则西北有必用之兵，东南无可济之饷，大局何以能支"？因此他主张水陆并重，一边收复新疆，一边加强海防。

李、左之争，确是关于国防战略不同观点的争论，但却又掺有强烈的派系利益之争。李鸿章淮系的主要地盘在北洋，因此格外强调海防的重要性。他经常强调北京近海，不久前英、法联军就是从海岸进犯、占领天津、北京的。左宗棠湘系的势力已由东南移到西北，所以强调西北边疆的重要性，坚决反对"渐弃新疆"，主张收复新疆是当务之急。他一再强调清王朝定都北京，由于蒙古环卫北方，百数十年一直十分安全，之所以重视新疆是为了保卫蒙古的安全，而保卫蒙古的安全则是为了保证京师的安全。因为"新疆不固，则蒙部不安"，陕、甘、山西的安全都没有保证，北京也将没有安全之日。

经过反复斟酌，清廷决定采取海防、塞防并重的方针，一方面任命左宗棠为钦差大臣督办新疆军务，"速筹进兵，节节扫荡"；另一方面任命李鸿章督办北洋海防事宜、沈葆桢督办南洋海防事宜。虽然清廷的倾向性明显是海防重于塞防，但既然确立了海防、塞防并重的方针，就不能过分偏重海防，结果不仅实现了规复新疆的计划，而且海军建设开始得到高度重视。所谓筹备海防，主要就是建立近代海军。由于财力确实困难，清政府不能不放弃同时创建三支海军的想法，决定"先就北洋创设水师一军，俟力渐充，就一划三"，因此李鸿章及其北洋海军一直处于举足轻重的优先地位。这次战略大讨论，对中国近代海军建设和发展确实具有重要意义。讨论甫一结束，李鸿章就开始了北洋水师的创建，这是中国海军史上的一个里程碑。

这次大讨论说明，事关全国、全局性问题，并不能只由"有关"官员参加讨论，因为"有关"人员往往会只想到自己的利益。相反，看似"无关"人员也同样应参与讨论，他们的意见应同样受到重视。试想，如果只许滨江沿海官员讨论，而不让地处西北的左宗棠参加，很可能就会做出置"塞防"于不顾的"专重海防"这种片面、只顾某一方面利益的决定。

外交史上的荒唐一页
——郭嵩焘、刘锡鸿之争

论郭刘二使违言（致总理衙门函）
光绪四年五月二十一日（1878年6月20日）

　　昨奉公函，以郭筠仙、刘云生两星使颇有不协，彼此措词失当，亦各有近情近理之处。恐于公件或有参差，致滋贻误。李监督往来英、德，其龃龉情形暨办事接物各节，谅必随时禀闻，等因。遵查郭、刘两星使自出都后，意见即不甚合。迨至英国，日益龃龉。筠仙迭次来信已屡及之，并见诸奏牍矣。前接筠仙本年三月十五日书，钞示所上钧署咨函稿，愤激不平之气，溢于言表，竟欲以去就争。其致鸿章书云，李凤苞、张斯栒自德国来，语云生势颇难处，其亲信随员刘孚翊致张斯栒书曰，外部及各国公使皆不以为然，啧有烦言。近比利时公使邀茶会，黎参赞等往赴，相与漠不为礼，为一人混闹脾气，遗累大众云云。监督李凤苞素最谨饬，其禀报学生事不及其他。惟据三月十七日函称，月初往德国稽查学艺武弁，知德国新闻纸常于刘京卿颇有微词，京卿亦常托病不出，闻将作英文函属伦敦报馆，铺叙该京卿曾督兵戡乱，中朝推为柱石，从此或为西人见重，亦未可知云云。语多含蓄，然亦略见一斑。筠仙则其所敬佩者也。至云生于散处向无深交，笺问甚稀。前接其三月十五日函，但泛论欧洲时事，谓今日使臣即古之质子，权力不足以有为。又自到德后水土不服，往往多病，左足肿痛不能行动，似意绪亦颇怫郁。其是日通咨钧署及南北洋之文，指摘筠仙不遗余力。两人各不相下，恐未易排解耳。平心而论，筠仙品学素优，而识议不免执滞，又多猜疑。云生志气非不要好，而性情暴戾，客气用事，历练太浅。其短长互见，谅在烛照之中。惟目前筠仙兼英、法二使，责任较重。英人尚无间言。比方赴巴黎大会，似应暂由尊处寓书慰劳，以安其意。俟有替人，再准假归。云生在德，若如李监督等所云，于大局既无裨益，且与筠仙积怨成衅，咫尺相望而声息不通，徒为外人所窃笑，似属非宜，想高明必有以处之。

《烟台条约》其中一条是派钦差大臣到英国"道歉"，并任驻英公使。派驻外大使，今人看来是最正常、平常的一件事，可能认为与《烟台条约》中赔款、通商等项相比，此条不值一提。其实，当年这可是有"天翻地覆"之感的大事。

有外交关系的国家互派大使，这是近代国际交往的惯例和常礼，但中国从来以"天朝上国"自居，从无派大使到"属藩"之说。而近代以来却又屡遭西方列强侵略，一方面感到与"蛮夷之邦"的"洋人"打交道有失身份，另一方面又不能不屈从列强的压力和横蛮要求。这种对"洋人"既鄙视又恐惧的心理与坚持传统"礼仪"、中外从不互派大使的观念紧紧纠结一起，使清廷更不愿派驻外大使。互派大使，意味着承认"天朝上国"的崩溃。所以第二次鸦片战争签订的不平等条约中，争论最大、咸丰皇帝和王公大臣最为痛心疾首的一条即外国公使驻京。1858年中英天津谈判时，中方代表曾表示皇帝宁可一战也绝不让步。但在英国代表与其将来北京挤满了外国军队不如现在就痛快答应的武力威胁下，咸丰皇帝最终勉强同意此点，批准了《天津条约》。同意外国公使驻京的消息传来，清廷大员一片怒斥，认为撼动国体，"从来外夷臣服中国"，来华朝贡均不许久留，允许外国公使驻京是"不修臣节"。咸丰皇帝则又强调外国公使驻京是只准暂住，而且"一切跪拜礼节，悉遵中国制度，不得携带眷属"；如果英、法两国以条约为依据一定坚持其公使常驻北京，则他们"必须更易中国衣冠"。同时又要中方谈判代表改订部分条款。英、法侵略者拒绝改订条约之议，决心以武力将其公使"送入"北京。1860年英法联军攻入北京，焚烧圆明园，咸丰皇帝仓皇出逃，不得不接受侵略者的全部要求，外国公使"史无前例"地开始常驻北京。但是，以后的十几年中，中国仍一直没有外派驻外大臣。对此，西方列强一直不满，认为这表明清政府仍以"天朝上国"自居。所以在中英因"马嘉理案"谈判时，英方一直坚持中国要派钦差大臣到英国"道歉"，并任驻英公使。

《烟台条约》规定中国必须派高官出使英国，但派谁出去却是清政府的一大难题。因为当时人们不仅将出洋视为畏途，更将离开"礼仪之邦"到"蛮夷之邦"视为一件奇耻大辱，出洋者将名声扫地，所以很难找到愿意出洋的高官。同时，出使者又必须懂"洋务"，在清政府的高官中懂洋务者实在太少。

选来选去，清廷决定派在政坛几起几落的郭嵩焘（字筠仙）担此重任，因其向以懂洋务著称。早在1856年春，他随曾国藩帮办军务时到过上海，对西方的种种器物和某些制度有了感性的了解，并认真研读了使他惊讶不已的《日不动而地动》等自然科学图书，倾心西学，后来一直参与洋务。他曾大胆提出由商人办理近代企业，在当时被人视为惊世骇俗之论；在洋务派与顽固派的斗争中，他以自己的学识不遗余力为洋务派辩护，成为洋务派的重要一员。1875年初，辞官在家闲居八年的郭嵩焘在李鸿章的推荐下，又作为懂洋务的人才奉诏来到北京，并被慈安、慈禧两太后召见，不久被授福建按察使。而

"马嘉理案"几乎同时发生，最终中国同意向英国派驻公使。

中国对外派驻常驻公使，是中国走向世界的标志——当然，是在屈辱中被迫走向世界。

郭嵩焘被任命为出使大臣的消息传来，他的亲朋好友都认为此行凶多吉少，为他担忧，更为他出洋"有辱名节"深感惋惜，认为中国派使出去"徒重辱国而已，虽有智者无所施为"，郭"以生平之学行，为江海之乘雁，又可惜矣"，"郭侍郎文章学问，世之凤麟。此次出使，真为可惜。"更多的人甚至认为出洋即"事鬼"，与汉奸一般，满城风雨，沸沸扬扬，有人编出一副对联骂道："出乎其类，拔乎其萃，不容于尧舜之世；未能事人，焉能事鬼，何必去父母之邦。"当时守旧氛围极浓的湖南士绅更是群情激愤，认为此行大丢湖南人的脸面，要开除他的省籍，甚至扬言要砸郭宅，而李鸿章却对他出洋表示鼓励、支持。为了表示"平衡"，清廷任命了坚决反对洋务运动的顽固派刘锡鸿（字云生）担任副使。

在强大压力下，郭嵩焘几次以告病推脱，但都未获准，终在1876年12月从上海登船赴英。行前，朝廷应总理衙门之奏请，诏命郭嵩焘将沿途所记日记等咨送总署。此正合郭氏之意，他早就想将自己所了解的西方富强之道介绍给国人，使国人从"天朝上国"、视异域文明为异端的迷梦中惊醒。经过几十天的海上航行，他于1877年1月下旬到达伦敦，立即将这几十天极为详细的日记题名为《使西纪程》寄回总署。在日记中，他不仅客观记述了所见所闻，而且对这些见闻作出了自己的评价。如见到一些港口每天上百艘轮船进进出出却秩序井然，他不禁感叹道："条理之繁密乃至如此。"盛赞伦敦"街市灯如明星万点，车马滔滔，气成烟雾……宫室之美，无以复加"。从途经十数国的地理位置、风土民情、风俗习惯、宗教信仰，到土耳其开始设立议会、制定宪法的改革，苏伊士运河巨大的挖河机器，"重商"对西方富强的作用……全都作了介绍，尽可能让国人对世界有更多的了解，摆脱夜郎自大的状态。但总理衙门刚将此书刊行，就立即引来朝野顽固守旧者一浪高过一浪的口诛笔伐，一时间群情汹汹，有人痛斥他对外国"极意夸饰，大率谓其法度严明，仁义兼至，富强未艾，寰海归心……凡有血气者，无不切齿"，"诚不知是何肺肝，而为之刻者又何心也。""殆已中洋毒，无可采者。"有人以郭嵩焘"有二心于英国，欲中国臣事之"为理由弹劾他。有人上奏，认为应将郭嵩焘撤职调回："今民间阅《使西纪程》者既无不以为悖，而郭嵩焘犹俨然持节于外"，"愚民不测机权，将谓如郭嵩焘者将蒙大用，则人心之患直恐有无从维持者"。由于找不到合适人选，清廷未能将他召回，但下令将此书毁版，禁其流传。

但在朝野的一片反对声中，李鸿章却对郭嵩焘的《使西纪程》表示支持。郭嵩焘出洋后，李鸿章与他密切通信。在1877年5月9日给郭嵩焘的信中，李鸿章说从总理衙门得到他的"行海日记"后自己"循览再四"，赞扬其"议论事实，多未经人道者，如置身红海、欧洲间，一拓眼界也"。在1877年7月11日的信中，他更鼓励说："西洋政教规模，弟虽未至其地，留心咨访考究几二十年，亦略闻梗概"，但二十年来他仍冲破重重阻力、克服种种困难兴办洋务，因此更感郭的"崇论闳议，洵足启发愚蒙"。在给他人的信中，李鸿章为郭甚抱不平："筠仙虽有呆气，而洋务确有见地，不谓丛谤如此之甚，若达官贵人皆引为鉴戒，中土必无振兴之期，日后更无自存之法，可为寒心。"

李鸿章的支持，对面临巨大压力的郭嵩焘当然是莫大的鼓励。但在驻英大使内，郭嵩焘还面临与自己的副手刘锡鸿愈演愈烈的"窝里斗"。刘得到清政府中一些大员的支持，暗中监视郭的一举一动，从一开始就不断向清政府打郭嵩焘的"小报告"，列出种种"罪状"。

清政府担心内斗会影响外事工作，于1877年4月改派刘锡鸿为驻德公使。刘与郭同为公使，使刘气焰更高，对郭的攻击更加猛烈，甚至达到"欲加之罪，何患无辞"的程度。如有次参观炮台中天气骤变，陪同的一位英国人将自己的大衣披在郭嵩焘身上。刘锡鸿认为"即令冻死，亦不当披"。当巴西国王访英时郭嵩焘应邀参加巴西使馆举行的茶会，当巴西国王入场时，郭嵩焘随大家一同起立。这本是最起码的礼节，但刘锡鸿却将其说成大失国体之举，因为"堂堂天朝，何至为小国国主致敬"！中国使馆人员参加英国女王在白金汉宫举行的音乐会时，郭嵩焘曾翻阅音乐单，刘也认为这是效仿洋人所为，大不应该。他认为这都是"汉奸"行为。更严重的罪状是说郭嵩焘向英国人诋毁朝政，向英国人妥协等等。由于朝中有人支持，刘更是接连上奏朝廷，发函总署及南北洋大臣，诬陷郭嵩焘。对刘的陷害，郭嵩焘当然备感愤怒，竭力为自己辩诬，退意渐浓，多次上奏要求调回国内。

对郭刘之争，李鸿章当然支持郭嵩焘。1877年11月初，李鸿章致书郭嵩焘，密告朝廷将以李凤苞取代刘锡鸿出任驻德公使，要郭不要称病乞退，同时劝郭千万不要公开与刘决裂，让外人见笑。由于清政府外派大臣事宜渐次开展，一时人才奇缺，故于1878年2月底任命郭嵩焘兼任出使法国钦差大臣。然而，刘锡鸿等人是不达目的决不罢休，于5月6日列举郭嵩焘十大罪状，洋洋数千言，大到造谣说郭嵩焘总"向英人诋毁时政，谓中国将作印度，或被吞并于英俄"，小到郭嵩焘不用茶水而改用银盘盛糖酪款待洋人、想学外语等等全都是罪过。其用心之刻毒、言辞之激烈严峻，超过以往。

这些"罪状"，总理衙门无法核查，不能全信，又不敢不信，左右为难；同时，面对驻外使臣间势同水火的矛盾，总理衙门也感到难以调和处理，几次征求李鸿章的意见。李鸿章当然是为郭嵩焘辩护，在这封1878年6月20日给总理衙门的信中，他十分巧妙地为郭辩解。由于他与郭的关系、对郭的支持尽人皆知，所以他首先不直接为郭辩护，而是借到德国了解中国在德学习军事的"武弁"情况的船政留学生监督李凤苞之口来指责刘锡鸿。当然，他先要强调李凤苞人品可靠："监督李凤苞素最谨饬"、往回禀报时从来只报告留学生学习情况而"不及其他"，但有一次来函却报告说德国的报纸对刘锡鸿一直"颇有微词"，而刘也经常"托病不出"。他强调"语多含蓄，然亦略见一斑"。然后他再谈自己对郭、刘二人的看法："平心而论，筠仙品学素优，而识议不免执滞，又多猜疑。云生志气非不要好，而性情暴戾，客气用事，历练太浅。其短长互见，谅在烛照之中。"但他提醒总理衙门："惟目前筠仙兼英、法二使，责任较重"，而且"英人尚无间言"。德国报界对刘"颇有微词"与英国人对郭"尚无间言"形成鲜明对照。最后，他婉转但又明确地提出了自己的建议：由于郭刚从伦敦到巴黎，所以总理衙门应致函慰问，"以安其意"，等到找到合适人选再准郭离职；相反，刘锡鸿在德国若如"李监督等所云，于大局既无裨益，且与筠仙积怨成衅，咫尺相望而声息不通，徒为外人所窃笑，似属非宜，想高明必有以处之"。虽未明言，但留郭免刘之意却又极为明确。稍后，李鸿章专门致函反郭较力、素与自己作对的军机大臣兼总理衙门大臣沈桂芬，他在信中解释说之所以如此主张，"盖深知筠仙心肠尚是忠爱一路，惟素性褊急，自出洋以来为刘云生所窘苦，势难并立"，所以自己才"进此调停之说"，但自己并不知道郭刘互相参奏孰是孰非，朝廷谕旨如何处置，总理衙门又如何调停。由于郭嵩焘"退志既决"，英国报纸也报道说他将因病告退，所以还请总理衙门慎重处理此事。他认为此事重大，总理衙门应与恭亲王奕䜣相商再做决定。

但是，朝廷内外反郭力量甚强，纵然李鸿章权倾一时，他的免刘保郭之论也根本不可能为清政府接受，只能暂时维持郭、刘现状。但结果仍然是驻英与驻德大臣二人的关系势同水火，满城风雨，无法调和。在郭刘二人"内耗"日甚一日、反郭拥刘者众的情况下，清政府决定将郭免职调回，不少人还想将郭嵩焘查办治罪。李鸿章知道事情已无可转回后，又专门在 7 月 10 日致信总理衙门再"论郭刘二使"，强调"惟英使一席，关系綦重，名位既须相称，才望亦要兼优。筠仙尚为英人所推许，颇难为继"，所以挑选继任者一定要慎之又慎。一方面是为总理衙门选人建言，另一方面也是为郭嵩焘美言，间接反对将其治罪。同时，他在这封信中还借一位德国人之口说刘锡鸿"职任名望俱卑"，并指刘在德"不甚见礼于当路"，因此他能否胜任外交工作大可怀疑。最后他明确说出自己对刘的处理意见：现在可"暂留"，但"将来似宜撤换"。

1878 年 8 月，清廷下令将郭、刘二人同时调回，本来还拟将郭嵩焘查办治罪，后在李鸿章、曾纪泽等人的反对下才不了了之。

顺便说一下，1879 年 1 月末，郭嵩焘离开伦敦，启程回国。到达上海后，他心力交瘁，请假归乡。5 月回到故乡长沙时，等待他的却是全城遍贴揭帖，指责他"勾通洋人"。不久，朝廷便诏允其休。就这样，他在一片辱骂声中离开了政治舞台。以后他仍时时深忧国事，常向友人倾谈自己对社会、政治的种种看法，一些开明之士对其学识也盛赞不已，对其不为朝廷所用深为惋惜，但终不再被朝廷起用。

郭嵩焘的命运和《使西纪程》的毁版被禁，对十好几年后的甲午战争，也产生了相当影响。

1895 年秋冬，中国在甲午战争中刚刚惨败于一向为中国所轻视的日本，丧权辱国、割地赔款的《马关条约》墨迹未干，群情激愤，痛心疾首，广州民间书局羊城富文斋印行了曾任中国驻日参赞黄遵宪的《日本国志》。此时此刻，此书甫一出版自然洛阳纸贵，风行天下。人们惊讶地发现，这部中国近代第一部深入系统地研究日本的著作，居然在 8 年前的 1887 年就已成书，然而一直未能出版。曾有人指责黄：如果此书早就出版，国人了解日本，主战派大臣就不会轻易言战，于是战争赔款"偿银二万万可省矣"。《日本国志》当然成为维新派的重要思想资源。1896 年，梁启超为《日本国志》写的后序开篇就是"中国人寡知日本者也"，而今天因黄遵宪的书才知道日本强大的原因。但他也"潢愤"责备黄"成书十年之后，谦让不流通"、迟不出版，使中国人一直不了解日本，不以日本为鉴、不以日本为祸患、没有准备、没有警惕，才导致今天的结果，人们才知道中国成为弱国的原因。

其实，他们真是冤枉了黄遵宪。写完《日本国志》后，黄就一直在想方设法出版此书，但就是无人认可此书价值，因此始终未获出版。透过黄遵宪与《日本国志》的遭遇，人们对晚清的认识可能会更加深刻。

黄遵宪（1848—1905），广东嘉应州（今梅县）人，字公度，别号人境庐主人，1876 年中举。1877 年秋，日本明治十年，29 岁的黄遵宪以参赞身份随首任出使日本国大臣何如璋前往东京。到日本不久，他立即深深感到日本明治维新以后发生了根本性的变化，已绝非中国传统所蔑视的"岛夷""蕞尔小国"，而国人对此却一无所知。因此，从 1878 年开始，公务之余，他几乎全都用来搜集资料，广泛接触日本社会名界，研究日本政治、社会、历史，特别是明治维新以来的变化。1882 年，黄遵宪完成了《日本国志》初稿，同年被调美国，任驻美国旧金山总领事，在美期间他仍继续撰写《日本国志》。不久，他对官场失望，认为完成《日本国志》更为重要、更有意义，于是告假回乡，潜心写作，终于在 1887 年夏季在家乡完成书稿。

黄遵宪坦承，写《日本国志》的动机是日本对中国的了解比中国对日本的了解多得多："余观日本士夫类能谈中国之书，考中国之事。而中国士夫好谈古义足以自封，于外事不屑措意。无论泰西，即日本与我仅隔一衣带水，击柝相闻，朝发可以夕即，亦视之若海外三神山，可望而不可即。若邹衍之谈九州，一似六合之外，荒诞不足议论也者。可不谓狭隘欤！"《日本国志》40 卷约 50 万言，包括卷首年表和国统志、邻交志、天文志、地理志、职官志、食货志、兵志、刑法志、学术志、礼俗志、物产志、工艺志等 12 种志，从各个角度深入系统地研究了日本的历史和现状。进一步说，这本书对明治维新后所实行的各项制度作了特别介绍。开篇他即明言这本书所述内容"详今略古，详近略远；凡牵涉西法，尤加详备，期适用也"，在一首诗中吟咏道"草完明治维新史，吟到中华以外天"，点明这本书其实就是记述、研究明治维新之作。因为明治维新后日本的制度、文化"无一不取法于泰西"，他惊叹此后日本"进步之速，为古今万国所未有"，"乃信其改从西法，革故取新，卓然能自树立"。他详细记述了明治维新的过程，反复强调维新的重要举措是宣传民权学说，要求召开国会，认为"庶人议政，倡国会为共和"是日本转向强盛的关键之处。日本的经验使他相信"万国强由变法通"，明确希望中国也学习日本实行变法。

写完此书，黄遵宪便想将其出版。首先他想将此书呈送主管涉外的总理衙门出版，由官方出版影响最大，最有可能影响国家政策。但他的级别低且已回乡家居，无资格向总理衙门呈递公文，而当年他的上司、曾任驻日公使的何如璋早因中法战争指挥失当而被罢官治罪，黄便于 1888 年秋将此稿呈送主管外事且对他有好评的重臣李鸿章，希望他"移送总署，以备查考"，向总理衙门推荐出版。总理衙门当时有将出使大臣的日记、见闻刊刻出版的惯例，黄遵宪在呈李鸿章禀中开篇就引多年前总理衙门奏定出使章程时要求"东西洋出使大臣，将大小事件逐日详细登记，咨送臣衙门备案查核，以资考证"的规定。何况，1879 年初，黄还任驻日参赞时将自己的《日本杂事诗》交总理衙门，几个月后总理衙门就将其刊印；1884 年，总理衙门又刊行了曾任出使日本随员姚文栋的《日本地理兵要》。显然，黄希望并认为应该且很有可能由总理衙门来出版《日本国志》。

李鸿章将书稿连同黄遵宪禀文转至总理衙门，并作了推荐。他在"禀批"中说自己"详加披览"，认为此书"叙述具有条理"，"如职官、食货、兵刑、学术、工艺诸志，博精深考，于彼国政法从西原委，订正尤为赅备。意在于酌古之中，为医时之具，故自抒心得，议论恢奇，深协觇国采风之旨"。当然，他认为虽然日本努力学习西方也仅得形似，所以并不能从这一部专写日本的书中看清世界大势。但他仍认为这部书对日本的"政教图经，言之凿凿，如在目中，亦有志之士矣"，并将此书与备受佳评的明隆庆间赴朝使臣黄洪宪归国后所作《朝鲜国纪》相提并论，且称赞《日本国志》细密完备，"足与前贤颉颃也"。

但总理衙门并未理会李鸿章的推荐。半年过去，未闻音讯的黄遵宪心有不甘，于是在 1889 年春夏又将此书稿呈洋务后起重臣、两广总督张之洞。张之洞将此稿转总理衙门时也高度评价说："详阅所呈《日本国志》，条例精详，纲目备举，寓意深远，致力甚勤，且于外洋各国风俗、政事，俱能会通参考，具见究深时务。"张之洞还将此书与总理衙门几年前印行的姚文栋《日本地理兵要》略作比较，认为互有短长，"二书皆有用之作"，但"惟详备精核，则姚不如黄，实为出使日本者必不可少之书，自应代为咨呈，以备查核"。然而，此书仍未获总理衙门刊印，一直被束之高阁。

又等了半年有余，仍未得到任何消息。有李鸿章、张之洞两位如此位高权重的高官推荐也得不到总理衙门的首肯印行，黄遵宪终于对官方刊印不再抱希望，于是转而寻求民间出版。此时，他被任命为驻英使馆二等参赞，1890 年初出国前他将此书稿交广州羊城富文斋书局由自己出资出版。但羊城富文斋书局也不甚重视此书，加上黄又不在国内，因此也一直未将书稿付印。1894 年末，甲午战争已爆发数月，中国军队接连大败，水陆军皆已溃不成军，最终败局已定，黄遵宪此时卸任回国，此书才安排出版。近一年后，《日本国志》终于艰难问世。

就这样，具有高度前瞻性的《日本国志》"事前"无法出版，只到结局底定、大祸已至才姗姗来迟，确不能不令人遗憾万分，大发"此书可抵银二万万两""以至今日也"之慨叹。然而，这类"先见之明"最终成为"马后炮"，却非偶然，晚清的政治、社会状况决定了屡屡如此。

李鸿章、张之洞两位权威赫赫的重臣都推荐了《日本国志》，但总理衙门却仍将其束之高阁，毫不理会，为什么呢？原来与郭嵩焘的《使西纪程》当年被禁大有关系。十年前介绍已经不止一次打败中国的英、法如何强盛的《使西经程》都引起巨大风波，结果被禁，《日本国志》介绍千百年来一直比中国落后、一直向中国学习的"蕞尔岛国"日本如何强盛，恐更难为时人所容。总理衙门，确难冒险出书。

其实，总理衙门在 1879 年能刊印黄任驻日参赞时的《日本杂事诗》、1884 年能刊行曾任出使日本随员姚文栋的《日本地理兵要》，也从另一方面说明在当时的政治氛围下总理衙门印书的"价值取向"。黄遵宪 1877 年秋到日本，1879 年初即写成《日本杂事诗》。此书可说是他"初来乍到"之作，当时他一方面仍有中华"天朝上国"的文化优越感，另一方面对明治维新了解不多、对日本的新变化还有些看不惯。这些在他的诗作中都有反映，如对日本"近来西学大行，乃有倡美利坚合众国民权自由之说者"颇有微词，与日本不满变法的保守人士更有共鸣。1890 年黄遵宪在驻英使馆参赞任上曾作《日本杂事诗自序》，明说二十余年前的旧作"时值明治维新之始，百度草创，规模尚未大定"，自己与日本保守人士来往较多，受其影响，对明治维新的看法有偏颇，"新旧同异之见，时露于诗中"。后来在日本"阅历日深，闻见日拓，颇悉穷变通久之理，乃信其改从西法，革故取新，卓然能自树立"，所以早先的《日本杂事诗》与几年后的《日本国志》有"相乖背"之处，现在"偶翻旧编，颇悔少作"。这正说明，早年的《日本杂事诗》符合朝廷的"政治正确"，所以总理衙门敢出；而后来的《日本国志》与朝廷的"政治正确"不符，甚至相反，有《使西纪程》深刻教训的总理衙门自不敢出。同样，姚文栋的《日本地理兵要》主要是介绍日本军事的情报，与诸如对明治维新等制度的价值性评论无涉，所以总理衙门敢出此书而不敢出高度赞扬明治维新的《日本国志》。

更令人失望的是，黄遵宪请李鸿章、张之洞推荐《日本国志》时，距《使西纪程》风波已十年有余，然而政治环境并未改变。1890年，即李、张转黄遵宪书一年之后，被罢官归家已久的郭嵩焘病逝，李鸿章以其学行政绩上奏，希望能够援例立传赐谥，以此某种程度上为郭"平反"，但被朝廷否决。李鸿章的奏折递上不久即奉谕旨："郭嵩焘出使西洋，所著书籍，颇滋物议，所请着不准行。"十几年后，《使西纪程》仍是郭的罪名，总理衙门对朝廷的政治态度了然于胸，根本不可能印行与《使西纪程》类似的《日本国志》。

李鸿章给总理衙门此信不长，但细究起来，其"背景"委实不浅：传统中国世界观的变迁，近代中国在屈辱中走向世界的艰难过程，"窝里斗"的习性，由"上有所好，下必甚之"导致的一些人喜打"小报告"的政治生态……最重要的是，清王朝的悲剧即在此。统治集团内有"先见"者总是作为异端受到排挤、迫害，《使西纪程》

与《日本国志》莫不如此。所以，不必遗憾、感叹《日本国志》晚出了几年。即便《日本国志》在甲午战前数年出版，其命运也很可能与《使西纪程》一样，被严批被封禁；退一步说，即便未引起《使西纪程》那样巨大的政治风波，此书也不会得到统治者与社会的重视。以为此书早出几年就可避免甲午之祸，大发"此书可抵银二万万两"之叹，还真是高估了清政府的认识水平、认知能力。晚清的历史表明，清王朝从不主动变革，有识之士"事前"提出的变革主张不仅不被采纳反被打压。只有在经过巨大打击、深创巨痛之后，清政府才会被动、勉强变革。甚至连被动的变革都会被拒绝，如戊戌维新的被镇压。说到底，郭嵩焘与《使西纪程》的命运就预示了黄遵宪与《日本国志》的命运，其实也反映了清王朝的命运。

论李凤苞辞参赞（致总理衙门函）

光绪四年六月十九日（1878年7月18日）

五月二十四日，接出洋监督李道凤苞四月初九日来函，以不克兼充德使参赞，属为转辞。方谓刘云生不日撤回，暂从缓议。顷复接吴春帆钞寄李监督四月二十三日伦敦函稿，坚请撤销参赞，等因。谨将该监督两次函稿照钞呈览。

窃思钧署选派公使参赞等职，惟各得其宜，斯能各尽其用。李监督管带学生在英法学习，兼查驻德武弁，公务本烦。若与星使针芥素投，尚可分身，乐为效命。兹因云生性情诡变，难与共事。其致春帆所陈各节，设身处地，似系实情，碍难相强。惟该监督之派充参赞，本由云生具奏，钧署议覆，初非鸿章所预闻，未便由敝处越俎奏请撤销，应恳卓裁核办示覆为幸。现计黎参赞庶昌已奉调回英，薛守福成前因循例守制奏罢，李监督又固请撤销，云生可谓独立无助，则其人之德器名望概可知矣。倘钧意暂留云生，或不便撤销参赞，鸿章等势不能强迫李监督驻德，致误学生功课。万一云生以李道不赴参赞劾奏，尚祈大力保全之，以彰公道而惜人才。至该监督覆函内赫德订购炮船一节，上年丁雨生面托该总税司代购二只，已允复又翻悔，谓因李监督往该厂查询价目，并有拆散来华合拢之说，向敝处哓哓渎陈。是以此次蒙商添购，姑属德璀琳先由电报探问赫德。俟其回信若何，再行酌定。筠仙曾经缄商拟仿日本之式，派蒲公司专代采办军械。但筠仙既有退志，自应缓办，合并声明。

1878 年 8 月 25 日，清政府下令将驻英公使郭嵩焘、驻德公使刘锡鸿同时召回，由曾纪泽、李凤苞分别继任。在这一纸"公平"对待郭刘二人的命令下，潜藏着两大政治力量的激烈较量，是经过了一番角力后才达到这种"平衡"。

在处理郭刘矛盾中，反郭力量在总理衙门中占优势，所以原本决定只召回郭嵩焘，而刘锡鸿仍任驻德公使，另派船政留学生监督李凤苞任驻德使馆参赞。李凤苞曾先后在江南制造局、吴淞炮台工程局、福州船政局任职，1876 年由李鸿章推荐任船政留学生监督，是李鸿章一手培植的亲信。作为洋务派的一员，他自然与郭嵩焘关系融洽，与刘锡鸿不和，而到德国了解留学生情况时则与刘锡鸿龃龉不断。李凤苞听说自己被任命为要在刘锡鸿手下工作的驻德使馆参赞时大不乐意，于是分别给李鸿章和福建船政大臣吴赞诚（号春帆）写信，表示不愿从命，请代为婉辞。老于权谋的李鸿章立即意识到此事可用，于是在 1878 年 7 月 18 日给总理衙门写了这封信。此信虽短，但对清政府下令同时撤回刘锡鸿、较量双方"打个平手"起了重要作用。他在信中提醒总理衙门选派公使、参赞只有"各得其宜"才能"各尽其用"。李凤苞到德国本是为了监管留学生并兼查在德学习的军官，工作本就繁重，如果与公使关系融洽、配合默契"针芥素投"，则"尚可分身，乐为效命"，但由于刘锡鸿"性情诡变，难与共事"，所以无法就任参赞。李凤苞在给吴赞诚的两封信中详述了刘的种种不是，故李鸿章将两信附上，强调"设身处地，似系实情，碍难相强"。但李凤苞派充参赞本是刘锡鸿奏请，所以李鸿章说自己开始并不知道此事，不便由自己"越俎"代为奏请撤销，究竟如何为好，请总理衙门"卓裁核办示覆为幸"，以此将了总理衙门一军。原来在德使馆的几个人现在都已离开，而李凤苞又坚决请辞，刘锡鸿"可谓独立无助"，而紧接着的一句则十分有力："其人之德器名望概可知矣"。最后他不无要挟地写道，如果总理衙门要暂留刘锡鸿或不便撤销李凤苞的任命，"鸿章等势不能强迫李监督驻德，致误学生功课"，万一刘锡鸿以李凤苞不赴参赞任职奏请惩罚，还希望总理衙门"大力保全之，以彰公道而惜人才"。

这封信的立论是不能强迫李凤苞赴德任参赞，但真正意图是要求总理衙门在撤换郭嵩焘的同时也要撤换刘锡鸿，否则有失公道。几天后，李鸿章又给总理衙门大臣周家楣写信，坚决反对将郭查办治罪，同时再次要求撤换刘锡鸿。他认为对郭嵩焘最多不过是免去他的官职"而不应更加余罪也"，而刘锡鸿"横戾巧诈，日记虽可动听"，但名声实在不好，德国驻华公使回德后对其"益加轻侮，于大局毫无裨益，亦须妥筹撤换耳"。对李鸿章一而再再而三地坚持同时撤刘、反对将郭治罪的意见，清政府不能不认真对待；同时，也不能不认真考虑刘锡鸿是否胜任。而即将接替郭嵩焘赴英上任的曾国藩之子曾纪泽也上奏反对将郭治罪，并在临行前慈禧太后召见时当面为郭嵩焘申辩。经过紧张、激烈斗争，终使清廷改变初衷，同意不将郭嵩焘查办治罪，并且同时撤回刘锡鸿。

太后嘴上的传统

吴可读建专祠片

光绪五年九月二十四日（1879年11月7日）

再，本年三月惠陵礼成后，随差行礼司员、吏部主事、前河南道监察御史吴可读在蓟州马伸桥三义庙内仰药自尽，遗有密折，经顺天府尹臣咨送吏部代递。当奉皇太后懿旨，交王大臣等妥议具奏，旋复明降懿旨：吴可读以死建言，孤忠可悯。著交部照五品官例议恤，等因。钦此。

嗣准部咨照例议给荫赠及祭葬恤银，并入祀本籍及死事地方府城昭忠祠各在案。兹据蓟州知州刘枝彦禀，据绅士兵部主事李江等呈称，该故员砥行励节，为国捐躯，读其遗疏，令人忠爱之心油然而生。现与众公议捐建专祠，以妥忠魂而励薄俗，禀请具奏前来。臣查吴可读久居郎署，曾任言官，其学行风节，夙为海内所推服。辄复忠诚郁发，独进谠言，不惜以一死表其志。驯至廷臣集议，懿训昭垂，衷于一是。所以为天下万世计者，至深且远。又闻该员就义之时，遗命即葬蓟州，并有出此一步即非死所等语。该州士民倾心向慕，愿永荐馨香，以资观感，礼亦宜之。拟请旨俯准该绅等捐建专祠，由地方官春秋致祭，以彰圣世哀忠之典，而慰蓟人景仰之诚。谨附片具陈，伏乞圣鉴训示。谨奏。

吴可读只是吏部主事，李鸿章竟奏请为他建专祠，足见其人其事颇不一般。的确，在此折背后，是与晚清生死相关的大事。

1875年1月初，同治皇帝病死。由于同治帝没有子嗣，皇位继承便成了问题。按照清代的祖宗家法，皇帝死后无子，应从皇族近支中选出一男性晚辈继承帝位。同治皇帝载淳是"载"字辈，其下是"溥"字辈，按祖制，应从"溥"字辈中选一人继承帝位。但立"溥"字辈的人继承帝位，慈禧将因其孙辈为帝而被晋尊为太皇太后，位虽尊却不能再垂帘听政，所以慈禧不惜违反众意、破坏祖制，置包括她自己在内的清王朝最高统治者一再强调不能更改的"家法"于不顾，坚持一定仍要从"载"字辈中选择嗣帝。也就是说，要从同治皇帝的平辈即诸堂兄弟中再选新皇帝。即便从"载"字辈中挑选，皇室近支中最有资格入选的也应是奕訢长子载澂，但慈禧一因奕訢与己不和，如立载澂，恭亲王的权力过大，对自己不利；二因载澂年已十七，如立为帝就要亲政，慈禧同样不便揽权。思来想去，挑来挑去，慈禧最后选中了醇亲王奕譞的儿子载湉（即后来的光绪皇帝）。因为当时载湉只有四岁，即位后慈禧仍可重新垂帘听政，而且其母又是慈禧胞妹。在宣布立载湉为帝的会议上，无人敢反对，倒是作为新皇帝之父的醇亲王奕譞当即昏倒在地，甚至难以扶起，究竟是对在如此重大问题上这种明目张胆违反祖制的做法心惊胆战真正昏迷，还是故作姿态向众人表示并非己意，已无法考证。但无论哪种可能，都说明违反祖制的严重性。唯一的争议是在选定载湉的诏书上，有人主张应写明载湉过继给已死去十余年的"文宗"咸丰帝为子，有人主张写明为"嗣皇帝"。最后采取了两说并用的折中手法，定为"载湉著承继文宗显皇帝为子，入承大统，为嗣皇帝"。由于慈禧使光绪帝载湉为文宗咸丰帝之子，这就使同治帝皇后阿鲁特氏在宫中处于既非皇后也非皇太后的尴尬境地，终因不堪忍受慈禧的折磨和凌辱，在同治帝死后不到百日便自杀身亡。由于慈禧早已大权在握，所以她强立载湉为帝并未引起大臣的公开反对，只有内阁侍读学士广安和御使潘敦俨上奏，非常曲折委婉地表示不满，但前者被慈禧传旨申饬，后者受到"夺职"的处分。慈禧这种"枉国法、干舆论"的做法只遇到一两个并无实权官员的温和的反对，很快被其压下，并未引起严重的政治危机。

然而，四年之后，即光绪五年三月（1879 年 4 月），吏部主事吴可读借慈禧给同治帝及其皇后举行"大葬"之机却在蓟州的一所废庙中服药自尽，以尸谏抗议慈禧的行为。他在遗疏中公开指责慈禧强立载湉为帝是"一误再误"，力辩大清二百余年来"以子传子"的祖宗家法不能因慈禧的错误做法而改变，同时要求就将自己葬在蓟州。

吴可读（1812—1879），字柳堂，甘肃皋兰人。1835 年考中举人，由举人官伏羌（今甘肃甘谷）训导，主讲朱圉书院近十五年。道光三十年（1850）成进士，授刑部主事，晋员外郎，十年职未动。1861年，丁母忧，归讲兰山书院。1865 年春再入都，补原官。1872 年补河南道监察御史，这年冬弹劾滥杀无辜的乌鲁木齐提督成禄，结果因朝中有心保成而吴复疏争辩"语过戆直"，反被降三级调用。1874 年返里重讲兰山书院。1876 年起用为吏部主事。

此次吴可读以死犯谏和遗疏的言辞激烈，使朝野震惊。自知理亏的慈禧明白，吴可读以死相谏，如果像前两次那样发一通上谕申斥不仅无用，而且有可能激起众怒，于是采取以退为进的方法，令王大臣、六部、九卿、翰、詹、科、道等全数"将吴可读原折妥议具奏"，看看是否有道理。这些大臣当然明白，慈禧的目的是要发动大家为她解围，同时也考验每人的态度，于是徐桐、翁同龢、潘祖荫连衔上疏，宝廷、黄体芳、李端棻、张之洞等一干大臣各上一疏，最后礼亲王世铎也具折上疏，反驳已经死去的吴可读，为慈禧辩解，这场风波终告平息。

精通权谋的慈禧为了向世人表示自己的"大度"，假惺惺表示"吴可读以死建言，孤忠可悯"，决定给吴以五品官例议恤的礼遇，以平息人们的不满。李鸿章此折提出，由于吴可读死于蓟州，蓟州"士民""倾心向慕"，请旨俯准为吴可读建专祠，供人景仰，借以进一步安抚人心，以稍稍补救慈禧破坏祖制所造成的危害。

皇位承继程序、制度是任何王朝最重要、最核心的程序和制度。当这种事关王朝安危的程序都可以任意破坏、制度都可被玩弄于股掌之中时，对统治者造成的危害其实很难补救，而这个王朝离覆灭的命运也就不远了。

而且，当慈禧将皇位承继之规都视为玩物时，足见其心中根本没有任何"祖宗之法"。然而引人深思的是，二十多年后慈禧发动戊戌政变、拘禁当初由她亲自选定的光绪皇帝、残酷镇压维新运动时，其最重要的"理由"却是维新改变了祖宗"成法"、违背了"祖制"和"家法"、破坏了传统。

由于唯恐"维新"削弱自己的权力，所以她在1898年9月末发动政变，囚禁光绪皇帝，追杀维新党人。政变发生当天，慈禧太后重新训政，召一些重臣跪于案右，光绪皇帝跪于案左，对光绪疾声厉色问道："天下者，祖宗之天下也，汝何敢任意妄为！诸臣者，皆我多年历选，留以辅汝，汝何敢任意不用！乃竟敢听信叛逆蛊惑，变乱典型。何物康有为，能胜于我选用之人？康有为之法，能胜于祖宗所立之法？汝何昏愦，不肖乃尔！""变乱祖法，臣下犯者，汝知何罪？试问汝祖宗重，康有为重？背祖宗而行康法，何昏愦至此？"光绪战战兢兢地辩解说："是固自己糊涂，洋人逼迫太急，欲保存国脉，通融用西法，并不敢听信康有为之法也。"太后又大声怒斥："难道祖宗不如西法，鬼子反重于祖宗乎？康有为叛逆，图谋于我，汝不知乎？

尚敢回护也！”光绪本已魂飞齿震，此时“竟不知所对”。

一句“难道祖宗不如西法，鬼子反重于祖宗”的质问便使光绪皇帝无言以对，足见其效力之强，如有“神功”，而此时慈禧俨然“祖宗之法”的卫道士。

慈禧对待传统这两段截然不同的态度提醒人们，所谓“祖宗之法”“传统”等纯粹为她所用，都只是她的手中玩物。当“祖宗之法”威胁到她的权力时，她便将其弃如敝屣；而一旦她的权力受到变革的威胁时，她又转身成为“祖宗之法”的坚决捍卫者，不许人“任意妄为”“变乱祖法”。因此，人们固然要重视传统，但更要重视的是究竟是谁在掌控传统，又是如何利用传统的。

莫道昆明池水浅，原来是为练海军

论电灯新式并催造路拨款（致海军衙门函）
光绪十七年五月二十六日（1891年7月2日）

鸿章巡海归来，忽将一月堆案积牍逐渐清厘，顽躯尚能耐劳，堪纾爱注。粤中代购颐和园电灯机器全分，业经分批解京，并派知州承霖随往伺候陈设。此项电灯系因粤堂鱼雷教习德弁马驷请假回国之便，令其亲往德厂订购，格外精工，是西洋最新之式，前此中国所未有。该洋弁将第三批箱件由粤自送到津，呈递各项细图。鸿章逐加披视，实属美备异常。据称机括巧密，料件繁多，须亲往指示陈设，乃为妥善。因思承霖原是安设电灯熟手，惟此系新式，与寻常不同，既由该洋弁一手订购，准其随同照料置设，自较详慎。当即派员护送入都，令与承霖商办一切。惟闻园墙外锅炉房及机匠巡役等住屋尚未动工，须俟造成，乃能位置。各器均系细致之件，若庋搁日久，恐有锈涩。尚祈饬催承造员役赶紧完工，俾得及时陈设。该洋弁现有要差，亦不便久候也。

至预备西苑更换电灯锅炉各件，系信义洋行代办，日内亦可抵津。闻器料尚属精美，一俟到齐，即派妥员解京，以备更换。关东铁路拟自林西镇接起，至山海关划为第一段。业经派员覆勘估工，关内相度之地现已插标钉橛，照价议买。约计购地、雇匠、筑路、订料等项需费浩繁，必须拨款接济，断难稍有停待。现计部拨各省之款，惟直隶藩运司五万就近解用，为数无几。昨接部文，令各省于五月前解到一半，交海署兑收，再由此间派员请领。现已五月将尽，尚未闻报解之期。要工待用正殷，将来解款若再由京转津，展转需时，实恐缓不济急。昨已奏请敕先行解津，以应急需而省周折。俟奉批旨，恳由钧署专文分催，当较得劲。如有业经解京之款，即祈咨示，以便由直隶海防捐项下就近划拨，藉省领解之烦。至部库正当支绌，其奏定每年一百二十万，尚未敢遽行请领。倘外省协款不能应手，此间需款紧急，容再电请商拨，或由长芦应解京饷及海防新捐内随时咨商抵拨。统祈大力主持，察夺为幸。

慈禧挪用巨额海军军费为自己修建颐和园并兴建"三海工程"（北海、中海、南海），是晚清政局腐朽透顶的一个最明显的标志。在内忧外患不断、财政几濒破产、统治岌岌可危可说已到朝不保夕的险境之中，她竟能动用巨额军费为满足自己"颐养"、游乐之欲而大兴土木、修建奢华园林，且无人敢于劝阻，则不能不说大清王朝的"气数"将尽了。

不过，以慈禧的权柄独操、连皇帝都可玩弄于股掌中的"独尊"地位，从来是"朕即国家"、视举国为其私产，可以从各方各面拨钱为自己建园修海，为何独独"看中"创建伊始的海军，偏偏要动用海军军费？个中缘由，颇耐人寻味。

慈禧性喜享乐，曾几次想重修刚被英法联军焚毁的圆明园，但终因花费实在太巨且在恭亲王奕䜣、醇亲王奕譞及李鸿章等一批王公大臣或明或暗的联手反对下不了了之。此后，"修个花园"始终是她的一个"情结"。到了1877年冬，在慈禧的几次打压下，奕䜣已经失势，奕譞却日渐得宠。或许是为了弥补当年曾经反对重修圆明园之

"过"，使自己在慈禧面前更得宠幸，奕譞就想以在昆明湖边设机器局的名义为慈禧重建与圆明园一同被焚、原建于乾隆年间的清漪园，但为人所阻，未得实现。不过，奕譞此后却一直惦记着为太后"修园"邀宠。耿耿此心，将近十年。1886 年，慈禧借口即将结束垂帘听政，想建个花园以"颐养天年"，而这时早已主持军国大计、受命总理新成立不久的海军衙门事务的奕譞奉慈禧之命巡阅北洋海防时却心生一念，找到了为慈禧修园的最佳理由，赶忙上了《奏请复昆明湖水操旧制折》。原来西汉时期，云南滇池有个昆明国，汉武帝为征伐昆明国，特在首都长安挖掘了一个大湖，名为昆明池，以操练水军。而乾隆皇帝以为母亲祝寿、兴修水利和操练水师之名，将京城西北的瓮山泊据汉武帝挖昆明湖的典故扩改为"昆明湖"，健锐营、外火器营曾在昆明湖进行水上操练。在昆明湖练水师当然是"形式"大于"内容"，颇有些皇家观赏、娱乐性质，所以此制后来便被废除。据此，奕譞在奏折中提出："查健锐营、外火器营本有昆明湖水操之例，后经裁撤。相应请旨仍复旧制，改隶神机营，海军衙门会同经理。"当日即奉接"依议"的慈禧懿旨。这样，一年前刚刚成立的海军衙门就负责恢复在昆明湖"水操""练兵"的旧制。名为"水操"，实为给太后修园，慈禧当然明白此意，所以才会当天即批同意。在昆明湖"水操"，皇上和皇太后自然要"幸临"，各种设施自然不能简陋，所以奕譞另一份奏折中"顺理成章"地写道："因见沿湖一带殿宇亭台半就颓圮，若不稍加修葺，诚恐恭备阅操时难昭敬谨"，因此"拟将万寿山及广润灵雨祠旧有殿宇台榭并沿湖各桥座、牌楼酌加保护修补，以供临幸"。修园就在恢复水操旧制和筹建昆明湖水师学堂这种冠冕堂皇的名义之下正式开始，经费自然从海军出。人人都明白这是"挂羊头卖狗肉"，翁同龢在日记中讽刺道："盖以昆明湖易渤海，万寿山换滦阳也。""渤海"指北洋水师的主要防区，"滦阳"是承德的别称，指实际是修建类似避暑山庄一样的行宫别馆。

1887年1月末，昆明湖水师学堂的开学典礼竟"不避嫌"，与专门为慈禧太后过生日受贺而建的金碧辉煌、气势宏大的排云殿上梁典礼同日举行；3月中旬，清廷以光绪的名义发布上谕，将清漪园改名为颐和园，不久水师学堂的内、外学堂先后竣工，还安装有电灯、锅炉房等"现代化"设备。给"老佛爷"造园当然是头等大事，有关官员自不敢有丝毫怠慢。如从外国购买、安装电灯多着李鸿章经办，而海军衙门当时还兼管铁路，所以李在1891年给海军衙门催要具有战略意义的关东铁路拨款信中，不能不首先详尽报告为颐和园买灯器情况："颐和园电灯机器全分，业经分批解京，并派知州承霖随往伺候陈设。"他强调这批电灯是趁广东水师学堂的德国鱼雷教官回国休假时"令其亲往德厂订购，格外精工，是西洋最新之式，前此中国所未有"，这些灯具"鸿章逐加披视，实属美备异常"，"机括巧密，料件繁多"，虽然"承霖原是安设电灯熟手，惟此系新式，与寻常不同"，因此还非这位德国教官亲自到颐和园安装不可；而颐和园附近西苑"更换电灯锅炉各件"是由一洋行代办，不久就可运到天津，"闻器料尚属精美，一俟到齐，即派妥员解京，以备更换"。近代建造轮船枪炮、架设电线、修筑铁路这些于国计民生有重大干系的"近代化"事业阻力重重，被认为是"奇技淫巧"、是"用夷变夏"，然而慈禧对直接供自己享用的"洋器"如颐和园电灯、锅炉，却要求用最先进的，并无任何顾忌。

李鸿章此折先报告颐和园路灯情况再要路款，可见要款之不易。然而，路款仍未如数拨到。1893年，户部为替"老佛爷"祝寿，还是要"商借"海军关东铁路经费200万两，因每年筑路专款恰为200万两。李鸿章无奈，只得照办，已修至山海关、购地已至锦州、具有重要军事意义的关东铁路只得在甲午战争爆发前的关键时刻停建。

1889 年，朝廷命令李鸿章将部分北洋水师官兵和水师学堂新毕业的学员共计三千多人调来昆明湖，将"湖水浅"的昆明湖当成"汪洋大海"，用小火轮作"战舰"在湖面驶来驶去，水兵们做各种表演，与岸上的陆军同向坐在南湖岛岚翠间的"阅兵台"上的慈禧摇旗呐喊，欢呼致敬。这次"阅兵"既显示了慈禧对海军的关心和作为全国军队最高统帅的绝对权威，使其虚荣心又一次得到满足，同时又带有相当大的娱乐性，使性喜游乐的她兴奋不已，更企图以此向世人表明"修园"并非为其享乐，真的是为了大清海军的建设！可谓一箭数雕。

　　从 1886 年到 1894 年，颐和园一直修园未停，究竟动用了多少海军经费，准确数字已难考订，因为统治者其实也"做贼心虚"，唯恐为世人所知，所以早就由海军衙门奏请，将其各项杂支用款不用造册报户部核销。准确数据，将成为永远的秘密。根据相关史料研究推算，多数研究者认为花费在二三千万两之多。总之北洋海军在 1888 年正式成军时，其实力大大超过日本海军，然而此后至甲午战前的六年，由于经费紧张便未再添置一舰、未更新一门火炮。1891 年 4 月，户部干脆明确要求停购舰上大炮、裁减海军人员。以后，正常维修都不能保证。相反，这六年中日本平均每年添置新舰 2 艘，日本天皇甚至节省宫中费用，拨"内帑"以充造船、买船费用。两相对照，夫复何言！也正是在这几年间，世界海军造舰水平和舰载火炮技术都有飞速发展，舰速与火炮射速都有大大提高。到甲午海战时，日本舰队的航速与火力都大大超过北洋舰队。其实，中日海战的胜负在此时已经判定。

　　慈禧等人当然知道如此修园会招世人强烈不满，因此在以光绪之名发布的上谕中专门强调："此举为皇帝孝养所关，深宫未忍过拂，况工用所需，悉出节省羡余，未动司农正款，亦属无伤国计。"所谓"羡余"，是指赋外无名杂税；"司农"原是汉代主管钱粮的官名，清代因户部主管钱粮田赋，此处指户部主管的"正款"。海军衙门当然更要强调并未动用购舰专款，而"今日万寿山恭备皇太后阅看水操各处，即异日大庆之年，皇帝躬率臣民祝嘏胪欢之地。先朝成宪具在，与寻常仅供临幸游豫不同"。"未动正款"，"无伤国计"，"与寻常仅供临幸游豫不同"，恰恰"欲盖弥彰"，纯属"此地无银三百两之举"。

显然，只有以海军的名义才能"名正言顺"地修园，才能巧妙地无修园之名而有修园之实。以慈禧的地位之尊尚需一个"正当"的理由，遑论他人！所以中国"官家"确实深谙此种"正名"之道，许多工程都是巧立名目，在堂堂正正的名目下其实是为了一己之利或某一小集团的利益。别的不说，现如今当在不少风景胜地看到许多达到豪华甚至超豪华"星"级水平的酒楼或休闲中心，居然是一些部委和政府机构的"培训中心"时，当在许多城市看到劳民伤财的"政绩工程"时……确使人能直接感受到这种历史传统的深厚呢。

风口浪尖，生死攸关

密陈安危大计折

光绪二十六年七月初八日（1900年8月2日）

大学士调补直隶总督臣李鸿章跪奏，为密陈安危大计，宜定国是而正人心，恭折具陈，仰祈圣鉴事。窃维夷夏构衅，自古有之；而制驭之方，要在审己量力，择而处之。我朝自道光中叶以来，彝祸日至，渐成坐困。驯至庚申之变，入我京师，燔我园淀，乘舆北狩，迫致升遐。此固子孙万世必报之仇，薄海臣民所当泣血椎心、卧薪尝胆者也。嗣是法扰越南，尽撤藩服；日争朝鲜，丧师失地。尤无礼者：德占胶州；俄占旅顺、大连湾；英索威海卫、九龙城，并推广上海租界、内地商埠；法索广州湾，并侵入沿海之地百余里。种种要挟，万难忍受。于此而不图自强，是为无耻；于此而不思报怨，是为无心。臣受国家厚恩，负天下责望，岂不愿大张挞伐，振我皇威？倘于衰迈之年，亲见四夷来宾，万方归服，岂非此生之大幸。无如熟审众寡之不敌，细察强弱之异形，宗社所关，岂可投鼠？卵石之敌，岂待著龟？试以近事言之：紫竹林洋兵仅二三千人，拳匪他军实盈数万，以十敌一，鏖战旬日，毙洋兵仅数百，杀华人已及二万，而兵火伤痍又数万计，是兵与匪共战寡弱之夷皆不敌矣。又京城使馆，本非城郭，使臣参随水兵，本非劲旅；拳匪及董军攻之，兼旬不克，所杀伤又数千人，是兵与匪合攻屏怯之夷亦不敌矣。今各国之师，连舻而至，快枪毒炮，纷载而来，朝廷果有何军堪以捍御？天下果有何将堪以抑冲？窃计子药无多，粮饷将竭，若各国以十余万众直扑都城，固守不能，播迁不得，虽欲如木兰之巡幸，而无胜保阻遏之师；虽欲如马关之议和，而无伊藤延接之使。彼时拳民四散，朝右一空，亲贤谁倚？枢辅谁材？此以皇太后皇上为孤注之一掷耳！思之寒心，岂忍出口。夫拳匪假借神灵，妄言符咒，诬民惑世，本盛世所必诛。汉有三五里雾，而汉以亡；宋有六甲神兵，而宋以灭。此盖白莲余孽，世宗宪皇帝先遏其萌，仁宗睿皇帝终芟其难；累朝圣训，昭示子孙，岂容以宵小之谰言，弃祖宗之家法？臣年届八旬，死亡无日；沐四朝豢养深恩，若知而不言，言又不切，九泉之下，何面目见列祖之灵乎？用是沥血敷陈，伏祈皇太后、皇上宸衷独断，迅黜庸妄之臣工，立斩猖狂之妖孽。知义和神团是匪非民，亟宜痛加剿洗；知"扶清灭洋"乃假托名号，不可姑息养痈。立简重臣，先清内匪；善遣驻使，速送彼军。臣冒暑遄征，已临沪渎。屡奉敦促之旨，岂惜扶疾以行。惟每读诏书，则国是未定；认贼作子，则人心未安。而臣客寄江南，手无一兵一旅；即使奔命赴阙，道途险阻，徒为乱臣贼子作菹醢之资。是以小作盘桓，预筹兵食；兼觇敌志，徐议解排。仍俟布置稍齐，即行星驰北上。所有密陈安危大计缘由，理合缮折由驿六百里密陈。伏乞皇太后、皇上圣鉴训示。谨奏。

1900 年元月，李鸿章在失意多年之后终于重获重用，当上了两广总督。他的东山再起，与慈禧太后要他前去镇压康、梁维新党人大有关系。而此时，义和团运动正迅速席卷华北大地，一场巨大的政治、社会动荡即将发生。这一切，都使他刚刚东山再起就不得不在狂风巨浪之中身处风口浪尖，成为种种矛盾的焦点。

义和团运动全面爆发后，社会动荡，朝政混乱，孙中山认为在华南起义时机到来。他准备在广东发动起义的同时又想与李鸿章合作，策动由李为首宣布两广独立。孙中山之所以会有争取李鸿章的想法，一方面因为他一直认为李是清廷大员中最为开明的，因此长期对他抱有某种期待；另一方面因为一直与兴中会关系密切的香港立法局议员何启提出他与港督卜力（Henry A. Blake）交往非同一般，因此可以借港督之力劝李鸿章独立。他们先与李鸿章的心腹幕僚刘学询联系，刘试探性地对李鸿章表示，如李有意"罗致"孙中山，他可设法让孙前来。对此敏感话题，李未开腔，仅略点头。刘学询立即捎信给孙中山，说李因北方拳乱也有广东独立的想法，所以请孙中山前来效力。得此信后，孙中山半信半疑，但最后还是决定前往一试，于1900年6月11日与助手杨衢云、郑士良及宫崎寅藏等三位日本友人从日本横滨出发，于6月17日到达香港海面。就在此时，孙中山又听说李鸿章仍在观望局势，且很可能诱捕自己，于是改派享有治外法权的宫崎寅藏等三位日本友人前往刘学询公馆会谈。会谈虽从晚10点多一直谈到次日凌晨3点，但未取得实质性进展。当宫崎等人返回香港海面时，发现孙中山为防清政府搜捕，已乘船驶往越南西贡。在西贡，孙中山仍一面准备武装起义，一面策动李鸿章"两广独立"。

　　这期间，清廷于6月15日命令李鸿章"迅速来京"，两广总督一职由广东巡抚兼署。接此命令后，李鸿章满腹狐疑。朝廷如此催他迅速进京，却未言何事，更未授新职；朝政被强硬的"主战派"掌握，一些温和的主和派官员性命难保；他本人曾多次冒死电奏朝廷，反对慈禧和顽固派的"联拳灭洋"政策，被顽固派官员和义和团痛恨；得到慈禧支持的义和团明确提出要杀"一龙二虎三百羊"，所谓"一龙"为光绪皇帝，"二虎"为李鸿章和庆亲王奕劻，"三百羊"为清政府中开明官绅；义和团还提出要将亡命海外的"乱党"即维新改良的康有为、梁启超等统统捉拿归案……李鸿章明白，在此种局面下自己贸然北上不仅无法改变政局，而且凶多吉少，甚至可能有杀身之祸。所以他一方面表示"立刻遵旨北上"，另一方面却想方设法拖延徘徊，拒不北上。

6月21日，清廷对外宣战，但得到李鸿章坚决支持、以两江总督刘坤一和湖广总督张之洞为核心的东南地区的"封疆大吏"们却拒绝执行清廷的"向各国宣战谕旨"，与列强达成了维持东南局面稳定的"东南互保"协议。"东南互保"由李鸿章的心腹盛宣怀一手导演，但盛认为"东南互保"毕竟只是"地方"性安定，此时最迫切的是改变朝廷政策，实现"全局性"安定，而只有李鸿章重新担任"总督之首"和直接参与全局外交的直隶总督兼北洋大臣才有可能尽快从根本上改变"国策"。于是，盛宣怀为李鸿章"官复原职"开始了紧锣密鼓的积极活动。随着战局的恶化，清廷内"主和"声音开始出现。7月8日，慈禧终于任命李鸿章为直隶总督兼北洋大臣，虽未明言"议和"之事，但明显是态度有所变化的信号。虽然李鸿章在7月12日尚未得知自己的新职任命，但他觉察到朝政有开始向有利于"主和派"方向发展的可能，于是决定北上。7月16日，即启程北上前一天他才得知自己重任直隶总督兼北洋大臣，但生性谨慎的他仍决定只北上半步，先到上海观望局势再决定是否最后北上。

这时，李鸿章再次成为各方"争夺"的对象，成为各方瞩目的焦点。正与八国联军交战的清廷不断催李迅速北上，以打开外交局面。确实，慈禧也不能不开始考虑后路，表示了要李北上的迫切心情，虽未明言，实有要他为"议和"做准备之意。直到7月初，一直对李抱有希望的孙中山又请人与港督卜力联系，希望他能力促自己与李鸿章合作，实现"两广独立"。卜力则从英国利益出发，对中国以后能否继续统一、稳定没有把握，仅希望华南能保持安定局面，因此通过英国驻广州领事劝李不要北上，留在广州以维持华南稳定。

7月17日，他乘招商局的轮船离开广州。开船之前，南海县令裴景福前来送行，李鸿章对他纵论时势，大发感慨。此时八国联军刚刚攻下天津，尚未向北京进发，裴景福问李鸿章万一以后京城被攻破，结果将如何？李鸿章回答说列强必会做以下三点：第一是剿灭"拳匪"以示威，第二是惩办首祸官员以发泄愤怒，第三就是索要兵费赔款。裴氏接着问兵费赔款大约会是多少，李鸿章大为伤感，一边流泪一边回答："我不能预料，惟有极力磋磨，展缓年分，尚不知做得到否？我能活几年，当一日和尚撞一日钟，钟不鸣了，和尚亦死了。"

由广州海路北上要经过香港，港督卜力与孙中山对"孙李合作"实现"两广独立"仍未完全放弃希望，还想借此作最后努力。卜力起初甚至想将李强行扣留，由于英国政府的坚决反对作罢。李鸿章在香港上岸时，港府还是准备了盛大的仪仗队，并鸣礼炮17响，以示尊重。而在此前一天，孙中山已乘船来到香港海面，不放弃与李会面的可能。港英当局通知孙中山，由于几年前应中国政府要求对他的驱逐令尚未期满，所以不准他上岸，但如果李鸿章同意"两广独立"，即允其上岸与李会谈。在船上，孙中山仍是做"两手准备"，一面等待卜力与李鸿章的会谈结果，一面筹划惠州起义。

卜力给英国殖民大臣张伯伦的报告说，他与李鸿章见面后，再三对李鸿章决定离粤北上表示遗憾，甚至劝他这个任命是由极端保守、首先提出进攻使馆的端王载漪签署的，暗含此令有顽固派官员诱李北上而害之之意。李鸿章则反驳说，此令并非端王签署，确是太后和皇上签署的。卜力一再强调他对广东、香港稳定的重要，力劝他不要轻易离开北上，但被李鸿章婉言拒绝。相反，李鸿章不仅根本不提与孙中山的合作，反而强调香港总督应禁止颠覆分子以香港为基地，强调威胁香港和广东安定局面的主要因素是香港的"三合会"和其他危险人物，矛头明显指向孙中山。随后的谈话表明，李鸿章此时更为关注的并非粤、港，而是国家未来面对的局面。他甚至试探性地问以后英国希望谁当皇帝。卜力回答，如果英国使馆安全，英国主要关心的是恢复秩序、贸易和商业；如果光绪皇帝与以他之名所发诏书、所做之事并无关系，英国将不反对光绪皇帝继续统治。此时德国驻华公使克林德已被杀，义和团与清军正在攻打各国驻华使馆。李鸿章显然意识到，如果攻下各国使馆，对清王朝来说结果将是灾难性的。所以他对卜力说，如果只有德国公使被杀，列强就无权决定由谁来当皇帝；但是，如果所有公使都被杀害，情况就不一样，列强这才可合法干预，决定谁当皇帝。同时他进一步问，如果发生这种情况，列强将选择谁，并推测列强可能会选一个汉族人当皇帝。卜力答道，列强"大概会征询他们所能找到的中国最强有力的人意见，看怎样做最好"。李鸿章紧接着说，不管太后有什么过错，她"无疑是中国最有能力的统治者"。然而，英国的殖民部却据此认为李鸿章本人"不是不乐意当皇帝"。这种推测究竟有多大的准确性着实可疑，很可能更多地反映了大英帝国希望李鸿章能当皇帝的潜在愿望。

在会谈中，李鸿章还请求联军占领北京后一定要宽宏大量，不要采取报复措施。他告诫卜力，报复只会激起中国人更普遍的仇外情绪。

总之，此番会谈表明李鸿章现在已毫无与孙合作、实现"两广独立"之意。但孙中山的助手、兴中会领导人之一陈少白仍不死心，还是登上了李鸿章的坐轮，企图让随李而行、也非常热衷此事的刘学询能再三劝说李鸿章改变主意，但刘无奈地对陈说，李鸿章"意甚坚决，无法劝阻"。孙李合作、"两广独立"的计划至此宣告结束。

李鸿章虽然"官复原职"好不得意，但对朝局仍不乐观，因此决定还是按以前计划先到上海，等待局势进一步明朗。他深知，此时此刻必须慎之再慎，走错一步将满盘皆输，很可能难保性命，所以7月

21 日到达上海后他便以健康为由要慈禧赏假 20 日。这时，慈禧太后明显乱了方寸，政策非常矛盾。她一方面急盼李鸿章前来与洋人打交道，有求和之意；另一方面仍重用极端主战的顽固派大臣，态度似乎更趋强硬。7 月 28 日她将反对与列强盲目开战的大臣许景澄、袁昶处死，8 月 7 日却正式任命李鸿章为全权大臣负责与各国外交部电商"停战"，8 月 11 日又将反对开战的大臣徐用仪、立山、联元处死。五大臣被处死，中外震惊，李鸿章在上海得此消息不禁哀叹"成何世界"！很可能，他为自己没有贸然北上感到庆幸，此时更明确表示哪怕被朝廷"严谴"，也不能北行。他在给朝廷的密折中明言了对朝政、对自己有可能被义和团和政敌打杀的担忧："每读诏书，则国是未定；认贼作子，则人心未安。而臣客寄江南，手无一兵一旅，即使奔命赴阙，道途险阻，徒为乱臣贼子作菹醢之资。是以小作盘桓。"所谓"菹醢"，是指被剁成肉酱。所以有同僚对他正式被任命为议和全权大臣表示祝贺时，他却十分淡然。他深知政治讲究的是实力而不是名分，如果朝廷政治格局不变、慈禧态度无根本性变化，他其实只有全权之名而并无实权。此时，他不顾"龙颜"有可能"大怒"，多次递折要求慈禧彻底改变态度；一再向慈禧施压，要求一定要将外国驻华使节平安送出京城并且剿灭义和团，他还斗胆要朝廷下"罪己之诏"。当然，他丝毫没有反对慈禧之念，当有外国外交官向他透露各国公使有让慈禧归政光绪的打算时，他断然反对，并为慈禧开脱辩护："太后训政两朝，削平大难，臣民爱戴，此次拳匪发难，只恐祸起腋肘，不得已徐图挽救。"

此时慈禧自顾不暇，鞭长莫及，所以李鸿章一直在上海"小作盘桓"，他在等待局面的根本性变化。8 月 15 日，八国联军攻占北京，慈禧仓皇出逃；8 月 20 日，朝廷以光绪皇帝名义发布"罪己诏"；9 月 7 日，朝廷发布剿灭义和团的谕旨，反而诬称义和团"实为肇祸之由","非痛加铲除不可";9月8日，朝廷电旨再次表示"罪在朕躬，悔何可及"，几乎是央求李鸿章"即日进京，会商各使，迅速开议"，甚至低三下四宣示李鸿章此行"不特安危系之，抑且存亡系之，旋乾转坤，匪异人任。勉为其难，所厚望焉"。朝廷竟然公开承认大清王朝此时的生死存亡全赖李某一人，想来也是万般无奈。此时，李鸿章才认为北上"议和"时机成熟，于9月15日离开上海北上，开始为挽救已经病入膏肓的清王朝做最后的努力。作为晚清重臣长达四十年之久的他，很难做出别的选择。他的命运，已很难与这个腐朽不堪的王朝分开。

总之，从1900年1月中旬李鸿章东山再起到广东任两广总督，到9月中旬重任直隶总督兼北洋大臣的八个月间，政坛风云剧变，充满惊涛骇浪。李鸿章身处政治的风口浪尖，种种无比尖锐的矛盾集其一身，每一步都生死攸关，稍有差池则大祸临头。在这关键时刻，孙中山为反清革命一再策反他，港督卜力想稳定粤、港局面竭力挽留他，慈禧要与列强"和谈"自保最终不能不完全依靠他。彼此不共戴天的各种政治力量在关键时刻竟都对他抱有某种期望、都如此看重他，而他也能周旋其间、应付裕如，足见其对"政治"、权谋的把握可谓"炉火纯青"。

臣子都是替罪羊

祸从全案议结折

光绪二十七年六月十一日（1901年7月26日）

奏为现与英法各使臣商定前开惩处查办单内，各员处分缮单恭折，仰祈圣鉴事。窃查各国使臣前于本年二月间，将外省庇匪仇教各员分开惩处查办两单，备文送来。经臣等具折陈奏，内有已经奉旨之员，续经查明应请减轻或更正者。更有未经奉旨之员，准军机处及各省督抚电商减免者。臣等均随时或备文或派员与各使妥酌，阅时甚久。各使于所商减免各员并无一字见覆，忽将前请重降谕旨十员以第二次旨内并非定为斩监候罪名，仍请重降谕旨。臣等置之不答，英国使臣萨道义振振有辞，谓此事不办不能撤兵。各省教案，英法最多，应归英法两使主持，而英使尤为坚执。臣等任其恫喝，不为所动。彼虽竭力催办，总告以所商各员若不见覆，此案只可暂搁。英使始将案关英国教士各员开单送来，计十八员。内有两员轻减，两员免议，两员更正。旋催据法国使臣鲍渥一并开单，原在惩处单者三十九员，内有十员轻减，两员更正。原在查办单者四十六员，内有三十二员，均允照各督抚所拟办理。又有山东按察使胡景桂一员须与美使商酌，亦经派员商妥免议。自应就此议结。臣等覆查按照和议总纲第十款，各员所定罪名须总降谕旨，在各省张贴两年。英使所请重降上谕各员，纠缠无已，只可于总降谕旨内酌改数字，以断葛藤，亦万不得已之办法。所有各省祸从全案，现经议结缘由，谨照禄颁衔葛使照会，并将商办原单与英法使开送各单分缮清单恭折由驿具奏。伏乞皇太后、皇上圣鉴训示。谨奏。

　　"君要臣死，臣不得不死"，是皇权专制社会君臣关系的实质。在这种关系中，"臣"对"民"来说虽然高高在上、说一不二，但从根本上说仍是任"君"打杀的奴才走狗。在危机时期，这一点表现得尤为明显。在一度地覆天翻的义和团运动爆发期间，一些主和或主战的大臣都先后被杀，成为清廷的替罪羊，他们的命运再次说明了这一点。

　　义和团运动兴起的背景十分复杂，其直接的原因是"反洋教"，但更广的背景则是帝国主义的侵略、社会的动荡、利益的冲突、文化的碰撞、天灾不断和民间宗教的作用，正是这些使义和团在华北地区迅速发展。

　　面对如此巨大的社会运动，清王朝中央政府在相当一段时间内竟没有一个明确、统一的政策，往往由各级官员自行决定。由于中央官员内部和地方各级官员对义和团的态度非常不同，有的支持，有的反对，中央政府也深受影响，虽然总的倾向主抚，但也一直摇摆不定，时而主剿，时而主抚，长期没有明确的态度、政策。

　　清廷最终决定明确支持义和团，是要利用义和团来根绝维新隐患。做出如此重要的决定并非易事，决策者是在反复犹疑、再三权衡利弊之后，才大胆作此决定。当然，其中也有一些偶然因素，慈禧后来就说自己是上了一些大臣的当。

　　戊戌政变后，以慈禧为首的顽固派废黜光绪的计划遭到西方列强的强烈反对而未能实现。这些守旧派本就坚决反对"西学"，现在更加痛恨"洋人"。但他们知道自己没有力量，便想依靠义和团的"民心""民气"。

1900 年春夏，在一些官员的支持下义和团进入涿州，逼近京、津，行为日益极端。在这种情况下，慈禧也拿不准义和团能不能为己所用、义和团和许多官员宣扬的"神功"是否真实，便在 6 月初派军机大臣兼顺天府尹赵舒翘、都察院左副都御史何乃莹前往涿州打探义和团的虚实，亲眼查证义和团各种各样"神功"究竟是真是假。第二天，力主支持义和团杀灭洋人的刚毅唯恐赵舒翘动摇，也赶往涿州。其实经过一天考察，赵舒翘已明显看出所谓"神功"全是假的，根本不能相信，但刚毅却力言这些神功"可恃"。赵是老于世故的官僚，与刚毅一党来往甚密，深知刚毅、载漪等实权人物坚持义和团神功"可恃"，慈禧本人实际也倾向利用义和团来和洋人对抗，而反对义和团的则触当道忌，于是表示刚毅所言并非无见，便先回京报告，刚毅留在涿州与义和团商议合作之事后才回京。赵毕竟知道此事非同小可，不敢完全谎报，于是含糊其词。但在刚毅等人的影响下，慈禧认为赵的复命之意是义和团神功"可恃"，最终下决心招抚义和团与洋人对抗。此次复命对慈禧的决策有重大影响，慈禧相信义和团的各种"法术"真能刀枪不入、打败现代化武器装备的洋人，于是决定用义和团来杀灭"洋人"，达到废立的目的。

而西方列强以"保护使馆"的名义组成"联军"发动又一次侵华战争，要求清政府镇压义和团，保护使馆、传教士和教民。这时，清政府必须对是和是战作出正式决定。清廷从 6 月 16 日到 19 日连续召开四次御前会议，讨论和战问题，主战、主和两派进行了激烈辩论。主和的有许景澄、袁昶、徐用仪等，得到光绪皇帝支持，主张镇压义和团，对外缓和；主战的有载漪、刚毅、徐桐等，实际上以慈禧为首，主张支持义和团，对外宣战，攻打使馆。在第四次，即最后一次御前会议上，双方进行了最后的"决战"。

这次御前会议一开始，慈禧就明确表示准备向"万国"开战，但又说"诸臣有何意见，不妨陈奏"等语。翰林院侍读学士朱祖谋明确表示："拳民法术，恐不可恃。"一位满族大员打断他说："拳民法术可恃不可恃，臣不敢议，臣特取其心术可恃耳。"内阁学士联元则坦率地说："如与各国宣战，恐将来洋兵杀入京城，必致鸡犬不留。"此言一出，慈禧勃然变色，立即有人斥责道："联元这说的是什么话？"这时，光绪皇帝看到曾任多年驻外公使的总理衙门大臣兼工部左侍郎许景澄，立即下座，拉着许景澄的手说："许景澄，你是出过外洋的，又在总理衙门办事多年，外间情势，你通通知道。这能战与否，你须明白告我。"许景澄连说"闹教堂伤害教士的交涉，向来都有办过的，如若伤害使臣，毁灭使馆，则情节异常重大，即国际交涉上，亦罕有此种成案，不能不格外审慎"等语。光绪深知万不能战，但慑于慈禧的淫威，不敢明言，想借以"通洋务"著称的许景澄痛陈"开战"的严重后果，以打动慈禧。听了许景澄一番话，于是悲从中来，拉着许景澄的手哭泣不止，许景澄也涕泣不止。站在许景澄身旁的太常寺卿袁昶曾多次上书，一直反对招抚义和团向洋人开战，这时也"从旁矢口陈奏，一时忠义奋发，不免同有激昂悲戚之态度"。慈禧见三人团聚共泣，大触其怒，注目厉声斥曰："这算什么体统？"光绪才放开许景澄之手。最终清廷决定向各国开战。

清廷决定开战后，于1900年7月28日、8月11日分别将主和的许景澄、袁昶、徐用仪、立山和联元等五人处死。

清廷决定"向各国宣战"后，即给北京义和团发放粳米二万石、银十万两，并命令清军与义和团一同攻打使馆区，义和团更加斗志昂扬。经过两个月的激烈战斗，中方终因武器落后而不敌八国联军，义和团所有的神功怪术在现代化的枪炮面前统统失灵。其实，慈禧一方面利用义和团打洋人，另一方面早在7月3日就向俄、英、日三国发出国书乞和。随着战场惨败，慈禧求和之心越来越急切，要与洋人求和，仍不能不倚重李鸿章，于是不断电召李鸿章北上。为了让李尽快北上，朝廷又下诏任命已七十有七的李鸿章为直隶总督、北洋大臣。在国难之中，李鸿章终于再任"总督之首"、重掌北洋大权，而权欲极强的他竟得意地对下属自夸"舍我其谁也"。然而，李鸿章毕竟谨慎，因为现在义和团运动仍在高潮，顽固派大臣对所有新派人物、大臣仍恨得咬牙切齿，他生怕此时进京自己会身首异处。尤其是听闻许景澄等主和派大臣被斩，李鸿章更不敢贸然进京，便以身体不好为名迟迟不赴京。

8月14日，北京城被攻破，第二天慈禧太后携光绪等向西仓皇出逃。但就在八国联军血洗北京、残酷屠杀义和团团民之时，西逃途中的慈禧已开始与列强议和。8月20日，以光绪之名发"罪己诏"；为尽快与列强达成和议，清廷从9月7日起连续发谕，下令剿杀义和团："此案初起，义和团实为肇祸之由，今欲拔本塞源，非痛加铲除不可。"经过清政府地方官的严剿，一些零星小股义和团最后也被扑灭。同时不断催李鸿章尽快北上，9月8日在给李的"电旨"中朝廷终于承认"罪在朕躬，悔何可及"，再令李"即日进京，会议各使，迅速开议"。

此时，李鸿章才认为进京时机成熟，于9月18日先到天津与各方接触，于10月11日才到北京。由于列强提出要朝廷首先惩办作为"祸首"支持义和团的官员，并以此作为议和的先决条件，李鸿章与两江总督刘坤一、湖广总督张之洞、山东巡抚袁世凯于9月14日联名上《请查办拳匪首祸王大臣折》，提出查办载勋、刚毅、载漪、赵舒翘等，"先行分别革职撤差，听候查办，明降谕旨归罪于该王大臣等，以谢天下"。"归罪于该王大臣"，是此折中的关键。

在随后几个月的谈判中，列强提出了上百位官员的惩罚名单，在这场"朝廷"几被推翻的灭顶之灾中，处于"风暴"中心的文臣武将，其命运自然更加悲惨，他们也成了慈禧的替罪羊。据不完全统计，在兵败或京城被敌所破后自尽的有徐桐、崇绮、山东巡抚李秉衡、直隶总督裕禄、黑龙江将军寿山、庶吉士寿富、国子监祭酒王懿荣、翰林院编修王廷相、礼部侍郎景善、奉天府尹福裕、国子监祭酒熙元等等。刚毅在与慈禧一同逃往西安的途中染病不治身亡。为了"议和"自保，清廷不得不屈从列强提出的"惩办祸首"的要求，多次发布上谕惩办祸首：礼亲王载勋被赐自尽，山西巡抚毓贤被即行正法，刚毅本应斩立决，因已病故免其置议，启秀、徐承煜即行正法，载漪、载澜被发配新疆，徐桐、李秉衡因已临难自尽故免其置议，左都御使英年被赐自尽，赵舒翘也被赐自尽。各级官绅一百多人受到不同程度惩处。

面对如此深灾巨祸，清廷不能不作个"交代"，在一道道上谕中，"朝廷"竟把责任完全推给了"诸王大臣"："此次中外开衅，变出非常，推其致祸之由，实非朝廷本意，皆因诸王大臣等，纵庇拳匪，启衅友邦，以致贻忧宗社……诸王大臣等，无端肇祸，亦亟应分别重轻，加以惩处。""追思肇祸之始，实由诸王大臣等昏谬无知，嚣张跋扈，深信邪术，挟制朝廷，于剿办拳匪之谕，抗不遵行，反纵信拳匪，妄行攻战，以致邪焰大张，聚数万匪徒于肘腋之下，势不可遏，复令卤莽将卒，围攻使馆，竟至数月之间，酿成奇祸，社稷贴危，陵庙震惊，地方蹂躏，民生涂炭，朕与皇太后危险情形，不堪言状，至今痛心疾首，悲愤交深。是诸王大臣等，信邪纵匪，上危宗社，下祸黎元，自问当得何罪。"慈禧则对人说："这都是刚毅、赵舒翘误国，实在死有余辜。当时拳匪初起，议论纷纭，我为是主张不定，特派他们两人，前往涿州去看验。后来回京复命，我问他：'义和团是否可靠？'他只装出拳匪样子，道是两眼如何直视的，面目如何发赤的，手足如何抚弄的。叨叨絮絮，说了一大篇。我道：'这都不相干，我但问你这些拳民据你看来，究竟可靠不可靠？'彼等还是照前式样，重述一遍，到底没有一个正经主意回复。你想他们两人，都是国家倚傍的大臣，办事如此糊涂，余外的王公大臣们，又都是一起儿敦迫着我，要与洋人拼命的，教我一个人，如何拿得定主意呢？"没有丝毫自责之辞。在封建专制体制下，明明是"圣上"铸成的大错，也总要由"臣下"承担责任，因为"天子""圣明"永不会错。

这种只责"臣下"不责"圣上"的观念影响殊深，时人及后人评论此事时对赵舒翘都有严责，认为正是由于他未据实禀报才"酿成如此大祸"，若他当时"能将真情实况剀切陈奏，使太后得有明白证据，认定主张，一纸严诏"，义和团便"立时可以消弭"。赵"昧于理、盲于势，辱名丧身也宜哉"。"至今论国是者，追原祸始，犹叹息痛恨于赵之一言几丧邦也。"这些评论当然不能说不对，但谈何容易！许景澄等人对时局的判断、利害的权衡、灾难性后果的分析预测异常冷静、客观、透彻，而且明明是根据慈禧"诸臣有何意见，不妨陈奏"的"懿旨"坦陈己见，但他们不仅未能说动慈禧，反因意见与慈禧不合，被斥为"任意妄奏"，竟惨遭杀身之祸！在这种情况下，赵舒翘不敢据实禀报不能不说情有可原，仅仅严责赵舒翘不据实禀报显然有失公道。所以主和也好，主战也罢，谎报军情也好，据实直陈也罢，这些大臣最终都不免一死。这些大臣的悲惨命运，实际是封建专制社会君臣关系的真实写照。大臣往往处于两难困境之中，若直言己见，往往触怒当道；倘曲意逢迎，一旦铸成大错，则要承担全部后果，而且在这两种情况下都可能性命难保。

在惩办"祸首"确定后，赔款成为谈判的重点。最终1901年9月7日，奕劻、李鸿章代表清政府正式签订了以中国赔银四亿五千万两为主要内容的《辛丑条约》。签订此约两个月后，李鸿章即于 11 月 7 日因病去世。

附录 李鸿章大事简表

1823 年（道光三年），出生于安徽合肥。

1847 年（道光二十七年），在北京参加会试，中进士，改翰林院庶吉士。

1850 年（道光三十年），改授翰林院编修。

1853 年（咸丰三年），回家乡参与帮办团练，抵抗太平军。

1859 年（咸丰九年），入曾国藩幕，襄办营务。

1861 年（咸丰十一年），奉曾国藩之命组建淮军。

1862 年（同治元年），率淮军调上海，升任江苏巡抚。

1863 年（同治二年），奏准设立上海广方言馆，培养外语和学习西方科学、技术的人才。

1865 年（同治四年），署理两江总督，创办江南制造总局、金陵机器局。

1866 年（同治五年），为钦差大臣，负责镇压捻军。

1867 年（同治六年），授湖广总督。

1870 年（同治九年），任直隶总督兼北洋通商大臣。

1872 年（同治十一年），创办上海轮船招商局，实行官督商办。俄国出兵侵占我国伊犁，借机提出改"土车为铁路"的主张，因反对者甚众未能实行。

1874 年（同治十三年），与日本代表签订《北京专约》。奉召进京见恭亲王奕䜣，力陈中国修建铁路的重要性，亦因阻力太大，未能实行。

1875年（光绪元年），因"马嘉理案"与英国代表签订《烟台条约》。奏设开平矿务局，官督商办。受命督办北洋海防事宜，开始着手组建北洋海军。

1879年（光绪五年），架设大沽北塘与天津之间电线。奏设上海机器织布局，官督商办。

1880年（光绪六年），奏设电报总局于天津，1882年改为官督商办。奏设天津水师学堂。

1881年（光绪七年），未经奏报修成开平煤矿唐山至胥各庄铁路，约10公里。

1885年（光绪十一年），与法国代表签订《中法新约》。

1888年（光绪十四年），北洋海军正式成军。

1889年（光绪十五年），朝廷正式同意修铁路，但否定李鸿章修津通路主张。

1890年（光绪十六年），以日、俄等国窥伺朝鲜、亟须加强东北防务为由，提出修山海关内外关东铁路建议，获朝廷批准。

1894年（光绪二十年），关东铁路因经费被挪作慈禧太后六十寿辰庆典之用停建。中日甲午战争爆发。

1895年（光绪二十一年），中日战争中国军队战败，北洋海军全军覆没。赴日本谈判，与日本代表签订《马关条约》。失直隶总督、北洋大臣之职，投闲散置。

1896年（光绪二十二年），访问俄、德、荷、比、法、英、美诸国。

1898年（光绪二十四年），同情维新变法，暗中回护个别"新党"人士。年底被任命为勘河大臣，履勘山东黄河工程。

1899 年（光绪二十五年），署理两广总督。

1900 年（光绪二十六年），奉命北上与八国联军谈判议和。

1901 年（光绪二十七年），与英、美、俄、德、日、奥、法、意、西、荷、比 11 国代表签订《辛丑条约》。11 月病逝。